AF884860

Rosa Luna García
Mary Ann Monteagudo Medina

Diccionario para profesionales de la traducción

Terminología básica que todo traductor debe aprender

Lima, junio de 2017
Universidad Peruana de Ciencias Aplicadas

© Universidad Peruana de Ciencias Aplicadas (UPC)
Primera publicación: junio de 2017
Impreso en el Perú-*Printed in Peru*

Autor:	Rosa Luna, Mary Ann Monteagudo
Edición:	Diana Félix
Corrección de estilo:	Luigi Battistolo
Diseño de cubierta:	Stephanie Burns
Diagramación:	Christian Castañeda Z.

Editor del proyecto editorial
Universidad Peruana de Ciencias Aplicadas S. A. C.
Av. Alonso de Molina 1611, Lima 33 (Perú)
Teléf: 313-3333
www.upc.edu.pe
Primera edición: junio de 2017
Tiraje: 800 ejemplares

Este libro se terminó de imprimir en el mes de junio de 2017, en los talleres gráficos de Gráfica Biblos S. A. Jr. Morococha Nro. 152 Lima - Perú

BIBLIOTECA NACIONAL DEL PERÚ
Centro Bibliográfico Nacional

E
418.0203
L98

Luna, Rosa
Diccionario para profesionales de la traducción : terminología básica que todo traductor debe aprender / Rosa Luna García, Mary Ann Monteagudo Medina.-- 1a ed.-- Lima : Universidad Peruana de Ciencias Aplicadas, 2017 (Lima : Gráfica Biblos).
294 p. : il. ; 24 cm

Texto a dos columnas.
Incluye índice temático.
D.L. 2017-07194
ISBN 978-612-318-097-3

1. Traducción e interpretación - Diccionarios 2. Lengua española - Diccionarios I. Monteagudo, Mary Ann II. Universidad Peruana de Ciencias Aplicadas III. Título

BNP: 2017-1878

Hecho el Depósito Legal en la Biblioteca Nacional del Perú n.° 2017-07194
Registro de Proyecto Editorial en la Biblioteca Nacional del Perú n.° 31501401700661

Todos los derechos reservados. Esta publicación no puede ser reproducida, ni en todo ni en parte, ni registrada en o transmitida por un sistema de recuperación de información, en ninguna forma ni por ningún medio, sea mecánico, fotoquímico, electrónico, magnético, electroóptico, por fotocopia o cualquier otro, sin el permiso previo, por escrito, de la editorial.

El contenido de este libro es responsabilidad del autor y no refleja necesariamente la opinión de los editores.

PRÓLOGO

La terminologia es un elemento omnipresente en todas las materias de especialidad y la traducción no es un ámbito ajeno a este principio.

Esta afirmación aparentemente tan contundente no es siempre reconocida. No hay nunca duda de que campos de especialidad como la bioquímica, la medicina o la ingeniería naval poseen términos muy específicos que no comparte la mayoría de la población no especialista en cada una de estas materias. La razón de ser –se suele decir- de estas unidades es que son ámbitos que deben expresar sus conceptos de una forma totalmente unívoca. Es más, hay campos del saber como la matemática, la física, o la metrología que poseen unidades no lingüísticas para referirse a sus conceptos a fon de asegurar no solo su precisión sino también, y en la medida de lo posible, su universalidad.

Existen, sin embargo, otros ámbitos del saber que no se toman como ejemplo de univocidad denominativa. Son campos que no progresan tan linealmente como los anteriores, campos en los que el conocimiento no está tan internacionalizado. ¿Por qué razón –podemos preguntarnos- hay campos cuyo desarrollo no se produce linealmente sino que van progresando de manera dispersa?. La respuesta a esta cuestión puede ser múltiple.

Son bien conocidos los campos denominados experimentales. El trabajo mediante procesamiento de datos, en cantidad suficiente y de carácter representativo, conduce a una cuantificación que suele presentarse como incuestionable. Los datos se traducen en valores y la cuantificación formal e idealizada de los mismos lleva a conclusiones no solo sobre el tema de trabajo sino también sobre el carácter de la disciplina. Ante esta metodología nadie pone en duda de que se trata de "ciencias" indiscutibles. Y de que sus métodos dan a estos campos la condición de campos científicos. Este tipo de campos, cuya investigación es preferentemente experimental y cuantitativa, suelen disponer de términos precisos y pugnar por reducir –aunque nunca lo consigan del todo- la variación denominativa.

Existen otras materias, o mejor dicho, existen otros enfoques, que no se proponen formalizar sus resultados y reducirlos a números cuyo valor estadístico parezca irrefutable, sino que toman los objetos de análisis como objetos complejos y, por tanto, difícilmente reducibles a números. Se trata de trabajos que quieren poner énfasis en las características inherentes de un tema observado en su globalidad. Las metodologías cualitativas basadas normalmente en la observación participante conducen a resultados muy distintos de los anteriores. La progresión de los campos cuya investigación es más cualitativa no suele producirse en línea porque la observación en si condiciona distintas perspectivas. En estos ámbitos la terminología suele ser más dispersa y variada.

La traducción es uno de los ámbitos que nació en la práctica y que, desde la práctica, entró en una reflexión epistemológica que ha ido construyendo progresivamente su o sus teorías. Podemos decir que hoy en día la práctica traductora es una necesidad *urbe et orbe* sin la que el mundo actual no podría funcionar globalmente. Es por lo tanto una necesidad extremadamente reconocida, ejercida por unos profesionales graduados y postgraduados de gran envergadura.

También podemos afirmar que la traducción como campo de reflexión (la traductología) ha producido muchas y buenas propuestas con la intención de dar cuenta para unos de la traducción como proceso; para otros, de la traducción como producto.

Pero lo que no se ha producido linealmente es que de manera espontánea se haya exigido a la traducción una terminología extremadamente precisa, de forma que los distintos enfoques teóricos hayan ido proporcionando términos y que no siempre han coincidido formalmente porque no siempre tienen el mismo alcance conceptual.

Este diccionario ofrece a los profesionales y estudiantes de traducción un vocabulario bien establecido sobre los conceptos que se manejan en traducción. El trabajo de recogida de los términos de este ámbito empezó con el *Diccionario socioprofesional del traductor* (2015) que comprendía 300 entradas. Esta nueva obra cuenta con el triple de entradas y está elaborado con la misma sistematicidad, delicadeza y rigor que la primera obra. Vaya por delante mi enhorabuena a mis colegas, y sobre todo amigas, Rosa Luna y Mary Ann Monteagudo. Mi reconocimiento por su interés profundo en la terminología y por poner sus conocimientos, y buen hacer, en obras al servicio de los traductores y las traductoras.

Su propósito incide en la sistematización de la terminología de la traducción en el ámbito hispano, poniendo énfasis en los términos que se manejan en el mercado de la traducción. Pero de hecho este propósito no se limita a poner a disposición de los traductores, los académicos y los estudiantes un diccionario bien elaborado, sino que quiere conseguir que el campo de la traducción pase a ser, como todos los ámbitos del saber, reconocido externamente, pero también por sus propios especialistas como campo completamente estructurado, afianzado y consolidado.

Teresa Cabré Castellví
Fundadora de l'Institut Universitari de Lingüística Aplicada (IULA)
Universitat Pompeu Fabra

INTRODUCCIÓN

En la actualidad, el traductor aún no ha conseguido empoderarse profesionalmente, debido, entre otras causas, a la presencia de prejuicios y estereotipos en torno a su imagen pública. Esta falta de empoderamiento es generada, a su vez, por la actitud reactiva del traductor ante su propia terminología. Y es que, a lo largo de su formación, la terminología que se le enseña es de corte básicamente traductológico o didáctico, con escasa aplicación en la práctica profesional real. Lo paradójico de esta situación es que en los talleres especializados, a pesar de que el estudiante se familiariza con una ingente cantidad de terminología, no logra aquilatar, a diferencia de otros especialistas, el vocabulario de su propia disciplina.

En términos generales, la sistematización terminológica en el campo de la traducción es muy incipiente. La mayoría de trabajos terminográficos relacionados con este campo se encuentran recogidos en obras de tipo teórico o didáctico destinadas a docentes de cursos teóricos. Sin duda, el corolario de esta falta de sistematización de la terminología del mercado laboral se da por la escasa presencia de tópicos vinculados al mercado de la traducción en cursos de índole práctica, empresarial y deontológica.

Concretamente en el ámbito internacional, se cuenta con un primer esfuerzo realizado por el traductólogo Daniel Gouadec en el año 2007, quien incluye un glosario de 185 términos, a manera de anexo, en su libro *Translation as a Profession*. En el Perú, la primera obra de esta naturaleza ha sido el *Diccionario socioprofesional del traductor* (DST), que publicamos en 2015, con apenas 300 unidades terminológicas. Esta obra fue acogida con beneplácito por las escuelas de traducción locales e internacionales, y ha servido para sembrar en estudiantes, profesionales y docentes el interés por la terminología de la traducción.

En este contexto de consolidación terminológica, surge esta nueva obra terminográfica que compendia más de mil términos referidos al comportamiento del mercado actual de la traducción en el ámbito hispano. Nuestro mayor interés radica en que este producto terminográfico contribuya a tomar conciencia respecto de la capital importancia que poseen el conocimiento y empleo de la terminología profesional como vehículo ideal para la elevación del estatus y de la imagen del traductor, así como para garantizar la intercomprensión de la comunidad traductora en el interior de su propio colectivo.

Por todo lo anterior, esta obra tiene como propósito central la sistematización de la terminología empleada en el mercado hispano de la traducción. Su público objetivo está conformado por diferentes colectivos; a saber, estudiantes de traducción, docentes de cursos de traducción y de apoyo a la traducción, traductores profesionales, usuarios de servicios de traducción y de valor añadido, y en general, toda persona interesada en este campo.

El diccionario monolingüe en español está compuesto por más de mil entradas. Para su elaboración se trabajó con 506 fuentes representativas de los siguientes cuatro sectores: a) empresarial (páginas web de proveedores de servicios de traducción) y gremial (páginas web de asociaciones y colegios profesionales de traductores), b) institucional (organismos de normalización, instituciones legislativas de diversos países, empresas abastecedoras de insumos o servicios para traductores, etcétera), c) profesional (blogs y páginas web de traductores independientes que brindan servicios profesionales o reflexionan sobre asuntos de mercado) y d) académico (estudios de mercado, artículos de revistas especializadas, trabajos de investigación o tesis de instituciones formadoras de traductores relacionados con el mercado de la traducción). Dichas fuentes están citadas en los contextos de cada término y, a su vez, han sido codificadas en una lista al final de la publicación, para que nuestros lectores puedan dirigirse a los textos originales (páginas web).

La publicación cuenta con un prólogo elaborado por la doctora María Teresa Cabré, connotada terminóloga; además del lemario propiamente dicho, organizado alfabéticamente; un listado de los códigos de las fuentes de los contextos incluidos con sus respectivas referencias; y un anexo constituido por un índice temático basado en la organización por campos y subcampos que explicaremos en las normas de uso. Cabe señalar que los términos y contextos recogidos en esta obra han sido seleccionados y depurados pensando en la instauración de buenas prácticas profesionales en el mercado hispano, privilegiando la terminología del mercado por sobre la académica.

Finalmente, queremos destacar que, a partir de esta gratificante experiencia, hemos asumido el compromiso de abrir una línea de producciones terminográficas vinculadas a diversos campos del ejercicio de la traducción y de otras profesiones.

Rosa Luna García

Mary Ann Monteagudo Medina

NORMAS DE USO

Tal como podrá observarse en el ejemplo que incluimos en la siguiente página, cada término del diccionario va acompañado de su correspondiente categoría gramatical: *f.* (sustantivo femenino), *m.* (sustantivo masculino), *f. pl.* (sustantivo femenino plural), *m. pl.* (sustantivo masculino plural), *v.* (verbo), *com.* (género común) y *loc.* (locución). A continuación, se ubican el campo temático y el subcampo temático. Seguidamente, se incluye una definición que en la mayoría de los casos ha sido redactada por las autoras y, en un número reducido, adaptada o extraída textualmente de fuentes confiables. Luego, aparecen entre uno y tres contextos con sus respectivos códigos de fuente, los cuales remiten a la lista de fuentes que se encuentra al final de la publicación, antes del índice de campos y subcampos temáticos. La mayor parte de los contextos seleccionados, citados y codificados fueron de naturaleza definitoria para garantizar el cumplimiento de las funciones didáctica y deontológica privilegiadas en esta obra. A renglón seguido figuran las remisiones, que reflejan las relaciones semánticas establecidas entre las diversas entradas del diccionario (por lo general, términos genéricos, específicos y complementarios). Finalmente, se incluyen las notas y los sinónimos, variantes dialectales, acortamientos, siglas y formas desarrolladas del término. Estos últimos han sido incorporados de manera independiente: el término sinónimo, así como el campo y el subcampo temático, seguido por *Véase*. Veamos el ejemplo:

acuerdo entre el cliente y el PST, *m.*

Ejercicio profesional, modalidades y condiciones contractuales

Documento, de naturaleza contractual o no, formalizado entre un cliente y un PST, en el que se estipulan las especificaciones del encargo de traducción y las condiciones del servicio.

Contexto 1. Cada proyecto de traducción debe ser coordinado por un gestor de proyectos que debe ser el responsable de satisfacer los requisitos de todos los aspectos del proceso de producción y de gestionar el proyecto en consonancia con los procedimientos del PST, el **acuerdo entre el cliente y el PST**, y cualesquiera otras especificaciones relevantes. *ONAENORISO.*

Contexto 2. La gestión del proyecto debe incluir las tareas siguientes: [...] h) supervisar la conformidad constante con el **acuerdo entre el cliente y el PST**, las especificaciones del proyecto y, cuando sea necesario, comunicarse con todas las partes involucradas en el proyecto. *ONAENORISO.*

Contexto 3. Si el **acuerdo entre el cliente y el PST** y las especificaciones del proyecto incluyen la corrección de pruebas, el PST debe garantizar que se presta este servicio. *ONAENORISO.*

▲Remisiones: contrato de edición; orden de pedido; especificaciones del proyecto; condiciones comerciales; contrato tipo; requisitos del proyecto; encargo de la traducción; secreto profesional.

◆Nota: sin. contrato de traducción.

contrato de traducción, *m.*

Ejercicio profesional, modalidades y condiciones contractuales

Contexto 1. Los precios fijados para un **contrato de traducción** son los precios que se mencionan en la confirmación de pedido transmitida electrónicamente. Todos los precios son precios netos. Los demás gastos distintos de los que afecten al proceso de traducción se especificarán aparte en la factura. El importe de la factura se hará pagadero sin descuento en el plazo máximo de 30 días fecha factura. *EWTICK.*

▲Remisiones: acuerdo entre el cliente y el PST; contrato de edición; orden de pedido; especificaciones del proyecto; condiciones comerciales; contrato tipo.

•Véase contrato entre el cliente y el PST.

ORGANIZACIÓN TEMÁTICA DEL DICCIONARIO

La terminología de este diccionario ha sido organizada por campos y subcampos temáticos, ubicados debajo de cada entrada, con la finalidad de que el usuario pueda establecer los diferentes tipos de relaciones interconceptuales existentes entre las entradas que lo conforman. Los seis campos creados para la organización temática son los que siguen: 1) Ejercicio profesional, 2) Gestión empresarial, 3) Tecnologías, 4) Regulación profesional, 5) Proceso de traducción y 6) Servicios de valor añadido. Sobre la base de esta organización, se ha elaborado un índice temático —colocado al final de la obra—, en el que el lector podrá ubicar los términos que pertenecen a cada campo y subcampo. Para mayor ilustración, a continuación se incluye un diagrama con la organización temática referida:

Organización temática

Ejercicio profesional	Gestión empresarial	Tecnologías	Regulación profesional	Proceso de traducción	Servicios de valor añadido
Acreditación	Actores	Documentación	Entidades Gremiales	Fase transversal	Consultoría
Ética profesional	Marketing	TA - TAO	Organismos de normalización	Fase de pretraducción	Contenidos
Perfil profesional	Presupuesto y facturación	Terminología	Normas de calidad	Fase de traducción	Edición y publicación
Presentación de la traducción	Calidad	TIC - TAV	Normas internacionales	Fase de postraducción	Lenguas de menor demanda
Tipos de traducción	Equipamiento				Traducción automática
Derechos de autor					Validación
Inserción laboral					Terminología
Modalidades y condiciones contractuales					Traducción audiovisual
					Interpretación

Nota sobre los contextos

Los contextos de cada término constituyen citas textuales, o adaptadas, de diversas fuentes de información digitales como páginas web de asociaciones e instituciones de traducción, organismos de normalización, artículos de revistas especializadas, tesis, investigaciones y blogs de traductores. Como se verá, a continuación, cada término posee un código que remite a la fuente original. El listado de códigos y sus referencias se encuentra en la parte final de la publicación.

AATI, *f.*

Regulación profesional, entidades gremiales
Contexto 1. Fundada en 1982 por un grupo de traductores e intérpretes visionarios con la misión de defender los intereses de los traductores científico-técnicos, literarios e intérpretes, la **AATI** ofrece servicios de excelente calidad a sus socios, como capacitación de primer nivel para enfrentar las necesidades cambiantes de la profesión y las nuevas tecnologías, un directorio web de socios acreditados, la difusión de ofertas laborales, y asesoramiento contable, jurídico y profesional, becas, un boletín mensual con información relevante para el desempeño de la profesión, entre otros beneficios. *GWAATI.*
•Véase Asociación Argentina de Traductores e Intérpretes.

Abrates, *f.*

Regulación profesional, entidades gremiales
•Véase Asociación Brasileña de Traductores e Intérpretes.

acción correctora, *f.*

Proceso de traducción, fase transversal
Eliminación de la causa de una no conformidad o de errores en el proceso de traducción, o en el contenido de la lengua de destino (UNE-EN ISO 17100).
Contexto 1. La **acción correctora** supone la investigación precisa para identificar qué falló y qué acción puede llevarse a cabo para garantizar que no vuelva a suceder. *ONAENORISO.*
Contexto 2. Los errores u otros problemas que repercutan en la calidad del contenido de la lengua de destino deberían corregirse, y el proceso, repetirse hasta que el revisor y el PST estén satisfechos. El revisor debe informar también al PST de cualquier **acción correctora** que haya efectuado. *ONAENORISO.*
▴Remisiones: corrección; corrección de concepto; corrección de pruebas; corrección de textos; corrector de concepto; corrector de pruebas; corrector de textos; control de calidad; evaluación del control de calidad.

account executive, *m.*

Gestión empresarial, actores
Contexto 1. AE (***account executive***): persona que, dentro de una agencia de traducción, tiene trato directo con el cliente y maneja la "cuenta". En general, es quien consulta al cliente con respecto a las dudas que puedan tener los traductores y transmite las respuestas al *project manager. PBEADT.*
•Véase gestor de cuenta.

ACTI[1], *f.*

Regulación profesional, entidades gremiales
•Véase Asociación Colombiana de Traductores e Intérpretes.

ACTI[2], *f.*

Regulación profesional, entidades gremiales
•Véase Asociación Cubana de Traductores e Intérpretes.

activo lingüístico, *m.*

Tecnologías, documentación
Bienes u otros recursos que posee un PST para atender con eficiencia los proyectos de traducción y obtener beneficios económicos en el futuro.
Contexto 1. ¿Qué es básico para un cliente o para un PST? Sé consciente de tus **activos lingüísticos** (terminología y MT). Calidad, volumen, cobertura, etc. *GPAETER2.*
Contexto 2. Siens Translation crea, gestiona y mantiene **activos lingüísticos** multilingües específicos para cada uno de sus clientes, asegurando una terminología consistente y precisa. *EWSIENS.*

actualización de contenidos, *f.*

Servicio de valor añadido, contenidos

Servicio de valor añadido que consiste en la puesta al día del material solicitado por el cliente (DST).

Contexto 1. **Las actualizaciones de contenidos** se realizarán en un plazo marcado por el volumen de trabajo de Traducciones Sergofi en el momento de la petición, pero intentando cumplir en la medida de lo posible lo solicitado por el cliente. *EWSERGOFI.*

Contexto 2. Gestión de proyectos de localización, asesoría lingüística para empresas: creación de MT, glosarios, guías de estilo, creación y **actualización de contenidos** (incluso a través de I18N), adaptación de contenidos para la localización, soluciones lingüísticas relacionadas con el desarrollo de sitios web, creación de contenidos compatibles con la traducción automática, proyectos multilingües. *EWFAIRTRAD.*

▲Remisiones: creación de contenidos.

◆Nota: sin. actualización de textos.

actualización de documentación de referencia, *f.*

Proceso de traducción, fase de postraducción

Validación de los textos compilados durante el proceso de traducción para su posterior reutilización (DST).

Contexto 1. Una vez entregada la documentación, tras una última revisión por parte del coordinador de proyectos, se siguen los siguientes pasos con el fin de medir, analizar y conseguir la mejora continua en nuestros procesos. *Feedback* del cliente a través de una encuesta de satisfacción. **Actualización de** glosarios corporativos y **documentación de referencia** para futuros proyectos. Reevaluación interna del equipo de proyecto, traductores, revisores, etc. *EWINTERLINCO.*

▲Remisiones: documentalista; material de referencia; actualización de glosarios; administración del cierre del proyecto; cierre del proyecto de traducción; proceso de posproducción; comentarios de cliente.

◆Nota: sin. actualización de fuentes de referencia.

actualización de fuentes de referencia, *f.*

Proceso de traducción, fase de postraducción

Contexto 1. Revisión de todas las traducciones antes de entregarlas, según nuestro sistema de calidad. Gestión y **actualización de las fuentes de referencia** (diccionarios, glosarios, publicaciones, etc.). Mantenimiento posterior de toda la documentación, para facilitar la consulta de versiones anteriores y asegurar la reproducibilidad. *EWPLANET.*

•Véase actualización de documentación de referencia.

actualización de glosarios, *f.*

Proceso de traducción, fase de postraducción

Validación de la terminología utilizada en la versión final de la traducción a partir de la retroalimentación brindada por el cliente (DST).

Contexto 1. Una vez entregada la documentación, tras una última revisión por parte del coordinador de proyectos, se siguen los siguientes pasos con el fin de medir, analizar y conseguir la mejora continua en nuestros procesos. *Feedback* del cliente a través de una encuesta de satisfacción. **Actualización de glosarios** corporativos y documentación de referencia para futuros proyectos. Reevaluación interna del equipo de proyecto, traductores, revisores, etc. *EWINTERLINCO.*

Contexto 2. Nuestro paquete de soluciones terminológicas engloba los siguientes servicios: evaluación y **actualización de glosarios** existentes; herramientas de gestión terminológica; creación de guías de estilo; mantenimiento de memorias de traducción (MT); gestión de consultas en línea; lingüistas especializados y desarrollo e implantación del proceso terminológico adaptado a las necesidades del cliente. *EWSIENS.*

Contexto 3. Asimismo, se ofrece el servicio de **actualización de glosarios** ya existentes. *EWSERVANTRANS.*

▲Remisiones: glosario corporativo; glosario del traductor; glosario para el traductor, gestión terminológica; terminólogo; actualización de documentación de referencia; administración del cierre del proyecto; cierre del proyecto de traducción; proceso de posproducción.

actualización de textos, *f.*

Servicio de valor añadido, contenidos

Contexto 1. Textos literarios y periodísticos: libros, reportajes, artículos, columnas, entrevistas, comunicados de prensa, críticas, galeradas para editoriales, biografías (personales, de empresas o asociaciones, de localidades o zonas, de patrimonio), congresos, coloquios, conferencias, ponencias, revistas corporativas, libros conmemorativos, **actualización de textos** obsoletos. *EWMQT.*

•Véase actualización de contenidos.

acuerdo de confidencialidad con el cliente, *m.*

Ejercicio profesional, ética profesional

Contexto 1. Firma de **acuerdo de confidencialidad con el cliente**: para aquellos clientes que lo consideren oportuno, Interlinco suscribirá, sin coste adicional alguno, un acuerdo de confidencialidad por escrito con el cliente. *EWINTERLINCO.*

•Véase acuerdo de no revelación.

acuerdo de confidencialidad con los empleados, *m.*

Ejercicio profesional, ética profesional

Documento firmado por los traductores o colaboradores internos y externos mediante el cual se comprometen a guardar reserva de toda información proporcionada por el PST como resultado de un encargo de traducción (DST).

Contexto 1. Firma de **acuerdo de confidencialidad con empleados**: Interlinco requiere la firma de un acuerdo de confidencialidad con todos sus traductores e intérpretes para garantizar en todo momento que los documentos y la información del cliente no sean objeto de una divulgación no autorizada por estos. *EWINTERLINCO.*

▲Remisiones: acuerdo de no revelación; cláusula de confidencialidad; acuerdo de exclusividad.

◆Nota: sin. acuerdo de confidencialidad con los traductores; acuerdo de confidencialidad con los trabajadores; contrato de confidencialidad con traductores y colaboradores; compromiso de confidencialidad para traductores.

acuerdo de confidencialidad con los trabajadores, *m.*

Ejercicio profesional, ética profesional

•Véase acuerdo de confidencialidad con los empleados.

acuerdo de confidencialidad con los traductores, *m.*

Ejercicio profesional, ética profesional

•Véase acuerdo de confidencialidad con los empleados.

acuerdo de exclusividad, *m.*

Contratación, modalidades y condiciones contractuales

Documento firmado entre el cliente y el PST, o entre este último y sus colaboradores, para brindar sus servicios en forma exclusiva.

Contexto 1. Lionbridge firma un **acuerdo de exclusividad** de cuatro años con una empresa farmacéutica líder mundial por un valor aproximado de 80 a 100 millones de dólares. *EWLIONBRIDGE.*

▲Remisiones: acuerdo de no revelación; cláusula de confidencialidad; acuerdo de confidencialidad con los empleados; acuerdo entre el cliente y el PST.

acuerdo de no revelación, *m.*

Ejercicio profesional, modalidades y condiciones profesionales

Documento firmado por el PST mediante el cual este se compromete a guardar reserva de toda información que el cliente desea proteger (UNE-EN ISO 17100).

Contexto 1. Las condiciones comerciales pueden incluir, pero sin limitarse a ellos, los elementos siguientes: a) cláusulas de confidencialidad y **acuerdos de no revelación**. *ONAENORISO.*

▲Remisiones: acuerdo de confidencialidad con los empleados; cláusula de confidencialidad; acuerdo de exclusividad; destrucción confidencial y certificada de documentación; protección de datos; secreto profesional.

◆Notas: sin. acuerdo de confidencialidad con el cliente; compromiso de confidencialidad con el cliente; contrato de confidencialidad con el cliente. Suele celebrarse en la etapa de negociación del encargo de traducción.

acuerdo entre el cliente y el PST, *m.*

Ejercicio profesional, modalidades y condiciones contractuales

Documento, de naturaleza contractual o no, formalizado entre un cliente y un PST, en el que se estipulan las especificaciones del encargo de traducción y las condiciones del servicio.

Contexto 1. Cada proyecto de traducción debe ser coordinado por un gestor de proyectos que debe ser el responsable de satisfacer los requisitos de todos los aspectos del proceso de producción y de gestionar el proyecto en consonancia con los procedimientos del PST, el **acuerdo entre el cliente y el PST**, y cualesquiera otras especificaciones relevantes. *ONAENORISO.*

Contexto 2. La gestión del proyecto debe incluir las tareas siguientes: [...] h) supervisar la conformidad constante con el **acuerdo entre el cliente y el PST**, las especificaciones del proyecto y, cuando sea necesario, comunicarse con todas las partes involucradas en el proyecto. *ONAENORISO.*

Contexto 3. Si el **acuerdo entre el cliente y el PST** y las especificaciones del proyecto incluyen la corrección de pruebas, el PST debe garantizar que se presta este servicio. *ONAENORISO.*

▲Remisiones: contrato de edición; orden de pedido; especificaciones del proyecto; condiciones comerciales; contrato tipo; requisitos del proyecto; encargo de la traducción; secreto profesional.

◆Nota: sin. contrato de traducción.

adaptación, *f.*

Servicio de valor añadido, contenidos

Servicio de valor añadido que consiste en modificar una obra en función de un nuevo destinatario, contexto cultural o espaciotemporal (DST).

Contexto 1. Otro servicio que proponemos desde Planet Lingua es la **adaptación** a variantes lingüísticas. Una vez traducido un texto al idioma de un país concreto, ofrecemos la posibilidad de adaptarlo a alguna de sus variantes. Se trata de una manera más económica de poder atravesar más fronteras. Estos casos se dan con idiomas como el inglés (Reino Unido o Estados Unidos), francés (Francia o Canadá), portugués (Portugal o Brasil), español (España o países latinoamericanos), etcétera. *EWPLANETLINGUA.*

Contexto 2. Ofrecemos servicios de traducción y **adaptación** de contenidos a los diferentes mercados a los que se dirigen nuestros clientes. *OWBDOT.*

▲Remisiones: asesoramiento cultural.

◆Nota: sin. adaptación cultural.

adaptación cultural, *f.*

Servicio de valor añadido, contenidos

Contexto 1. Los intérpretes/mediadores interculturales realizan traducciones y **adaptación cultural** de material divulgativo sobre prevención de enfermedades, recursos sociosanitarios, hábitos saludables, etc. *GNRITAPLB.*

•Véase adaptación.

adaptador-ajustador, *m.*

Gestión empresarial, actores

Profesional de doblaje que adapta, técnica y artísticamente, el texto de una obra audiovisual, ajustándolo a los movimientos de los labios de los actores, la duración y ritmo de sus intervenciones.

Contexto 1. La adaptación artístico-lingüística consiste en medir los diálogos, ajustándolos lo más exactamente posible a los movimientos de los labios de los personajes de la obra a doblar y a la duración y el ritmo de sus intervenciones, así como a las características idiomáticas y en general al nivel del lenguaje definido y a la intencionalidad de la obra original. En los casos en que no sea necesaria la sincronización de labiales o la interpretación (documentales, audiolibros, etc.) la figura del **adaptador-ajustador** será opcional para las empresas. *GWADOMA.*

Contexto 2. **Adaptador-ajustador**. Sobre la figura del ajustador ya hablamos en una entrada anterior, "Lo que el ajuste se llevó". Su función será la de adaptar el producto doblado a la lengua y cultura meta, para que los espectadores de un país diferente al de la versión original sean capaces de seguir la trama, sin perderse los giros, las situaciones cómicas ni las referencias culturales, entre otros factores. Con frecuencia, el ajustador de una película es el propio director de doblaje quien, con la ayuda de toda la documentación aportada por la productora y con el guion original, adapta el producto y lo "mete en boca" de los actores, para que parezca que estos hablan una lengua que, muy probablemente, desconozcan. *PBTRADUMETRAJE.*

▲Remisiones: doblaje; sincronización labial; doblaje *lipsync*; toma.

◆Nota: la forma desarrollada del término es adaptador-ajustador de diálogos.

adecuación del lenguaje controlado, *f.*

Proceso de traducción, fase de pretraducción

Adaptación de la terminología, la gramática y el estilo utilizado en textos de campos específicos para facilitar su traducibilidad (DST).

Contexto 1. El proceso técnico previo a la traducción puede incluir los siguientes elementos: preparación del documento o segmentación del texto, o ambos, para la traducción asistida por ordenador (TAO); conversión de formatos y familias tipográficas; alineación de documentos para TAO; creación o aplicación de hojas de estilo; obtención o creación de archivos de definición de tipo de documento (DTD) o en formatos específicos (XML, SGML); obtención de las familias tipográficas necesarias; **adecuación del lenguaje controlado** seleccionado. *ONAENOR.*

▲Remisiones: lenguaje llano, sistema de lenguaje controlado; sistema de redacción de contenidos.

◆Nota: acort. lenguaje controlado.

adelanto, *m.*

Gestión empresarial, presupuesto y facturación

•Véase pago anticipado.

adelanto parcial, *m.*

Gestión empresarial, presupuesto y facturación

Contexto 1. Por lo general Trusted Translations solicita **adelantos parciales** y el pago del saldo después de la entrega del producto final. En el caso de los clientes que cuentan con buen crédito comprobable o tienen un buen historial de pago, podemos emitir facturas mensuales para que realicen el pago diferido. A pesar de lo mencionado, Trusted Translations colaborará con su compañía en cada caso particular para adaptarse a sus necesidades de facturación. *EWTRUSTED.*

•Véase pago anticipado.

administración de proyectos, *f.*

Proceso de traducción, fase transversal

Contexto 1. El equipo de **administración de proyectos** de traducción de Interpro está integrado por algunos de los más exitosos gerentes de proyectos de localización de la industria. Nuestra amplia experiencia en la administración de proyectos especí-

ficos de traducción y localización nos permite ofrecer a nuestros clientes soluciones probadas para sus desafíos de globalización. *EWINTERPRO.*
Contexto 2. **Administración de proyectos**. Lan Translation siempre ha trabajado para las necesidades de sus clientes, y el manejo de proyectos es una de las soluciones que ofrecemos. Si nuestros clientes están abrumados por los plazos de entrega y administración de proyectos de traducción y localización es justo el momento en el que participamos para ayudarlos. Apoyamos el manejo de sus proyectos de manera parcial o entera con la finalidad de proporcionar procesamientos oportunos y consistencia en contenido. Contamos con coordinadores de proyectos *in situ* que apoyan a nuestros clientes en el proceso y están comprometidos a conseguir su éxito. *EWLAN.*
•Véase gestión de proyectos.

administración del cierre del proyecto, *f.*
Proceso de traducción, fase de postraducción
Fase del proceso de posproducción que consiste en garantizar el archivo completo del proyecto y la plena satisfacción de obligaciones legales y contractuales (UNE-EN ISO 17100).
Contexto 1. **Administración del cierre del proyecto**. El PST debe disponer de un proceso para garantizar el archivo completo del proyecto durante un periodo adecuado y para satisfacer todas las obligaciones legales y/o contractuales relativas a la conservación o destrucción de registros y protección de datos. *ONAENORISO.*
▲Remisiones: actualización de documentación de referencia; actualización de glosarios; cierre del proyecto de traducción; proceso de posproducción; comentarios del cliente; gestión de proyectos; destrucción confidencial y certificada de documentación.

administrador de proyectos, *m.*
Gestión empresarial, actores
•Véase gestor de proyectos.

Aenor, *f.*
Regulación profesional, organismos de normalización
Contexto 1. Esta norma europea EN 15038:2006 ha sido elaborada por el Comité Técnico CEN/BT/TF 138, Servicios de traducción, cuya Secretaría desempeña **Aenor**. *ONAENOR.*
Contexto 2. McFelder Translations es una empresa con plena acreditación de calidad que se somete a auditorías anuales por parte de **Aenor**; en ellas se verifica que trabajamos cumpliendo la norma europea de calidad en la traducción EN 15038, la única acreditación para servicios de traducción disponible en la actualidad. *EWMCFELDER.*
•Véase Asociación Española de Normalización y Certificación.

AFI, *m.*
Regulación profesional, normas internacionales
•Véase Alfabeto Fonético Internacional.

agencia, *f.*
Gestión empresarial, actores
Contexto 1. Gouadec (2007b) distingue estos tipos: traductores autónomos, empresas de traducción, **agencias** y brókeres de traducción, entidades no especializadas en servicios de traducción que incluyen estos servicios en su oferta como servicios adicionales (empresas de servicios lingüísticos, escuelas de idiomas, etc.). *ATDAK.*
•Véase agencia de traducción.

agencia de traducción, *f.*
Gestión empresarial, actores
Proveedor de servicios de traducción que subcontrata la totalidad de estos servicios y solo gestiona las actividades previas y posteriores (DST).
Contexto 1. **Agencia de traducción**. No solo compra y vende los servicios de traducción, sino también gestiona una parte de los proyectos de traducción con recursos internos. Comprende un área estratégi-

co-empresarial (administración, *marketing* y contabilidad), área técnico-productiva (gestor de proyectos de traducción, corrector) y área de soporte técnico (informática, maquetador). *ATDAK.*
Contexto 2. Si contrastamos las características comunes de las cuatro empresas estudiadas en la fase exploratoria con algunas propuestas de definición de empresa y **agencia de traducción**, nos damos cuenta de que el volumen del trabajo subcontratado suele ser el criterio diferenciador. *ATDAK.*
▲Remisiones: bróker de traducción; empresa de traducción; proveedor de servicios de traducción; traductor independiente; proveedor de servicios lingüísticos; proveedor multilingüe.
◆Nota: acort. agencia.

AGIT, *f.*
Regulación profesional, entidades gremiales
•Véase Asociación Guatemalteca de Intérpretes y Traductores.

alcance del proyecto, *m.*
Proceso de traducción, fase de pretraducción
Enunciado en el cual se detallan las necesidades, deseos y expectativas del cliente con referencia a un determinado proyecto de traducción.
Contexto 1. La fase de preproducción puede incluir los elementos siguientes: a) obtención o configuración de memorias de traducción, bases de datos terminológicas, guías de estilo y cualesquiera otros recursos de los que se podría disponer y resultaran útiles para el proceso de traducción; b) preparación del contenido para su procesamiento con la tecnología de la traducción; c) análisis y **alcance del proyecto**, incluido el análisis del contenido de la lengua de origen; d) hojas/plantillas de estilo que se vayan a aplicar o crear; e) recopilación y preparación de materiales de referencia (por ejemplo, terminología y materiales de formación) para mejorar la conformidad cualitativa con las especificaciones del proyecto. *ONAENORISO.*
Contexto 2. Una vez que la información necesaria se ha recibido, la solicitud interna de la cotización se envía al gerente de proyectos, quien analiza el **alcance del proyecto**. La cantidad de palabras y el tiempo de entrega se definirán en este proceso. En caso de que el documento necesite DTP al finalizar la traducción, también se realizará un análisis correspondiente. Una vez que el gerente de cuentas recibe todo esto, se prepara una cotización detallada y exacta para enviarle al cliente por correo electrónico. Siempre se debe recordar que nuestras traducciones las realizan humanos y no máquinas. *EBSTUS.*
Contexto 3. Valoración del alcance. Se trata de la primera reunión con el cliente en la que se define el **alcance del proyecto** con el propósito de ofrecer al cliente un trato personalizado en cada proyecto de traducción. Identificamos al director de proyectos más adecuado. *EWELNATIVO.*
▲Remisiones: gestión del proyecto; proyecto de traducción; especificaciones del proyecto; requisitos del proyecto; expectativas del cliente.

Alfabeto Fonético Internacional, *m.*
Regulación profesional, normas internacionales
Sistema de notación fonética a través del cual se representan los sonidos de cualquier lenguaje oral (DST).
Contexto 1. Transcripción fonética: si dispone de un texto o palabras aisladas en cualquiera de nuestras lenguas de trabajo y le interesa conocer su pronunciación, no dude en consultarnos. Transcribimos al **Alfabeto Fonético Internacional** (IPA) o a cualquier sistema acordado con el cliente. *EWEURASIA.*
▲Remisiones: transcripción de audio y video; herramienta de transliteración; romanización; transcripción fonética; transcripción fonológica.
◆Nota: sigla AFI.

alineación, *f.*

Tecnologías, TA-TAO

Etapa del proceso de creación de memorias de traducción que consiste en segmentar textos paralelos y relacionar los segmentos correspondientes, con la finalidad de construir unidades de traducción que puedan ser recuperables en futuros encargos (DST).

Contexto 1. **Alineación** de documentos para TAO. Puede suceder que el cliente envíe documentos (en los dos idiomas del par de traducción) previamente traducidos para alinearlos y así crear una memoria de traducción a partir de la cual trabajar. *OWPROZ.*

Contexto 2. Con la herramienta de **alineación** podremos generar memorias de traducción basadas en un texto origen y su correspondiente traducción. También podemos extraer terminología de un corpus de documentos o aplicar etiquetas a archivos HTML. *ABDATUGR.*

Contexto 3. ABBYY Aligner ofrece **alineación** de textos paralelos en los 10 idiomas europeos más populares, y es compatible con 90 direcciones de traducción posibles. Los idiomas compatibles son inglés, alemán, francés, español, italiano, polaco, portugués, turco, ucraniano. *EWABBYY.*

▲Remisiones: memoria de traducción; texto paralelo; unidad de traducción; bitexto; alineador.

◆Nota: algunas herramientas de alineación son WinAlign, DejavuX, OmegaT, LF Aligner y Bitext2tmx.

alineador, *m.*

Tecnologías, TA-TAO

Herramienta de traducción automática que aparea segmentos equivalentes en una lengua de partida y otra de llegada, cuyo archivo podrá recuperarse en futuras traducciones.

Contexto 1. Los **alineadores** más conocidos del mercado son Wing Align: está integrado al paquete de SDL de Trados; Bitext2tmx: escrito en Java, es un *software* libre y, por ende, de código abierto, además de gratuito y fácil de usar. Permitirá crear una memoria de traducción, en formato TMX, que pueda utilizarse en otros programas de traducción asistida; LF Aligner: de *software* libre. Permite trabajar con formatos como txt, doc, docx, RTF, HTML, PDF, convertir los archivos a txt, TMX y xls e incluso descargar y alinear páginas web; +Align(+Tools): forma parte de las herramientas básicas del Wordfast, pero puede usarse de manera gratuita e independiente de dicha memoria. *PBVICMA.*

▲Remisiones: memoria de traducción; texto paralelo; unidad de traducción; bitexto.

◆Nota: sin. alineador de textos; herramienta de alineación.

alineador de texto, *m.*

Tecnologías, TA-TAO

Contexto 1. La interfaz Euramis integra varias herramientas, entre las que cabe destacar Systran (sistema de traducción automática usado en la Comisión Europea) y los **alineadores de textos** para las memorias de traducción. Es de acceso reservado al personal del SdT. *APLG.*

•Véase alineador.

American Translators Association, *f.*

Regulación profesional, entidades gremiales

Gremio estadounidense fundado en 1959 que alberga a traductores e intérpretes en ejercicio, así como a empresas e instituciones vinculadas al campo de la traducción y la interpretación de diferente procedencia geográfica (DST).

Contexto 1. ¿Qué es la **American Translators Association**? Es la mayor asociación de traductores e intérpretes de los Estados Unidos. Fundada en 1959, tiene 11 000 miembros distribuidos en 90 países. Su sitio web es www.atanet.org. *OWTRADUCTORESHOY.*

▲Remisiones: Federación Internacional de Traductores.

◆Nota: sigla ATA.

anticipo, *m.*

Gestión empresarial, presupuesto y facturación
Contexto 1. Tarifas. Todos los precios y ofertas se consideran meramente informativos y no son vinculantes. Los precios se entienden en euros mientras no se indique lo contrario. En encargos con un gran volumen, Lengua Translations puede exigir el pago de un **anticipo** o el pago en plazos de acuerdo con la cantidad de texto que esté listo. Todos los precios y ofertas que aparecen en la página no incluyen IVA y se entienden como netos. *EWLENGUA*.
Contexto 2. Todo pedido, cuyo importe antes de impuestos supere los quinientos (500) euros, podrá supeditarse al pago de un **anticipo**, cuyo porcentaje se precisará en el presupuesto. Si así fuere, la realización de las prestaciones tan solo comenzará tras el cobro del susodicho anticipo. *EWIDIOMC.*
•Véase pago anticipado.

Antio, *f.*

Regulación profesional, entidades gremiales
Contexto 1. **Antio** surge como iniciativa de un grupo de Traductores e Intérpretes Oficiales, que junto con la Dirección Jurídica del Ministerio de Relaciones Exteriores y Culto, deciden crear una asociación que sirva como enlace con el Ministerio y procure la defensa de los intereses de sus asociados. De esta manera, se crea la asociación en la Asamblea Constitutiva del día 29 de noviembre de 1995. *GWANTIO*.
•Véase Asociación Nacional de Traductores e Intérpretes Oficiales de Costa Rica.

Apeti, *f.*

Regulación profesional, entidades gremiales
•Véase Asociación Profesional Española de Traductores e Intérpretes.

aplicación móvil, *f.*

Tecnologías, TIC-TAV
Programa informático que se instala en dispositivos móviles o *tablets* para ayudar a los usuarios en operaciones o tareas específicas.
Contexto 1. El uso de móviles, *smartphones*, *tablets*, etc. crece día a día y con ello crece el interés por el desarrollo de aplicaciones móviles. Si deseamos que nuestra aplicación esté disponible en otros idiomas para acceder a otros mercados, es necesario traducir el contenido de la aplicación, así como adaptarlo a la cultura de destino: localizar **aplicaciones móviles**. *EWTRAGORA*.
Contexto 2. PROMT es un trabajo efectivo con textos en idiomas extranjeros: soluciones de traducción automática del inglés y 15 idiomas más, todas las tecnologías intelectuales modernas de extracción de conocimientos de bases de datos grandes, **aplicaciones móviles** de traducción para iPhone/iPad, Android y Windows Phone destinadas a empresas y usuarios privados. Y también es integración en los sistemas de flujo de trabajo, sitios y otras aplicaciones, uso de tecnologías en la nube. *EWPROMT.*
▲Remisiones: terminótica; tradumática; competencia técnica.
◆Nota: algunas aplicaciones móviles de traducción son iTrasnlate, Word Lens, Speak and Translate, Skype Translator y SayHi Translate.

apostilla, *f.*

Ejercicio profesional, presentación de la traducción
•Véase apostilla de La Haya.

apostilla de La Haya, *f.*

Ejercicio profesional, presentación de la traducción
Sello, o certificado de legalización única, que autentica el origen de un documento público para que sea reconocido en otro país (DST).
Contexto 1. El traductor jurado experimentado sabe que, cuando un cliente tiene que presentar sus traducciones en oficinas, consulados o embajadas, muchos pedirán la **apostilla de La Haya**. Por este motivo es muy importante recordar que cuando se realiza una traducción jurada de un documento apostillado, la apostilla también ha

de traducirse, con el fin de surtir efectos legales en el país de destino. *EWTRAOF.*
Contexto 2. La **Apostilla de La Haya** es un documento oficial que certifica la firma y el cargo de la persona, generalmente un funcionario o notario, que suscribe un documento. Las apostillas deberán ser reconocidas y aceptadas por los países firmantes del convenio del mismo nombre. *EWESMEDO.*
Contexto 3. Servicio de legalización única (**Apostilla de La Haya**) de documentos españoles: apostilla de documentos de estudios, apostilla de certificados y demás documentos de Registro Civil, Seguridad Social, Policía y otros organismos estatales, apostilla de documentos notariales. *EWLFTJ.*
▴ Remisiones: legalización de la firma del traductor; traducción oficial; lacrado; cosellado.
◆ Notas: acort. apostilla. Requisito previo a la traducción oficial en ciertos países.

Aptic, *f.*

Regulación profesional, entidades gremiales
• Véase Asociación Profesional de Traductores e Intérpretes de Cataluña.

arancel, *m.*

Gestión empresarial, presupuesto y facturación
Tarifa oficial que determina el monto de honorarios que se ha de pagar a los traductores miembros de un gremio profesional (DST).
Contexto 1. Trusted Translations, Inc. se esfuerza constantemente por brindarle traducciones de la más alta calidad a los precios más competitivos de la industria. Hemos organizado nuestras operaciones para eliminar los **aranceles** que agregan otras agencias de traducción para la gestión del proyecto y los costos operativos. Brindarle precios simples y competitivos, junto a la mayor calidad del mercado, es un elemento clave de nuestra misión. *EWTRUSTED.*
▴ Remisiones: arancel por foja; compensación; costo de traducción; tarifa de traducción; cotización; honorarios; tabla de honorarios.
◆ Nota: sin. arancel de honorarios.

arancel de honorarios, *m.*

Gestión empresarial, presupuesto y facturación
Contexto 1. **Arancel de honorarios**. Art. 28. En la Capital de la República, Territorio Nacional de la Tierra del Fuego, Antártida Argentina e Islas del Antártico Sur y fuero federal en las provincias, el monto de los honorarios que deban percibir los traductores públicos por su labor profesional en juicio se determina con arreglo a la presente ley. *GNCTPCBAL.*
• Véase arancel.

arancel mínimo orientativo, *m.*

Gestión empresarial, presupuesto y facturación
Tarifa oficial mínima de honorarios recomendada por un gremio profesional de traductores.
Contexto 1. El Colegio de Traductores Públicos de la Ciudad de Buenos Aires (CTPCBA) brinda a sus matriculados un listado de **aranceles mínimos orientativos** que contemplan las diferentes especialidades de labor. *GWCTPCBA.*
▴ Remisiones: arancel; arancel por foja; arancel por palabra.

arancel por foja, *m.*

Gestión empresarial, presupuesto y facturación
Tarifa oficial que toma como unidad de conteo una página del original o de la traducción.
Contexto 1. Traducciones con carácter público: **aranceles por foja** o fracción menor. Se considera foja de traducción: 50 renglones de papel tipo romaní; el equivalente a 500 palabras (en el caso de confeccionarse en otro formato); todo otro documento cuya extensión sea menor que una foja. Para los honorarios, el idioma de referencia es el español. *GWCTPSF.*
▴ Remisiones: arancel; compensación; costo de traducción; tarifa de traducción; cotización; honorarios; tabla de honorarios.

araña, *f.*
Tecnologías, documentación
•Véase metabuscador.

aseguramiento de la calidad, *m.*
Gestión empresarial, calidad
Conjunto de acciones planificadas y sistemáticas que garantizan que el producto o servicio de traducción satisface los requerimientos establecidos por una determinada norma de calidad.
Contexto 1. La norma de calidad UNE-EN 15038:2006 es una norma europea específica para servicios de traducción, que "abarca el proceso central de la traducción, así como todos los demás aspectos relacionados con la prestación del servicio, incluidos el **aseguramiento de la calidad** y la trazabilidad". *OWEN15038.*
Contexto 2. El **aseguramiento de calidad** se ejecuta por medio de una prueba estándar de la industria: la LISA. Este método permite la revisión objetiva de un proyecto, arrojando un resultado que es tanto cualitativo como cuantitativo. La prueba LISA es también un medio para clarificar los comentarios negativos de un cliente. Si un cliente reclama algo por un proyecto en particular y nos envía una versión de lo que esperaba recibir con control de cambios, es posible revisar cada una de las sugerencias y afirmar con cuáles de ellas concordamos, con cuáles no o si se trata de una cuestión de preferencia. *EWTRUSTED.*
▲Remisiones: control de calidad; herramienta de aseguramiento de la calidad; norma de calidad.
◆Nota: sin. garantía de calidad.

asesoramiento cultural, *m.*
Servicio de valor añadido, consultoría
Servicio de valor añadido que consiste en resolver dudas de clientes respecto de instituciones, costumbres y hábitos de diversas comunidades lingüísticas para garantizar la comprensión mutua en situaciones interculturales.
Contexto 1. **Asesoramiento cultural** y transcreación. Cada mercado interpreta las ofertas, los productos y los diseños de manera diferente. Nuestro equipo tiene la experiencia cultural, la creatividad y la competencia lingüística necesarias para ayudarlo a adaptar su estilo y su imagen. *EWERIKSEN.*
▲Remisiones: consultor cultural; adaptación cultural.
◆Nota: sin. asesoría cultural.

asesoramiento lingüístico, *m.*
Servicio de valor añadido, consultoría
Servicio de valor añadido que consiste en resolver dudas o carencias lingüísticas puntuales de clientes en distintos idiomas (DST).
Contexto 1. **Asesoramiento lingüístico**. Como profesionales de la lengua que somos, en Okodia estamos atentos a las revisiones de las normas gramaticales y ortográficas de las diferentes autoridades competentes en materia lingüística, y nos preocupamos por el estilo. Por este motivo le asesoramos sobre dudas terminológicas, gramaticales, ortográficas y de estilo, y le ofrecemos soluciones en el tiempo acordado. *EWOKODIA.*
Contexto 2. El **asesoramiento lingüístico** consiste en la resolución de dudas o carencias lingüísticas puntuales en distintos idiomas. Por ejemplo, resolvemos dudas relacionadas con neologismos y cuestiones gramaticales y ortográficas. Puede consistir, por ejemplo, en la revisión de un texto muy breve (menos de 50 palabras). *EWACANTHO.*
▲Remisiones: consultor lingüístico; asesoramiento terminológico; asesoramiento cultural; auditoría lingüística; consultas independientes y puntuales; consultas complejas.
◆Nota: sin. consultoría lingüística.

asesoramiento terminológico, *m.*
Servicio de valor añadido, consultoría
Servicio de valor añadido que consiste en resolver dudas o carencias terminológicas

puntuales de clientes en distintos idiomas y campos especializados (DST).
Contexto 1. Termcat ofrece **asesoramiento** metodológico, **terminológico** y documental para la redacción o traducción de obras especializadas, documentación técnica o normativa, así como otros textos de especialidad, a instituciones, universidades y centros de investigación, organismos, empresas y personas que lo solicitan. Las actuaciones de asesoramiento pueden incluir, según las características de cada proyecto, tareas de revisión terminológica; de búsqueda, resolución y, si procede, normalización de neologismos; de apoyo metodológico; de coordinación de equipos de traductores; de evaluación cualitativa, y de gestión terminológica e informática. *OWTERMCAT.*
▲Remisiones: asesoramiento lingüístico; servicio de terminología; terminólogo.
◆Nota: sin. consultoría terminológica; asesoría terminológica.

asesoría cultural, *f.*
Servicio de valor añadido, consultoría
Contexto 1. Nuestra gama de servicios de traducción y localización incluye: traducciones de alta calidad de los contenidos; creación y gestión de glosarios; fidelidad y coherencia con el estilo de la marca y los contenidos; creación, gestión y aprovechamiento de memorias de traducción (TM); edición y corrección de textos traducidos; maquetación (DTP); **asesoría cultural**. *EWZINACLE.*
•Véase asesoramiento cultural.

asesoría terminológica, *f.*
Servicio de valor añadido, consultoría
•Véase asesoramiento terminológico.

Asetrad, *f.*
Regulación profesional, entidades gremiales
Contexto 1. Somos una asociación abierta en la que participan profesionales de distintos países, con trayectorias diversas y diferentes niveles de experiencia, además de estudiantes y profesores universitarios, todos ellos agrupados en dos categorías de socios. La heterogeneidad de nuestros socios es un reflejo de la riqueza de nuestras profesiones. Y es también el motor que impulsa los proyectos pasados, presentes y futuros de **Asetrad,** los cuales se encuentran recogidos en las distintas secciones de este sitio web. *EWASETRAD.*
•Véase Asociación Española de Traductores, Correctores e Intérpretes.

asignación del proyecto, *f.*
Proceso de traducción, fase de pretraducción
Distribución de recursos, externos o internos, destinados a un determinado proyecto de traducción.
Contexto 1. **Asignación del proyecto**. El PST debe asignar a cada proyecto de traducción cualesquiera recursos internos y/o externos necesarios para garantizar el cumplimiento del acuerdo establecido entre el cliente y el PST, y las especificaciones del proyecto. Todas las asignaciones deben documentarse. *ONAENORISO.*
▲Remisiones: gestión de proyectos; proyecto de traducción; gestor de proyectos; flujo de trabajo; composición del equipo del proyecto.

Asociación Argentina de Traductores e Intérpretes, *f.*
Regulación profesional, entidades gremiales
Gremio argentino fundado en 1982 que alberga a traductores e intérpretes técnico-científicos en ejercicio.
Contexto 1. Con la denominación de **Asociación Argentina de Traductores e Intérpretes** se constituye el día 27 del mes de abril de 1982 una asociación civil con domicilio legal en la ciudad de Buenos Aires, sin perjuicio del establecimiento de delegaciones, filiales y oficinas en cualquier otro lugar de la República Argentina. *GWAATI.*
▲Remisiones: Federación Internacional de Traductores; Colegio de Traductores Públicos de la Ciudad de Buenos Aires.
◆Nota: sigla AATI.

Asociación Brasileña de Traductores e Intérpretes, *f.*

Regulación profesional, entidades gremiales
Gremio brasileño fundado en 1970 que agrupa a traductores e intérpretes.
Contexto 1. Del 3 al 5 de junio próximo se realizará en Río de Janeiro, Brasil, el VII Congreso Internacional de Abrates-**Asociación Brasilera de Traductores e Intérpretes**. AATI ha sido invitada a participar y sus socios gozarán del beneficio de pagar el mismo valor de inscripción que los socios de Abrates. Esta es una excelente oportunidad para escuchar ponencias de importantes conferencistas internacionales, para conocer más de cerca el mercado brasileño de la traducción y para estrechar lazos con una asociación de traductores e intérpretes de nuestra región a fin de comenzar a generar proyectos conjuntos. *GWAATI.*
Contexto 2. Somos Abrates, **Asociación Brasileña de Traductores e Intérpretes**, una asociación sin fines de lucro gestionada por traductores e intérpretes voluntarios, establecida en Río de Janeiro en la década de 1970. Patrocinamos cursos y otros eventos, y alentamos el intercambio de información y el contacto entre colegas, instituciones y agencias. *GWABRATES.*
▴Remisiones: Federación Internacional de Traductores; American Translators Association; Sindicato Nacional dos Tradutores.
◆Nota: sigla Abrates.

Asociación Colombiana de Traductores e Intérpretes, *f.*

Regulación profesional, entidades gremiales
Gremio colombiano fundado en 1998 que agrupa a traductores e intérpretes.
Contexto 1. La **Asociación Colombiana de Traductores e Intérpretes** tendrá como domicilio la ciudad de Bogotá, D.C. y su sede corresponderá al domicilio del representante legal. Podrá, además, establecer capítulos en otras ciudades del país y fuera de este, regidos tanto por los Estatutos y el Reglamento Interno, y de acuerdo con los requisitos establecidos por la ley para el efecto. *GWACTI.*
▴Remisiones: Federación Internacional de Traductores; American Translators Association.
◆Nota: sigla ACTI.

Asociación Cubana de Traductores e Intérpretes, *f.*

Regulación profesional, entidades gremiales
Gremio cubano fundado en 1985 que agrupa a traductores e intérpretes cubanos o extranjeros residentes.
Contexto 1. En septiembre de 2001, los miembros de la **Asociación Cubana de Traductores e Intérpretes** (ACTI) adoptaron su Código de Ética Profesional. *GWACTICU.*
▴Remisiones: Federación Internacional de Traductores; American Translators Association.
◆Nota: sigla ACTI.

Asociación de Traductores e Intérpretes de Monterrey, *f.*

Regulación profesional, entidades gremiales
Gremio mexicano fundado en 1983 que agrupa a traductores e intérpretes.
Contexto 1. **Asociación de Traductores e Intérpretes de Monterrey**, A.C. Atimac fue organizada en 1980 y constituida en 1983 como vehículo para la superación en la práctica de nuestra profesión y la imagen que esta proyecta ante la sociedad. *GWATIMAC.*
▴Remisiones: Federación Internacional de Traductores; American Translators Association; Organización Mexicana de Traductores.
◆Nota: sigla Atimac.

Asociación de Traductores e Intérpretes del Ecuador

Regulación profesional, entidades gremiales
Gremio ecuatoriano fundado en el año 2007 que agrupa a traductores e intérpretes.
Contexto 1. A los clientes del sector de la traducción en Ecuador les pedimos que no se dejen engañar por estas prácticas engañosas, fraudulentas y dolosas. Solo tratan de engañar a los clientes proponiendo

servicios de traducción para los cuales no están calificados ni acreditados, pues no cuentan con estudios en la rama de traducción ni están autorizados para la emisión de traducciones oficiales. Pueden verificar que una persona sea miembro del gremio Atiec (**Asociación de Traductores e Intérpretes del Ecuador**, único gremio de traductores del país) en la página web de la institución: www.atiec.org. *GWATIEC.*
▲Remisiones: Federación Internacional de Traductores; American Translators Association.
◆Nota: sigla Atiec.

Asociación de Traductores Profesionales del Perú, *f.*
Regulación profesional, entidades gremiales
Gremio peruano fundado en 1992 que alberga a traductores en ejercicio.
Contexto 1. La **Asociación de Traductores Profesionales del Perú** (ATPP) fue fundada el 22 de abril de 1992 en Lima, Perú, por un selecto grupo de traductores e intérpretes profesionales con el propósito de fortalecer institucionalmente la profesión del traductor y del intérprete en beneficio tanto de dichos profesionales como de los usuarios de los servicios de traducción y de interpretación. *GWATPP.*
▲Remisiones: Federación Internacional de Traductores; American Translators Association; Colegio de Traductores del Perú.
◆Nota: sigla ATPP.

Asociación Española de Normalización y Certificación, *f.*
Regulación profesional, organismos de normalización
Entidad española sin fines de lucro dedicada a la certificación de sistemas de gestión, productos y servicios, responsable, además, del desarrollo y la difusión de las normas UNE (DST).
Contexto 1. Aenor (**Asociación Española de Normalización y Certificación**), entidad española, privada, independiente, sin ánimo de lucro, reconocida en los ámbitos nacional, comunitario e internacional, contribuye, mediante el desarrollo de las actividades de normalización y certificación (N+C), a mejorar la calidad en las empresas, sus productos y servicios, así como proteger el medio ambiente y, con ello, el bienestar de la sociedad. *ORCEPC.*
▲Remisiones: Comisión de Normalización y de Fiscalización de Barreras Comerciales No Arancelarias; UNE-EN 15038; ISO 17100; ISO 11669; ISO 9001.
◆Notas: sigla Aenor. Desde el año 2007, el Perú cuenta con una sede de Aenor.

Asociación Española de Traductores, Correctores e Intérpretes, *f.*
Regulación profesional, entidades gremiales
Gremio español fundado en el año 2003 que alberga a traductores, intérpretes y correctores en ejercicio de diferente procedencia geográfica.
Contexto 1. La **Asociación Española de Traductores, Correctores e Intérpretes** se fundó en 2003 con el fin de impulsar el reconocimiento de la traducción, la corrección y la interpretación y defender los intereses de quienes las ejercen. *EWASETRAD.*
Contexto 2. La función social que llevan a cabo los traductores y otros profesionales de disciplinas afines es cada vez más universal y necesaria, lo que exige establecer unas normas deontológicas para su ejercicio. En consecuencia, la **Asociación Española de Traductores, Correctores e Intérpretes** (Asetrad) ha establecido el siguiente código con el objetivo de proteger a los usuarios de servicios lingüísticos, de permitirles acceder a especialistas comprometidos expresamente con la calidad de su trabajo y de fomentar el reconocimiento de estas profesiones. *EWASETRAD.*
▲Remisiones: Federación Internacional de Traductores; Asociación Profesional Española de Traductores e Intérpretes; Asociación Profesional de Traductores e Intérpretes de Cataluña.
◆Nota: sigla Asetrad.

Asociación Guatemalteca de Intérpretes y Traductores, *f.*

Regulación profesional, entidades gremiales
Gremio guatemalteco fundado en 1973 que agrupa a traductores e intérpretes de amplia experiencia.
Contexto 1. La **Asociación Guatemalteca de Intérpretes y Traductores** —AGIT— fue fundada el 17 de enero de 1973. La idea de crear una asociación surge en París, cuando Ernesto Falla, miembro de la Sociedad Francesa de Traductores, conoce al fundador de la Federación Internacional de Traductores. *GWAGIT.*
▲Remisiones: Federación Internacional de Traductores; American Translators Association.
◆Nota: sigla AGIT.

Asociación Nacional de Traductores e Intérpretes Oficiales de Costa Rica, *f.*

Regulación profesional, entidades gremiales
Gremio costarricense fundado en 1995 que alberga a traductores e intérpretes oficiales.
Contexto 1. La **Asociación Nacional de Traductores e Intérpretes Oficiales** (Antio) es una asociación profesional de carácter privado, sin fines de lucro, cuyo principal objetivo es salvaguardar los intereses académicos, profesionales, legales, económicos, y sociales, entre otros, de los traductores e intérpretes oficiales de Costa Rica, así como facilitar las relaciones con el Ministerio de Relaciones Exteriores y Culto de Costa Rica y con traductores e intérpretes no oficiales. *GWANTIO.*
▲Remisiones: Federación Internacional de Traductores; American Translators Association.
◆Nota: sigla Antio.

Asociación Profesional de Traductores e Intérpretes de Cataluña, *f.*

Regulación profesional, entidades gremiales
Gremio catalán fundado en 2009 que alberga a traductores e intérpretes.
Contexto 1. Bienvenidos a la **Asociación Profesional de Traductores e Intérpretes de Cataluña** (Aptic). En nuestra web queremos dar a conocer la asociación y sus actividades, y poner al alcance de la comunidad el directorio de profesionales miembros de Aptic. *GWAPTIC.*
▲Remisiones: Federación Internacional de Traductores; Asociación Profesional Española de Traductores e Intérpretes; Asociación Española de Traductores, Correctores e Intérpretes.
◆Nota: sigla Aptic.

Asociación Profesional Española de Traductores e Intérpretes, *f.*

Regulación profesional, entidades gremiales
Gremio español fundado en 1954 que alberga a traductores e intérpretes.
Contexto 1. Apeti son las siglas de la **Asociación Profesional Española de Traductores e Intérpretes**. Fundada en 1954, es el cuerpo profesional de traductores e intérpretes decano en España y uno de los primeros del mundo. Es una institución con más de medio siglo de experiencia en la promoción de los más altos estándares intelectuales y éticos en el ejercicio profesional de la traducción e interpretación, y en la acreditación de los profesionales que los representan. *GWAPETI.*
▲Remisiones: Federación Internacional de Traductores; Asociación Española de Traductores, Correctores e Intérpretes; Asociación Profesional de Traductores e Intérpretes de Cataluña.
◆Nota: sigla Apeti.

ATA, *f.*

Regulación profesional, entidades gremiales
Contexto 1. La **ATA**, fundada en el 1959, es la mayor asociación profesional de traductores e intérpretes en los Estados Unidos con más de 11 000 miembros en más de 90 países. Los principales objetivos incluyen facilitar el desarrollo profesional de los traductores e intérpretes y promover la traducción y la interpretación como profesiones. *OWLEXIS.*
•Véase American Translators Association.

Atiec, *f.*

Regulación profesional, entidades gremiales
•Véase Asociación de Traductores e Intérpretes del Ecuador.

Atimac, *f.*

Regulación profesional, entidades gremiales
•Véase Asociación de Traductores e Intérpretes de Monterrey.

ATPP, *f.*

Regulación profesional, entidades gremiales
•Véase Asociación de Traductores Profesionales del Perú.

audiencia, *f.*

Proceso de traducción, fase de pretraducción
Contexto 1. Las especificaciones del proyecto pueden incluir los elementos siguientes: a) campo de aplicación del trabajo, que consta de servicios estándares y servicios de valor añadido; b) servicios estándares (traducción, autocomprobación [autorrevisión por parte del traductor], revisión [por otra persona distinta], corrección de concepto [si se solicita], corrección de pruebas, verificación final y entrega); c) lista no exhaustiva de servicios de valor añadido que pueden incluirse en un acuerdo; d) requisitos del lugar de trabajo (por ejemplo, cuando el trabajo debería hacerse en una ubicación predeterminada); e) calendarios del proyecto y fechas de entrega; f) presupuesto, incluida la divisa; g) información relevante sobre el contenido de origen (como su procedencia y el volumen en palabras o caracteres); h) especificaciones lingüísticas para el producto (es decir, especificaciones estándares y opcionales); i) especificaciones lingüísticas estándares (véase 5.3.1); j) lenguas; k) **audiencia** y finalidad. *ONAENORISO.*
•Véase audiencia final.

audiencia de destino, *f.*

Proceso de traducción, fase de pretraducción
Contexto 1. Dicha información puede incluir especificaciones para el cumplimiento de la guía de estilo del cliente, la adaptación del contenido de la lengua de destino a la **audiencia de destino**, el propósito y/o el uso final acordados, y la utilización de la terminología adecuada, y conllevar la actualización de los recursos léxicos o terminológicos como los léxicos o bases de datos terminológicas. *ONAENORISO.*
•Véase audiencia final.

audiencia final, *f.*

Proceso de traducción, fase de pretraducción
Persona o grupo de personas que realmente utilizarán el producto de la traducción (traducido de ISO/TS 11669:2012 E).
Contexto 1. El traductor debe traducir según la finalidad del proyecto de traducción, incluidas las convenciones lingüísticas de la lengua de destino y las especificaciones relevantes del proyecto. Durante todo este proceso, el traductor debe prestar un servicio conforme con esta norma internacional en relación con los aspectos siguientes: h) **audiencia final** y propósito del contenido de la lengua de destino. *ONAENORISO.*
▲Remisiones: encargo de traducción; orden de pedido; finalidad de la traducción.
◆Notas: sin. audiencia de destino; destinatario; destinatario de la traducción; receptor; lector; público destinatario de la traducción. Acort. audiencia.

audiodescripción, *f.*

Servicio de valor añadido, traducción audiovisual
Servicio de valor añadido que consiste en la descripción, en formato de audio, de todo aquello que una persona con discapacidad visual deja de percibir: situación espacial, gestos, actitudes, paisajes, vestuario, etcétera (DST).
Contexto 1. Gracias a las técnicas de **audiodescripción** las personas ciegas, o con algún tipo de discapacidad visual, ya pueden

disfrutar del contenido de cualquier producción o contenido audiovisual. *EWTRAGORA*.
Contexto 2. Contamos con una amplia base de datos de traductores expertos en la traducción audiovisual de los siguientes servicios: guiones cinematográficos, guiones para doblaje, guiones de documentales, guiones de series de televisión, subtitulado, transcripción, **audiodescripción**, etc. *EWAVI*.
▲Remisiones: doblaje; subtitulación; subtitulado para sordos; supratitulación; voz superpuesta; *closed caption*.
◆Nota: sin. videodescripción.

auditoría lingüística, *f.*

Servicio de valor añadido, consultoría
Servicio de valor añadido que consiste en diagnosticar y gestionar las habilidades lingüísticas del personal de una empresa.
Contexto 1. La **auditoría lingüística** te ayuda a crear una imagen de la situación de tu empresa en lo que a competencia en inglés se refiere. Esta información es de vital importancia a la hora de definir estrategias en la empresa y llevarlas a cabo con éxito. La auditoría lingüística es de gran utilidad para: controlar y dirigir efectivamente la formación de idiomas en tu organización; establecer estándares en tu organización; comprobar si los estándares lingüísticos en tu organización mejoran; agilizar y optimizar los procesos de reclutamiento; motivar a tu plantilla estableciendo objetivos alcanzables en habilidades lingüísticas; ayudar a tus empleados a desarrollar su carrera; identificar correctamente a los candidatos internos para puestos en el extranjero. *EWGOENGLISH*.
▲Remisiones: asesoramiento lingüístico; consultor lingüístico.

autenticación de la firma del traductor, *f.*

Gestión empresarial, marketing
Contexto 1. La **autenticación de la firma del Traductor** Oficial será necesaria únicamente en caso de Traducciones Oficiales destinadas al exterior, corresponderá dicha autenticación a la Oficina de Autenticaciones del Ministerio de Relaciones Exteriores y Culto. *ONMRREEC*.
•Véase legalización de la firma del traductor.

autocomprobación, *f.*

Proceso de traducción, fase de traducción
Examen del contenido de la lengua de destino efectuado por el mismo traductor (UNE-EN ISO 17100).
Contexto 1. Las especificaciones del proyecto pueden incluir los elementos siguientes: a) campo de aplicación del trabajo, que consta de servicios estándares y servicios de valor añadido; b) servicios estándares (traducción, **autocomprobación** [autorrevisión por parte del traductor], revisión [por otra persona distinta], corrección de concepto [si se solicita], corrección de pruebas, verificación final y entrega); c) lista no exhaustiva de servicios de valor añadido que pueden incluirse en un acuerdo (véase el anexo F); d) requisitos del lugar de trabajo (por ejemplo, cuando el trabajo debería hacerse en una ubicación predeterminada); e) calendarios del proyecto y fechas de entrega; f) presupuesto, incluida la divisa; g) información relevante sobre el contenido de origen (como su procedencia y el volumen en palabras o caracteres); h) especificaciones lingüísticas para el producto (es decir, especificaciones estándares y opcionales); i) especificaciones lingüísticas estándares; j) lenguas; k) audiencia y finalidad. *ONAENORISO*.
Contexto 2. **Autocomprobación**. Esta tarea debe incluir al menos la autorrevisión global por parte del traductor del contenido de la lengua de destino en busca de posibles problemas semánticos, gramaticales y ortográficos, así como omisiones y otros errores, además de asegurar la conformidad con cualesquiera especificaciones relevantes del proyecto de traducción. El traductor debe hacer cuantas correcciones sean necesarias antes de la entrega. *ONAENORISO*.

▲Remisiones: gestión de proyectos; proceso de producción; traducción; revisión; corrección de concepto; corrección de pruebas; verificación final; control de calidad; evaluación del control de calidad.
◆Nota: sin. comprobación; autorrevisión.

autoedición, *f.*

Servicio de valor añadido, edición y publicación
Contexto 1. **Autoedición**: servicio de *desktop publishing*. Podemos ofrecer no solo trabajo de traducción, sino también maquetar texto e imágenes y preparar el material para su envío a la imprenta. En pocas palabras, todo se hace en un mismo sitio. Así usted ahorra tiempo y dinero. *EWBALTIC.*
Contexto 2. **Autoedición** (DTP). La autoedición (DTP) es un servicio adicional que ofrecemos que permite a nuestros clientes consolidar sus traducciones y su diseño de texto gráfico en el mismo lugar. *EWCOMUNICA.*
Contexto 3. Maquetación: diseño, compaginación, composición, revisión de galeradas, fotocomposición y filmación de textos. A partir de su original y sin pasos intermedios. Le entregamos su folleto, manual o libro traducido y montado. *EWBCN.*
•Véase DTP.

autorrevisión, *f.*

Traducción
Contexto 1. Podemos afirmar que la revisión de la traducción se ha de realizar siempre por el propio traductor mediante la comprobación (**autorrevisión**) y por una tercera persona (el revisor), por tratarse de actividades que forman parte del proceso de traducción y, en consecuencia, son procedimientos obligatorios que establece la norma para el aseguramiento de la calidad de la traducción. *AASP2.*
•Véase autocomprobación.

back-translator, *m.*

Gestión empresarial, actores
Profesional de la traducción encargado de traducir el texto meta a la lengua origen con la finalidad de medir su grado de fidelidad.
Contexto 1. BT (*back-translation* o ***back-translator***): es el traductor encargado de hacer la traducción inversa; es decir, si un instrumento se ha traducido del inglés al español, un traductor cuya lengua materna es el español debe traducirlo nuevamente al inglés para que pueda determinarse si la traducción original es correcta y si no se ha "perdido" nada en el camino. *PBEADT.*
▲Remisiones: retrotraducción; control de calidad; evaluación de la calidad.
◆Nota: sigla BT.

backup, *m.*

Gestión empresarial, marketing
Contexto 1. Olyusei es prueba de fallos. El sistema de ***backup*** garantiza la prestación del servicio, incluso en el hipotético caso de que se caiga la red por cualquier motivo, o de que haya un corte de suministro eléctrico en el lugar del evento. *EWTRIDIOMSL.*
•Véase copia de seguridad.

base de datos terminológica, *f.*

Tecnologías, terminología
Conjunto de datos terminológicos, monolingüe o plurilingüe, organizados sistemáticamente para su posterior recuperación que incluye información de diversa índole respecto de los términos recopilados en uno o varios campos especializados.
Contexto 1. No hay que confundir la extracción de terminología con la creación de un glosario terminológico a partir de un texto y de una **base de datos terminológica**. En el caso de la extracción automática de terminología, intentamos descubrir los términos más relevantes sin conocer previamente estos términos. En cambio, en el segundo caso, buscamos qué términos de una base de datos terminológica están presentes en un determinado texto y por lo tanto los posibles términos son conocidos *a priori*. *OWTDIRECTORY.*

Contexto 2. Tecnología que aplicamos en nuestras traducciones. Aplicamos la tecnología más avanzada y gestionamos las memorias de traducción y las **bases de datos terminológicas** para adaptar el tipo de texto al glosario particular de cada cliente. *EWACTIVA.*
▲Remisiones: creación y gestión de bases de datos terminológicas; gestor terminológico.

bilingual evaluation understudy, *m.*

Gestión empresarial, calidad
Método de medición de la calidad de una traducción automática que consiste en comparar el producto resultante con una traducción humana de referencia calculada sobre la base de frases y n-gramas.
Contexto 1. BLEU (***bilingual evaluation understudy***) es sin duda la medida usada por excelencia a la hora de identificar la paráfrasis. Se puede interpretar como la media geométrica de la precisión de los n-gramas, ya que va considerando n-gramas con distintos valores de n. *ATFMMN.*
▲Remisiones: métrica de calidad de la traducción; traducción automática; herramienta de traducción automática; métrica NIST; *word error rate*; *translation edit rate.*
◆Nota: sigla BLEU.

bitexto, *m.*

Tecnologías, TA-TAO
Texto origen segmentado y alineado con sus respectivos segmentos meta (traducido de ISO/TS 11669).
Contexto 1. Arthern (1979) concibió un primer acercamiento a las memorias de traducción como un sistema que permitiera el almacenamiento de **bitextos** (texto origen y meta), la recuperación de fragmentos de estos textos y la inserción de estos fragmentos en nuevas traducciones. Así, se compararía el texto nuevo con los textos ya traducidos y se imprimiría la coincidencia más cercana. *GRASETRAD.*
Contexto 2. Al momento de realizar una traducción, una buena manera de visualizar documentos que ya hemos traducido junto con su original es a partir de la creación de **bitextos**, es decir, documentos en su versión en ambos idiomas (del par de idiomas que uno trabaja) en dos columnas. Para esto, el traductor precisará utilizar un alineador de texto: un programa para segmentar y alinear las frases traducidas correspondientes de dos ficheros de texto llano, de tal manera que se enlacen en fragmentos más pequeños con el fin de crear o alimentar una memoria de traducción. De esta forma, permite representar de forma paralela los diferentes grupos de texto, ya sean párrafos, frases o palabras, para que el traductor pueda emplear en traducciones nuevas lo que ya ha hecho en anteriores. Cabe destacar que esta herramienta puede estar o no integrada en los sistemas de traducción asistida. *PBVICMA.*
▲Remisiones: memoria de traducción; texto paralelo; unidad de traducción; alineador; texto comparable.

BLEU, *m.*

Gestión empresarial, calidad
Contexto 1. **BLEU**: compara las traducciones automáticas con una de referencia (realizada por un traductor) considerada como correcta. En sus mediciones, la traducción automática sería de mayor calidad en cuanto más se asemejara a la de referencia en un nivel de frases. En sus puntuaciones, la traducción es mejor cuanto más alta sea su puntuación. *AEVVITAE.*
•Véase *bilingual evaluation understudy.*

bloqueado, *m.*

Tecnologías, TA-TAO
Contexto 1. **Bloqueados**: si trabajáis con SDLx o con Trados Studio (no sé si algún programa más usará este sistema), los bloqueados son 100% *match* que se envían protegidos para que no se modifiquen. *PBEADT.*
•Véase segmento bloqueado.

bróker de traducción, *m.*

Gestión empresarial, actores
Proveedor de servicios que incluye la traducción como servicio de valor agregado (DST).
Contexto 1. Gouadec (2007b) distingue estos tipos: traductores autónomos, empresas de traducción, agencias y **brókeres de traducción**, entidades no especializadas en servicios de traducción, que incluyen estos servicios en su oferta como servicios adicionales (empresas de servicios lingüísticos, escuelas de idiomas, etc.). *ATDAK.*
Contexto 2. Los **brókeres de traducción** son los que compran y venden servicios de traducción sin realizar ninguna actividad sobre dicho servicio (preparación del texto, corrección, edición, etc.). *ATDAK.*
▲Remisiones: agencia de traducción; empresa de traducción; proveedor de servicios de traducción; traductor independiente; proveedor de servicios lingüísticos.

BT, *m.*

Gestión empresarial, actores
Contexto 1. **BT** (*back-translation* o *back-translator*): es el traductor encargado de hacer la traducción inversa; es decir, si un instrumento se ha traducido del inglés al español, un traductor cuya lengua materna es el español debe traducirlo nuevamente al inglés para que pueda determinarse si la traducción original es correcta y si no se ha "perdido" nada en el camino. *PBEADT.*
•Véase *back-translator.*

buena praxis, *f.*

Ejercicio profesional, ética profesional
•Véase buenas prácticas.

buenas prácticas, *f. pl.*

Ejercicio profesional, ética profesional
Actuaciones profesionales que respetan los principios éticos de la traducción (DST).
Contexto 1. No solo cumplimos con las normas legislativas vigentes, además nos comprometemos con el fomento del empleo de calidad y las **buenas prácticas** profesionales hacia la competencia. *EWTTQS.*
Contexto 2. Código de **buenas prácticas**. La Red de Traductores e Intérpretes de la Comunidad Valenciana aconseja que sus socios se adhieran a las siguientes pautas de buena conducta profesional. *GWXARXA.*
Contexto 3. Problemática actual del sector de la traducción y la interpretación: Lionbridge y FEGILT-SEIL (22/11/2010). Ciclo de conferencias sobre traducción y **buenas prácticas**. *GWASETRAD.*
▲Remisiones: malas prácticas; código de ética; decálogo del traductor; juramento jeronímico; cultura de la traducción; política ecológica.
◆Nota: sin. buena praxis.

cadena, *f.*

Tecnologías, TA-TAO
Contexto 1. **Cadena** es un fragmento de texto que necesita ser traducido. Este término es ampliamente utilizado especialmente en la localización de *software*. *EBMULTILIZER.*
•Véase cadena de *software*.

cadena de *software*, *f.*

Tecnologías, TA-TAO
Unidad de traducción en la localización de *software* con restricción de caracteres.
Contexto 1. Gracias a nuestro equipo de ingenieros informáticos analizamos la arquitectura de tu producto, extraemos las **cadenas de *software*** y las enviamos a traducir. Posteriormente incorporaremos estos textos a la GUI, adaptaremos el tamaño de las ventanas y los menús para que el espacio se ajuste a la longitud de la traducción, comprobaremos que estos cambios mantengan la usabilidad del producto y el diseño de sus elementos funcionales y estéticos y, finalmente, compilaremos y testearemos todo el *software*. Un servicio todo-en-uno: tú creas y nosotros localizamos. *EWOKODIA.*
▲Remisiones: localización; unidad de traducción; localizador; herramienta de localización.
◆Notas: sin. *string*. Acort. cadena.

cala, *f.*

Gestión empresarial, calidad

Contexto 1. La **cala** (*spot-check*). Control parcial o selectivo de una traducción simplemente para comprobar su calidad. *ONCEMR.*

• Véase revisión parcial.

calculador de presupuesto, *m.*

Tecnologías, TIC-TAV

Contexto 1. **Calculador de presupuesto**. Con esta herramienta podrá calcular el presupuesto estimado de su proyecto de traducción para un plazo no urgente y un formato editable. Para obtener el presupuesto más preciso y atractivo le invitamos a enviar su documento vía nuestro formulario. Analizaremos el documento y aplicaremos descuentos por las repeticiones internas gracias a las memorias de traducción. *EWMILEG.*

• Véase calculadora de presupuesto.

calculadora de precios, *f.*

Tecnologías, TIC-TAV

Contexto 1. **Calculadora de Precios**. Precios: nuestros precios están basados en el tipo de servicio(s) que usted elija, la longitud de su manuscrito, y la rapidez con la que necesita que su manuscrito le sea devuelto. Usted no tiene que esperar a que le demos un presupuesto, simplemente utilice el siguiente formulario para ver nuestras tarifas y opciones de servicios. *EWAJE.*

• Véase calculadora de presupuesto.

calculadora de presupuesto, *f.*

Tecnologías, TIC-TAV

Herramienta informática puesta a disposición del cliente para conocer, con precisión y rapidez, el presupuesto de un encargo de traducción.

Contexto 1. **Calculadora de presupuestos.** Si dispone del documento a traducir en formato digital (PDF, Word, Open Office, etc.), puede calcular aproximadamente cuánto costará la traducción. *EWGTC.*

▲ Remisiones: contador de palabras; herramienta de facturación; calculadora de tarifas; presupuesto.

◆ Nota: sin. calculadora de precios; calculador de presupuesto.

calculadora de tarifas, *f.*

Tecnologías, TIC-TAV

Herramienta diseñada para ayudar a los traductores a establecer tarifas adecuadas en función de sus gastos, ingresos y rendimiento profesional.

Contexto 1. CalPro: la **calculadora de tarifas** que mejora tu calidad de vida. Si acabas de terminar la carrera y no sabes qué tarifa aplicar o si llevas años trabajando como traductor pero no te has detenido nunca a evaluar cuáles son tus ingresos netos, quizás te interese conocer CalPro, que te permitirá hallar la tarifa adecuada para ti en función de tus propios gastos y de tu productividad. Además, te hará reflexionar sobre la rentabilidad actual de tu actividad económica y sobre lo que deberías cambiar para alcanzar tus metas laborales y personales. En definitiva, CalPro es una herramienta con un enorme potencial que incluso puede mejorar tu calidad de vida. *GWASETRAD.*

▲ Remisiones: herramienta de facturación; contador de palabras; gráfica de tarifas; tarifa de traducción; tarifa mínima; tarifa razonable; unidad de facturación; cotización.

◆ Nota: Herramienta CalPro.

cálculo de plazos, *m.*

Gestión empresarial, presupuesto y facturación

Estimación de la inversión de tiempo requerida para cumplir con un encargo de traducción (DST).

Contexto 1. Envíe los materiales a traducir vía correo electrónico o el correo regular. Nuestro empleado se pondrá en contacto con usted para especificar los detalles del pedido. Después nosotros le enviaremos **cálculos de plazos** y estimación del costo para su traducción. Usted puede pagar por nuestros servi-

cios de cualquier modo que le parezca conveniente. De acuerdo con la fecha establecida usted recibe la traducción en la forma estipulada según sus requisitos. *EWTRANSLATE.*
Contexto 2. **Cálculo de plazos** y tarifas. Para presentarle una oferta vinculante lo más pronto posible, le ruego darme unos detalles concretos con respecto a su pedido de información: ¿para quién? (objetivo de la traducción, destinatarios) ¿Hasta cuándo? (plazo máximo de entrega) Cantidad y contenido (por favor, adjuntar texto original escaneado). *PWSH.*
▲Remisiones: capacidad de traducción; plazo de entrega; productividad.

calendario del proyecto, *m.*

Proceso de traducción, fase de pretraducción
Distribución temporal de las actividades del proyecto de traducción.
Contexto 1. Las especificaciones del proyecto pueden incluir los elementos siguientes: a) campo de aplicación del trabajo, que consta de servicios estándares y servicios de valor añadido; b) servicios estándares (traducción, autocomprobación [autorrevisión por parte del traductor], revisión [por otra persona distinta], corrección de concepto [si se solicita], corrección de pruebas, verificación final y entrega); c) lista no exhaustiva de servicios de valor añadido que pueden incluirse en un acuerdo (véase el anexo F); d) requisitos del lugar de trabajo (por ejemplo, cuando el trabajo debería hacerse en una ubicación predeterminada); e) **calendarios del proyecto** y fechas de entrega; f) presupuesto, incluida la divisa; g) información relevante sobre el contenido de origen (como su procedencia y el volumen en palabras o caracteres); h) especificaciones lingüísticas para el producto (es decir, especificaciones estándares y opcionales); i) especificaciones lingüísticas estándares; j) lenguas; k) audiencia y finalidad. *ONAENORISO.*
▲Remisiones: duración del proyecto; especificaciones del proyecto; estado del proyecto; plazo de entrega; cierre del proyecto; administración del cierre del proyecto.

cancelación del pedido, *f.*

Gestión empresarial, presupuesto y facturación
Anulación o suspensión de un servicio de traducción u otro de valor añadido pactado entre el proveedor y el cliente sujeto a compensación o al pago total en función del perjuicio ocasionado (DST).
Contexto 1. Modificación/**cancelación del pedido**. En caso de que el cliente desee modificar el pedido tras la formalización del mismo, la agencia de traducción se reserva el derecho de modificar a su vez la fecha de entrega y los precios. Las modificaciones tendrán que confirmarse por escrito (*e-mail* o carta). El cliente solo estará autorizado a cancelar el pedido en caso de que la fecha de entrega y su prórroga se haya rebasado fuera de toda proporción. Si el cliente cancelara el pedido sin estar autorizado a ello, estará obligado a abonar la cantidad completa según las condiciones acordadas o en su defecto según estas condiciones generales. La cancelación del pedido tendrá que efectuarse por escrito (*e-mail* o carta). En caso de que el cliente no pudiera mantener sus compromisos, a causa de quiebra, disolución u otros, se compromete a informar inmediatamente a la agencia de traducción de la situación. La agencia de traducción podrá detener inmediatamente el pedido y exigir su pago inmediato antes de continuar con el trabajo. *EWWORDECODE.*
▲Remisiones: honorarios; cotización; modificación al pedido; compensación por daños.

capacidad de respuesta, *f.*

Proceso de traducción, fase de pretraducción
Contexto 1. Calidad y **capacidad de respuesta**, las dos ventajas que le ofrece Milega, agencia de traducción profesional especializada en *marketing*. *PBLPDCH.*
Contexto 2. **Capacidad de respuesta**. En oTranslations.com trabajamos bajo de-

manda y tenemos capacidad de respuesta en tiempo real: ofrecemos soluciones rápidas y eficaces en proyectos de gran contenido y volumen. *EWOTRANSLATION.*
•Véase capacidad de traducción.

capacidad de trabajo, *f.*

Proceso de traducción, fase de pretraducción
Contexto 1. ¿Cuáles son las ventajas de trabajar con una agencia de traducción en lugar de con un solo traductor? Implementación de un ciclo de calidad en la traducción, mayor **capacidad de trabajo** y recursos humanos, amplia gama de herramientas y formatos electrónicos. *EWORCHESTRA.*
•Véase capacidad de traducción.

capacidad de traducción, *f.*

Proceso de traducción, fase de pretraducción
Volumen de trabajo que es capaz de asumir un PST para garantizar un producto de calidad (DST).
Contexto 1. Organización: la empresa puede asegurar una disponibilidad continua de **capacidad de traducción**, mientras que el traductor autónomo tiene un límite de capacidad determinado. *AWCVC.*
▲Remisiones: productividad; cálculo de plazos; plazo de entrega; facturación.
◆Nota: sin. capacidad de trabajo; capacidad de respuesta; carga de trabajo; límite de capacidad.

capción cerrada, *f.*

Servicio de valor añadido, traducción audiovisual
•Véase *closed caption.*

carácter oficial, *m.*

Ejercicio profesional, acreditación
Condición de la que goza una traducción reconocida y autorizada por el Estado (DST).
Contexto 1. Las traducciones e interpretaciones de una lengua extranjera al castellano y viceversa que realicen los Traductores/as-Intérpretes Jurados/as tendrán **carácter oficial**, pudiendo ser sometidas a revisión por la Oficina de Interpretación de Lenguas las traducciones cuando así lo soliciten las autoridades competentes. *ONMAECE.*
▲Remisiones: traductor oficial; fe pública; traducción oficial; validez legal.

carátula, *f.*

Ejercicio profesional, presentación de la traducción
Contexto 1. Entregar necesariamente la Traducción Certificada en formato físico, con la **carátula** y formalidades establecidas por el Colegio de Traductores del Perú y, a pedido del cliente, podrá entregar además la traducción por correo electrónico, fax, mensajería u otros (previo pago de los costos respectivos). El documento en lengua origen entregado por el cliente podrá ser original, fotocopia, escaneado, virtual o faxeado. *GNCTPMPTC.*
•Véase carátula de la traducción certificada.

carátula de la traducción certificada, *f.*

Ejercicio profesional, presentación de la traducción
Portada que se antepone a la primera página de la traducción certificada avalada por el Colegio de Traductores del Perú (DST).
Contexto 1. Características de la **carátula de traducción certificada**. Características físicas: la carátula que se antepondrá a las traducciones certificadas tendrá las siguientes características físicas: orla de color azul, logotipo del Colegio de Traductores del Perú en el margen superior central, isotipo (emblema) del Colegio de Traductores del Perú en intaglio ubicado en el margen inferior izquierdo, número correlativo de carátula registrado por el Colegio de Traductores del Perú en el margen inferior derecho, línea para firma del traductor colegiado certificado en el margen inferior derecho, valor facial con marco impreso en el margen inferior derecho. *GNCTPMPTC.*
▲Remisiones: traducción certificada; cosellado; página en blanco.
◆Nota: acort. carátula.

carga de trabajo, *f.*

Proceso de traducción, fase de pretraducción
Contexto 1. En un principio, los SC mostraron cierta reticencia a aceptar esta iniciativa inusitada de la Sección TEN (Transportes, Energía, Infraestructuras y Sociedad de la Información) con un plazo corto en un momento de mucha **carga de trabajo**, y se requirió la intervención del punto de contacto del CESE. *ORCEPC.*
• Véase capacidad de traducción.

Carta de Derechos del Traductor, *f.*

Regulación profesional, normas internacionales
Documento elaborado por la Federación Internacional de Traductores en el que se estipulan los principios rectores del ejercicio profesional (DST).
Contexto 1. La **Carta de Derechos del Traductor** de la Federación Internacional de Traductores (http://www.fit-ift.org/en/charter.php#rights), propuesta como "principios guía" para el ejercicio de la profesión, en su Sección II establece los derechos del traductor (arts. 13 a 19 incl.). El primer artículo dice que "todo traductor goza de los derechos con respecto a su traducción que el país en el cual ejerce su actividad les otorga a otros trabajadores intelectuales." (Este es un detalle importante: todo depende de las leyes de cada país.) Pero esta institución —entre otras— reconoce que el traductor posee el derecho de autor ("*copyright*") de su obra, y los mismos privilegios que el autor del trabajo original, incluyendo el derecho moral al reconocimiento de la autoría de la traducción, a oponerse legalmente a la distorsión, mutilación o cualquier modificación de su obra, a prohibir su uso inapropiado y a autorizar cualquier otro uso (publicación, transmisión, adaptación, etc.). *EBSTUS.*
▲ Remisiones: Recomendación sobre la Protección Jurídica de los Traductores y de las Traducciones y sobre los Medios Prácticos de Mejorar la Situación de los Traductores; derechos de traductor; juramento jeronímico.
◆ Nota: sin. carta del traductor; Charte du Traducteur; Translator's Charter.

carta del traductor, *f.*

Regulación profesional, normas internacionales
• Véase Carta de Derechos del Traductor.

cartera de clientes, *f.*

Gestión empresarial, actores
Conjunto de clientes reales y potenciales de un proveedor de servicios de traducción.
Contexto 1. Pensar que la **cartera de clientes** es inamovible y, una vez que has conseguido algunos, ya no necesitas buscar más. *PBETELS.*
▲ Remisiones: cliente; cliente habitual; cliente ideal; portal de clientes; directorio profesional; portal profesional; portal de proveedores; *marketing* profesional; referencias de clientes.

CAT, *f.*

Tecnologías, TA-TAO
• Véase traducción asistida por ordenador.

cava de documentos, *f.*

Tecnologías, documentación
Conservación de documentos repetitivos del cliente en memorias de traducción específicas.
Contexto 1. Conserve el versionado multilingüe y ahorre tiempo y dinero. **Cava de documentos** permite, para cada cliente, la conservación diferenciada, tipológica y seriada de cada documento en memorias de traducción específicas. Está pensada para documentos recurrentes, ya que en su organización existen documentos que ha de traducir recurrentemente de forma anual, cuatrimestral, trimestral. En cada ocasión, las modificaciones de los documentos generan un coste de traducción similar (en tiempo y dinero). Esto ocurre dentro del proceso de elaboración, hasta la versión fi-

nal, y a largo del tiempo en cada proceso, por cada idioma. *EBLINGUASERVE.*
▲ Remisiones: memoria de clientes; memoria de traducción; resultado de traducción automática; titular de memoria de traducción.

CBERPOLA, *m.*

Regulación profesional, normas internacionales
• Véase Convenio de Berna para la Protección de las Obras Literarias y Artísticas.

CC[1], *m.*

Gestión empresarial, calidad
• Véase control de calidad.

CC[2], *f.*

Servicios de valor añadido, traducción audiovisual
• Véase *closed caption.*

CD, *f.*

Servicio de valor añadido, validación
• Véase *cognitive debriefing.*

certificación, *f.*

Ejercicio profesional, acreditación
Proceso establecido por el Colegio de Traductores del Perú para acreditar a sus miembros en los idiomas y direcciones que les correspondan (DTP).
Contexto 1. El presente Manual de Procedimientos de la Traducción Certificada es aplicable a todas las traducciones entregadas en formato físico, que realicen, como traducción certificada, los miembros ordinarios activos del Colegio de Traductores del Perú, con domicilio dentro y fuera del Perú, debidamente certificados en los idiomas y direcciones que les correspondan, de conformidad con los requisitos de **certificación** establecidos en el Estatuto, el Reglamento Interno y el presente Manual. *GNCTPMPTC.*
Contexto 2. El sábado 23 de agosto se realizará el II Curso de **Certificación** para traductores colegiados, que es un requisito para optar la categoría de traductor colegiado certificado (TCC) del CTP, con lo cual podrán firmar y presentar las traducciones como tal, incluida la carátula de seguridad. *GWCTP.*
▲ Remisiones: certificación en idiomas de titulación; certificación en lenguas adicionales; traducción certificada.

certificación de la firma, *f.*

Gestión empresarial, marketing
• Véase legalización de la firma del traductor.

certificación en idiomas adicionales, *f.*

Ejercicio profesional, acreditación
Contexto 1. Esta traducción certificada solo puede ser realizada por el traductor colegiado certificado activo, que ha pasado un proceso de **certificación** en idiomas de titulación y certificación y acreditación **en idiomas adicionales**, debidamente autorizadas y reguladas por las normas del CTP. Asimismo, se encuentra inscrito en el Registro de Traductores Certificados del CTP. *GWCTP.*
• Véase certificación en lenguas adicionales.

certificación en idiomas de titulación, *f.*

Ejercicio profesional, acreditación
Proceso establecido por el Colegio de Traductores del Perú para acreditar a sus miembros en los idiomas en los que se les otorgó el título profesional (DST).
Contexto 1. Esta traducción certificada solo puede ser realizada por el traductor colegiado certificado activo, que ha pasado un proceso de **certificación en idiomas de titulación** y certificación y acreditación en idiomas adicionales, debidamente autorizadas y reguladas por las normas del CTP. Asimismo, se encuentra inscrito en el Registro de Traductores Certificados del CTP. *GWCTP.*
▲ Remisiones: certificación en lenguas adicionales; traducción certificada; certificación.
◆ Nota: sin. certificación en lenguas de titulación.

certificación en lenguas adicionales, *f.*

Ejercicio profesional, acreditación

Proceso establecido por el Colegio de Traductores del Perú para acreditar a sus miembros en idiomas en los que han demostrado suficiencia, a pesar de no haber recibido formación como traductores (DST).

Contexto 1. **Certificación en lenguas adicionales**: reconocimiento otorgado por el Colegio de Traductores del Perú en los idiomas en los que el traductor colegiado certificado no ha recibido formación académica como traductor pero en los que ha demostrado tener competencia o dominio suficientes para que se le certifique según el presente Manual. *GNCTPMPTC.*

▲Remisiones: certificación en idiomas de titulación; traducción certificada; certificación.

◆Nota: sin. certificación en idiomas adicionales.

certificación en lenguas de titulación, *f.*

Ejercicio profesional, acreditación

Contexto 1. **Certificación en lenguas de titulación**. En el caso de los traductores colegiados que provengan de universidades peruanas, como la Universidad Femenina del Sagrado Corazón (Unifé) y la Universidad Ricardo Palma (URP), deberán presentar copia fotostática del Título Profesional autenticado por la Secretaría General de la Universidad otorgante del título. *GNCTPMPTC*

•Véase certificación de idiomas de titulación.

certificado de autenticidad, *m.*

Ejercicio profesional, acreditación

Documento proporcionado por el proveedor de servicios de traducción mediante el cual se avala la idoneidad de una traducción.

Contexto 1. La traducción incluye un **Certificado de Autenticidad**. En algunas ocasiones necesitará que sus traducciones incluyan un Certificado de Autenticidad. En primer lugar, no todos los proveedores de traducción ofrecen este servicio y, además, no todos los que ofrecen este servicio incluyen el costo de este Certificado en sus presupuestos. El Certificado de Autenticidad es un servicio que, por lo general, se pide por separado de la traducción básica. También puede requerir que su traducción sea certificada por un notario público. Al igual que con los Certificados de Autenticidad, no todos los traductores ofrecen este servicio y aquellos que lo hacen por lo general lo cobran aparte. *EBTRANSPANISH.*

▲Remisiones: declaración jurada; fidelidad; exactitud.

certificado de cumplimiento, *m.*

Gestión empresarial, calidad

Documento que emite un organismo de normalización a un proveedor de servicios de traducción que cumple con los estándares de calidad de una determinada norma (DST).

Contexto 1. Interlinco ha establecido e implantado un Sistema Integrado de Gestión de Calidad basándose en los requisitos de la norma de calidad ISO 9001:2008 y de la norma específica de su sector UNE-EN 15038:2006, Servicios de Traducción. **Certificado de cumplimiento** de la norma ISO 9001:2008 expedido por la entidad certificadora TÜV. Certificado de cumplimiento de la norma UNE EN 15038:2006 expedido por la entidad certificadora TÜV. *EWINTERLINCO.*

Contexto 2. En España existen alrededor de 700 agencias de traducción, solo una treintena dispone del **certificado de cumplimiento** de esta norma europea especializada para proveedores de servicios de traducción. *EWAUTOMATICTRANS.*

▲Remisiones: UNE-EN 15038; ISO 17100; ISO 9001; ISO 11669.

certificado de protección de datos, *m.*

Gestión empresarial, marketing

Documento mediante el cual el PST garantiza el resguardo de los datos del cliente de conformidad con la normativa vigente en cada país.

Contexto 1. Dada la importancia que tiene para muchos de nuestros clientes el apro-

piado uso y la protección de sus datos, Mondo Agit decidió, a principios de 2012, confiar el control de su política y aplicación de protección de datos a una empresa independiente externa, la consultora especializada DGE Bruxelles. De esta manera, tras varios trámites y pruebas realizados estamos en posesión del documento que expide la consultora independiente DGE Bruxelles y certifica que nuestra agencia adapta sus procesos a la actual normativa vigente en materia de protección de datos. Descargar **certificado de protección de datos**. *EWMONDO*.
▴Remisiones: protección de datos; buenas prácticas; destrucción confidencial y certificada de documentación; acuerdo de no revelación; cláusula de confidencialidad.

certificado de traducción fiel, *m.*

Ejercicio profesional, presentación de la traducción
Contexto 1. Es práctica habitual para nosotros entregar traducciones a nuestros clientes con un certificado de traducción fiel, el cual certifica que la traducción es, a nuestro entender, correcta y que fue preparada por un equipo de traductores profesionales expertos tanto en el idioma de origen como en el idioma destino. Se extienden **certificados de traducción fiel** legalizados por escribano y apostillados a solicitud. *EWTRUSTED*.
•Véase declaración jurada.

Charte du Traducteur, *f.*

Regulación profesional, normas internacionales
•Véase Carta de Derechos del Traductor.

cierre del proyecto de traducción, *m.*

Proceso de traducción, fase de postraducción
Sistematización de todos los recursos utilizados para un proyecto de traducción con la finalidad de poder reutilizarlos en futuros servicios.
Contexto 1. **Cierre del proyecto de traducción**. Una vez entregada la traducción, actualizamos nuestras memorias de traducción y glosarios (bases de datos terminológicas), lo que nos permite continuar mejorando la terminología y el estilo de las traducciones para ese cliente. Para futuros proyectos con el mismo cliente se empleará la memoria de traducción y base de datos terminológica actualizada, así como también se trabajará preferentemente con el mismo equipo de traducción, ya que está familiarizado con el cliente, la temática de los textos, la terminología, estilo, etc. *EWTRANSANDLOC*.
▴Remisiones: actualización de documentación de referencia; actualización de glosarios; administración del cierre del proyecto; proceso de posproducción; comentarios del cliente; gestión de proyectos; duración del proyecto; composición del equipo del proyecto.

cláusula de confidencialidad, *f.*

Ejercicio profesional, ética profesional
Disposición, contractual o extracontractual, mediante la cual el PST se compromete a guardar reserva de toda información que el cliente desea proteger.
Contexto 1. Las condiciones comerciales pueden incluir, pero sin limitarse a ellos, los elementos siguientes: a) **cláusulas de confidencialidad** y acuerdos de no revelación. *ONAENORISO*.
Contexto 2. Confidencialidad. Todo presupuesto incluye una **cláusula de confidencialidad** que obliga al Cliente, a NAKOM y a sus colaboradores a mantener la más estricta reserva en cuanto a toda la información contenida en o relativa al proyecto encomendado. No obstante, el Cliente autoriza a NAKOM a publicar en su sitio web y en otros materiales publicitarios o de mercadotecnia una referencia al Cliente como miembro de la cartera de clientes de NAKOM, junto con el logotipo que a tal efecto facilite el Cliente. En tal caso, ambas partes se comprometen a colaborar para que dicha cita o referencia resulte aceptable para ambas partes en cuanto a ubicación y utilización de elementos gráficos, de forma

que se preserve adecuadamente la imagen de marca del Cliente. *EWNAKOM.*
▲Remisiones: acuerdo de no revelación; acuerdo de confidencialidad con los empleados; destrucción confidencial y certificada de documentación; protección de datos; secreto profesional.

cliente, *m.*

Gestión empresarial, actores
Persona u organización que encarga un servicio de traducción a un PST mediante un acuerdo formal (UNE-EN ISO 17100).
Contexto 1. El PST debe disponer de procesos para la gestión y análisis de solicitudes, la determinación de la viabilidad de los proyectos, la preparación de presupuestos y la formalización de acuerdos con **clientes**. *ONAENORISO.*
Contexto 2. Al margen del ámbito editorial, en ocasiones el **cliente** tampoco coincide con el destinatario o usuario final; un supervisor que solicita una traducción para uso interno de una sección de la organización, un cliente beneficiario de los efectos legales de la traducción cuyo destinatario final será un agente de poder, aunque las consecuencias de la traducción reviertan sobre el cliente. En estos casos el usuario final no entra en contacto. *AAAJ.*
▲Remisiones: cliente habitual; cliente ideal; cartera de clientes; cliente directo; comentarios del cliente; conocimiento del cliente; fidelización del cliente; portal de clientes; referencias de clientes.

cliente directo, *m.*

Gestión empresarial, actores
Persona natural o jurídica que contrata, sin intermediarios, a un proveedor de servicios de traducción (DST).
Contexto 1. Tras una pequeña encuesta de opinión entre mis seguidores en Twitter, en la que proponía varias opciones para mi próxima entrada, esta ha sido, casi por unanimidad, la opción ganadora. Y es que, ¿a quién no le interesa conocer algunos trucos y consejos para tener más éxito como traductor? En esta entrada he reunido algunos consejos básicos sobre cómo convencer a un cliente, ya sea agencia o **cliente directo**, de que contrate nuestros servicios de traducción. Siempre desde mi propia experiencia tanto de traductora como de intermediario. *PBLTEA.*
Contexto 2. El traductor o intérprete velará por los intereses de NAKOM, absteniéndose de realizar cualquier conducta que pueda dañar la reputación e imagen de NAKOM. El traductor no contactará con el Cliente en ninguna circunstancia, sin la previa autorización de NAKOM y, en tal caso, siempre lo hará en nombre de NAKOM. Si un **cliente directo** o indirecto de NAKOM contactara con el traductor o intérprete, este notificará del hecho inmediatamente a NAKOM. *EWNAKOM.*
Contexto 3. **Clientes directos**: son empresas y particulares que necesitan servicios de traducción. El traductor trabaja directamente con el cliente final que necesita la traducción. Este grupo puede incluir desde empresas que quieren abrir mercado o lanzar un producto. *PBETELS.*
▲Remisiones: cliente; cliente indirecto; cliente habitual; cliente ideal; cartera de clientes.

cliente habitual, *m.*

Gestión empresarial, actores
Persona natural o jurídica que está acostumbrada a solicitar, con regularidad, servicios de traducción o de valor agregado.
Contexto 1. **Clientes habituales**. Cuando recibimos un trabajo de un cliente habitual, suele bastar con echarles un vistazo a los documentos y confirmar la fecha de entrega, pues las tarifas y las condiciones de pago son por lo general las mismas para todos los encargos. Si varían, habrá que confirmarlas también, obviamente. *PBETELS.*
▲Remisiones: cliente; cliente directo; cliente indirecto; cliente ideal; cartera de clientes.

cliente ideal, *m.*

Gestión empresarial, actores

Persona natural o jurídica que conoce y respeta el trabajo de un PST.

Contexto 1. El **cliente ideal**. "Cliente ideal" porque, con este cliente, ya tienes hecho el trabajo más difícil: convencerle de la necesidad de contratar servicios profesionales de traducción. Este cliente ya es consciente de ello y entiende la importancia que tiene que sus traducciones no las haga cualquiera, sino un profesional del sector. Es decir, es un cliente que tiene la necesidad, la reconoce y, además, está dispuesto a pagar por ella. *EWNVT.*

▲ Remisiones: cliente; cliente directo; cliente indirecto; cliente habitual; cartera de clientes.

◆ Nota: sin. cliente perfecto.

cliente indirecto, *m.*

Gestión empresarial, actores

Proveedor de servicios de traducción que subcontrata a terceros para atender a su cartera de clientes.

Contexto 1. El traductor o intérprete velará por los intereses de NAKOM, absteniéndose de realizar cualquier conducta que pueda dañar la reputación e imagen de NAKOM. El traductor no contactará con el Cliente en ninguna circunstancia, sin la previa autorización de NAKOM y, en tal caso, siempre lo hará en nombre de NAKOM. Si un **cliente** directo o **indirecto** de NAKOM contactara con el traductor o intérprete, este notificará del hecho inmediatamente a NAKOM. *EWNAKOM.*

▲ Remisiones: subcontratación; proveedor de servicios de traducción; traductor independiente; agencia de traducción; empresa de traducción; bróker de traducción; subcontratista; cliente directo.

◆ Nota: sin. intermediario.

cliente perfecto, *m.*

Gestión empresarial, actores

Contexto 1. Las diez virtudes del **cliente perfecto**. ¿Cómo es el cliente que todo traductor querría tener? ¿Qué buenas cualidades reúne? En mi opinión, un buen cliente es aquel que 1. te envía trabajo con frecuencia; 2. acepta sin regatear tus tarifas y presupuestos; 3. no te presiona con los plazos de entrega a menos que realmente sea urgente, y en tal caso comprende y acepta la aplicación de un recargo; 4. no espera que te quedes trabajando en fin de semana a menos que realmente sea urgente, y en tal caso comprende y acepta la aplicación de un recargo; 5. no exige descuentos, pero agradece que tengas la deferencia de hacerle alguna rebaja si así lo decides; 6. responde amablemente a todas tus preguntas y está dispuesto a ayudarte en todo lo que necesites; 7. comprende la importancia que una buena traducción tiene para la imagen de su empresa y te agradece el trabajo bien hecho; 8. confía en ti porque aprecia tu valía profesional y tu buen hacer; por eso siempre vuelve y no te sustituye por cualquier otro que cobre menos; 9. paga puntualmente; 10. se toma la molestia de desearte un buen viaje cuando te vas de vacaciones y tiene la cortesía de mandarte una postal (¡o incluso un pequeño regalo!) por Navidad. Si un cliente reúne todas estas virtudes, entonces es sencillamente perfecto. Y os preguntaréis: ¿realmente hay clientes así? Bueno, todos sabemos que la perfección absoluta no existe, pero algunos clientes se acercan bastante. A todos ellos, ¡mil gracias! *PBETELS.*

• Véase cliente ideal.

closed caption, *f.*

Servicio de valor añadido, traducción audiovisual

Servicio de valor añadido que consiste en la inserción de subtítulos ocultos, a través de un chip decodificador integrado al televisor, para ver por escrito lo que se emite oralmente en programas televisivos y video.

Contexto 1. ***Closed caption***. Permite la introducción de texto en programas de tele-

visión y videos, para que las personas con problemas auditivos puedan leer los diálogos. *OWSTENOCAP.*
Contexto 2. El sistema de ***closed caption*** fue creado para los telespectadores con problemas auditivos con el fin de poder leer los programas y fue necesario crear una tecnología accesible para el telespectador sordo, pero no obligatoria para los telespectadores con problemas de audición. Hoy en día, este sistema se decodifica con un chip decodificador integrado en el televisor (el cual debe activarse para verlo), el cual contiene letras blancas sobrepuestas en un fondo de color negro, el tipo de fuente es semejante al estilo Courier New. *OBABERCAP.*
▲Remisiones: transcripción de audio y video; audiodescripción; subtitulación para sordos; *closed caption* en *roll-up*; *closed caption* en *pop-on*; subtitulación.
◆Notas: sin. capción cerrada; subtitulación cerrada. Sigla CC.

closed caption **en** ***pop-on***, *f.*

Servicio de valor añadido, traducción audiovisual
Servicio de valor añadido que consiste en la inserción de subtítulos ocultos, de dos o tres líneas, sobre un fondo negro, para ver de forma escrita no solo lo que se emite oralmente en programas televisivos y en video, sino también detalles como efectos sonoros y otros relacionados con la trama.
Contexto 1. Sistema de ***closed caption*** **en** ***pop-on***. ¿Qué es? Los *closed captions* en *pop-on* aparecen y desaparecen en la pantalla con un subtitulado electrónico a la vez; se despliegan en una caja cuadrada y cada uno de ellos consta de dos o tres líneas. Los *closed captions* deben incluir la descripción de los efectos de sonido, así como también los movimientos para identificar al hablante. ¿Cuándo se utiliza? Los *closed captions* en *pop-on* deben utilizarse para los programas transmitidos que han sido pregrabados con múltiples hablantes. *OBABERCAP.*
▲Remisiones: transcripción de audio y video; audiodescripción; subtitulación para sordos; *closed caption*; *closed caption* en *roll-up*; subtitulación.

closed caption **en** ***roll-up***, *f.*

Servicio de valor añadido, traducción audiovisual
Servicio de valor añadido que consiste en la inserción de subtítulos ocultos, de dos o tres líneas, con desplazamiento ascendente sobre un fondo negro, en los que se puede ver por escrito lo que se emite oralmente en programas televisivos y de video.
Contexto 1. Sistema de ***closed caption*** **en** ***roll-up***. ¿Qué es? Los *closed captions* en *roll-up* desplazan hacia arriba línea por línea en la pantalla (dos o tres líneas al mismo tiempo) y es la forma más básica, ya que normalmente no incluye la descripción extensa de los efectos de sonido o identifica al hablante. ¿Cuándo se utiliza? El *closed caption* en *roll-up* se utiliza principalmente en TODOS los programas en vivo y programas transmitidos de posproducción que solo cuentan con un hablante (no muy común). *OBABERCAP.*
▲Remisiones: transcripción de audio y video; audiodescripción; subtitulación para sordos; *closed caption*; *closed caption* en *pop-on*; subtitulación.

cloudsourcing, *m.*

Ejercicio profesional, modalidades y condiciones contractuales
Almacenamiento de toda la información, los procesos y los datos de un PST en internet que permite el acceso seguro a la información en tiempo real.
Contexto 1. Parece claro que las nuevas formas de comunicación en el mercado global dan lugar a nuevos instrumentos (textos o géneros textuales), métodos de trabajo (*networking*, ***cloudsourcing***), nuevas necesidades (internacionalización, globalización, transcreación, localización de *software*, globalización de sitios web, etc.). *AAMM.*
▲Remisiones: *coworking*; *crowdsourcing*; globalización; internacionalización; *networking.*

CMS, *m.*

Tecnologías, TIC-TAV

• Véase sistema de gestión de contenidos.

CNB, *f.*

Regulación profesional, organismos de normalización

Contexto 1. La Comisión de Normalización y de Fiscalización de Barreras Comerciales No Arancelarias (**CNB**) es la instancia del Instituto Nacional de Defensa de la Competencia y de la Protección de la Propiedad Intelectual (Indecopi) responsable del desarrollo de las actividades de normalización en el ámbito nacional en todos los sectores, en su calidad de Organismo Nacional de Normalización. *OWINDECOPI.*

• Véase Comisión de Normalización y de Fiscalización de Barreras Comerciales No Arancelarias.

código de ética, *m.*

Ejercicio profesional, ética profesional

Conjunto de principios y conductas que regulan el correcto ejercicio profesional de un traductor (DST).

Contexto 1. Las normas de este **Código de Ética** (el "Código") aplican a todos los miembros de la Asociación Guatemalteca de Intérpretes y Traductores ("AGIT") (traductores jurados y no jurados, así como intérpretes). *GNAGTICE.*

▲ Remisiones: buenas prácticas; malas prácticas; decálogo del traductor; juramento jeronímico; principio de honradez con los clientes; principio de lealtad profesional; principio de libertad; principio de neutralidad; principio de solidaridad; secreto profesional; conducta.

◆ Nota: sin. código deontológico.

código de idioma, *m.*

Proceso de traducción, fase de pretraducción

Identificación de las denominaciones de las lenguas a partir de sus dos primeros caracteres, propuesta por la norma ISO 369.

Contexto 1. Casi todo el mundo ha visto en alguna ocasión códigos de 2 letras que designan idiomas, por ejemplo: FR, EN, DE para francés, inglés y alemán respectivamente. Estos códigos solían ser muy arbitrarios (para alemán, ¿DE o GE?; para holandés, ¿DU o NL?; PO, ¿es polaco o portugués?, etc.), pero cada vez más empresas utilizan ya los códigos estandarizados, de acuerdo a la norma ISO 639. La ISO 639-1 establece códigos de 2 letras basados, en su mayoría, en el nombre de la lengua en su propio idioma (así DE viene de Deutsch para alemán, NL de Nederlands para holandés, etc.). La estandarización también sirve para resolver ambigüedades como PO (polaco es PL y portugués es PT, PO no se utiliza). Se puede consultar la lista completa de **códigos de idiomas** en Wikipedia. *EWQUICKSILVER.*

▲ Remisiones: lengua A; lengua B; lengua C; lengua de destino; lengua de origen; lenguas de trabajo.

código deontológico, *m.*

Ejercicio profesional, ética profesional

Contexto 1. Para amparar el acceso a la profesión y garantizar la integridad de quienes la ejercen, el CEATL (Consejo Europeo de Asociaciones de Traductores Literarios) ha redactado el siguiente **código deontológico** por el que debe regirse el traductor literario. 1.- El hecho de ejercer la profesión de traductor equivale, para quien la ejerce, a afirmar que cuenta con un firmísimo conocimiento de la lengua que traduce (conocida como lengua de partida) y de la lengua en que se expresa (conocida como lengua de llegada). Esta debe ser su lengua materna u otra que domine tan bien como la materna, de la misma forma que todos los escritores dominan la lengua en que escriben. 2.- El traductor tiene la obligación de saber hasta dónde llega su competencia y se abstendrá de traducir un texto cuya redacción o ámbito de conocimiento no domine. 3.- El traductor se abstendrá de mo-

dificar de forma tendenciosa las ideas o la forma de expresarse del autor y suprimir algo de un texto o añadirlo a menos que cuente con el permiso expreso del autor o de sus derechohabientes. 4.- Cuando no sea posible realizar la traducción a partir del texto original y el traductor utilice una "traducción-puente", deberá, para hacerlo, contar con el permiso del autor y mencionar el nombre del traductor a cuyo trabajo recurra. 5.- El traductor se compromete al secreto profesional cuando deba usar, para su labor, documentos confidenciales. 6.- El traductor literario debe conocer a fondo la legislación acerca de los derechos de autor así como los usos de la profesión y debe velar porque se respeten en el contrato de traducción. 7.- El traductor se abstendrá de menoscabar la profesión al aceptar condiciones que no garanticen un trabajo de calidad o perjudiquen a un colega de forma deliberada. *GWACE.*
• Véase código de ética.

Codij, *m.*

Regulación profesional, entidades gremiales
• Véase Colegio Dominicano de Intérpretes Judiciales.

cognitive debriefing, *f.*

Servicio de valor añadido, validación
Servicio de valor añadido que consiste en la validación de cuestionarios de salud traducidos que permite determinar si las preguntas han sido entendidas a cabalidad por los pacientes.
Contexto 1. ***Cognitive debriefing*** (CD): una etapa de la traducción de cuestionarios de salud a la que también suele llamarse "*pilot testing*" (pruebas piloto). Es el concepto que más me cuesta explicar a un no-traductor y consiste en realizar entrevistas individuales a pacientes con una determinada afección o enfermedad para valorar la comprensión de un instrumento (cuestionario de salud, por lo general) que se ha traducido en otro país. *PBEADT.*
▲ Remisiones: revisión de traducibilidad; validación lingüística.
◆ Notas: sin. sesión cognitiva; *pilot testing*; prueba piloto. Sigla CD.

coherencia y unificación terminológica, *f.*

Servicio de valor añadido, terminología
Contexto 1. Es especialmente importante en los encargos voluminosos en los que interviene un equipo de lingüistas, en pos de la **coherencia y la unificación terminológica**. *PBLBM.*
• Véase concordancia terminológica.

coincidencia, *f.*

Tecnologías, TA-TAO
Segmento guardado en una memoria de traducción que el traductor podrá reutilizar en un nuevo encargo (DST).
Contexto 1. Nuestra herramienta de memoria de traducción descompone el texto en segmentos, generalmente oraciones, haciéndolos coincidir con segmentos traducidos previamente de proyectos anteriores. Los traductores revisan las **coincidencias** e indican al *software* que inserte los segmentos traducidos, si corresponde. *EWGAT.*
▲ Remisiones: ninguna coincidencia; coincidencia parcial; coincidencia total; memoria de traducción; repetición; traducción asistida por ordenador; traducción automática; segmento bloqueado.
◆ Nota: sin. correspondencia; equivalencia.

coincidencia aproximada, *f.*

Tecnologías, TA-TAO
Contexto 1. La memoria de traducción funciona como una base de datos de segmentos traducidos, los cuales junto con sus frases fuente se almacenan en la memoria de sistemas de traducción asistida por ordenador como unidades de traducción. La herramienta de traducción asistida por ordenador puede recuperar automáticamente estas unidades de traducción cada vez que encuentra un fragmento de texto "similar". Esto significa que si tenemos frases de 10

palabras y 7 de ellas aparecen en una nueva frase, tenemos un 70% de similaridad y la memoria de traducción mostrará la frase anteriormente traducida. Una herramienta de traducción asistida por ordenador generalmente viene con una función de "búsqueda aproximada". Esta función permite al traductor buscar parte de un segmento dentro de la memoria de traducción. Esta "cadena de palabras" puede recuperarse incluso cuando los dos segmentos no son una réplica exacta el uno del otro. Estas "frases similares" se conocen con el nombre de "**coincidencias aproximadas**". *EWPANGEANIC.*
• Véase coincidencia parcial.

coincidencia de contexto, *f.*
Tecnologías, TA-TAO
Segmento guardado en una memoria de traducción que, además de ser idéntico, se encuentra en un contexto semejante.
Contexto 1. Una **coincidencia de contexto** es mejor que una coincidencia del 100%. Para ser una coincidencia de contexto, el segmento de la memoria de traducción debe coincidir en un 100% con el segmento del documento traducido, y los dos segmentos deben estar en el mismo contexto; es decir, los dos deben estar precedidos por el mismo texto en el documento original. La coincidencia de contexto solo es posible porque la información de contexto se almacena en la memoria de traducción. Cuando se agrega una nueva traducción a la TM, se agregan tres segmentos: el segmento del documento de origen, el segmento traducido y el segmento que precede al segmento del documento de origen. Si no hay un segmento anterior, hay otra información de contexto disponible, por ejemplo, que el segmento era el título del documento. *EWCCAPS.*
▲ Remisiones: coincidencia; ninguna coincidencia; coincidencia parcial; coincidencia total; memoria de traducción; repetición; traducción asistida por ordenador; traducción automática; segmento bloqueado.
◆ Nota: sin. *ICE match*; *context match.*

coincidencia exacta, *f.*
Tecnologías, TA-TAO
Contexto 1. En esta publicación, queremos compartir con nuestros seguidores y lectores varios unas opciones de carácter gratuito en términos de memorias de traducción. Como ya sabemos, las memorias de traducción (también llamadas *TM* o *translation memories*) son corpus paralelos que les permiten a los usuarios guardar y archivar textos originales junto con sus respectivas traducciones en una base de datos (creadas en los mismos "almacenes") para luego recuperar la traducción ya realizada, ya sea mediante una **coincidencia exacta** (denominada en inglés *exact match*) o parcial (del inglés *fuzzy match*). De esta manera, se reutilizan las frases traducidas y revisadas por el usuario. *PBMT.*
• Véase coincidencia total.

coincidencia parcial, *f.*
Tecnologías, TA-TAO
Segmento similar, guardado en una memoria de traducción, que el traductor podrá reutilizar en un nuevo encargo.
Contexto 1. Cuando un traductor aplica la memoria de traducción a contenido nuevo, hay diversos resultados posibles. Un resultado posible es "Ninguna coincidencia", lo que significa simplemente que no hay segmentos coincidentes en la memoria. Un traductor humano experto debe traducir esta frase desde cero. Otro resultado es una "Coincidencia total" (es decir, una coincidencia "100 por ciento"), que previsiblemente significa que hay una frase (o segmento) en el nuevo texto que es idéntica a una frase ya traducida guardada en la memoria de traducción. En este caso, el traductor debe verificar que el segmento se utilice correctamente dentro del contexto de la nueva traducción, y simplemente aprobarlo si es correcto. Finalmente, puede haber lo que se denomina "**Coincidencia parcial**", que se da cuando una frase o segmento en el nuevo contenido es similar,

pero no idéntico, a un segmento guardado en la memoria de traducción. *EWTRUSTED.*
▲Remisiones: coincidencia; ninguna coincidencia; coincidencia total; memoria de traducción; repetición; traducción asistida por ordenador; traducción automática; segmento bloqueado.
◆Nota: sin. coincidencia aproximada; equivalencia parcial; *fuzzy match.*

coincidencia total, *f.*

Tecnologías, TA-TAO
Segmento idéntico, guardado en una memoria de traducción, que el traductor podrá reutilizar en un nuevo encargo.
Contexto 1. Cuando un traductor aplica la memoria de traducción a contenido nuevo, hay diversos resultados posibles. Un resultado posible es "Ninguna coincidencia", lo que significa simplemente que no hay segmentos coincidentes en la memoria. Un traductor humano experto debe traducir esta frase desde cero. Otro resultado es una "**Coincidencia total**" (es decir, una coincidencia "100 por ciento"), que previsiblemente significa que hay una frase (o segmento) en el nuevo texto que es idéntica a una frase ya traducida guardada en la memoria de traducción. *EWTRUSTED.*
▲Remisiones: coincidencia; ninguna coincidencia; coincidencia parcial; memoria de traducción; repetición; traducción asistida por ordenador; traducción automática; segmento bloqueado.
◆Nota: sin. coincidencia exacta; equivalencia total; *exact match.*

colaborador externo, *m.*

Gestión empresarial, actores
Contexto 1. ¿Qué tipo de **colaborador externo** buscamos? Como proveedor de servicios lingüísticos integrales, CLS Communication requiere con frecuencia los servicios de colaboradores autónomos, como traductores, intérpretes, revisores, revisores redaccionales, *copywriters*, transcriptores, correctores de pruebas, maquetadores externos, gestores de proyectos, profesores de idiomas, etc. *EWCLS.*
•Véase subcontratista.

colegiación, *f.*

Ejercicio profesional, acreditación
Afiliación de traductores titulados a un colegio profesional (DST).
Contexto 1. **Colegiación** de traductores en la Prov. de Santa Fe. Ejercicio de la profesión de Traductor. Se establecen las disposiciones para el ejercicio de la profesión de Traductor y se crea el Colegio de Traductores. *GNCTPPSFL.*
Contexto 2. El Colegio de Traductores del Perú (CTP) convoca al primer proceso de **colegiación** del 2014 dirigido a licenciados en Traducción e Interpretación que deseen ser parte de este gremio. *GWCTP.*
▲Remisiones: número de colegiatura.
◆Nota: sin. matriculación.

Colegio de Traductores del Perú, *m.*

Regulación profesional, entidades gremiales
Gremio peruano fundado en 1996 y creado por la Ley 26684 que alberga a licenciados en traducción.
Contexto 1. El **Colegio de Traductores del Perú** (CTP) es una institución autónoma de derecho público. Fue creado por la Ley N.° 26684 el 14 de noviembre de 1996. Es la institución representativa por excelencia que agrupa a los Licenciados en Traducción. La colegiación es voluntaria de acuerdo con el Artículo 1 de dicha Ley. *GWCTP.*
▲Remisiones: Federación Internacional de Traductores; American Translators Association; Asociación de Traductores Profesionales del Perú.
◆Nota: sigla CTP.

Colegio de Traductores e Intérpretes de Chile, *m.*

Regulación profesional, entidades gremiales

Gremio chileno fundado en 1991 que agrupa a traductores e intérpretes.
Contexto 1. El **Colegio de Traductores e Intérpretes de Chile**, Cotich (ex-AGTS) es una organización chilena no gubernamental, legalmente constituida y miembro de la Fédération Internationale des Traducteurs, FIT. *GWCOTICH.*
▲Remisiones: Federación Internacional de Traductores; American Translators Association.
◆Nota: sigla Cotich.

Colegio de Traductores Públicos de la Ciudad de Buenos Aires, *m.*
Regulación profesional, entidades gremiales
Gremio argentino fundado en 1973 que alberga a traductores públicos.
Contexto 1. El **Colegio de Traductores Públicos de la Ciudad de Buenos Aires** (CTPCBA) es una entidad de derecho público no estatal, reconocida por el Estado. Fue creado por la Ley Nacional N.° 20.305, el 25 de abril de 1973, para regir el gobierno y el control de la matrícula profesional, y llevar su registro en los distintos idiomas. *GWCTPCBA.*
▲Remisiones: Federación Internacional de Traductores; Asociación Argentina de Traductores e Intérpretes.
◆Nota: sigla CTPCBA.

Colegio de Traductores Públicos del Uruguay, *m.*
Regulación profesional, entidades gremiales
Gremio uruguayo fundado en 1950 que agrupa a los traductores públicos egresados de la Universidad de la República y de la Universidad de Montevideo.
Contexto 1. Los fines principales del **Colegio de Traductores Públicos del Uruguay**, como lo consignan los estatutos vigentes hasta la fecha, son los siguientes: a) representar a sus asociados [...], adoptando y propiciando la adopción de las disposiciones necesarias para asegurarles el libre desempeño de su profesión, [...] también velando por el total reconocimiento y mantenimiento del decoro e independencia de la misma. *GWCTPU.*
▲Remisiones: Federación Internacional de Traductores; American Translators Association; Colegio de Traductores Públicos de la Ciudad de Buenos Aires.
◆Nota: sigla CTPU.

Colegio Dominicano de Intérpretes Judiciales, *m.*
Regulación profesional, entidades gremiales
Gremio dominicano que alberga a intérpretes judiciales.
Contexto 1. Art. 1. Se crea el **Colegio Dominicano de Intérpretes Judiciales** como institución moral de carácter público, con personalidad jurídica y patrimonio propio, con los derechos, atribuciones y obligaciones que le confiere la ley. Art. 2. El Colegio Dominicano de Intérpretes Judiciales, estará integrado por todos los Intérpretes Judiciales existentes en el país de conformidad con la ley, así como por los que en adelante cumplan con los requisitos de esta ley y de la Ley 327-98 en su Art. 80 que modifica el artículo 99 de la Ley 821 de 1927. *GWCODIJ.*
▲Remisiones: Federación Internacional de Traductores; American Translators Association.
◆Nota: sigla Codij.

Colegio Nacional de Licenciados en Traducción e Interpretación, *m.*
Regulación profesional, entidades gremiales
Gremio venezolano fundado en 1980 que agrupa a traductores e intérpretes profesionales.
Contexto 1. A.C. Conalti (Asociación Civil **Colegio Nacional de Licenciados en Traducción e Interpretación**) se fundó en 1980 por iniciativa de los primeros egresados de la Escuela de Idiomas Modernos de la Universidad Central de Venezuela. Somos la agrupación profesional de traductores e intérpretes más antigua de Venezuela y pertenecemos a la Fédération Internationale des Traducteurs (FIT). *GWCONALTI.*
▲Remisiones: Federación Internacional de Traductores; American Translators Association.
◆Nota: sigla Conalti.

combinación de idiomas, *f.*

Ejercicio profesional, perfil profesional

Contexto 1. Ofrecemos servicios de traducción profesionales con tarifas competitivas en prácticamente cualquier **combinación de idiomas**. Por ello, contamos con un amplio equipo de traductores profesionales titulados, con al menos 5 años de experiencia y especializados en distintos ámbitos. Nuestra máxima es trabajar siempre con traductores nativos de la lengua de destino. Solo de este modo puede garantizarse una traducción de la máxima calidad y plenamente satisfactoria para nuestros clientes. Asignamos cada proyecto al traductor más adecuado, en función de la combinación de idiomas y de la temática y el grado de especialización del texto. Prueba nuestros servicios y te aseguramos que nos convertiremos en tu empresa de traducción de confianza. *EWGLOSALIA.*

• Véase combinación lingüística.

combinación idiomática, *f.*

Ejercicio profesional, perfil profesional

Contexto 1. Si te fijas y entras en nuestra página web, verás que somos una agencia de traducciones capaz de traducir textos a idiomas más "típicos" como el inglés, español, catalán, portugués, alemán o francés, así como a otros menos habituales como pueden ser el ruso, el árabe o el chino. Dicho esto, disfrutar de una cartera de más de 700 traductores nos permite ser capaces de traducir en cualquier tipo de **combinación idiomática**. Cualquier traducción que necesites, sea de la temática que sea, y del idioma al idioma que sea, podemos hacerla con la garantía de máxima calidad. *EWPLANETLINGUA.*

• Véase combinación lingüística.

combinación lingüística, *f.*

Ejercicio profesional, perfil profesional

Pares de lenguas, activas o pasivas, en las que un traductor ofrece sus servicios (DST).

Contexto 1. La **combinación lingüística** y el idioma al que se traduce son factores esenciales a la hora de establecer el precio de la traducción. El traductor vive normalmente en el país en que se habla el idioma hacia el que se traduce. El nivel de vida y las cargas fiscales de los países en que residen los traductores influirán evidentemente en el precio. *EWESMEDO.*

Contexto 2. Un equipo de traductores jurados. El equipo de QCS está formado por varios traductores jurados, de distintas **combinaciones lingüísticas**, habilitados por el Ministerio de Asuntos Exteriores y de Cooperación para certificar las traducciones de tal forma que tengan validez oficial. *EWQCS.*

▲ Remisiones: lenguas de trabajo.

◆ Nota: sin. combinación de idiomas; combinación idiomática.

comentarios de posproducción, *m. pl.*

Proceso de traducción, fase de postraducción

Contexto 1. Las especificaciones adicionales pueden incluir, pero sin limitarse a ellos, los elementos siguientes: a) uso de tecnología; b) materiales que el cliente vaya a proporcionar al PST. NOTA: el cliente tiene que esforzarse para proporcionar el contenido de la lengua de origen en un formato procesable mediante máquinas; c) tratamiento de la comunicación durante el proyecto y de los **comentarios de posproducción**; d) formato y maquetación del contenido de destino (por ejemplo, Word, InDesign o XML, si no coinciden con los del contenido de origen); e) método de entrega (por ejemplo, correo electrónico y FTP); f) tipo de traducción (por ejemplo, localizada frente a generalista y transcreación); g) reconocimiento (¿aparece el nombre del PST o del traductor en la traducción publicada?). *ONAENORISO.*

• Véase comentarios del cliente.

comentarios del cliente, *m. pl.*

Proceso de traducción, fase de postraducción

Fase del proceso de posproducción que consiste en evaluar el grado de satisfacción del cliente, directo o indirecto, respecto de

un servicio de traducción o de valor agregado, con la finalidad de adoptar las medidas correctivas y las acciones del caso (UNE-EN ISO 17100).
Contexto 1. **Comentarios del cliente**. El PST debe disponer de un proceso para el tratamiento de los comentarios del cliente, para la evaluación de la satisfacción del cliente y para la realización de las correcciones correspondientes y/o la adopción de acciones correctoras. Si existe la necesidad de introducir correcciones, el trabajo se volverá a entregar al cliente. Se considera una buena práctica que el PST comparta los comentarios del cliente con todas las partes involucradas. *ONAENORISO.*
▲Remisiones: administración del cierre del proyecto; cierre del proyecto de traducción; encuesta de satisfacción; proceso de posproducción; reclamación; gestión de proyectos.
◆Nota: sin. comentarios de posproducción; *feedback* del cliente.

Comisión de Normalización y de Fiscalización de Barreras Comerciales No Arancelarias, *f.*

Regulación profesional, organismos de normalización
Entidad peruana sin fines de lucro responsable del desarrollo de las actividades de normalización en todos los sectores (DST).
Contexto 1. La **Comisión de Normalización y de Fiscalización de Barreras Comerciales No Arancelarias** (CNB) es la instancia del Instituto Nacional de Defensa de la Competencia y de la Protección de la Propiedad Intelectual (Indecopi) responsable del desarrollo de las actividades de normalización en el ámbito nacional en todos los sectores, en su calidad de Organismo Nacional de Normalización. *OWINDECOPI.*
▲Remisiones: Asociación Española de Normalización y Certificación; UNE-EN 15038; ISO 17100; ISO 9001; ISO 11669.
◆Notas: sigla CNB. Esta institución forma parte del Instituto Nacional de Defensa de la Competencia y de la Protección de la Propiedad Intelectual (Indecopi).

compaginación, *f.*

Servicio de valor añadido, edición y publicación
Servicio de valor añadido que consiste en disponer todos los elementos del diseño (texto, imágenes, etcétera) de un documento traducido en cada una de las páginas de la publicación (DST).
Contexto 1. Iguana Translations es una agencia de traducción y de servicios lingüísticos. Ofrecemos un servicio integral que va desde la traducción a la edición, a la revisión, hasta la **compaginación** final. *EWIGUANA.*
Contexto 2. ¿Pueden mantener la compaginación de mi documento? Mantenemos el formato. La **compaginación** y el formato del documento serán respetados escrupulosamente. Si el documento original es editable, la traducción se realizará introduciendo los textos sin modificar el estilo o el formato. En su defecto, reproduciremos la compaginación y estructura de su documento con la mayor fidelidad posible. *EWIDIOMC.*
▲Remisiones: DTP; edición; maquetación; diseño gráfico; fotocomposición; volcado de texto.

compensación, *f.*

Gestión empresarial, presupuesto y facturación
Contexto 1. Si la agencia de traducción ha reservado tiempo para la ejecución del pedido anulado, podrá requerir del cliente el pago de una **compensación** del 50% de los honorarios por el trabajo no realizado. *EWJENSEN.*
•Véase compensación por daños.

compensación por daños, *f.*

Gestión empresarial, presupuesto y facturación
Monto de dinero que debe asumir el cliente frente al proveedor de servicios de traducción por el incumplimiento de un compromiso contractual, para resarcir al traductor por los perjuicios que le haya ocasionado.
Contexto 1. Todas las reclamaciones de responsabilidad, de garantía y de **compensación por daños** se limitarán al valor del encargo. El cliente ha de hacer las posibles reclamaciones por escrito, con información

detallada sobre los errores (las preferencias subjetivas de estilo no se tomarán en cuenta como objeciones), en un plazo máximo de 14 días después de la recepción de la traducción. Si el cliente no hace constar ninguna objeción en el plazo de 14 días —empezando dicho plazo a contar a partir del día siguiente al del envío demostrable (p. ej. con un registro de envío) de la traducción al cliente—, la traducción se considerará aprobada. *EWNCTRANSLATIONS.*
▲Remisiones: honorarios; cotización; modificación al pedido; cancelación del pedido.
◆Nota: acort. compensación.

competencia bilingüe, *f.*
Ejercicio profesional, perfil profesional
•Véase competencia bilingüística.

competencia bilingüística, *f.*
Ejercicio profesional, perfil profesional
Subcompetencia de la competencia traductora que consiste en los sistemas subyacentes de las habilidades y los conocimientos necesarios para la comunicación lingüística en las dos lenguas (ALAH).
Contexto 1. La **competencia bilingüística** se compone de una competencia de comprensión en la lengua de partida y de producción en la lengua de llegada. [...] Está integrada por la 1. competencia gramatical (dominio del código lingüístico); 2. la competencia textual, dominio de la combinación de formas lingüísticas para elaborar un texto escrito u oral en diferentes géneros o tipos de texto y que incluye conocimientos de coherencia y cohesión; 3. la competencia ilocutiva, relacionada con las funciones del lenguaje; 4. la competencia sociolingüística, relacionada con la producción y comprensión apropiados en diversos contextos sociolingüísticos, dependientes de factores como el estatus de los participantes, los propósitos de la interacción, las normas o convenciones de la interacción, etc. *ALAH.*
▲Remisiones: competencia traductora; competencia de transferencia; competencia estratégica; competencia extralingüística; competencia instrumental y profesional; competencia psicofisiológica.
◆Nota: clasificación propuesta por el Grupo PACTE distinta de la clasificación de la norma ISO 17100:2015.

competencia cultural, *f.*
Ejercicio profesional, perfil profesional
Competencia profesional que consiste en la capacidad para hacer uso de la información sobre las normas de comportamiento, la terminología actualizada, los sistemas de valores y las convenciones locales que caracterizan las culturas de las lenguas de origen y destino (UNE-EN ISO 17100).
Contexto 1. Competencias profesionales de los traductores. Los traductores deben tener al menos las siguientes competencias: a) competencia traductora; b) competencia lingüística y textual en la lengua de origen y en la lengua de destino; c) competencia documental, adquisición y procesamiento de la información; d) **competencia cultural**; e) competencia tecnológica. *ONAENOR.*
Contexto 2. La tercera competencia que mencionamos es la **competencia cultural**. Por un lado, la competencia cultural está relacionada con la cultura de los países correspondientes a las lenguas de trabajo, que son reflejo de esa cultura. Esta es la razón por la cual el traductor, más que un profesional bilingüe, debe aspirar a ser bicultural. *PWOA.*
▲Remisiones: competencia profesional del traductor; competencia traductora; competencia lingüística y textual en la lengua de origen y en la lengua de destino; competencia en búsqueda, adquisición y procesamiento de la información; competencia técnica; competencia de dominio.
◆Nota: clasificación propuesta por la norma ISO 17100:2015 distinta de la clasificación del Grupo PACTE.

competencia de dominio, *f.*

Ejercicio profesional, perfil profesional
Competencia profesional del traductor que consiste en la capacidad para comprender el contenido producido en la lengua de origen y para reproducirlo en la de destino mediante un estilo y una terminología adecuados (UNE- EN ISO 17100).
Contexto 1. Los traductores deben tener las competencias siguientes: f) **competencia de dominio**: capacidad para comprender el contenido producido en la lengua de origen y para reproducirlo en la de destino mediante un estilo y una terminología adecuados. *ONAENORISO.*
▲Remisiones: competencia profesional del traductor; competencia traductora; competencia lingüística y textual en la lengua de origen y en la lengua de destino; competencia en búsqueda, adquisición y procesamiento de la información; competencia cultural; competencia técnica.
◆Nota: clasificación propuesta por la norma ISO 17100:2015 distinta de la clasificación del Grupo PACTE.

competencia de transferencia, *f.*

Ejercicio profesional, perfil profesional
Subcompetencia de la competencia traductora que consiste en la capacidad de recorrer el proceso de transferencia desde el texto original hasta la elaboración del texto final (ALAH).
Contexto 1. La **competencia de transferencia** consiste en saber comprender el texto original y reexpresarlo en la lengua de llegada según la finalidad de la traducción y las características del destinatario. *ALAH.*
▲Remisiones: competencia traductora; competencia estratégica; competencia extralingüística; competencia instrumental y profesional; competencia bilingüística; competencia psicofisiológica.
◆Nota: clasificación propuesta por el Grupo PACTE distinta de la clasificación de la norma ISO 17100:2015.

competencia desleal, *f.*

Ejercicio profesional, ética profesional
Comportamiento anticompetitivo mediante el cual el traductor trata de obtener un beneficio propio en desmedro del mercado del competidor (DST).
Contexto 1. Los miembros de Asetrad se abstendrán de cometer acciones que puedan menoscabar el prestigio de la profesión. Evitarán la **competencia desleal**. Se abstendrán de ostentar títulos que no posean. *GNASETRADCD.*
Contexto 2. Agora Facilities Services S. L. no asume responsabilidad alguna con relación a la información, contenidos de todo tipo, productos y servicios ofertados o prestados a través del portal de Agora Facilities Services S. L. por terceras personas o entidades y en especial por los daños y perjuicios de cualquier tipo que vinculados a lo anterior puedan producirse por: (i) ausencia o deficiencias en la información facilitada a los usuarios o en su veracidad, exactitud y suficiencia; (ii) incumplimiento o cumplimiento defectuoso o impuntual de los contratos o relaciones precontractuales; (iii) incumplimiento de las obligaciones que incumben a los prestadores de servicios de la sociedad de la información; (iv) infracción de los derechos de los consumidores y usuarios; (v) infracción de los derechos de propiedad intelectual e industrial; realización de actos de **competencia desleal** o de publicidad ilícita; (vi) infracción del derecho de protección de datos; del secreto profesional y de los derechos al honor, a la intimidad personal y familiar y a la imagen de las personas; y (vii) en general el incumplimiento de cualesquiera leyes, costumbres o códigos de conducta que resulten de aplicación. *EWAGORA.*
▲Remisiones: malas prácticas; código de ética; conducta interprofesional.

competencia documental, adquisición y procesamiento de la información, *f.*

Ejercicio profesional, perfil profesional

Contexto 1. Competencias profesionales de los traductores. Los traductores deben tener al menos las siguientes competencias: a) competencia traductora; b) competencia lingüística y textual en la lengua de origen y en la lengua de destino; c) **competencia documental, adquisición y procesamiento de la información**; d) competencia cultural; e) competencia tecnológica. *ONAENOR*.
Contexto 2. **Competencia documental, adquisición y procesamiento de la información**. El estudiante será capaz de adquirir de forma eficaz el conocimiento lingüístico y especializado adicional necesario para comprender el texto de origen y producir el texto de destino. Acumulará experiencia en el uso de los recursos documentales y la capacidad de desarrollar estrategias adecuadas para el uso eficaz de las fuentes de información disponibles, tales como diccionarios, glosarios, bases de datos, corpus lingüísticos, textos paralelos y similares. Será capaz de localizar, manejar y sintetizar información en sus lenguas A, B y C. Será capaz de analizar y sintetizar documentación compleja en sus lenguas A, B y C procedentes de sus campos de especialización como por ejemplo la traducción científico-técnica, audiovisual, económica o jurídica. *AWUE*.
• Véase competencia en búsqueda, adquisición y procesamiento de la información.

competencia en búsqueda, adquisición y procesamiento de la información, *f.*

Ejercicio profesional, perfil profesional
Competencia profesional que consiste en la capacidad de adquirir, de forma eficaz, el conocimiento lingüístico y especializado adicional necesario para comprender el texto de origen y producir el texto de destino, que requiere experiencia en el empleo de herramientas de investigación y capacidad en el desarrollo de estrategias adecuadas para el uso eficaz de las fuentes de información disponibles (EN-ISO 17100).
Contexto 1. La **competencia en búsqueda, adquisición y procesamiento de la información** también requiere experiencia en el uso de herramientas de investigación y la capacidad para desarrollar estrategias adecuadas para el uso eficaz de las fuentes de información disponibles. *ONAENORISO*.
▲ Remisiones: competencia profesional del traductor; competencia traductora; competencia lingüística y textual en la lengua de origen y en la lengua de destino; competencia cultural; competencia técnica; competencia de dominio.
◆ Notas: clasificación propuesta por la norma ISO 17100:2015 distinta de la clasificación del Grupo PACTE. Sin. competencia documental; adquisición y procesamiento de la información (UNE EN 15038).

competencia estratégica, *f.*

Ejercicio profesional, perfil profesional
Subcompetencia de la competencia traductora que consiste en los procedimientos conscientes y no conscientes, verbales y no verbales, internos y externos utilizados para resolver problemas encontrados en el desarrollo del proceso traductor y mejorar su eficacia (ALAH).
Contexto 1. La **competencia estratégica** afecta a todas las demás, ya que sirve para detectar problemas, tomar decisiones, reparar errores ocasionales o deficiencias en alguna de ellas. *ALAH*.
▲ Remisiones: competencia traductora; competencia de transferencia; competencia extralingüística; competencia instrumental y profesional; competencia bilingüística; competencia psicofisiológica.
◆ Nota: clasificación propuesta por el Grupo PACTE distinta de la clasificación de la norma ISO 17100:2015.

competencia extralingüística, *f.*

Ejercicio profesional, perfil profesional
Subcompetencia de la competencia traductora que está formada por los conocimientos, implícitos y explícitos, acerca del mundo

en general y de ámbitos particulares (ALAH).
Contexto 1. La **competencia extralingüística** está integrada por: 1. conocimientos sobre la traducción; 2. conocimientos biculturales, en la lengua de partida y de llegada, 3; conocimientos enciclopédicos (del mundo en general); 4. conocimientos temáticos (de ámbitos específicos). *ALAH.*
▲Remisiones: competencia traductora; competencia de transferencia; competencia estratégica; competencia instrumental y profesional; competencia bilingüística; competencia psicofisiológica.
◆Nota: clasificación propuesta por el Grupo PACTE distinta de la clasificación de la norma ISO 17100:2015.

competencia lingüística y textual en la lengua origen y en la lengua de destino, *f.*
Ejercicio profesional, perfil profesional
Competencia profesional que consiste en la capacidad de comprensión de la lengua de origen, fluidez en la lengua de destino y conocimiento general o especializado de las convenciones del tipo de texto, así como en la aplicación de este conocimiento a la traducción u otro contenido de la lengua de destino (UNE-EN ISO 17100).
Contexto 1. Competencias profesionales de los traductores. Los traductores deben tener al menos las siguientes competencias: a) competencia traductora; b) **competencia lingüística y textual en la lengua de origen y en la lengua de destino**; c) competencia documental, adquisición y procesamiento de la información; d) competencia cultural; e) competencia tecnológica. *ONAENOR.*
▲Remisiones: competencia profesional del traductor; competencia traductora; competencia en búsqueda, adquisición y procesamiento de la información; competencia cultural; competencia técnica; competencia de dominio.
◆Nota: clasificación propuesta por la norma ISO 17100:2015 distinta de la clasificación del Grupo PACTE.

competencia profesional del revisor, *f.*
Ejercicio profesional, perfil profesional
Contexto 1. **Competencias profesionales de los revisores**. El PST debe asegurarse de que los revisores disponen de todas las competencias traductoras definidas en el apartado 3.1.3, la cualificación definida en 3.1.4 y la experiencia en traducción y/o revisión en el dominio en cuestión. *ONAENORISO.*
•Véase competencia revisora.

competencia profesional del traductor, *f.*
Ejercicio profesional, perfil profesional
Conjunto de capacidades que incluye las competencias traductora, lingüística y textual en la lengua de origen y en la lengua de destino, en búsqueda, adquisición y procesamiento de la información, cultural, técnica y de dominio que debe poseer un traductor (UNE-EN ISO 17100).
Contexto 1. **Competencias profesionales de traductores** y revisores Los traductores que participen en proyectos de traducción conforme a la norma UNE EN-15038:2006 tienen que demostrar las competencias profesionales exigidas en la norma mediante el cumplimiento de, al menos, uno de los tres requisitos. 1. Titulación de estudios superiores en traducción (titulación reconocida). 2. Cualificación equivalente en otra especialidad más un mínimo de dos años de experiencia documentada en traducción. 3. Al menos cinco años de experiencia profesional documentada en traducción. *ONAENOR.*
▲Remisiones: competencia traductora; competencia lingüística y textual en la lengua de origen y en la lengua de destino; competencia en búsqueda, adquisición y procesamiento de la información; competencia cultural; competencia técnica; competencia de dominio.
◆Nota: clasificación propuesta por la norma ISO 17100:2015 distinta de la clasificación del Grupo PACTE.
•Véase competencia traductora.

competencia profesional e instrumental, *f.*

Ejercicio profesional, perfil profesional

Subcompetencia de la competencia traductora que está formada por las habilidades y los conocimientos relacionados con el ejercicio de la traducción profesional (ALAH).

Contexto 1. Hipótesis de trabajo. 1. Las subcompetencias de la competencia traductora son: competencia comunicativa, competencia extralingüística, **competencia profesional e instrumental**, competencia de transferencia, competencia estratégica, competencia psicofisiológica. *AAPACTE.*

▲Remisiones: competencia traductora; competencia de transferencia; competencia estratégica; competencia extralingüística; competencia bilingüística; competencia psicofisiológica.

◆Nota: clasificación propuesta por el Grupo PACTE distinta de la clasificación de la norma ISO 17100:2015.

competencia psicofisiológica, *f.*

Ejercicio profesional, perfil profesional

Subcompetencia de la competencia traductora que consiste en la habilidad para aplicar mecanismos psicomotores, cognitivos y actitudinales de diversa naturaleza (AHA).

Contexto 1. La **competencia psicofisiológica** está integrada por: a) facultades cognitivas de memoria y atención; b) actitudes psicológicas como curiosidad intelectual, perseverancia, espíritu crítico, conocimiento y confianza en sus capacidades, saber medir sus propias posibilidades, etc.; c) habilidad para desarrollar procesos de creatividad, razonamiento lógico, análisis y síntesis, etc. *ALAH.*

Contexto 2. 1. Las subcompetencias de la competencia traductora son: competencia comunicativa, competencia extralingüística, competencia profesional e instrumental, competencia de transferencia, competencia estratégica, **competencia psicofisiológica.** *AAPACTE.*

▲Remisiones: competencia traductora; competencia de transferencia; competencia estratégica; competencia extralingüística; competencia instrumental y profesional; competencia bilingüística.

◆Nota: clasificación propuesta por el Grupo PACTE distinta de la clasificación de la norma ISO 17100:2015.

competencia revisora, *f.*

Ejercicio profesional, perfil profesional

Capacidad de un traductor experto para examinar si la traducción de un tercero cumple con los objetivos previstos en lo tocante a coherencia terminológica, registro y estilo, y si traslada el sentido sin omisiones ni errores (DST).

Contexto 1. La **competencia revisora** de textos propios y ajenos resulta, pues, clave en la profesión del traductor actual, como lo es para cualquier profesional dedicado a trabajar con textos. Su importancia contrasta, sin embargo, con la poca atención que se le ha prestado en la investigación como actividad con una identidad propia. *AAML.*

Contexto 2. En el experimento en que se apoya la propuesta que presento en este artículo me he centrado solamente en una fase del proceso, viendo la manera en que la revisión de una traducción propia y una traducción ajena por parte de los estudiantes incide en la calidad del producto final y sacando de ahí algunas conclusiones sobre su **competencia revisora** que puedan servir de punto de partida para el perfeccionamiento de la misma. *AAML.*

▲Remisiones: competencia profesional del traductor; revisor; competencia traductora; revisión; comprobación final.

◆Nota: sin. competencia profesional del revisor.

competencia técnica, *f.*

Ejercicio profesional, perfil profesional

Competencia profesional que consiste en el conocimiento, las capacidades y las destrezas que se requieren para efectuar las tareas técnicas del proceso de traducción mediante el empleo de recursos técnicos, entre los que se incluyen herramientas y sistemas de tecnología de la información

que apoyan todo el proceso de traducción (UNE-EN ISO 17100).
Contexto 1. Los traductores deben tener las competencias siguientes: e) **competencia técnica**: conocimiento, capacidades y destrezas requeridos para efectuar las tareas técnicas del proceso de traducción mediante el empleo de recursos técnicos, entre los que se incluyen herramientas y sistemas de tecnología de la información que apoyan todo el proceso de traducción. *ONAENORISO.*
▲Remisiones: competencia profesional del traductor; competencia traductora; competencia lingüística y textual en la lengua de origen y en la lengua de destino; competencia en búsqueda, adquisición y procesamiento de la información; competencia cultural; competencia de dominio; tecnologías de la traducción.
◆Notas: clasificación propuesta por la norma ISO 17100:2015 distinta de la clasificación del Grupo PACTE. Sin. competencia tecnológica (UNE EN 15038).

competencia tecnológica, *f.*
Ejercicio profesional, perfil profesional
Contexto 1. La **competencia tecnológica** se refiere a la capacidad y la técnica requerida para la preparación y producción profesional de traducciones. Esta competencia incluye la capacidad para utilizar los recursos técnicos definidos en el apartado 3.3. *ONAENOR.*
Contexto 2. Creemos que son varias las competencias que toda institución debe intentar desarrollar en sus graduados, más allá de las particularidades o características propias de cada sede académica. Nuestra intención es abordar los denominadores comunes, algo así como los "universales" de la formación del traductor y que, a nuestro entender, son seis: 1) la competencia lingüística, 2) la competencia traductora, 3) la competencia cultural, 4) la competencia profesional-laboral, 5) la competencia en el manejo de documentación e información y 6) la **competencia tecnológica**. *PWOA.*
•Véase competencia técnica.

competencia traductora, *f.*
Ejercicio profesional, perfil profesional
1. Conjunto de capacidades, destrezas, conocimientos y actitudes necesarios para traducir, que se compone de las subcompetencias bilingüística, extralingüística, de transferencia, instrumental-profesional, estratégica y psicofisiológica (ALAH).
Contexto 1. Podemos deducir: 1) que la **competencia traductora** es diferente a la competencia bilingüe; 2) que constan de diversos componentes; 3) que esos componentes son de diversos niveles (conocimientos, habilidades, conocimientos epistémicos, operativos, etc.); 4) que dentro de esos componentes tienen una gran importancia las estrategias. *ALAH.*
▲Remisiones: competencia de transferencia; competencia estratégica; competencia extralingüística; competencia instrumental y profesional; competencia bilingüística; competencia psicofisiológica.
◆Nota: clasificación propuesta por el Grupo PACTE distinta de la clasificación de la norma ISO 17100:2015.
2. Competencia profesional que consiste en la capacidad para traducir contenidos y superar los problemas de comprensión y producción del contenido lingüístico, así como para verter el contenido de la lengua de destino de acuerdo con lo convenido entre el cliente y el PST y otras especificaciones del proyecto (UNE-EN ISO 17100).
Contexto 1. La **competencia traductora** es la capacidad para traducir textos al nivel requerido, es decir, de acuerdo con el apartado 5.4. Incluye la capacidad de valorar los problemas de comprensión y producción textual, así como la capacidad para verter el texto a la lengua de destino de acuerdo con lo convenido entre el cliente y el PST (véase el apartado 4.4.), y de justificar los resultados. *ONAENOR.*
Contexto 2. Pasemos ahora a analizar la segunda competencia: la **competencia traductora**. A modo de definición, podemos decir que esta competencia consiste en la

capacidad de comunicar, a modo de puente entre dos culturas, un mensaje escrito dentro de una situación de comunicación en la que interviene más de una lengua, mediante las estrategias, las técnicas y los procedimientos que involucra todo acto de traducción. *PWOA.*
▲Remisiones: competencia profesional del traductor; subcompetencia lingüística y textual en la lengua de origen y en la lengua de destino; subcompetencia documental, adquisición y procesamiento de la información; subcompetencia cultural; subcompetencia tecnológica.
◆Nota: clasificación propuesta por la norma ISO 17100:2015 distinta de la clasificación del Grupo PACTE.

complejidad, *f.*

Proceso de traducción, fase de pretraducción
Dificultad intrínseca de un texto para ser comprendido y traducido.
Contexto 1. El plazo de entrega estándar para una traducción o revisión es de 3 o 4 días. Este es el plazo mínimo de entrega para textos de extensión típica, es decir, desde unas pocas líneas hasta 5000 palabras (máximo 15 páginas). En función de la **complejidad** y del número de palabras calcularemos el plazo de entrega. En todo caso, cuando le enviemos el presupuesto le indicaremos el plazo exacto. *EWAGESTRAD.*
▲Remisiones: especialización; plazo de entrega; tarifa de traducción; cotización; volumen; proceso de preproducción.

composición del equipo del proyecto, *f.*

Proceso de traducción, fase de pretraducción
Constitución de los recursos humanos internos o externos que formarán parte del proyecto de traducción de un PST.
Contexto 1. Los detalles del registro del proyecto pueden incluir los elementos siguientes: a) identificador único del proyecto; b) nombre del cliente y persona de contacto; c) orden de pedido fechada y condiciones comerciales, incluidos presupuestos, volumen, plazos y detalles de la entrega; d) acuerdo y cualesquiera otras especificaciones complementarias o elementos relacionados; e) **composición del equipo del proyecto** del PST y persona de contacto; f) lengua(s) de origen y destino; g) fecha(s) de recepción del contenido de la lengua de origen y cualquier otro material relacionado; h) título y descripción del contenido de la lengua de origen; i) finalidad y uso de la traducción; j) terminología existente del cliente o terminología propia y otro material de referencia que se vaya a usar; k) guía(s) de estilo del cliente; l) información sobre cualquier modificación en las condiciones comerciales y cambios en el proyecto de traducción. Entre los detalles que informen del proyecto, pueden incluirse los siguientes: a) comentarios del cliente; b) correcciones realizadas; c) hoja de estado del proyecto; d) facturación. *ONAENORISO.*
▲Remisiones: administración del cierre del proyecto; cierre del proyecto de traducción; proceso de posproducción; comentarios del cliente; gestión de proyectos; gestor de proyectos; asignación del proyecto.

comprobación, *f.*

Proceso de traducción, fase de traducción
Contexto 1. **Comprobación**. Una vez finalizada la traducción inicial, el traductor debe verificar su propio trabajo. Este proceso incluye la comprobación de que el significado se ha trasladado correctamente, que no hay omisiones ni errores y que se han cumplido las especificaciones de servicio definidas. El traductor debe introducir las correcciones necesarias. *ONAENOR.*
•Véase autocomprobación.

comprobación final, *f.*

Proceso de traducción, fase de traducción
Contexto 1. Esta **comprobación final** incluye, si hay tiempo, comprobación de formato, de que esté todo traducido, ortografía

y tipografía, nombres propios y cifras. Para las traducciones urgentes, los controles de calidad dependen del tiempo disponible, por lo que no se garantiza el mismo nivel de calidad que para las traducciones no urgentes. Sin embargo, si el cliente lo indica, con posterioridad a la entrega de la versión urgente podemos completar los debidos controles. *EW1GLOBAL.*
•Véase verificación final.

compromiso de confidencialidad con el cliente, *m.*

Ejercicio profesional, ética profesional
•Véase acuerdo de no revelación.

compromiso de confidencialidad para traductores, *m.*

Ejercicio profesional, ética profesional
Contexto 1. Puedes leer en los siguientes enlaces toda la información necesaria para trabajar como traductor o intérprete, traductor o intérprete para nosotros: Decálogo para traductores, **Compromiso de confidencialidad para traductores**, Ofertas de empleo activas. *EWTRIDIOMSL.*
•Véase acuerdo de confidencialidad con los empleados.

Conalti, *m.*

Regulación profesional, entidades gremiales
•Véase Colegio Nacional de Licenciados en Traducción e Interpretación.

concordancer, *m.*

Tecnologías, terminología
•Véase herramienta de concordancia.

concordancia terminológica, *f.*

Servicio de valor añadido, terminología
Servicio de valor añadido que consiste en la uniformización de la terminología a lo largo de todo el texto traducido (DST).
Contexto 1. Estas memorias de traducción garantizan la **concordancia terminológica** y permiten al usuario recuperar estructuras utilizadas en trabajos previos para su inserción en nuevos contextos. Si bien Trados no fue la primera de las herramientas TAO que surgió en el mercado, desempeñó un rol fundamental ya que fue la primera en sacar provecho de las funciones de los procesadores de texto existentes. *PBIAT.*
▲Remisiones: asesoramiento terminológico; terminólogo; servicio de terminología; gestor terminológico; herramienta de concordancia; gestión terminológica.
◆Notas: sin. consistencia terminológica. Acort. consistencia; coherencia y unificación terminológica.

concordante, *m.*

Tecnologías, TA-TAO
Contexto 1. **Concordantes** o *software* de concordancia son herramientas de referencia para buscar una palabra junto con su contexto, ya sea en un corpus monolingüe, bilingüe o multilingüe (como un bitexto o una memoria de traducción). *EBCCONNECTION.*
•Véase herramienta de concordancia.

condiciones comerciales, *f. pl.*

Ejercicio profesional, modalidades y condiciones contractuales
Estipulaciones que contienen los derechos y deberes asumidos tanto por el proveedor de servicios de traducción como por el cliente.
Contexto 1. Los detalles del registro del proyecto pueden incluir los elementos siguientes: a) identificador único del proyecto; b) nombre del cliente y persona de contacto; c) orden de pedido fechada y **condiciones comerciales**, incluidos presupuestos, volumen, plazos y detalles de la entrega; d) acuerdo y cualesquiera otras especificaciones complementarias o elementos relacionados; e) composición del equipo del proyecto del PST y persona de contacto; f) lengua(s) de origen y destino; g) fecha(s) de recepción del contenido de la lengua de

origen y cualquier otro material relacionado; h) título y descripción del contenido de la lengua de origen; i) finalidad y uso de la traducción; j) terminología existente del cliente o terminología propia y otro material de referencia que se vaya a usar; k) guía(s) de estilo del cliente; l) información sobre cualquier modificación en las condiciones comerciales y cambios en el proyecto de traducción. Entre los detalles que informen del proyecto, pueden incluirse los siguientes: a) comentarios del cliente; b) correcciones realizadas; c) hoja de estado del proyecto; d) facturación. *ONAENORISO.*
Contexto 2. El PST debe formalizar un acuerdo con el cliente y guardar un registro de ese acuerdo. Si el acuerdo se lleva a cabo verbalmente o por teléfono, el PST debe confirmar el acuerdo y sus condiciones por escrito (por ejemplo, por carta, fax o correo electrónico). El acuerdo, ya sea contractual o no contractual, debe incluir las **condiciones comerciales** y las especificaciones del proyecto o hacer referencia a ellas. El acuerdo también puede exigir la conformidad con esta norma internacional. El anexo B contiene una lista de los elementos que pueden incluirse en el acuerdo. *ONAENORISO.*
Contexto 3. Las **condiciones comerciales** pueden incluir, pero sin limitarse a ellos, los elementos siguientes: a) cláusulas de confidencialidad y acuerdos de no revelación; b) derechos de propiedad intelectual sobre el material entregado al cliente y restricciones sobre el uso de subproductos, como memorias de traducción. *ONAENORISO.*
▲Remisiones: acuerdo entre el cliente y el PST; especificaciones del proyecto; orden de pedido; contrato tipo; requisitos del proyecto.

condiciones de pago, *f. pl.*

Gestión empresarial, presupuesto y facturación
Especificaciones de las obligaciones, las fechas de cumplimiento y los requisitos de pago acordados entre el proveedor de servicios y el cliente.
Contexto 1. Las condiciones comerciales pueden incluir, pero sin limitarse a ellos, los elementos siguientes: a) cláusulas de confidencialidad y acuerdos de no revelación; b) derechos de propiedad intelectual sobre el material entregado al cliente y restricciones sobre el uso de subproductos, como memorias de traducción; c) **condiciones de pago** (como pago a 30 días o un descuento del 2% si el pago se produce en un plazo de 10 días); d) garantías; e) responsabilidad; f) procedimientos de resolución de disputas; g) elección de la jurisdicción aplicable. *ONAENORISO.*
▲Remisiones: cotización; pago anticipado; plazo de pago; PayPal.

conducta interprofesional, *f.*

Ejercicio profesional, ética profesional
Comportamiento ético que debe caracterizar a un traductor en la relación con sus colegas (DST).
Contexto 1. **Conducta interprofesional**. Art. 11 - Debe abstenerse de realizar acciones o esfuerzos deliberados para atraer de mala fe los clientes de un colega. Art. 12 - Debe actuar con plena conciencia del sentimiento de solidaridad profesional. No debe formular manifestaciones que puedan significar menoscabo a otro profesional en su idoneidad, prestigio o moralidad en el ejercicio de su profesión. Art. 13 - No debe consentir ni utilizar la intervención de gestores, agencias o cualquier otro tipo de intermediación comercial no profesional para la obtención o promoción de clientela. Art. 14 – No debe aplicar métodos de competencia desleal para atraer o retener clientela propia o de otro profesional asociado o no asociado a esta organización. *GNAGTICE.*
▲Remisiones: principio de solidaridad; principio de lealtad profesional; código de ética; buenas prácticas; competencia desleal.

configuración de memoria de traducción, *f.*

Proceso de traducción, fase de pretraducción
Acondicionamiento de la memoria a las

necesidades de un determinado proyecto de traducción.
Contexto 1. La fase de preproducción puede incluir los elementos siguientes: a) obtención o **configuración de memorias de traducción**, bases de datos terminológicas, guías de estilo y cualesquiera otros recursos de los que se podría disponer y resultaran útiles para el proceso de traducción; b) preparación del contenido para su procesamiento con la tecnología de la traducción; c) análisis y alcance del proyecto, incluido el análisis del contenido de la lengua de origen; d) hojas/plantillas de estilo que se vayan a aplicar o crear; e) recopilación y preparación de materiales de referencia (por ejemplo, terminología y materiales de formación) para mejorar la conformidad cualitativa con las especificaciones del proyecto. *ONAENORISO.*
▲Remisiones: cava de documentos; memoria de clientes; memoria de traducción; titular de memoria de traducción.

conflicto de intereses, *m.*

Ejercicio profesional, ética profesional
Situación en la que el traductor se ve influenciado indebidamente por un interés económico, personal o de cualquier otra naturaleza (DST).
Contexto 1. Los **conflictos de intereses** aparecen cuando se presenta una circunstancia o situación en que los intereses individuales de cada trabajador difieren de los intereses de la empresa. *EWMONTERO.*
Contexto 2. Principio de imparcialidad. Al aceptar un trabajo, no debe existir ningún prejuicio o **conflicto de intereses** que influyan sobre la realización de la tarea. Si estos existieran, el traductor debe darlos a conocer y declinar el trabajo o dejar la decisión final en manos del cliente. *GWAATI.*
▲Remisiones: malas prácticas; código de ética; decálogo del traductor.

conformidad, *f.*

Proceso de traducción, fase de traducción
Compatibilidad de la calidad de los servicios de traducción ofrecidos por un PST con los requisitos establecidos por una norma internacional.
Contexto 1. Esta norma internacional tiene como objetivo su implantación por parte de los PST con independencia de su tamaño. La **conformidad** requiere el cumplimiento de todas las disposiciones de la norma internacional, pero los métodos de implantación pueden diferir según el tamaño y la complejidad de la organización y, en algunos casos, del volumen y la complejidad del servicio de traducción solicitado al PST. *ONAENORISO.*
Contexto 2. La aplicación de esta norma internacional también ofrece los medios por los que un proveedor de servicios de traducción (PST) puede demostrar la **conformidad** de los servicios de traducción especificados con esta norma internacional, así como la capacidad de sus procesos y recursos para prestar un servicio de traducción que satisfaga las especificaciones del cliente y otras aplicables. *ONAENORISO.*
▲Remisiones: control de calidad; certificado de cumplimiento; aseguramiento de la calidad; evaluación de la calidad.

conformidad lingüística, *f.*

Proceso de traducción, fase de traducción
Comprobación lingüística final en un proceso de localización, destinada a garantizar que no se haya visto afectada la integridad del texto traducido.
Contexto 1. Antes de redactar esta entrada del blog, he retrocedido unos cuantos años en el tiempo y he recordado mis inicios en el mundo de la traducción y la localización, cuando tenía que enfrentarme a numerosos términos que durante la carrera ni siquiera se habían mencionado de pasada. En la actualidad, el sector ha cambiado mucho, internet constituye una importantísima y vastísima fuente de información para todos los que terminan los estudios de TEI, así que me gustaría aprovechar esta plata-

forma y dedicar esta entrada a abordar con detalle una tarea muy recurrente dentro del mundo de la localización denominada *linguistic sign-off* o LSO —que podríamos traducir como "**conformidad lingüística**" o "visto bueno lingüístico"— con el fin de que pueda servir de apoyo a aquellos traductores que tropiezan con este término por primera vez. *EWNÓVALO.*
▲Remisiones: localización; verificación final; aseguramiento de la calidad; control de calidad.
◆Nota: sin. *linguistic sign-off*; LSO; visto bueno lingüístico.

conocimiento del cliente, *m.*
Gestión empresarial, marketing
Análisis detallado del cliente e identificación de sus necesidades reales y potenciales, con la finalidad de ofrecerle un servicio a la medida de ellas.
Contexto 1. Finalmente, ¿quién de nosotros no ha sufrido los avatares terminológicos de un cliente que nos pide una *review*, revisión o *edited version* de una traducción, y no queda claro lo que quiere? Es más, se dan casos en los que un cliente utiliza un término para una actividad que no coincide con el término que utiliza otro cliente, y solo la experiencia y **conocimiento del cliente** atesorados con el tiempo nos pone sobre la pista de lo quiere. Pues la norma puede solventar este problema, ya que define con claridad estos conceptos: revise como *bilingual review* y *review* como *monolingual review. OALISAJJA.*
Contexto 2. En su disertación, D'Aloia explicó que la agencia se basó en un sistema de capacitación cruzada entre sus especialistas de distintas áreas (*marketing*, comunicación y traducción) para diseñar un procedimiento cuyo pilar fundamental es el **conocimiento del cliente** y de su negocio: saber qué hace, cómo lo hace, cómo lo vende, a quién le vende y con qué lenguaje y tono de voz lo comunica. El otro factor crucial es el manejo estricto de los lineamientos de aplicación de marca corporativos, paleta de colores y nombres de productos o servicios. *ORPRENSARIO.*
▲Remisiones: cliente; cartera de clientes; fidelización del cliente; comentarios del cliente; *marketing* empresarial; portal de clientes; posicionamiento; primer contacto; referencias de clientes; visibilidad en el mercado.

consistencia, *f.*
Servicio de valor añadido, terminología
•Véase concordancia terminológica.

consistencia terminológica, *f.*
Servicio de valor añadido, terminología
Contexto 1. Para este proyecto se establecieron varias líneas de actuación con el fin de llevarlo a buen término: una fase de documentación con acceso a fuentes especializadas y expertos para entender bien la naturaleza de los textos y poder traducirlos con la mejor calidad posible. La creación de glosarios con terminología y vocabulario específico, con el fin de establecer una **consistencia terminológica** a lo largo de todo el proyecto. *EWBPTCT.*
•Véase concordancia terminológica.

consulta a expertos, *f.*
Proceso de traducción, fase de traducción
Solicitud de información y validación terminológica puntuales a expertos en el campo de la traducción especializada (DST).
Contexto 1. En el campo de la traducción especializada, la **consulta a expertos** constituye una de las fuentes más preciadas para el traductor en tanto que las consultas documental y terminográfica, por más confiables que sean, pueden ser fuente de incertidumbre tanto cognitiva como terminológica. *AARL.*
Contexto 2. Por último, debemos citar como fuente de **consulta a los expertos** sectoriales. Se trata de una fuente de máximo valor. Muchas veces los traductores deben conocer, más que lo que está escrito en dic-

cionarios y manuales, lo que realmente se dice en la práctica cotidiana de los entornos técnicos. *EWLOGOS.*
▴Remisiones: corrección de concepto; validación lingüística.

consulta compleja, *f.*

Servicio de valor añadido, consultoría
Estudio lingüístico realizado a partir de un documento elaborado por el cliente, con la finalidad de mejorar su calidad.
Contexto 1. **Consultas complejas** o estudio lingüístico (le enviamos un informe detallado con sus dudas resueltas). Recibimos el documento en el cual tiene problemas para avanzar y le elaboramos un estudio lingüístico, proponiéndole varias modificaciones a la redacción, corrección y/o traducción; le explicamos cuál es la mejor opción, con la solución detallada. *EWURBAN.*
▴Remisiones: consultor lingüístico; asesoramiento lingüístico.

consulta independiente y puntual, *f.*

Servicio de valor añadido, consultoría
Duda lingüística del cliente resuelta rápidamente por el PST.
Contexto 1. **Consultas independientes y puntuales** (rápidas de consultar, palabras o expresiones). Recibimos la palabra o expresión dudosa por parte del cliente y, con la máxima celeridad posible, le enviamos la solución a su duda lingüística. *EWURBAN.*
▴Remisiones: consultor lingüístico; asesoramiento lingüístico.

consultor cultural, *m.*

Gestión empresarial, actores
Proveedor de servicios de traducción que brinda orientación a sus clientes para resolver problemas de naturaleza intercultural.
Contexto 1. Es un hecho reconocido por gran parte de los profesionales de la traducción e interpretación en los servicios públicos (actividad también conocida como "*community interpreting*") y por estudios empíricos realizados que las tareas que se le piden a la persona que hace de intermediario lingüístico en los servicios públicos (SSPP) (hospitales, comisarías, oficinas de extranjería, etc.) suelen ir más allá del simple traslado de información. Al intérprete se le exige con frecuencia ser un "catalizador", un **consultor cultural**, lo cual implica que debe explicar hábitos culturales, valores o creencias tanto a los profesionales como a los usuarios para los que sirve de enlace. Debe actuar también en situaciones críticas y tratar temas complicados (peticiones de asilo, torturas, miseria, soledad, etc.) con frecuencia y sin preparación previa. *AACV.*
▴Remisiones: consultor lingüístico; asesoramiento cultural.
◆Nota: sin. consultor multicultural.

consultor lingüístico, *m.*

Gestión empresarial, actores
Proveedor de servicios de traducción que brinda orientación lingüística a sus clientes (DST).
Contexto 1. Consultoría lingüística. Las exigencias de comunicación de la sociedad de la información y de una economía cada vez más internacionalizada y multilingüe hacen que muchas empresas necesiten de la ayuda de **consultores lingüísticos**. Mediante este servicio, altamente personalizado, nuestros profesionales solucionan los problemas prácticos que plantea el uso de una o varias lenguas a las empresas y las administraciones, lexicografía, terminología o tareas de asesoramiento y mediación. Deje sus comunicaciones en nuestras manos. *EWNÓVALO.*
Contexto 2. Los servicios de traducción junto con el continuo entrenamiento lingüístico me permiten ser un traductor y **consultor lingüístico** experimentado. *EWJONES.*
▴Remisiones: asesoramiento lingüístico; consultor cultural.

consultor multicultural, *m.*

Gestión empresarial, actores

Contexto 1. Así surge lo que en esta institución denominan el **consultor multicultural**. "Las empresas salen fuera del país y necesitan traductores que, además de ayudarles con el idioma, colaboren en el establecimiento de las relaciones sociales y comerciales, en la traducción de los contratos, a la hora de preparar presentaciones en PowerPoint, etc.". Porque va a existir una gran diferencia entre las costumbres de, por ejemplo, una empresa china y una española. Y hay que conocer ambas para no cometer un error grave. *EWLABORIS.*

• Véase consultor cultural.

consultoría lingüística, *f.*

Servicio de valor añadido, consultoría

Contexto 1. **Consultoría lingüística**. Las exigencias de comunicación de la sociedad de la información y de una economía cada vez más internacionalizada y multilingüe hacen que muchas empresas necesiten de la ayuda de consultores lingüísticos. Mediante este servicio, altamente personalizado, nuestros profesionales solucionan los problemas prácticos que plantea el uso de una o varias lenguas a las empresas y las administraciones. Entre las tareas que ofrecemos se encuentran formación lingüística en el ámbito empresarial, edición profesional de textos, lexicografía, terminología o tareas de asesoramiento y mediación. Deje sus comunicaciones en nuestras manos. *EWNÓVALO.*

• Véase asesoramiento lingüístico.

consultoría terminológica, *f.*

Servicio de valor añadido, consultoría

• Véase asesoramiento terminológico.

contador de palabras, *m.*

Tecnologías, TIC-TAV

Aplicación informática que permite contar en forma automática los caracteres y las palabras de textos en diferentes formatos (DST).

Contexto 1. **Contadores de palabras**: una de las tareas del traductor es proporcionar un presupuesto para cada proyecto. Cuántas palabras hay para traducir y cuánto le va a costar al cliente. Con tantos diferentes formatos de archivo en el mercado, la estimación de la traducción requiere muchas herramientas. *EWMANCKO.*

Contexto 2. **Contador de palabras** de sitios web para traductores TransAbacus es una herramienta esencial para los traductores, ya que permite estimar y cotizar proyectos de traducción y localización de páginas web de forma ágil. *OWTRANSABACUS.*

▲ Remisiones: cotización; herramienta de facturación; conteo de palabras; calculadora de tarifas; tarifa de traducción; unidad de facturación.

◆ Nota: sin. herramienta de conteo de palabras.

contenido, *m.*

Proceso de traducción, fase transversal

Texto, u otra forma de información o conocimiento, con significado (UNE-EN ISO 17100).

Contexto 1. La fase de preproducción puede incluir los elementos siguientes: a) obtención o configuración de memorias de traducción, bases de datos terminológicas, guías de estilo y cualesquiera otros recursos de los que se podría disponer y resultaran útiles para el proceso de traducción; b) preparación del **contenido** para su procesamiento con la tecnología de la traducción. *ONAENORISO.*

▲ Remisiones: texto; contenido de la lengua de destino; contenido de la lengua de origen.

contenido de destino, *m.*

Proceso de traducción, fase de traducción

Contexto 1. Las especificaciones adicionales pueden incluir, pero sin limitarse a ellos, los elementos siguientes: a) uso de tecnología; b) materiales que el cliente vaya a proporcionar al PST. NOTA: el cliente tiene que esforzarse para proporcionar el contenido de la lengua de origen en un formato pro-

cesable mediante máquinas; c) tratamiento de la comunicación durante el proyecto y de los comentarios de posproducción; d) formato y maquetación del **contenido de destino** (por ejemplo, Word, InDesign o XML, si no coinciden con los del contenido de origen); e) método de entrega (por ejemplo, correo electrónico y FTP); f) tipo de traducción (por ejemplo, localizada frente a generalista y transcreación); g) reconocimiento (¿aparece el nombre del PST o del traductor en la traducción publicada?). *ONAENORISO*.
•Véase contenido de la lengua de destino.

contenido de la lengua de destino, *m.*

Proceso de traducción, fase de traducción
Texto, u otro contenido traducido, a partir del contenido de la lengua de origen (UNE-EN ISO 17100).
Contexto 1. El revisor debe cotejar el **contenido de la lengua de destino** con el de la lengua de origen en busca de errores y otros problemas, así como para comprobar su adecuación a la finalidad prevista. *ONAENORISO*.
▲Remisiones: contenido de la lengua de origen; contenido; lengua de destino.
◆Notas: sin. contenido de destino; texto de llegada; documento en lengua meta; texto meta; traducción; TM; TLl. Acort. contenido de destino.

contenido de la lengua de origen, *m.*

Proceso de traducción, fase transversal
Texto, u otro contenido, que se va a traducir (UNE-EN ISO 17100).
Contexto 1. Las especificaciones adicionales pueden incluir, pero sin limitarse a ellos, los elementos siguientes: a) uso de tecnología; b) materiales que el cliente vaya a proporcionar al PST. NOTA: el cliente tiene que esforzarse para proporcionar el **contenido de la lengua de origen** en un formato procesable mediante máquinas; c) tratamiento de la comunicación durante el proyecto y de los comentarios de posproducción; d) formato y maquetación del contenido de destino (por ejemplo, Word, InDesign o XML, si no coinciden con los del contenido de origen); e) método de entrega (por ejemplo, correo electrónico y FTP); f) tipo de traducción (por ejemplo, localizada frente a generalista y transcreación); g) reconocimiento (¿aparece el nombre del PST o del traductor en la traducción publicada?). *ONAENORISO*.
Contexto 2. La fase de preproducción puede incluir los elementos siguientes: a) obtención o configuración de memorias de traducción, bases de datos terminológicas, guías de estilo y cualesquiera otros recursos de los que se podría disponer y resultaran útiles para el proceso de traducción; b) preparación del contenido para su procesamiento con la tecnología de la traducción; c) análisis y alcance del proyecto, incluido el análisis del **contenido de la lengua de origen**; d) hojas/plantillas de estilo que se vayan a aplicar o crear; e) recopilación y preparación de materiales de referencia (por ejemplo, terminología y materiales de formación) para mejorar la conformidad cualitativa con las especificaciones del proyecto. *ONAENORISO*.
▲Remisiones: contenido de la lengua de destino; contenido; lengua de origen; fecha de recepción del contenido de la lengua de origen.
◆Notas: sin. texto de origen; texto original; documento en lengua origen; documento fuente; texto fuente; texto de partida; TO; TP; TF. Acort. original; texto origen.

contenido de origen, *m.*

Proceso de traducción, fase de pretraducción
Contexto 1. Envíe su **contenido de origen** y los materiales de referencia, incluyendo la guía de estilo y los recursos de terminología. Proporciónenos instrucciones completas, incluyendo el tono de voz, la finalidad del documento y los controles de garantía de calidad necesarios. Le aconsejaremos acerca del nivel de servicio más adecuado para su proyecto. *EWLINGO24*.
•Véase contenido de la lengua de origen.

conteo de palabras, *m.*

Gestión empresarial, presupuesto y facturación
Número total de palabras de un texto que se utiliza, por lo general, para determinar una tarifa de traducción.
Contexto 1. Cuando se trata de formatos distintos de Microsoft Word, se puede copiar y pegar el texto en Word, simplemente. En casos más complejos, como por ejemplo en la traducción de sitios web, utilizamos otros sistemas de **conteo de palabras**. En el caso de los documentos con un formato no editable, utilizamos un *software* OCR (reconocimiento de caracteres), que permite extraer el texto. *EWLINGUAFORCE.*
▴Remisiones: cotización; herramienta de facturación; contador de palabras; tarifa de traducción; tarifa por palabra; unidad de facturación; *end of business*; *end of day*; *out of office*; por confirmar; *start of business*; control de cambios; hora de la entrega; *working from home.*
◆Nota: sin. recuento de palabras; *word count*; WC.

context match, *m.*

Tecnologías, TA-TAO
Contexto 1. *ICE matches*: In **Context Matches**, coincidencias en contexto. *PBEADT.*
Contexto 2. ***Context match***. Una coincidencia de contexto es mejor que una coincidencia del 100%. Para ser una coincidencia de contexto, el segmento de la memoria de traducción debe coincidir en un 100% con el segmento del documento traducido, y los dos segmentos deben estar en el mismo contexto; es decir, los dos deben estar precedidos por el mismo texto en el documento original. La coincidencia de contexto solo es posible porque la información de contexto se almacena en la memoria de traducción. Cuando se agrega una nueva traducción a la TM, se agregan tres segmentos: el segmento del documento de origen, el segmento traducido y el segmento que precede al segmento del documento de origen. Si no hay un segmento anterior, hay otra información de contexto disponible, por ejemplo, que el segmento era el título del documento. *EWCCAPS.*
•Véase coincidencia de contexto.

contracción, *f.*

Gestión empresarial, presupuesto y facturación
Disminución del número de palabras en la versión traducida cuando la lengua meta es más sintética que la origen (DST).
Contexto 1. La expansión o **contracción** ocurre de distintas formas y por diversas razones. La gramática, terminología, estructura de la oración, etc. todos ellas juegan un papel importante. La temática del texto a traducir también tiene un rol destacable. Por ejemplo, un texto técnico, legal o científico promedio traducido al inglés se expande en un 20% aprox. Una lista de piezas o Fichas de Datos de Seguridad de Material pueden llegar a expandirse en un 40%, mientras que la transcripción de un texto educacional se expande solo en un 30%. *EWALLWORDS.*
▴Remisiones: expansión.
◆Nota: sin. contracción de textos en diferentes pares de idiomas; contracción del tamaño del texto en diferentes idiomas.

contracción de textos en diferentes pares de idiomas, *f.*

Gestión empresarial, presupuesto y facturación
Contexto 1. **Contracción** y expansión **de textos en diferentes pares de idiomas**. Sobre la base de datos estadísticos de toda la industria y de nuestra propia experiencia de traducir millones de palabras al año, la traducción de y a determinados idiomas dará lugar a la expansión o contracción del texto. Esto puede impactar en los costos, y también en el formato del texto traducido. Puede ser necesario modificar los documentos traducidos que tienen texto expandido para que quepa más texto. *EWTRUSTED.*
•Véase contracción.

contracción del tamaño del texto en diferentes idiomas, *f.*

Gestión empresarial, presupuesto y facturación
Contexto 1. Straker le devuelve su publicidad en el mismo formato proporcionado y coloca el contenido traducido en InDesign para ahorrar tiempo y dinero. Tenemos en cuenta la expansión o **contracción del tamaño del texto en los diferentes idiomas** para que su material publicitario refleje de forma precisa el diseño y la apariencia del documento original. *EWSTRACKER.*
• Véase contracción.

contratado externo, *m.*

Gestión empresarial, actores
• Véase colaborador externo.

contrato de confidencialidad con el cliente, *m.*

Ejercicio profesional, ética profesional
Contexto 1. A&C toma la confidencialidad muy en serio. Todo el material e información está sujeto a estrictas medidas de seguridad para garantizar la imposibilidad de fugas o divulgación indebida. Antes de iniciar un proyecto, aseguramos la confidencialidad del mismo. Todos nuestros traductores y otros colaboradores firman un contrato de confidencialidad que les impide divulgar la información obtenida durante su colaboración con nosotros. Asimismo, firmamos un **Contrato de Confidencialidad** con nuestros **clientes**. *EWA&C.*
• Véase acuerdo de no revelación.

contrato de confidencialidad con traductores y colaboradores, *m.*

Ejercicio profesional, ética profesional
• Véase acuerdo de confidencialidad con los empleados.

contrato de edición, *m.*

Ejercicio profesional, modalidades y condiciones contractuales
Documento firmado por el traductor con una empresa editora en el que se estipulan las obligaciones y los derechos asumidos por las partes con respecto a una obra derivada (DST).
Contexto 1. Los contratos propuestos se basan en los negociados con el Gremi d'Editors de Catalunya y la Federación de Gremios de Editores, y son un contrato base para la edición en papel y el **contrato de edición** digital que desarrolla su cláusula quinta. Desde este momento, ACE Traductores insta a todos sus asociados a emplearlo, y lo ofrece como modelo a los traductores aún no asociados. *GWACE.*
▲ Remisiones: acuerdo entre el cliente y el PST; contrato tipo; derecho de autor del traductor; obra originaria; obra derivada; regalías.

contrato de traducción, *m.*

Ejercicio profesional, modalidades y condiciones contractuales
Contexto 1. Los precios fijados para un **contrato de traducción** son los precios que se mencionan en la confirmación de pedido transmitida electrónicamente. Todos los precios son precios netos. Los demás gastos distintos de los que afecten al proceso de traducción se especificarán aparte en la factura. El importe de la factura se hará pagadero sin descuento en el plazo máximo de 30 días fecha factura. *EWTICK.*
▲ Remisiones: acuerdo entre el cliente y el PST; contrato de edición; orden de pedido; especificaciones del proyecto; condiciones comerciales; contrato tipo.
• Véase contrato entre el cliente y el PST.

contrato tipo, *m.*

Ejercicio profesional, modalidades y condiciones contractuales
Plantilla que contiene las cláusulas básicas que deben estipularse en el contrato celebrado entre el cliente y el PST.
Contexto 1. Una vez que hemos aceptado un trabajo de traducción es conveniente reco-

ger en un **contrato tipo** los acuerdos a los que hemos llegado con el cliente y que deben ser aceptados por el mismo. En dicho contrato deberán figurar: Nombre de los contratantes, debemos hacer constar tanto nuestro nombre como el del cliente, sea este empresa, persona física o cualquier otra forma jurídica. Lenguas de trabajo: la lengua de origen del texto, así como la lengua de llegada indicada por el cliente. Plazo de entrega: momento acordado para la finalización y entrega del trabajo. Tarifas: la tarifa acordada con el cliente. *ABSINJANIA*.
▲Remisiones: acuerdo entre el cliente y el PST; contrato de edición; orden de pedido; especificaciones del proyecto; condiciones comerciales; contrato de traducción.
◆Nota: sin. modelo de contrato.

control de calidad, *m.*

Gestión empresarial, calidad
Conjunto de procedimientos que aplica el PST antes, durante y después del proceso de producción de la traducción para garantizar que se hayan cumplido los objetivos de calidad relevantes para el cliente.
Contexto 1. Nos sentimos orgullosos del talento superior de nuestros experimentados traductores, y de la eficiencia de nuestros editores, gerentes de contenidos y revisores. Este proceso de **control de calidad** asegura que el producto final tenga una calidad sobresaliente y se pueda leer como si se lo hubiera redactado desde un principio en el idioma de llegada. *EWTRUSTED*.
Contexto 2. Triple garantía de calidad. Pero en LinguaVox no nos conformamos con cumplir los requisitos de las normas ISO 9001 y EN 15038. Como valor añadido, hemos implantado fases adicionales de control de calidad de las traducciones en nuestro sistema de gestión interno. A este sistema integral de control de calidad es a lo que nos referimos como TRIPLE GARANTÍA DE CALIDAD: ISO 9001 + UNE EN 15038 + **control de calidad** por licenciados en Traducción. *EWLINGUAVOX*.
▲Remisiones: evaluación de la calidad; directrices de calidad propias; norma de calidad; estándar; aseguramiento de la calidad; herramienta de aseguramiento de la calidad.
◆Nota: sigla CC.

control de cambios, *m.*

Proceso de traducción, fase de pretraducción
Herramienta de MS Word que permite conocer las modificaciones realizadas en un documento para aceptarlas y rechazarlas según le convenga al usuario.
Contexto 1. TRKCHG: *Track changes*, **control de cambios** (MS Word). *PBEADT*.
Contexto 2. Informe con **control de cambios** y justificación de los errores gramaticales y semánticos de una traducción realizada por el cliente o un tercero. *EWSTILOGO*.
▲Remisiones: *end of business*; *end of day*; *out of office*; por confirmar; *start of business*; hora de la entrega; conteo de palabras; *working from home*.

Convención de Berna, *f.*

Regulación profesional, normas internacionales
•Véase Convenio de Berna para la Protección de las Obras Literarias y Artísticas.

Convención Universal sobre Derechos de Autor, *f.*

Regulación profesional, normas internacionales
Acuerdo firmado bajo los auspicios de la Unesco para extender universalmente la protección internacional de los derechos de autor.
Contexto 1. **Convención Universal sobre Derecho de Autor** del 6 de septiembre de 1952, con Declaración anexa relativa al Artículo XVII y resolución relativa al Artículo XI. Esta Convención entró en vigor el 16 de septiembre de 1955. Luego entró en vigor para cada Estado tres meses después de la fecha de depósito de su instrumento, salvo en los casos de notificaciones de sucesión, en los cuales la entrada en vigor se produce en la fecha en la que el Estado asume la

responsabilidad de dirigir sus relaciones internacionales. *OWOMPI.*
▲Remisiones: derechos de autor del traductor; contrato de edición; obra originaria; obra derivada; Convenio de Berna para la Protección de las Obras Literarias y Artísticas; derechos de propiedad intelectual; derechos morales; derechos patrimoniales; regalías.

convenciones locales, *f. pl.*

Proceso de traducción, fase de traducción
Características lingüísticas, técnicas y geográficas de un país o de una lengua de destino.
Contexto 1. La localización de *software* es la adaptación de un programa informático para que este sea compatible con las normas culturales y lingüísticas de una región y un público en particular. Este procedimiento consiste en lograr que el programa informático resulte lo más familiar posible para una audiencia, mediante la utilización de **convenciones locales** y vocabulario técnico específico. De esta manera, los usuarios podrán utilizar las aplicaciones de *software* en su idioma de origen y comprender cada uno de sus pasos. *EWQUILLS.*
Contexto 2. Durante este proceso, el traductor debe cumplir los siguientes pasos: Terminología: para una buena traducción, la elección del término correcto en el contexto adecuado es fundamental, nos esforzamos para que en la selección de cada traductor tengamos la certeza de que cada individuo domina perfectamente la terminología en el área o tema de cada proyecto, en ciertos casos, colaboramos con el cliente o con la ayuda y uso de glosarios y webs especializadas. Logrando así como resultado final, un texto uniforme y coherente en su totalidad. Gramática: la correcta aplicación de la sintaxis, ortografía, puntuación, acentos, etc. Léxico: la cohesión léxica y la fraseología. Estilo: de acuerdo con la guía de estilo de terceros o del cliente, incluyendo el registro y la variante lingüística de cada lengua. Lugares específicos: las **convenciones locales** y las normas regionales. Formato. Propósito y objetivo de la traducción. *EWALPHATRAD.*
Contexto 3. Competencia cultural: es la capacidad de utilizar la información sobre **convenciones locales**, normas de comportamiento y sistemas de valores que caracterizan las culturas de origen y de destino. *EWGVG1.*
▲Remisiones: convenciones textuales; localización; localizador; herramienta de localización; registro lingüístico.

convenciones textuales, *f. pl.*

Proceso de traducción, fase de pretraducción
Rasgos característicos de un género textual propios de una determinada lengua que pueden no coincidir con los de una lengua diferente (DST).
Contexto 1. Al mismo tiempo, los textos periodísticos poseen unas **convenciones textuales** propias. El traductor periodístico, como usuario de ese tipo textual, debe conocer esas convenciones y poseer la competencia textual necesaria para que estos textos funcionen en un nuevo contexto lingüístico y cultural. *EWDIRDAM.*
▲Remisiones: convenciones locales; tipo de texto; guía de estilo; hoja de estilo; registro.

Convenio de Berna, *m.*

Regulación profesional, normas internacionales
•Véase Convenio de Berna para la Protección de las Obras Literarias y Artísticas.

Convenio de Berna para la Protección de las Obras Literarias y Artísticas, *m.*

Regulación profesional, normas internacionales
Tratado internacional relativo a la protección de los derechos de autor sobre obras literarias y artísticas (DST).
Contexto 1. **Convenio de Berna para la Protección de las Obras Literarias y Artísticas** del 9 de septiembre de 1886, completado en París el 4 de mayo de 1896, revisado en Berlín el 13 de noviembre de 1908, completado en Berna el 20 de marzo

de 1914 y revisado en Roma el 2 de junio de 1928, en Bruselas el 26 de junio de 1948, en Estocolmo el 14 de julio de 1967, en París el 24 de julio de 1971 y enmendado el 28 de septiembre de 1979. *OWOMPI.*
▲ Remisiones: derechos de autor del traductor; contrato de edición; obra originaria; obra derivada; Convención Universal sobre Derechos de Autor; derechos de propiedad intelectual; derechos morales; derechos patrimoniales; regalías.
◆ Nota: acort. Convenio de Berna; Convención de Berna; CBERPOLA; Tratado de Berna.

conversión de formatos, *f.*

Proceso de traducción, fase de pretraducción
Preparación de documentos en lengua origen con la finalidad de hacerlos editables y compatibles con los programas TAO (DST).
Contexto 1. El proceso técnico previo a la traducción puede incluir los siguientes elementos: preparación del documento o segmentación del texto, o ambos, para la traducción asistida por ordenador (TAO); **conversión de formatos** y familias tipográficas; alineación de documentos para TAO; creación o aplicación de hojas de estilo; obtención o creación de archivos de definición de tipo de documento (DTD) o en formatos específicos (XML, SGML); obtención de las familias tipográficas necesarias; adecuación del lenguaje controlado seleccionado. *ONAENOR.*
Contexto 2. **Conversión de formatos**: para poder optimizar los recursos y alcanzar los niveles más altos de calidad, los archivos originales entregados por el cliente deben convertirse a los formatos compatibles con las herramientas TAO antes de comenzar con la traducción. *EWLCP.*
▲ Remisiones: formato; *optical character recognition*; documento original editable; imagen no editable; digitalización de documentos.
◆ Nota: sin. formateado.

conversor de unidades, *m.*

Tecnologías, TIC-TAV
Contexto 1. **Conversor de unidades**: introduzca un valor en la columna de la izquierda y pulse posteriormente en cualquier lugar fuera del campo. La respuesta aparecerá en la columna de la derecha. *EWEUROTRA.*
• Véase convertidor de unidades.

convertidor de medidas, *m.*

Tecnologías, TIC-TAV
• Véase convertidor de unidades.

convertidor de unidades, *m.*

Tecnologías, TIC-TAV
Aplicación informática para convertir diferentes unidades de medida (DST).
Contexto 1. ProZ (www.proz.com) es una página web destinada a traductores, intérpretes y clientes. Tiene cinco secciones principales: terminología; trabajos y directorios; actividades para miembros; formación; y herramientas (incluye un **convertidor de unidades**, un calculador de tarifas, una herramienta para crear facturas e información sobre las herramientas TAO más comunes). *OWPERMONDO.*
◆ Nota: sin. conversor de unidades; convertidor de medidas.

cooperativa, *f.*

Ejercicio profesional, modalidades y condiciones contractuales
Sociedad constituida como Sociedad Cooperativa de Trabajo Asociado, según las normas españolas, que permite que los profesionales independientes asociados, a cambio de una comisión, puedan facturar a sus clientes sin necesidad de registrarse y tributar en el régimen general de trabajadores autónomos.
Contexto 1. ¿Cómo podemos facturar sin ser autónomo de forma legal? Para facturar traducciones e interpretaciones la opción más rápida, sencilla y económica son

las llamadas **cooperativas.** Estas empresas se dedican a facturarte de forma totalmente legal tus traducciones a cambio de una comisión. Las comisiones varían de una cooperativa a otra pero, en general, no es una comisión muy grande (en torno al 6%) y merece la pena ya que te ahorras todos los gastos que conlleva el estar dado de alta como autónomo. *EWDECALERO.*
▲Remisiones: acuerdo entre el cliente y el PST; facturación; traductor independiente; *coworking.*

coordinador de proyectos, *m.*

Gestión empresarial, actores
•Véase gestor de proyectos.

copia de respaldo, *f.*

Gestión empresarial, marketing
•Véase copia de seguridad.

copia de seguridad, *f.*

Gestión empresarial, marketing
Archivo de un ejemplar del original con su respectiva traducción por un tiempo determinado para poder brindar al cliente un duplicado cuando este así lo requiera (DST).
Contexto 1. **Copia de seguridad** gratuita: conservamos sus textos originales y traducidos durante al menos cinco años. Si los extravía puede solicitar que le hagamos llegar una copia electrónica sin coste adicional. *EWEXPERTA.*
Contexto 2. Puedes archivar tus glosarios y documentos originales y traducidos, y también organizarlos con las etiquetas IQ de Transiq para tenerlos controlados. Además, la **copia de seguridad** de Transiq es tu copia de seguridad. *EWTRANSIQ.*
▲Remisiones: destrucción confidencial y certificada de documentación.
◆Nota: sin. copia de respaldo; *backup.*

copia legible, *f.*

Proceso de traducción, fase de pretraducción
Texto origen de fácil lectura.
Contexto 1. Las instituciones pueden reclamarle una traducción jurada de su documento oficial. Cuando ello ocurre, la traducción ha de ser redactada por un traductor jurado. Una traducción jurada está provista de sello, firma y declaración del traductor. A continuación la traducción es anexada al (o a una **copia legible** del) documento fuente. *EWLITTERA.*
▲Remisiones: ilegibilidad; legibilidad; texto ilegible.
◆Nota: sin. material legible.

copywriter, *m.*

Gestión empresarial, actores
Profesional que tiene a su cargo la redacción de contenidos de textos publicitarios.
Contexto 1. Servicios de *copywriting.* El ***copywriter*** es el redactor publicitario que escribe los llamados *copy* o *textos publicitarios.* Uno de los objetivos principales del *copywriter* es hacer comercial un producto, por ello utilizará todo tipo de lenguajes que persuadan al público objetivo. Ellos son los responsables del contenido de las piezas publicitarias como pueden ser banderolas, correos directos, sitios web, etc. Pero además son los guionistas publicitarios para anuncios televisivos, cuñas de radio y otros medios multimedia. *EWTELEWORLD.*
▲Remisiones: *copywriting*; redacción creativa; creación de contenidos; redactor de contenidos.

copywriting, *m.*

Servicio de valor añadido, contenidos
Servicio de valor añadido que consiste en la redacción de textos con contenidos promocionales y publicitarios.
▲Contexto 1. Creación de contenidos y ***copywriting***: redacción de textos para webs, blogs, tiendas *online*, dosieres, presentaciones, folletos, notas de prensa... Textos rentables y optimizados basados en criterios SEO. *EWEWORD.*
▲Contexto 2. Servicios de ***copywriting***. El

copywriter es el redactor publicitario que escribe los llamados *copy* o *textos publicitarios*. Uno de los objetivos principales del *copywriter* es hacer comercial un producto, por ello utilizará todo tipo de lenguajes que persuadan al público objetivo. Ellos son los responsables del contenido de las piezas publicitarias como pueden ser banderolas, correos directos, sitios web, etc. Pero además son los guionistas publicitarios para anuncios televisivos, cuñas de radio y otros medios multimedia. *EWTELEWORLD.*
▲Remisiones: *copywriter*; creación de contenidos; redactor de contenidos; SEO; reescritura; transcreación.
◆Nota: sin. redacción promocional; redacción comercial; redacción creativa.

corpus, *m.*

Tecnologías, documentación
Conjunto de documentos recopilados en una o varias lenguas, de carácter general o especializado, debidamente sistematizados, en los que se pueden identificar terminología, fraseología y convenciones textuales.
Contexto 1. Existen dos tipos de **corpus**: los monolingües y los multilingües o bilingües. Dentro de estos últimos podemos distinguir entre los corpus paralelos, los alineados y los comparables. *APPG.*
▲Remisiones: corpus *ad hoc*; texto paralelo; texto comparable; corpus comparable; corpus paralelo; herramienta de análisis de corpus.
◆Nota: los tipos de corpus son corpus monolingüe, corpus bilingüe, corpus especializado, corpus general, corpus comparable, corpus paralelo, corpus virtual y corpus físico.

corpus *ad hoc*, *m.*

Tecnologías, documentación
Conjunto de documentos digitales que se compilan puntualmente para la realización de un determinado encargo de traducción (DST).
Contexto 1. Por su parte, Zanettin (2002) considera que un **corpus *ad hoc*** es una colección de documentos de internet, creada como respuesta específica a una necesidad de traducción. Además, afirma que a este corpus se puede añadir más material si es necesario y que no está destinado a formar parte de un corpus permanente. *AATV.*
Contexto 2. En su diseño no prima tanto la cantidad como la calidad: por regla general, el **corpus *ad hoc*** no incluye un número demasiado elevado de textos, pero sí textos muy adecuados, equiparables al texto original en cuanto a la temática, el género y la variedad textual. *AATV.*
▲Remisiones: corpus; texto paralelo; texto comparable; corpus comparable; corpus paralelo; herramienta de análisis de corpus.

corpus comparable, *m.*

Tecnologías, documentación
Conjunto de documentos recopilados y sistematizados en una o varias lenguas que pertenecen a un determinado género textual.
Contexto 1. En segundo lugar, un corpus paralelo lo conforman textos originales en una lengua con las traducciones de los mismos hacia una o varias lenguas (Laviosa, 2002: 37). Finalmente, un **corpus comparable** se identifica con una colección estructurada de textos digitales en una lengua junto con traducciones hacia esta misma lengua. *AAMJ.*
▲Remisiones: corpus *ad hoc*; texto paralelo; texto comparable; corpus; corpus paralelo; herramienta de análisis de corpus.

corpus paralelo, *m.*

Herramientas, documentación
Conjunto de documentos recopilados en una o varias lenguas, de carácter general o especializado, debidamente sistematizados, en los que se pueden identificar terminología, fraseología y convenciones textuales.
Contexto 1. En segundo lugar, un **corpus paralelo** lo conforman textos originales en una lengua con las traducciones de los mismos hacia una o varias lenguas (Laviosa, 2002: 37). Finalmente, un corpus comparable se identifica con una colección estructurada de

textos digitales en una lengua junto con traducciones hacia esta misma lengua. *AAMJ*.
▴Remisiones: corpus *ad hoc*; texto paralelo; texto comparable; corpus; corpus comparable; herramienta de análisis de corpus; n-grama.

corrección, *f.*

Proceso de traducción, fase transversal
Acción realizada para corregir un error en el contenido de la lengua de destino o en el proceso de traducción, o una no conformidad con algún requisito de una norma internacional cuando se ha declarado la conformidad con él (UNE-EN ISO 17100).
Contexto 1. El artículo expone el procedimiento que sigue una agencia de traducción de cierta entidad y tamaño del País Vasco a la hora de corregir los textos de los encargos de traducción que recibe: personas responsables de la **corrección**, procedimiento general de traducción, coordinación, procedimientos específicos en función de diversas variables, etc. Finalmente, realiza una reflexión en forma de preguntas abiertas sobre la aparente inevitabilidad intrínseca del proceso de corrección dentro de la labor traductora. *GWEIZIE*.
Contexto 2. Las **correcciones** suelen originarse como resultado de errores encontrados cuando el traductor está autocomprobando el contenido de la lengua de destino, cuando informa de ellos un revisor, un corrector de concepto, un corrector de pruebas o un cliente o durante una auditoría interna o externa de la implantación de esta norma internacional. *ONAENORISO*.
▴Remisiones: acción correctora; corrección de concepto; corrección de pruebas; corrección de textos; corrector de concepto; corrector de pruebas; corrector de textos; control de calidad; evaluación del control de calidad.

corrección de concepto, *f.*

Proceso de traducción, fase de traducción
Examen monolingüe del contenido de la lengua de destino respecto a su adecuación a la finalidad prevista (UNE-EN ISO 17100).
Contexto 1. La **corrección de concepto** puede llevarse a cabo mediante la evaluación de la traducción respecto al registro y las convenciones de la especialidad en cuestión. *ONAENOR*.
Contexto 2. En el caso de traducciones realizadas en el marco de un sistema de calidad certificado, la **corrección de concepto** es optativa y debe efectuarla un tercero. Por este motivo, la corrección de concepto es un servicio adicional y se factura aparte. *EWALBISA*.
▴Remisiones: acción correctora; corrección; corrección de textos; corrector de concepto; traductor especializado; especialista traductor; proceso de producción; autocomprobación; traducción; revisión, corrección de pruebas; verificación final; control de calidad; evaluación del control de calidad.
◆Nota: sin. edición monolingüe.

corrección de estilo, *f.*

Proceso de traducción, fase de traducción
Contexto 1. **Corrección de estilo**. Corrección ortotipográfica, corrección de estilo e informes de lectura para particulares y empresas. *EWVORAGINE*.
Contexto 2. **Corrección de estilo**: se trata de revisar, limpiar y perfeccionar el texto para una fácil lectura del mismo y que sea coherente y uniforme. Para ello se eliminarán los errores de gramática y ortografía, reiteraciones, ambigüedades, erratas y se presta especial atención al uso de mayúsculas, signos de puntuación y acentuación. *EWTRADUSUR*.
•Véase corrección de textos.

corrección de galeradas, *f.*

Proceso de traducción, fase de traducción
•Véase corrección de pruebas.

corrección de pruebas, *f.*

Proceso de traducción, fase de traducción
Examen del contenido de la lengua de desti-

no revisado y aplicación de las correcciones antes de su impresión (UNE-EN ISO 17100).
Contexto 1. Si las especificaciones del servicio incluyen la corrección de pruebas, el PST debe asegurarse de que la traducción se somete a la **corrección de pruebas**. *ONAENOR.*
Contexto 2. **Corrección de pruebas**. Antes de imprimir un documento o de poner en línea un sitio web, nunca está de más realizar una última verificación. De hecho, se trata de una etapa esencial en todo proceso de comunicación impreso o virtual. En esta etapa, desembocan y se agrupan todas las actividades principales: grafismo, traducción, revisión y armado de la página. Esta es su última oportunidad de corregir cualquier error u omisión. *EWMEGALEXIS.*
▲Remisiones: acción correctora; corrección; corrección de textos; corrector de pruebas; proceso de producción; autocomprobación; traducción; revisión; corrección de concepto; verificación final; control de calidad; evaluación del control de calidad.
◆Nota: sin. galeradas; corrección de galeradas.

corrección de textos, *f.*

Proceso de traducción, fase de traducción
Revisión ortotipográfica, gramatical y semántica del contenido de la lengua de destino con la finalidad de garantizar su legibilidad e inteligibilidad (DST).
Contexto 1. Estamos dispuestos, también, a organizar la **corrección de los textos** existentes. Podría hacer falta actualizar una página web y que el cliente quisiera aprovechar la actualización para llevar a cabo una completa comprobación de calidad. Ofrecemos, además, un servicio de corrección de textos cuando el autor del texto esté trabajando en su segunda lengua. Nuestro servicio de corrección se cobra por horas, por lo que el presupuesto dependerá de la calidad del texto que se quiera corregir. *EWLETRADUCT.*
▲Remisiones: acción correctora; corrección; corrector de textos; control de calidad; evaluación del control de calidad.
◆Nota: sin. corrección de estilo.

corrector, *m.*

Gestión empresarial, actores
•Véase corrector de textos.

corrector de concepto, *m.*

Gestión empresarial, actores
Especialista que verifica la adecuación de la traducción a su finalidad, al registro y a las convenciones textuales del campo temático pertinente (DST).
Contexto 1. Los **correctores de concepto** deben ser especialistas en el campo temático en la lengua de destino. *ONAENOR.*
Contexto 2. Si las especificaciones del proyecto incluyen una corrección de concepto, el PST debe garantizar que se somete el contenido de la lengua de destino a este tipo de corrección. El PST debe requerir al **corrector de concepto** que lleve a cabo la corrección de concepto para evaluar la adecuación del contenido de la lengua de destino a la finalidad y dominio acordados, y recomendar las correcciones que tendría que introducir el PST. El PST puede darle al corrector de concepto la instrucción de que introduzca las correcciones. La corrección de concepto incluye la evaluación de la precisión del dominio y el respeto por las convenciones relevantes del tipo de texto. *ONAENORISO.*
▲Remisiones: corrección de concepto; revisor; especialización; especialista traductor; acción correctora; corrección; corrector de pruebas; corrector de textos; traductor especializado; control de calidad; evaluación del control de calidad.
◆Nota: sin. revisor especialista.

corrector de estilo, *m.*

Gestión empresarial, actores
Contexto 1. El **corrector de estilo** es un profesional de la edición cuya tarea se enmarca en el control de calidad de la edición de textos. Puede intervenir inmediatamente después de la redacción de un texto, después de la revisión de una traducción o tras una revisión técnica o de contenido. *EWACANTHO.*

Contexto 2. **Corrector de estilo**. Su tarea consiste en la revisión de un texto para eliminar defectos de redacción, errores gramaticales, impropiedades léxicas y rasgos no genuinos de la lengua empleada, y puede alcanzar hasta la supervisión del texto para adaptarlo al estilo propuesto por el editor; este último aspecto puede conllevar que haya que mejorar la redacción, sintetizar o ampliar conceptos propuestos por el autor, y otras intervenciones en la redacción que aclaren y faciliten la comprensión del discurso. *GWUNICO.*
•Véase corrector de textos.

corrector de ortotipografía, *m.*

Gestión empresarial, actores
Contexto 1. El trabajo del corrector de pruebas, o **corrector de ortotipografía**, forma parte del control de calidad de la edición de textos. Se debe contar con la intervención de este profesional tras las revisiones de traducción, contenido y estilo. Su labor consiste en revisar el texto antes de ser compuesto y después de ello, con el fin de conseguir que el lector no encuentre ninguna dificultad en la lectura del documento. Para lograrlo, el corrector, además de eliminar todas las erratas y faltas de ortografía, debe normalizar y unificar todas las convenciones ortotipográficas así como revisar la composición y detectar errores gramaticales que se hubieran quedado tras la corrección de estilo. *GWUNICO.*
•Véase corrector de pruebas.

corrector de pruebas, *m.*

Gestión empresarial, actores
Profesional que corrige las pruebas del contenido de la lengua de destino (UNE-EN ISO 17100).
Contexto 1. Las correcciones suelen originarse como resultado de errores encontrados cuando el traductor está autocomprobando el contenido de la lengua de destino, cuando informa de ellos un revisor, un corrector de concepto, un **corrector de pruebas** o un cliente o durante una auditoría interna o externa de la implantación de esta norma internacional. *ONAENORISO.*
Contexto 2. Además, si se le solicita, el corrector puede verificar otros elementos de la edición como son los índices, las bibliografías y las referencias cruzadas. Suele hacer su trabajo marcando los errores sobre papel o corrigiendo en pantalla. Para desarrollar esta tarea son necesarios el dominio de la gramática, el conocimiento de las normas de ortotipografía y de los usos y costumbres para aquellos aspectos que no están regidos por normas académicas, un sentido de la lengua en la que se corrige, y conocimientos de edición y composición. El **corrector de pruebas** debe tener habilidades de redacción y edición en pantalla. Este perfil puede ser útil para ampliar el perfil y el ámbito de trabajo de profesiones relacionadas, como las de corrector de estilo, traductor, redactor y editor. *GWUNICO.*
▴Remisiones: acción correctora; corrección; corrección de pruebas; corrector de concepto; corrector de textos; control de calidad; evaluación del control de calidad.
◆Nota: sin. corrector de ortotipografía.

corrector de textos, *m.*

Gestión empresarial, actores
Profesional que tiene a su cargo el control de calidad de la edición de textos en la etapa posterior a la redacción, la revisión de una traducción o la revisión de contenido.
Contexto 1. Los programas de revisión de ortografía y gramática son útiles pero tiene limitaciones y no pueden reemplazar el trabajo metódico y la experiencia de un **corrector de textos** nativo que puede entre otras cosas: tener una lectura fresca del texto traducido para poder identificar y corregir palabras o frases que el programa de ortografía no detecta, como por ejemplo en el uso de palabras funcionales como "*an*" en lugar de "*at*", "*as*" o "*and*"; detecta palabras bien escritas pero en un contexto

equivocado, por ejemplo "*their*" cuando debería ser "*there*" o "*they're*"; corrige la puntuación deficiente o la ajusta para lograr un mejor flujo de la oración o para aumentar su significado y sencillez. *EWTDEHOY.*
▲Remisiones: acción correctora; corrección; corrector de concepto; corrector de pruebas; control de calidad; evaluación del control de calidad.
◆Notas: sin. corrector de estilo. Acort. corrector.

corredacción, *f.*

Servicio de valor añadido, contenidos
Contexto 1. Es discutible que hubiera podido (o debido) seguirse un método diferente desde el comienzo: "Una solución que habría podido adoptarse para resolver los problemas de traducción de textos dispositivos en las instituciones europeas podría haber sido la **corredacción** o redacción paralela", es decir, unas "actividades que consisten, con leves matices que las diferencian, en que los especialistas, no necesariamente traductores, colaboran redactando los textos legales de forma casi simultánea" (Garrido, 1996, 39). *AAJMMV.*
•Véase edición multilingüe.

correspondencia, *f.*

Tecnología, TA-TAO
Contexto 1. Los sistemas de memorias de traducción permiten reciclar estos segmentos ya traducidos proponiendo automáticamente una traducción recuperada de la memoria siempre que aparece la misma frase (**correspondencia** exacta) o una frase similar (correspondencia aproximada) en el texto que se está traduciendo. Este sistema aumenta la productividad del traductor y asegura que los términos y las expresiones usadas sean bien traducidos en el texto y también de una traducción a otra. *EWECOLORE.*
•Véase coincidencia.

cosellado, *m.*

Ejercicio profesional, presentación de la traducción
Sello que se estampa en el anverso y en el reverso de todas las páginas del original y de la traducción para garantizar su autenticidad e inviolabilidad (DST).
Contexto 1. Es la fe (pública) que da el Colegio de Traductores Públicos, al certificar las firmas como válidas, y avalando la autenticidad, mediante la certificación de firma, controlando el **cosellado** de los documentos fuente y la traducción. *PWPK.*
Contexto 2. El traductor además debe efectuar el **cosellado** del documento, es decir, estampa su sello entre todas las páginas del original y de la traducción, de manera de garantizar su autenticidad. Eso evita que se agreguen páginas o se adultere el documento. Es un requisito indispensable para presentar la traducción y que el Colegio correspondiente legalice la firma del traductor. *EBLINGUACORP.*
▲Remisiones: lacrado; página en blanco; traducción oficial; traducción certificada.

coste por palabra del texto original, *m.*

Gestión empresarial, presupuesto y facturación
Contexto 1. El **coste** de cualquier traducción se calcula siempre **por palabra del texto original**, para garantizar una transparencia total. *EWIBIDEM.*
•Véase tarifa por palabra de origen.

costo de traducción, *m.*

Gestión empresarial, presupuesto y facturación
Inversión de dinero que realiza un proveedor de servicios de traducción que incluye los gastos operativos fijos o variables a partir de los cuales se determinará la tarifa.
Contexto 1. El **costo de traducción** no puede ser un cálculo rápido y aproximado. Por el contrario, requiere de un análisis detallado del material a traducir para elaborar un presupuesto lo más preciso posible y evitar tanto omisiones como excesos. Si el presupuesto no consideró los requerimientos completos del cliente, los profesionales no querrán trabajar gratis y el cliente no

querrá asumir la diferencia de costos. *EWTRUSTED.*
Contexto 2. Al cerrar una cotización, el administrador de cuentas tiene que ser consciente de que puede haber otros competidores involucrados que podrían proporcionar un presupuesto inferior ofreciendo una traducción de menor calidad. El AM tiene que asegurarse de detallar cada costo y explicar cada paso de traducción con el fin de aclarar lo que incluye la cotización: **costo de traducción**, costo de edición, costo DTP, costo de IT, una prueba de garantía de calidad final, etc. *EBSTUS.*
▲Remisiones: cotización; arancel; honorarios; tarifa de traducción; unidad de facturación.

costo de traducción por palabra de origen, *m.*
Gestión empresarial, presupuesto y facturación
•Véase tarifa por palabra de origen.

Cotich, *m.*
Regulación profesional, entidades gremiales
•Véase Colegio de Traductores e Intérpretes de Chile.

cotización, *f.*
Gestión empresarial, presupuesto y facturación
Documento elaborado por el PST en el que se consignan el valor y las condiciones de los servicios de traducción o de valor añadido, tomando en cuenta las especificaciones del encargo (DST).
Contexto 1. Costos de traducción. Los precios de las traducciones se fijan antes del comienzo de cada proyecto. Pueden aplicarse los mismos precios para muchos proyectos diferentes, dependiendo de las necesidades del cliente. Si el alcance de un proyecto cambia, trabajaremos junto a usted para acordar nuevos precios que sean más acordes al nuevo proyecto o alcance. Cuando usted requiera un presupuesto gratis, sin obligaciones, le brindaremos una **cotización** detallada por documento y par de idiomas. *EWTRUSTED.*
▲Remisiones: herramienta de facturación; contador de palabras; conteo de palabras; calculadora de tarifas; gráfica de tarifas; tarifa de traducción; unidad de facturación; costo de traducción; arancel; compensación; honorarios.
◆Nota: sin. presupuesto.

coworking, *m.*
Ejercicio profesional, modalidades y condiciones contractuales
Forma de trabajo en la que los traductores comparten el mismo espacio de labores para desarrollar sus actividades profesionales.
Contexto 1. Entre estas nuevas formas, se encuentran los espacios de ***coworking***, donde varios emprendedores comparten "oficina", con el objetivo de ahorrar en costes y dedicar el dinero a lo que realmente importa. *PBDTAE.*
▲Remisiones: entorno laboral; lugar de trabajo; cooperativa; traductor independiente.

crawler, *m.*
Tecnologías, documentación
•Véase metabuscador.

creación de contenidos, *f.*
Servicio de valor añadido, contenidos
Servicio de valor añadido que consiste en la producción de textos u otros contenidos, en una o varias lenguas, a medida de las necesidades del cliente (DST).
Contexto 1. Al crear tu página web, acuérdate del contenido, ya que las palabras son tan importantes como el diseño de la página. Somos especialistas en **creación de contenidos** web para que los buscadores te encuentren fácilmente y, con nuestros colaboradores, hacemos que este contenido esté optimizado para buscadores. *EWSIGNE.*
Contexto 2. Una de las mayores oportunidades que ofrece la TA es la de que se pueden generar fácilmente servicios de traducción en línea. La **creación de contenido** multi-

lingüe o la extensión de las posibilidades de comunicación entre usuarios de diferentes idiomas maternos es un desafío para muchas organizaciones. *EWPROMT.*
▲Remisiones: actualización de contenidos; sistema de redacción de contenidos; redactor de contenidos; sistema de gestión de contenidos; redacción de textos; redacción creativa.
◆Nota: sin. redacción de contenidos; generación de contenidos.

creación de plantillas de documentos, *f.*

Proceso de traducción, fase de pretraducción
Diseño de una traducción prototípica para documentos originales que tienen elementos comunes, con la finalidad de estandarizar formatos que garanticen una traducción de calidad.
Contexto 1. La subcompetencia instrumental no se limita solamente al uso de los programas de memoria de traducción. Algunas de las tareas que podrá incluir son **creación de plantillas de documentos**, gestión documental, gestión terminológica, investigación profunda de los recursos de la internet. *PWDOSSO.*
▲Remisiones: formato.

creación y gestión de bases de datos terminológicas, *f.*

Servicio de valor añadido, terminología
Servicio de valor añadido que consiste en la identificación, el almacenamiento, la recuperación y la actualización de términos pertenecientes a diferentes campos especializados (DST).
Contexto 1. La traducción asistida por ordenador (TAO) designa las herramientas informáticas utilizadas para mejorar la eficacia y la fluidez de una, varias o todas las fases del proceso de traducción: desde la gestión de proyectos hasta la relectura, pasando por las búsquedas terminológicas o, evidentemente, por la traducción propiamente dicha. Esta tecnología es un apoyo para el trabajo; no la consideramos de ninguna manera como un sustituto de la experiencia y de la habilidad del ser humano. Estas herramientas presentan una verdadera ventaja cuando el volumen del texto tratado es muy grande y cuando hay frecuentes actualizaciones y numerosas repeticiones de palabras. Varios son los servicios relativos a la TAO, principalmente: creación y gestión de memorias de traducción; **creación y gestión de bases de datos terminológicos**. *EWATHENEA.*
Contexto 2. **Creación y gestión de bases de datos terminológicas** especiales para su empresa. Elaboración de una concordancia terminológica. Creación de memorias de traducción. *EWESPAWORDS.*
▲Remisiones: asesoramiento terminológico; terminólogo; gestor terminológico; base de datos terminológica; servicio de terminología; glosario corporativo; gestor terminológico; creación de plantillas de documentos.
◆Nota: sin. creación y gestión terminológica; creación, mantenimiento y control de bases de datos terminológicas.

creación y gestión terminológica, *f.*

Servicio de valor añadido, terminología
•Véase creación, mantenimiento y control de bases de datos terminológicas.

creación, mantenimiento y control de bases de datos terminológicas, *f.*

Servicio de valor añadido, terminología
Contexto 1. Contamos con la infraestructura y *software* necesarios para gestionar y suministrar terminología propia a cada cliente, lo que nos permite realizar trabajos terminológicos como: la extracción de términos por parte de traductores terminólogos y la **creación, mantenimiento y control de bases de datos terminológicas** con MultiTerm y TermStar. *EWTRANSANDLOC.*
•Véase creación y gestión de bases de datos terminológicas.

crowdsourcing, *m.*

Ejercicio profesional, modalidades y condiciones contractuales

Subcontratación masiva, a través de una convocatoria abierta, de traductores profesionales y *amateurs* voluntarios para traducir, gratuitamente o no, un proyecto de traducción urgente y de gran volumen que pasará por un proceso de revisión (DST).
Contexto 1. En lo que respecta a la traducción colaborativa, el ***crowdsourcing***, el concepto radica en las traducciones realizadas por los usuarios de la red, entre los que se encuentran tanto los profesionales como los *amateurs*. Hay páginas web que organizan traducciones colaborativas abiertas y para ello contratan a profesionales para hacer las correcciones. De este modo surgen las traducciones, por ejemplo para Facebook, Twitter o LinkedIn, donde los participantes traducen mediante una plataforma que está disponible en la misma red social. De tal manera, los usuarios resuelven los problemas más complejos y aportan ideas más frescas y significativas. Todo sucede a través de internet. Si se cuenta con la colaboración de profesionales, las traducciones llegan a tener una buena calidad final contribuida por la revisión de un profesional. *EW1GLOBAL*.
Contexto 2. Por otra parte, el ***crowdsourcing*** y la traducción colaborativa surgen cuando en un solo proyecto de traducción participa un grupo heterogéneo, compuesto por traductores voluntarios, contratistas o empleados. En esta ocasión sí se cuenta con la colaboración de profesionales que velan por la calidad final del proyecto. Un claro ejemplo de este modelo de trabajo es Facebook: los usuarios traducen a través de una plataforma que hay en la misma red social, y un profesional se encarga de revisar el producto final. *GRASETRAD*.
▲Remisiones: subcontratación; traducción colaborativa; traducción comunitaria; CT3; programa de gestión de proyectos.

CT3, *f.*

Ejercicio profesional, modalidades y condiciones contractuales
Subcontratación que engloba la traducción comunitaria, la colaborativa y el *crowdsourcing* (DST).
Contexto 1. El término **CT3** hace referencia a la traducción comunitaria, a la colaborativa y al *crowdsourcing*. Se trata de una forma de traducir en la que un traductor no trabaja solo, sino que la tarea se reparte entre muchas personas con el fin de ahorrar tiempo. Antes de dar mi opinión sobre ello, creo conveniente explicar en qué consisten y señalar su diferencia, pues no significan lo mismo. *PBM1L*.
Contexto 2. En cuanto a las siglas **CT3** (traducción comunitaria, colaborativa y *crowdsourcing*), cabe destacar que se trata de un neologismo que la organización Common Sense Advisory creó con el fin de englobar todos estos nuevos modelos de trabajo que acabamos de explicar. *GRASETRAD*.
▲Remisiones: subcontratación; traducción colaborativa; traducción comunitaria; programa de gestión de proyectos; *crowdsourcing*.

CTP, *m.*

Regulación profesional, entidades gremiales
Contexto 1. El Colegio de Traductores del Perú (**CTP**) es una institución autónoma de derecho público. Fue creado por la Ley N.º 26684 el 14 de noviembre de 1996. Es la institución representativa por excelencia que agrupa a los Licenciados en Traducción. La colegiación es voluntaria de acuerdo con el artículo 1 de dicha Ley. *GWCTP*.
• Véase Colegio de Traductores del Perú.

CTPCBA, *m.*

Regulación profesional, entidades gremiales
Contexto 1. El **CTPCBA** cuenta con una representante en el Consejo General de la FIT que representa, a su vez, al área geográfica de América Latina. *GWCTPCBA*.
• Véase Colegio de Traductores Públicos de la Ciudad de Buenos Aires.

CTPU, *m.*

Regulación profesional, entidades gremiales
•Véase Colegio de Traductores Públicos del Uruguay.

cualificaciones del traductor, *f. pl.*

Ejercicio profesional, perfil profesional
Conjunto de competencias profesionales del traductor referidas a su formación o experiencia.
Contexto 1. El PST debe determinar las **cualificaciones del traductor** para prestar un servicio según esta norma internacional mediante la obtención de pruebas documentadas de que el traductor puede satisfacer al menos uno de los criterios siguientes: a) cualificación reconocida de graduado en traducción de una institución de educación superior; b) cualificación reconocida de graduado en cualquier otro campo de una institución de educación superior más dos años de experiencia profesional a tiempo completo en traducción; c) cinco años de experiencia profesional a tiempo completo en traducción. NOTA 1. En algunos países los grados de traducción pueden recibir un nombre diferente, como "estudios lingüísticos" o "estudios de lenguas". Si el curso incluye formación en traducción, se considera equivalente a un grado de traducción. NOTA 2. Obsérvese que la palabra "graduado" puede tener diferentes aplicaciones en diferentes jurisdicciones educativas; en esta norma internacional incluye el nivel de primer grado de un título académico emitido por una institución reconocida de educación superior. NOTA 3. La experiencia profesional a tiempo completo se entiende como 'a tiempo completo' o equivalente. *ONAENORISO.*
▲Remisiones: competencia profesional del traductor; traductora; competencia lingüística y textual en la lengua de origen y en la lengua de destino; competencia en búsqueda, adquisición y procesamiento de la información; competencia cultural; competencia técnica; competencia de dominio.

cultura de la traducción, *f.*

Ejercicio profesional, ética profesional
Conjunto de prácticas, creencias, ideas, expectativas, rituales, valores, motivaciones y costumbres que definen a la actividad traductora en un espacio y tiempo determinados.
Contexto 1. También existe lo que podríamos llamar una "**cultura de la traducción**". Los profesionales en general y los traductores e intérpretes en particular cuentan con una experiencia y un modo de hacer, no solo de decir o de escribir, sino de comportarse, sedimentado en costumbres, hábitos, dichos, reglas, normas, principios, excepciones, considerandos. *ALAHORTAL.*
▲Remisiones: buenas prácticas; malas prácticas; código de ética; juramento jeronímico.

cumplimiento de las especificaciones, *m.*

Proceso de traducción, fase de postraducción
Realización cabal de las instrucciones predeterminadas para un proyecto de traducción antes de la aprobación de su contenido y la autorización de entrega al cliente.
Contexto 1. La gestión del proyecto debe incluir las tareas siguientes: a) identificar los requisitos y especificaciones fundamentales del proyecto de traducción durante el proceso de preproducción, y seguir los procedimientos y especificaciones a lo largo de toda su producción; b) supervisar y controlar el proceso de preparación del proyecto de traducción; c) asignar a un traductor o traductores competentes para el proyecto de traducción; d) asignar a un revisor o revisores competentes; e) distribuir la información, emitir las instrucciones relacionadas con la asignación y gestionar el proyecto de traducción para todas las partes involucradas; f) controlar el cumplimiento de planificaciones y plazos acordados; g) comunicar los cambios que se produzcan en las especificaciones del proyecto, cuando proceda; h) supervisar la conformidad constante con el acuerdo entre el cliente y el PST, las especificaciones del proyecto y, cuando sea necesario, comunicarse con to-

das las partes involucradas en el proyecto, incluido el cliente; i) garantizar que se responde a las consultas sobre la traducción y de otro tipo; j) gestionar y administrar los comentarios del cliente; k) verificar el **cumplimiento de las especificaciones** del servicio de traducción antes de la aprobación del contenido de la lengua de destino y de la autorización de su entrega al cliente; l) prestar el servicio. La gestión de proyectos puede incluir también las tareas siguientes: a) si procede, asignar a un corrector de concepto o correctores de concepto competentes al proyecto de traducción; b) en caso necesario, implantar correcciones y/o acciones correctoras; c) controlar que se garantiza que el proyecto no supera el presupuesto acordado; d) preparar y emitir la factura; e) completar otras actividades o tareas acordadas con el cliente. *ONAENORISO.* Contexto 2. El PST debe disponer de un proceso para la verificación final del proyecto respecto a las especificaciones por parte del gestor de proyectos antes de la entrega al cliente. Tras la verificación final y la entrega, el PST debería tener un proceso para los procedimientos de facturación y pago. Si la verificación final indica defectos en el **cumplimiento de las especificaciones**, el PST debe hacer las correcciones y realizar acciones correctoras según corresponda. *ONAENORISO.*

▴Remisiones: especificaciones del proyecto; acuerdo entre el cliente y el PST; contrato de traducción; orden de pedido; condiciones comerciales; encargo de traducción; requisitos del proyecto; proyecto; verificación final; proceso de postraducción.

deadline, *m.*

Proceso de traducción, fase de pretraducción

Contexto 1. La inmediatez y la reacción ante la actualidad son los retos del periodismo moderno. Trad&Go acompaña a la prensa con un escrupuloso respeto de sus ***deadlines***. Nuestros jefes de proyectos de traducción están siempre disponibles para encontrar una solución urgente y de calidad a las necesidades de una redacción. *EWTRADANDGO.*

•Véase plazo de entrega.

decálogo del traductor, *m.*

Ejercicio profesional, ética profesional

Conjunto de principios fundamentales, por lo general diez, que deben guiar el comportamiento de un traductor (DST).

Contexto 1. El **decálogo del traductor**: 1. Un traductor debe cobrar por su trabajo, y no esperar a que la agencia cobre de su cliente. De eso nos ocupamos los gestores de las agencias: es nuestro trabajo. Por ello cobramos un sueldo. 2. Un traductor debe cobrar por todo su trabajo. Un profesional responsable revisa incluso lo que aparentemente ha traducido un programa de ayuda. ¿Qué pasa con el tiempo dedicado a la corrección? 3. Un traductor debe cobrar una tarifa mínima y digna. Toda tarifa por debajo de 4 o 5 céntimos la palabra es un abuso. 4. Un traductor merece respeto, y el apoyo de su agencia. Es un profesional altamente cualificado. 5. El traductor comete errores. También los cometemos los responsables de las agencias. Y los clientes. 6. El uso de becarios o estudiantes debería estar reglado de alguna forma. En todo caso, un traductor debe cobrar por su trabajo un mínimo establecido, y no entrar en una subasta a la baja. De nuevo: RESPETO. 7. Los traductores deben tener claro que toda merma en su categoría profesional es PAN PARA HOY, HAMBRE PARA MAÑANA. 8. La traducción precisa tiempo. La agencia debe luchar porque los clientes entiendan que es difícil compatibilizar prisas con calidad. 9. Debe haber un compromiso ético: jamás se "tantean" clientes de otras agencias. 10. El margen de la agencia debe ser el mínimo indispensable para mantener su estructura (oficinas, gastos, sueldos); pero hacerse rico a costa de la explotación de otros (jóvenes desempleados, uso de personas no cualificadas, mala praxis en las escuelas de traducción) es una vergüenza. *EBTRADUX.*

▲Remisiones: buenas prácticas; malas prácticas; código de ética; juramento jeronímico.

declaración jurada, *f.*

Ejercicio profesional, presentación de la traducción
Certificación escrita, incluida al final del documento traducido, mediante la cual el traductor declara que es una versión fiel y correcta del original (DST).
Contexto 1. Una traducción jurada se diferencia de la traducción normal o simple en que ofrece unas garantías en cuanto a la fidelidad de su contenido. De la misma manera que un documento notarial va avalado por la firma y sello de un notario, la traducción jurada se acompaña de una breve **declaración jurada** del traductor, además de su sello oficial y firma. De esta forma, las administraciones tienen una garantía de que no se ha aportado ni eliminado información durante el proceso de traducción, de forma involuntaria o dolosa. *EWSOLEIL.*
▲Remisiones: traducción oficial; traducción certificada; traducción simple sin valor oficial; traducción especial.
◆Nota: sin. certificado de traducción fiel.

Declaración Universal de Derechos Lingüísticos, *f.*

Regulación profesional, normas internacionales
Documento que tiene como finalidad promover los derechos lingüísticos, especialmente de las lenguas amenazadas (DST).
Contexto 1. Recogemos en estas páginas el texto de la **Declaración Universal de Derechos Lingüísticos** y explicamos cómo fue redactada y cómo fue proclamada en la Conferencia Mundial de Derechos Lingüísticos. Se recoge aquí el trabajo de 61 organizaciones, 41 centros de escritores del *PEN Club* y 40 expertos en derecho lingüístico que le han dado su apoyo. *OWOCSDUDL.*
Contexto 2. Entendiendo que es necesaria una **Declaración Universal de Derechos Lingüísticos** que permita corregir los desequilibrios lingüísticos de manera que asegure el respeto y el pleno desplegamiento de todas las lenguas y que establezca los principios de una paz lingüística planetaria justa y equitativa, como factor principal de la convivencia social. *OWUNESCO.*

deliverable, *m.*

Proceso de traducción, fase de traducción
Contexto 1. ***Deliverable***: también traducido como *entrega*, es un término que se utiliza en la administración de proyectos para describir un objeto tangible o intangible que se produce como resultado del proyecto y se debe entregar a un cliente (interno o externo). Una entrega podría ser un informe, un documento, una actualización de servidor o cualquier otro elemento constitutivo de un proyecto. *EWCCAPS.*
•Véase entregable.

derechos de autor del traductor, *m. pl.*

Contratación, derechos de autor
Derechos morales y patrimoniales que la ley concede a los traductores de una obra originaria (DST).
Contexto 1. Defender los **derechos de autor del traductor** conforme a las normas vigentes. Como autor derivado, el traductor está sujeto a las obligaciones especiales hacia el autor de la obra original. Como autor derivado está obligado a obtener del autor de la obra original o del usuario la autorización de traducción de esa obra. *GNACTICE.*
▲Remisiones: derechos de explotación y autoría; reserva de propiedad; Carta de Derechos del Traductor; Recomendación sobre la Protección Jurídica de los Traductores y de las Traducciones y sobre los Medios Prácticos de Mejorar la Situación de los Traductores; contrato.

derechos de explotación y autoría, *m. pl.*

Ejercicio profesional, derechos de autor
Derechos patrimoniales y de reconocimiento de paternidad del PST, en calidad

de autor de una obra derivada, que debe respetar el cliente.
Contexto 1. Todos los **derechos de explotación y autoría** permanecerán en posesión de la Agencia de Traducción a menos que se acuerde de otro modo. Sin embargo, el Cliente estará autorizado a utilizar con las finalidades que se han descrito en la Orden de Pedido y modificar el material encargado y pagado a la Agencia de Traducción. El Cliente estará autorizado a utilizar el material encargado siempre y cuando respete las condiciones de pago acordadas en la Orden de Pedido. De este modo, el uso de la traducción supondrá una infracción de derechos de autor por parte del Cliente en caso de que no se respeten las condiciones de pago especificadas en la factura. El Cliente asegura estar en posesión de todos los derechos de propiedad intelectual sobre el material a tratar para realizar el encargo solicitado. La Agencia de Traducción no se hace responsable de posibles daños ni reclamaciones que tengan lugar por parte de terceros con motivo del quebrantamiento de la anterior garantía por parte del Cliente. *EWMONDO.*
▲Remisiones: derechos de autor; contrato de edición; obra originaria; obra derivada; derechos de propiedad intelectual; derechos morales; derechos patrimoniales; regalías.

derechos de propiedad intelectual, *m. pl.*

Ejercicio profesional, derechos de autor
Protección que se brinda al autor sobre sus creaciones.
Contexto 1. Las condiciones comerciales pueden incluir, pero sin limitarse a ellos, los elementos siguientes: a) cláusulas de confidencialidad y acuerdos de no revelación; b) **derechos de propiedad intelectual** sobre el material entregado al cliente y restricciones sobre el uso de subproductos, como memorias de traducción; c) condiciones de pago (como pago a 30 días o un descuento del 2% si el pago se produce en un plazo de 10 días); d) garantías; e) responsabilidad; f) procedimientos de resolución de disputas; g) elección de la jurisdicción aplicable. *ONAENORISO.*
▲Remisiones: derechos de explotación y autoría; Carta de Derechos del Traductor; Recomendación sobre la Protección Jurídica de los Traductores y de las Traducciones y sobre los Medios Prácticos de Mejorar la Situación de los Traductores; contrato de edición; obra originaria; obra derivada; Convenio de Berna para la Protección de las Obras Literarias y Artísticas; Convención Universal sobre Derechos de Autor; derechos morales; derechos patrimoniales; regalías.

derechos morales, *m. pl.*

Ejercicio profesional, derechos de autor
Derechos irrenunciables e inalienables que reconocen y resguardan el vínculo entre el autor y su obra, tales como el reconocimiento de la paternidad y la preservación de su integridad (DST).
Contexto 1. El traductor tiene reconocidos legalmente los **derechos** de autor **morales** y patrimoniales sobre la obra traducida. *GNACELB.*
Contexto 2. Una vez creada la traducción y plasmada en un soporte, la ley atribuye al traductor todos los derechos que reconoce a los autores. De este modo, el traductor será titular originario (desde el momento mismo de la creación) de los **derechos morales**, inalienables e irrenunciables (cfr., art. 14, LPI). *GNACELB.*
▲Remisiones: derechos de explotación y autoría; contrato de edición; obra originaria; obra derivada; derechos de propiedad intelectual; derechos patrimoniales; regalías; reconocimiento.

derechos patrimoniales, *m. pl.*

Ejercicio profesional, derechos de autor
Derechos que generan una compensación económica al traductor por la explotación de su obra (DST).
Contexto 1. El traductor tiene reconocidos legalmente los **derechos** de autor morales y **pa-**

trimoniales sobre la obra traducida. *GNACELB.*
Contexto 2. Y también de los **derechos patrimoniales** que comprenden, de una parte, los derechos exclusivos de explotación (reproducción, distribución, comunicación pública, transformación y colección, arts. 17-22 LPI), y de otra parte, los llamados derechos de mera remuneración (compensación equitativa por copia privada, art. 25 LPI, remuneración equitativa por préstamo público en bibliotecas y archivos, art. 37.3 LPI, entre otros). *GNACELB.*
▲Remisiones: derechos de explotación y autoría; contrato de edición; obra originaria; obra derivada; derechos de propiedad intelectual; derechos morales; regalías.

descuento, *m.*

Gestión empresarial, presupuesto y facturación
Cantidad que reduce el PST de la tarifa de traducción propuesta en su cotización por diversos conceptos.
Contexto 1. **Descuentos**. Ofrecer reducciones en el precio si el texto a traducir es muy extenso y si existen múltiples repeticiones de palabras. Por esta razón es esencial que nos haga llegar su documento a la hora de solicitar un presupuesto, así lo analizaremos y le podremos ofrecer nuestro mejor precio. *PBAMQT.*
Contexto 2. **Descuentos** especiales para clientes habituales y para grandes volúmenes de trabajo. Disponemos de descuentos directos de 15% para clientes habituales. Premiamos su fidelidad y confianza. Nuestros mejores clientes se benefician de grandes ventajas y descuentos. Consulte con su comercial. Para trabajos de gran volumen disponemos de tarifas y precios especiales que harán mucho más competitiva nuestra oferta. Consulte con su comercial su presupuesto personalizado. *EWSNS.*
Contexto 3. **Descuento** por volumen de proyecto. Este es el típico descuento que depende de la cantidad y complejidad del proyecto en concreto; a veces, cuando se trata de un proyecto muy grande que implica una suma importante de dinero, el cliente en cuestión suele regatear el precio final. *EBTRUSTED.*
▲Remisiones: tarifa de traducción; cotización; plazo de entrega urgente; formato; recargo; volumen.

descuento por CAT, *m.*

Gestión empresarial, presupuesto y facturación
Cantidad que reduce el PST de la tarifa de traducción propuesta en su cotización como resultado de pasar el texto origen por una herramienta de traducción asistida por ordenador y constatar repeticiones u otras similitudes que reduzcan el tiempo y el esfuerzo invertido.
Contexto 1. **Descuento por CAT**. Cada vez con más frecuencia, los clientes tienen conocimiento de las herramientas de traducción asistida y están al tanto de las facilidades que su uso ofrece (evita volver a traducir frases repetidas, permite ofrecer un producto terminológicamente homogéneo, etc.), gracias a lo cual no pagan por todas las palabras que contenga un documento, sino únicamente por aquellas que sean nuevas, pues incluso aquellas frases que no sean totalmente idénticas pero que se asemejen (*fuzzy matches*) también se beneficiarán de una reducción de la tarifa final. *EBTRUSTED.*
▲Remisiones: descuento; herramienta de traducción asistida por ordenador; traducción asistida por ordenador; repeticiones; cotización; tarifa de traducción; coincidencia.

descuento por trabajo deficiente, *m.*

Ejercicio profesional, ética profesional
Cantidad que reduce el PST del costo de la traducción cuando el cliente queda insatisfecho con el producto recibido, sea por cuestiones relativas a la traducción propiamente dicha o por incumplimiento de las especificaciones o de los plazos acordados.
Contexto 1. **Descuento por trabajo deficiente**. Por último, aunque es la opción menos agradable para ambas partes, está la reducción por un proyecto con el que el

cliente no está satisfecho; y esta insatisfacción puede deberse a distintas razones: una calidad considerada por el cliente como deficiente, ya sea porque se ha utilizado una terminología inadecuada o porque no se han seguido determinadas directrices en cuanto a terminología, estilo o de cualquier otro tipo, o un incumplimiento de la fecha de entrega que ha generado problemas posteriores al cliente. *EBTRUSTED.*
▲Remisiones: descuento; tarifa de traducción; costo de traducción; facturación; comentarios del cliente; administración del cierre del proyecto; encuesta de satisfacción; proceso de posproducción; reclamación.

desgrabación de cintas, *f.*

Servicio de valor añadido, traducción audiovisual
Contexto 1. Traducciones públicas. Traducciones técnicas y científicas. Traducciones literarias. Traducciones empresariales. Interpretación. Corrección de textos. **Desgrabación de cintas** y subtitulado de videos. Entrevistas y evaluación de nivel para selección de personal. *EWLDM.*
•Véase transcripción de audio y video.

desktop publishing, *m.*

Servicio de valor añadido, edición y publicación
•Véase DTP.

destinatario, *m.*

Proceso de traducción, fase de pretraducción
•Véase audiencia final.

destinatario de la traducción, *m.*

Proceso de traducción, fase de pretraducción
Contexto 1. No basta, por tanto, con dominar el idioma en el que el documento está redactado para poder traducirlo adecuadamente. Ni siquiera es suficiente tener una amplia experiencia como traductor. Es, también, necesario conocer los dos sistemas legales (el del texto original y el del país de la lengua a la que se traduce) para no cometer errores que puedan tener consecuencias jurídicas para los **destinatarios de la traducción**. *PBTJ.*
•Véase audiencia final.

destrucción confidencial y certificada de documentación, *f.*

Servicio de valor añadido, marketing
Servicio de valor añadido que consiste en clasificar la documentación generada durante el proceso de traducción y tratarla mediante un gestor autorizado para su eliminación confidencial y reciclaje (DST).
Contexto 1. **Destrucción confidencial y certificada de la documentación**: en cumplimiento con la normativa de protección de datos así como con las certificaciones ISO 9001 y 14001, la documentación generada en el proceso de traducción es clasificada y posteriormente tratada mediante gestor autorizado para su destrucción confidencial y reciclaje, el cual emite su correspondiente certificado. *EWINTERLINCO.*
▲Remisiones: copia de seguridad; gestión documental; protección de datos.
◆Nota: sin. destrucción documental.

destrucción documental, *f.*

Servicio de valor añadido, marketing
Contexto 1. La **destrucción documental** se puede hacer de 2 maneras, dependiendo del volumen de documentos con información confidencial que tengamos. Una opción sería externalizarla y otra adquirir una destructora de documentos para nuestra casa u empresa. Adquirir una destructora de documentos entendemos que es lo más práctico para un particular, que no tendrá demasiado volumen de documentos con datos sensibles y que no tiene por qué ser objetivo de revisiones tan exhaustivas por parte de la LOPD. *OWANOBIUM.*
•Véase destrucción confidencial y certificada de documentación.

detalles de la entrega, *m. pl.*

Proceso de traducción, fase de pretraducción
Especificaciones pormenorizadas relacionadas con la entrega de un proyecto de traducción.
Contexto 1. Los detalles del registro del proyecto pueden incluir los elementos siguientes: a) identificador único del proyecto; b) nombre del cliente y persona de contacto; c) orden de pedido fechada y condiciones comerciales, incluidos presupuestos, volumen, plazos y **detalles de la entrega**; d) acuerdo y cualesquiera otras especificaciones complementarias o elementos relacionados; e) composición del equipo del proyecto del PST y persona de contacto; f) lengua(s) de origen y destino; g) fecha(s) de recepción del contenido de la lengua de origen y cualquier otro material relacionado; h) título y descripción del contenido de la lengua de origen; i) finalidad y uso de la traducción; j) terminología existente del cliente o terminología propia y otro material de referencia que se vaya a usar; k) guía(s) de estilo del cliente; l) información sobre cualquier modificación en las condiciones comerciales y cambios en el proyecto de traducción. *ONAENORISO.*
▲Remisiones: entregable; entrega parcial; método de entrega; plazo de entrega.

detector de traducciones automáticas, *m.*

Tecnologías, TA-TAO
Herramienta que sirve para averiguar si una traducción ha sido realizada con un programa de traducción automática (DST).
Contexto 1. **Detector de traducciones automáticas**. Basta con introducir el texto original a la izquierda y la traducción en la derecha y hacer clic en "Compare". ¿Quieres probar el sistema? Introduce cualquier texto de origen y haz clic a continuación en "Google Traductor". Si crees que necesitas un profesional para una traducción humana, haz clic abajo en "Human Translation". *ABINFOTRA.*
Contexto 2. Los de One Hour Translation (agencia de traducciones *online*) han puesto a disposición de todo el mundo un curioso **detector de traducciones automáticas**, el *machine translator detector*. Se basa en comparar el texto original y el traducido con tres de los traductores automáticos más usados: Google Translator, Yahoo Babel-Fish y Bing Translator. Puede ser una herramienta muy útil para que no les den gato por liebre a aquellos PM que encargan una traducción y no conocen el idioma de destino. *PBUTDAP.*
▲Remisiones: traducción automática.

días de inactividad, *m. pl.*

Gestión empresarial, presupuesto y facturación
Periodo en el que el proveedor de servicios dejará de trabajar por diversas razones.
Contexto 1. **Días de inactividad**. En este siguiente campo, debemos poner la cantidad de días que creemos que vamos a estar enfermos o que no podremos trabajar. Esto será muy variable porque estamos aquellos que no solemos enfermarnos mucho (por ahora, al menos) y están los que sucumben al resfrío luego del primer fresquete. Para hacer un cálculo creíble, pusimos 10 días (de última, si no se enferman, pueden usar los días para ir al cine). *EWTRADUGEEK.*
▲Remisiones: sueldo mensual; vacaciones y feriados; jornada laboral; tarifa de traducción.

dictamen pericial, *m.*

Ejercicio profesional, tipo de traducción
Informe escrito emitido por un traductor profesional registrado como perito (DST).
Contexto 1. Con el referido documento ha de adjuntarse, obligatoriamente, copia del **dictamen pericial** o del acta de la diligencia efectuada, con el sello y la firma de la autoridad judicial respectiva. *ONPJCRR.*
▲Remisiones: perito traductor; traducción oficial; traducción certificada.
◆Nota: sin. traducción peritada; informe pericial; revisión pericial; peritaje.

digitalización de documentos, *f.*

Servicio de valor añadido, edición y publicación
Conversión de documentos en soporte físico o digital a ficheros que podrán archivarse, compartirse y editarse.
Contexto 1. **Digitalización de documentos**. Convertimos sus documentos en papel y PDF en ficheros que podrá editar, compartir y archivar. Transformamos sus informes, libros y cualquier tipo de documento en archivos editables (por ejemplo, archivos de Word). En los trabajos de digitalización de documentos mantenemos siempre el formato y las imágenes de su original. *EWIDIX.*
▲ Remisiones: *optical character recognition*; conversión de formatos; documento original editable; imagen no editable; formato.

direccionalidad, *f.*

Proceso de traducción, fase de pretraducción
Dirección de la traducción en la que se determinan la lengua de origen y la lengua meta.
Contexto 1. En los últimos años la cuestión de la **direccionalidad** ha ido cobrando cada vez mayor relevancia en la investigación traductológica debido a la globalización del mercado de traducción y la predominancia del inglés en el ámbito científico y profesional que convierte la traducción hacia una lengua no materna en una práctica frecuente y no solo en los países de lenguas minoritarias. *AANRYBS.*
Contexto 2. La propuesta de valor de una agencia de traducción es una amplia oferta de idiomas y de **direccionalidad**, variedad de servicios y de especialización, ofrecer buenos precios y tiempos cortos para grandes volúmenes de traducción, utilizar recursos compartidos, ofrecer cursos de formación para traductores, coordinar proyectos y todo ello siguiendo las pautas para conseguir un certificado de calidad que acredite su buen servicio de traducción, lo cual le servirá de propaganda para conseguir un mayor volumen de trabajo. *PBCH.*
▲ Remisiones: traducción cruzada; traducción directa; traducción inversa; traducción indirecta; lengua de origen; lengua de destino; lengua A; lengua B; lengua C; lengua pasiva; lengua activa; lenguas de trabajo.

directorio de traductores, *m.*

Gestión empresarial, marketing
Contexto 1. Traductores Autónomos más que un portal o red profesional es un **directorio de traductores** que trabajan como autónomos. De forma gratuita puedes completar tu perfil e incluir todos tus datos de contacto y profesionales. La diferencia con TranslatorsCafe y ProZ es que los potenciales clientes contactan contigo por el método que tú prefieras sin tener que recurrir al tablón de trabajos. Es una opción ideal a utilizar para favorecer tu posicionamiento porque ya lleva algunas palabras clave en el nombre del dominio en las que cualquiera de nosotros está interesado ("traductores" y "autónomos"). *PBEFMPT.*
• Véase directorio profesional.

directorio profesional, *m.*

Gestión empresarial, marketing
Lista de proveedores de servicios de traducción, organizada generalmente de modo alfabético, que incluye información sobre contactos y de diversa naturaleza profesional (DST).
Contexto 1. ¿Necesita un traductor o intérprete jurado? En este **directorio profesional** de traductores e intérpretes jurados podrá seleccionar traductores o intérpretes jurados de provincias o por idiomas. *OWPLD.*
▲ Remisiones: *marketing* personal; *marketing* profesional; portal profesional; identidad profesional; página web profesional; posicionamiento; visibilidad en el mercado.
◆ Nota: sin. directorio de traductores.

directrices de calidad propias, *f. pl.*

Gestión empresarial, calidad
Normas elaboradas por un PST con la finalidad de garantizar la calidad de sus servicios (DST).

Contexto 1. Seguimiento de la calidad y coherencia de estilo en estos proyectos que implican la contratación de múltiples traductores. Aplicación de las **directrices de calidad propias** y de las específicas del cliente, si las hubiere. *EWACANTHO.*
▲Remisiones: control de calidad; evaluación de la calidad; norma de calidad; estándar.

diseño de páginas web, *m.*
Servicio de valor añadido, contenidos
Servicio de valor añadido que consiste en estructurar los elementos gráficos de un sitio web para expresar estéticamente la identidad visual de una compañía u organización (DST).
Contexto 1. Nuestros servicios de traducción, interpretación, **diseño de página web** y locución permiten a nuestros clientes establecer una comunicación fluida en cualquier idioma y en cualquier lugar del mundo, ahorrando tiempo y dinero y generando una articulación personal y empresarial a nivel mundial. *EWCREAR.*
Contexto 2. Nuestros clientes pueden necesitar un **diseño de página web**, nueva creación de marca, *marketing* por correo electrónico, elaboración de contenidos, elaboración de vínculos, publicidad de pago, formación etc. *EWHIEROGLIFS.*
▲Remisiones: localización; traducción SEO.

diseño gráfico, *m.*
Servicio de valor añadido, edición y publicación
Servicio de valor añadido que consiste en crear soluciones efectivas e innovadoras a las necesidades de comunicación gráfica de las organizaciones (DST).
Contexto 1. La agencia de traducción AEtrans ofrece los siguientes servicios de diseño: **Diseño gráfico**. Maquetación. En nuestra agencia de traducción sabemos que todo texto escrito ha de agradar al cliente tanto en forma como en contenido. *EWAETRANS.*
Contexto 2. Trabajamos con los mejores programas de **diseño gráfico** del mercado para garantizar la máxima calidad en el resultado: QuarkXPress, Freehand Illustrator, CorelDraw, FrameMaker, PageMaker e InDesign. *EWTRIDIOMSL.*
▲Remisiones: DTP; compaginación; edición; maquetación; fotocomposición; volcado de texto.

DNT, *m.*
Proceso de traducción, fase de pretraducción
Contexto 1. Otra característica útil es que, cuando solicitamos la traducción de un fichero, podemos hacer uso de glosarios terminológicos (pasados mediante un fichero TXT tabulado con dos columnas, término origen y término salida), que permiten durante la traducción del fichero, que determinada terminología sea respetada y traducida de la manera indicada en el fichero de glosario, lo cual permite también la creación de términos **DNT** *("do not translate"),* algo muy necesario en la industria de la traducción. *ATMAH.*
•Véase *do not translate.*

do not translate, *m.*
Tecnologías, TA-TAO
Marca que puede insertarse en un texto para que el sistema de traducción automática no traduzca determinadas palabras o fragmentos textuales.
Contexto 1. Otra característica útil es que, cuando solicitamos la traducción de un fichero (ver figura 3.4), podemos hacer uso de glosarios terminológicos (pasados mediante un fichero TXT tabulado con dos columnas, término origen y término salida), que permiten durante la traducción del fichero, que determinada terminología sea respetada y traducida de la manera indicada en el fichero de glosario, lo cual permite también la creación de términos DNT ("***do not translate***"), algo muy necesario en la industria de la traducción. *ATMAH.*
Contexto 2. Por otro lado, STPM cuenta con Translation Memory, una memoria de tra-

ducción, es posible también marcar áreas como *DNT* (***don´t translate***) (herramientas). Previamente a la traducción es posible establecer palabras o expresiones que la aplicación no deberá traducir (nombres propios, siglas...), buscar palabras o frases en diccionarios locales y en diccionarios de Systran en línea (herramientas-buscar en diccionarios). *ATFMMC.*
▲Remisiones: sistema de traducción automática; preedición; preeditor; traducción asistida por ordenador.
◆Nota: sigla DNT.

doblaje, *m.*

Servicio de valor añadido, traducción audiovisual
Servicio de valor añadido que consiste en la sustitución de las voces originales de un audio o de un video por voces en otra lengua (DST).
Contexto 1. La traducción en el ámbito audiovisual es una tarea especialmente compleja. Por poner un ejemplo, la traducción de los diálogos de una película para su **doblaje** requiere de un difícil trabajo de adaptación en diferentes aspectos. Razón de más para que sea recomendable encargar tales trabajos a traductores especializados, de reconocida solvencia. *GNEIZIEG.*
Contexto 2. Otro servicio importante de traducción multimedia es el **doblaje** preciso del contenido de audio en las producciones de video. El doblaje es muy utilizado en mercados donde el subtitulado no cumple totalmente con los objetivos de los productores. Además, es un método más universal para las producciones de video orientadas a los mercados internacionales. Debido a que no requiere lectura, es ideal para los niños y los mercados con menores niveles de educación general. *EWTRUSTED.*
Contexto 3. Traducción audiovisual —doblaje— subtitulado. El éxito y la difusión de las películas, dibujos animados y juegos de video dependen en gran parte de una buena traducción y de un **doblaje** correcto de versiones originales. *EWGEG.*
▲Remisiones: subtitulación; subtitulado para sordos; supratitulación; voz superpuesta; audiodescripción.

doblaje de voz, *m.*

Servicio de valor añadido, traducción audiovisual
Contexto 1. El servicio de **doblaje de voz** (o *voice-over*) es diferente al de subtitulado. Si bien para algunas personas puede resultar similar y, en algunos casos hasta puede generar confusión, estamos hablando de dos servicios completamente diferentes. Para explicarlo de manera simple, el subtitulado consiste básicamente en la traducción del texto de origen en el margen inferior de la pantalla de un video, respetando un límite de caracteres; el *voice-over*, en cambio, es el doblaje de la voz del audio original en un idioma de destino. *EBTRUSTED.*
•Véase voz superpuesta.

doblaje *lipsync*, *m.*

Servicio de valor añadido, traducción audiovisual
Servicio de valor añadido que consiste en hacer coincidir el movimiento de los labios de los actores originales con la traducción de los diálogos.
Contexto 1. Con la intención de dar a conocer sus materiales audiovisuales a sus clientes o colaboradores extranjeros, un sinnúmero de empresas recurre a los servicios de las agencias de traducción para doblar o adaptar sus videos corporativos. En concreto lo que en ocasiones se denomina doblaje es más exactamente un servicio de "*voice-over*" (conocido también como "locución" o voz en *off*. Y no hay que confundirlo con el **doblaje "*lipsync*"** o doblaje mediante sincronización labial, utilizado habitualmente en cine. *EWINPUZZLE.*
▲Remisiones: doblaje; sincronización labial; adaptador-ajustador; toma.
◆Notas: sin. sincronización labial. Acort. *lipsync.*

documentación corporativa, *f.*

Proceso de traducción, fase de pretraducción

Contexto 1. Por lo tanto, antes de elaborar el presupuesto, debemos definir bien el encargo y realizar una serie de preguntas al cliente: textos a tratar, formato, lengua(s) de llegada, uso interno/externo, público objetivo, **documentación corporativa** (traducciones previas, glosarios, manuales de estilo, fuentes documentales, etc.), plazo de recepción y entrega. *PBLBM.*
•Véase material de referencia.

documentación de referencia, *f.*

Proceso de traducción, fase de pretraducción
Contexto 1. Jerarquía de la **documentación de referencia**. La traducción de los términos y expresiones específicos de un documento ha de ser coherente con la terminología acuñada en documentos anteriores pertinentes que traten de la misma materia. No obstante, sería deseable que, en la medida de lo posible, pudieran actualizarse los usos terminológicos acuñados que hayan quedado obsoletos. *ONCEG.*
•Véase material de referencia.

documentación paralela, *f.*

Proceso de traducción, fase de pretraducción
•Véase material de referencia.

documentación y terminología del cliente, *f.*

Proceso de traducción, fase de pretraducción
Contexto 1. El cliente tendrá la obligación de proporcionar información respecto al contenido del texto y poner a disposición de la agencia de traducción toda la **documentación y terminología** relevante disponible, si así lo requiere la agencia. El envío de esta información correrá siempre por cuenta y riesgo del cliente. *EWJENSEN.*
•Véase material de referencia.

documentalista, *m.*

Gestión empresarial, actores
Especialista encargado de recopilar, evaluar y sistematizar textos paralelos y comparables, con la finalidad de que puedan ser recuperados por los diferentes actores que intervienen en un proyecto de traducción (DST).
Contexto 1. En una primera etapa, el estudiante actúa como **documentalista**. Su labor consiste en localizar información paralela al texto que se someterá al proceso traductor. *AAEOETAL.*
Contexto 2. Habrá que coordinar a todo un equipo de traductores, revisores, terminólogos y **documentalistas**, para que el producto final se entregue dentro de plazo, naturalmente, y a plena satisfacción del cliente. Nos jugamos mucho dinero, además del prestigio de la empresa. *AWMLRG.*
▲Remisiones: terminólogo; revisor; corrector de concepto; material de referencia; actualización de documentación de referencia; gestión documental.

documento, *m.*

Proceso de traducción, fase transversal
Información y su medio de soporte (UNE-EN ISO 17100).
Contexto 1. **Documento**: información y su medio de soporte. NOTA 1. El medio de soporte puede ser papel, disco magnético, óptico o electrónico, fotografía o muestra patrón o una combinación de estos. NOTA 2. Con frecuencia, un conjunto de documentos, por ejemplo especificaciones y registros (2.5.3), se denominan "documentación". *ONAENORISO.*
▲Remisiones: contenido; contenido de la lengua de origen; documento original editable; texto.

documento en lengua de origen, *m.*

Proceso de traducción, fase de pretraducción
•Véase contenido de la lengua de origen.

documento en lengua meta, *m.*

Proceso de traducción, fase de traducción
•Véase contenido de la lengua de destino.

documento en lengua origen, *m.*

Proceso de traducción, fase de pretraducción
Contexto 1. **Documento en lengua origen**: documento original, copia legalizada, copia simple o en soporte magnético que será traducido a otra lengua. *GNCTPMPTC.*
•Véase contenido de la lengua de origen.

documento fuente, *m.*

Proceso de traducción, fase de pretraducción
•Véase contenido de la lengua de origen.

documento original editable, *m.*

Proceso de traducción, fase de pretraducción
Archivo digitalizado en formato de texto que permite su correcta edición.
Contexto 1. Entonces, a fin de reducir los costos del cliente por servicios de diseño gráfico y de agilizar el trabajo de traducción, la situación ideal es que el cliente le envíe al traductor independiente o a la agencia de traducción los **documentos originales editables.** *EBTRUSTED.*
▴Remisiones: conversión de formatos; formato; imagen no editable; *optical character recognition*; digitalización de documentos.

documento urgente, *m.*

Proceso de traducción, fase de pretraducción
•Véase plazo de entrega urgente.

dominio, *m.*

Proceso de traducción, fase de pretraducción
Campo de especialización, esfera de conocimiento o actividad que tienen su propia cultura especializada, contexto social y características lingüísticas (UNE-EN ISO 17100).
Contexto 1. Nuestros especialistas en el **dominio** jurídico-financiero se encargan de la traducción de escrituras, contratos, poderes, y estatutos de sociedades. Además, traducen con frecuencia informes de auditoría, cuentas anuales y estados bancarios. *EWTRADOPHENIA.*
Contexto 2. El PST debe asegurarse de que los revisores disponen de todas las competencias traductoras definidas en el apartado 3.1.3, la cualificación definida en 3.1.4 y la experiencia en traducción y/o revisión en el **dominio** en cuestión. *ONAENORISO.*
Contexto 3. El PST debe asegurarse de que los correctores de concepto son especialistas en el **dominio** en cuestión y tienen una cualificación relevante en este dominio de una institución de enseñanza superior y/o experiencia en este dominio. *ONAENORISO.*
▴Remisiones: corrección de concepto; especialización; revisor especialista; especialista traductor; corrector de concepto; traductor especializado.

DTP, *m.*

Servicio de valor añadido, edición y publicación
Servicio de valor añadido que consiste en brindar al cliente la compaginación y el diseño de textos traducidos, con o sin ilustraciones, para su inmediata impresión y publicación (DST).
Contexto 1. Autoedición (**DTP**). La autoedición (DTP) es un servicio adicional que ofrecemos que permite a nuestros clientes consolidar sus traducciones y su diseño de texto gráfico en el mismo lugar. *EWCOMUNICA.*
▴Remisiones: compaginación; edición; diseño gráfico; fotocomposición; volcado de texto.
◆Notas: sin. maquetación; *desktop publishing*; autoedición; PAO; publicación asistida por ordenador.

duración del proyecto, *f.*

Proceso de traducción, fase de pretraducción
Tiempo estimado para un determinado proyecto de traducción.
Contexto 1. El PST debe registrar cada proyecto de traducción aceptado y mantener un registro que cubra la **duración del proyecto**, así como un archivo del proyecto. El registro debe posibilitar la identificación y trazabilidad del proyecto de traducción, así como la

determinación de su estado. *ONAENORISO.*
▲Remisiones: calendario del proyecto; especificaciones del proyecto; estado del proyecto; plazo de entrega; cierre del proyecto; administración del cierre del proyecto.

e-lancer, *m.*

Gestión empresarial, actores
Traductor independiente que brinda sus servicios exclusivamente a través de las redes sociales y del correo electrónico (DST).
Contexto 1. Las Indias publica un interesante artículo acerca del concepto de ***e-lancers***. Son el equivalente moderno del *freelancer* tradicional tan presente en sectores como la traducción o el periodismo. Internet permite que toda la interacción se realice en remoto y que se pueda trabajar con empresas del otro lado del mundo. *PBMERODEANDO.*
▲Remisiones: traductor independiente; proveedor de servicios de traducción.

EC, *f.*

Gestión empresarial, calidad
•Véase evaluación de la calidad.

edición, *f.*

Servicio de valor añadido, edición y publicación
Servicio de valor añadido que consiste en adaptar los elementos gráficos y visuales de un texto escrito al formato de entrega final para su ulterior publicación.
Contexto 1. Con nuestros programas de maquetación, además de los servicios de traducción de documentos, en Tridiom le ofrecemos la posibilidad de realizar la **edición** y maquetación final de su texto. Contamos con un equipo específico de maquetadores expertos en programas de maquetación como InDesign, QuarkXPress o Illustrator, entre otros, que pueden complementar su proyecto de traducción. *EWTRIDIOMSL.*
Contexto 2. La **edición** y maquetación se supervisa de forma automatizada para tener en cuenta todos los aspectos de la calidad estética de los documentos. Somos traductores y a la vez constructores de sistemas relacionados con la ingeniería documental. Disponemos de equipos que investigan y desarrollan sistemas automatizados de generación de documentos en diferentes formatos. *EWDELTATEXT.*
▲Remisiones: compaginación; editor; edición multilingüe; diseño gráfico; fotocomposición; volcado de texto; formato final.

edición multilingüe, *f.*

Servicio de valor añadido, edición y publicación
Servicio de valor añadido que consiste en producir un documento simultáneamente en varias lenguas.
Contexto 1. **Edición multilingüe**. Considerando que también forman parte de nuestra cartera de clientes importantes casas editoriales, Kosmos ha desarrollado a lo largo de los años los recursos y las competencias necesarias para satisfacer las rigurosas exigencias en cuanto a plazos y calidad de aquellos clientes, editores y empresas, para los que calidad e imagen son valores vitales. Kosmos suma otros servicios a los de la traducción especializada que complementan cada proyecto lingüístico destinado a ser publicado y que ofrecen un valor añadido. *EWKOSMOS.*
▲Remisiones: *marketing* plurilingüe; edición.
◆Nota: sin. corredacción; redacción paralela.

editor, *m.*

Gestión empresarial, actores
Especialista que prepara un texto o una traducción para su ulterior publicación (DST).
Contexto 1. Las distintas funciones del traductor y del **editor.** En toda buena traducción hay, por lo menos, dos pasos claves que son necesarios para generar un producto final de buena calidad: traducción y edición. Por lo general, estos dos pasos los llevan a cabo dos lingüistas distintos para garantizar que la traducción sea vista por dos expertos (o más si se realiza una revi-

sión). Cuando un segundo lingüista edita una traducción, mejora la consistencia y precisión de la traducción original, garantizándole al cliente que cualquier posible error hecho por el traductor ha sido corregido por el editor. *EBTRUSTED.*
▲Remisiones: edición; DTP.

editor de subtítulos, *m.*

Tecnologías, TIC-TAV
Programa que se utiliza para crear o editar subtítulos sobreponiéndolos y sincronizándolos con imágenes de video (DST).
Contexto 1. Dentro de esta filosofía, se encuadran los programas anteriormente mencionados, y también otros como Jubler Subtitle (el **editor de subtítulos** para Mac, también disponible para Windows), Subtitle Processor (que es criticado por ser demasiado complicado de entender), Subtitle Creator (que recibe valoraciones muy positivas en Softonic, lo cual es valorable), Subtitle Edit (que no ofrece demasiadas posibilidades en cuanto a configurar el formato y los estilos del texto de los subtítulos) o Gaupol (en mi opinión, más profesional que los anteriores, ya que admite múltiples formatos y proporciona medios de creación y sincronización de subtítulos, y un editor de texto competente). *PBJUGANDO.*
Contexto 2. Uno de los **editores de subtítulos** gratuito más conocido y utilizado es Subtitle Workshop, de Urusoft. Este *software* es una de las mejores herramientas para sincronizar subtítulos, es decir que las palabras que dice el personaje y la traducción del subtítulo vayan al mismo tiempo. *PBTO.*
▲Remisiones: subtitulación; subtitulación para sordos; supratitulación.

ejecutivo de cuenta, *m.*

Gestión empresarial, actores
Contexto 1. ¿Cuáles son las obligaciones de un **ejecutivo de cuenta** en una agencia de traducción? Un ejecutivo de cuenta no es lo mismo que un gerente de ventas, debido a que algunas de sus tareas difieren. Las tareas de un ejecutivo de cuenta son muy complejas y las aptitudes propias de su trabajo son: sólidas destrezas organizativas y un excelente manejo de los tiempos. *EBTRUSTED.*
•Véase gestor de cuenta.

empleabilidad, *f.*

Ejercicio profesional, inserción laboral
Conjunto de aptitudes y actitudes que permiten a una persona conseguir y conservar un empleo (DLE, versión *online*).
Contexto 1. Me gustaría analizar, a lo largo de una serie de entradas, la **empleabilidad** del traductor más allá de la tradicional proyección profesional. El principal inconveniente con el que nos encontramos en el mercado actual es que muchas de estas competencias siguen siendo modalidades de desempeño de las dos figuras tradicionales (traductor o intérprete), dándose lugar a una importante falta de desarrollo como profesión. En consecuencia, es complicado categorizar cada una de estas modalidades. No obstante, también puede considerarse una ventaja, al ser capaces de moldear nuestra polivalencia de cara a un mercado flexible. *PBTRADUCTORBARCELONA.*
▲Remisiones: salida profesional; practicante; servicio de valor añadido; competencia profesional.

empresa de traducción, *f.*

Gestión empresarial, actores
Proveedor de servicios de traducción que se caracteriza por contar con traductores internos asalariados y por tener a la cabeza a un traductor profesional (DST).
Contexto 1. Gouadec (2007b) distingue estos tipos: traductores autónomos, **empresas de traducción**, agencias y brókeres de traducción, entidades no especializadas en servicios de traducción, que incluyen estos servicios en su oferta como servicios adicionales (empresas de servicios lingüísticos, escuelas de idiomas, etc.). *ATDAK.*

Contexto 2. **Empresa de traducción**. Para ser clasificado en esta categoría, según Davico, la entidad tiene que realizar un mínimo de 30% del volumen de su trabajo con recursos internos, lo que presupone un número considerable de traductores internos asalariados. El autor señala que en las empresas de traducción suelen tener varios traductores y terminólogos internos. Dice además que un traductor interno difícilmente podrá especializarse en alguna área concreta ya que hace un poco de todo (Davico 2005: 52). *ATDAK.*
Contexto 3. Por **empresa de traducción** entendemos una entidad empresarial que ofrece principalmente servicios de traducción, es decir: servicios que consisten en la traducción de textos escritos (ACT 2005). *ATDAK.*
▲Remisiones: agencia de traducción; bróker de traducción; proveedor de servicios de traducción; traductor independiente; proveedor de servicios lingüísticos.

encargo, *m.*

Proceso de traducción, fase de pretraducción
Contexto 1. Normalmente, los **encargos** comienzan con un proceso de diálogo entre el traductor y el cliente. En esta fase inicial, es fundamental que demostremos profesionalidad y seguridad al comunicarnos con él. Para ello, nada como cuidar al máximo nuestra redacción y nuestra ortografía y ortotipografía. Somos traductores, así que eso implica que todos nuestros mensajes deben ser impecables. *PBJUGANDO.*
• Véase encargo de traducción.

encargo de traducción, *m.*

Proceso de traducción, fase de pretraducción
Conjunto de necesidades del cliente a partir de las cuales el PST delimita las especificaciones de un potencial proyecto.
Contexto 1. He aquí la cuestión en nuestra entrada de esta semana os proporcionamos unas pautas a seguir para solicitar un **encargo de traducción**. Dejando a un lado, las indicaciones sobre el idioma o idiomas a los que queremos que sean traducidos los textos, la más importante de todas, os presentamos cinco consejos básicos que os ayudarán a realizar vuestro proyecto de traducción de forma más ágil o bien a comprender mejor la labor de estos profesionales. *EWOKODIA.*
Contexto 2. ¿Cómo es el proceso del **encargo de traducción**? Nos hacen llegar el documento, a ser posible en un formato editable, para la estimación del presupuesto. Si el cliente confirma el presupuesto, emitimos una hoja de pedido que tiene que ser debidamente firmada para empezar oficialmente a trabajar con el texto. *EWBBL.*
▲Remisiones: audiencia final; finalidad de la traducción; orden de pedido; especificaciones del proyecto; acuerdo entre el cliente y el PST; requisitos del proyecto.
◆Nota: acort. encargo.

encargo urgente, *m.*

Proceso de traducción, fase de pretraducción
• Véase plazo de entrega urgente.

encuesta de satisfacción, *f.*

Proceso de traducción, fase de postraducción
Cuestionario que el PST aplica al cliente con la finalidad de conocer su conformidad respecto de un servicio de traducción, o de valor agregado.
Contexto 1. Con fecha 1 de junio, la firma española ofrece a sus clientes la posibilidad de rellenar una breve **encuesta de satisfacción** con cada proyecto entregado. De esta manera, STAR Servicios Lingüísticos recoge continuamente las opiniones de sus clientes sobre la calidad de los servicios prestados. El objetivo de esta mejora del sistema de gestión de la calidad de STAR es detectar de forma inmediata posibles no-conformidades. También se desea obtener una visión más completa de las necesidades y requisitos de los clientes para poder ajustar los servicios cada vez más a estas

necesidades. Los cuestionarios complementan la encuesta anual de satisfacción de clientes que STAR Servicios Lingüísticos lleva a cabo desde la introducción del sistema de gestión de calidad según ISO 9001 en el 2007. *EWSTAR.*
▲Remisiones: administración del cierre del proyecto; cierre del proyecto de traducción; comentarios del cliente; proceso de posproducción; reclamación; gestión de proyectos.

end of business, *m.*

Proceso de traducción, fase de pretraducción
Entrega que debe llevarse a cabo al final del día hábil.
Contexto 1. EOB: ***end of business***. Estas siglas se usan para indicar que la entrega se hace al final del día. *PBEADT*.
▲Remisiones: *end of day*; *out of office*; por confirmar; *start of business*; control de cambios; hora de la entrega; conteo de palabras; *working from home*; *do not translate*.
◆Nota: sigla EOB.

end of day, *m.*

Proceso de traducción, fase de pretraducción
Entrega que debe llevarse a cabo al final del día.
Contexto 1. EOD: ***end of day***, al final del día. *PBEADT*.
▲Remisiones: *end of business*; *out of office*; por confirmar; *start of business*; control de cambios; hora de la entrega; conteo de palabras; *working from home*.
◆Nota: sigla EOD.

entorno laboral, *m.*

Gestión empresarial, equipamiento
Instalación permanente en la que el PST lleva a cabo los proyectos de traducción.
Contexto 1. **Entorno laboral**: En Lingoking, ofrecemos a nuestros intérpretes un entorno laboral óptimo que les permite realizar su trabajo en las mejores condiciones. *EWLINGOKING*.
▲Remisiones: ergonomía para traductores; lugar de trabajo; *coworking*.

entrega parcial, *f.*

Proceso de traducción, fase de traducción
Envío de avances de la traducción previamente pactados entre el cliente y el PST.
Contexto 1. Para los proyectos grandes, el cliente podrá solicitar **entregas parciales** de la traducción, sin embargo estas no constituyen necesariamente versiones finales de la traducción y no podrán ser objeto de reclamación. *EWARCHITEXTOS.*
▲Remisiones: detalles de la entrega; entregable; método de entrega; plazo de entrega.

entrega tardía, *f.*

Proceso de traducción, fase de traducción
Envío del encargo de traducción en forma extemporánea.
Contexto 1. ElaN no está sometido a los plazos de entrega y ejecución propuestos de antemano por el cliente y/o mandante, salvo disposición contraria por escrito. Los plazos de entrega y ejecución indicados por ElaN son meramente orientativos. La superación de estos plazos no se considerará en ningún caso un incumplimiento contractual por parte de ElaN, ni será motivo de multa ni indemnización. ElaN no se hará responsable bajo ninguna circunstancia de la **entrega tardía**, la pérdida de un envío por parte de terceros ni los daños producidos durante un envío. *EWMELAN*.
▲Remisiones: detalles de la entrega; método de entrega; plazo de entrega; gestión del tiempo.

entrega urgente, *f.*

Proceso de traducción, fase de pretraducción
•Véase plazo de entrega urgente.

entregable, *m.*

Proceso de traducción, fase de traducción
Producto tangible, resultado del proyecto que se entrega al cliente.
Contexto 1. La traducción de este tipo es un servicio profesional que tiene como objeto una traducción rápida de la documentación

de uso interno. Este tipo de traducción no es recomendable para documentos que van a ser publicados. En el caso de documentos técnicos, este servicio no se realiza, dado que estos contienen terminología que exige un tratamiento específico. El servicio de traducción de primer borrador está diseñado para documentos personales, comerciales y empresariales. En definitiva, el **entregable** es una traducción correcta, rápida y confiable del documento dirigida a la comprensión básica del mismo. *EWTRADUCTORESAT.*
▲Remisiones: detalles de la entrega; método de entrega; plazo de entrega.
◆Nota: sin. *deliverable.*

EOB, *m.*

Proceso de traducción, fase de pretraducción
Contexto 1. **EOB**: *end of business.* Estas siglas se usan para indicar que la entrega se hace al final del día. *PBEADT.*
•Véase *end of business.*

EOD, *m.*

Proceso de traducción, fase de pretraducción
Contexto 1. **EOD**: *end of day*, al final del día. *PBEADT.*
•Véase *end of day.*

equivalencia, *f.*

Tecnologías, TA-TAO
Contexto 1. Una característica particular de las memorias de traducción es que tienen niveles de **equivalencias**. Existen las equivalencias totales y las equivalencias parciales, conocidas como *fuzzy.* Estas últimas también ayudan a acelerar el proceso de traducción ya que la herramienta de traducción incluso puede identificar parte de las palabras dentro de un mismo término. Por ejemplo, si en la memoria de traducción existe la equivalencia para el término *monolingual dictionary* pero más adelante aparece el término *bilingual dictionary*, la herramienta marcará *dictionary* como una equivalencia total y usted deberá entrar la equivalencia para *bilingual. EWJRLANGUAGE.*
•Véase coincidencia.

equivalencia parcial, *f.*

Tecnologías, TA-TAO
Contexto 1. Una característica particular de las memorias de traducción es que tienen niveles de equivalencias. Existen las equivalencias totales y las **equivalencias parciales**, conocidas como *fuzzy.* Estas últimas también ayudan a acelerar el proceso de traducción ya que la herramienta de traducción incluso puede identificar parte de las palabras dentro de un mismo término. Por ejemplo, si en la memoria de traducción existe la equivalencia para el término *monolingual dictionary* pero más adelante aparece el término *bilingual dictionary*, la herramienta marcará *dictionary* como una equivalencia total y usted deberá entrar la equivalencia para *bilingual. EWJRLANGUAGE.*
•Véase coincidencia parcial.

equivalencia total, *f.*

Tecnologías, TA-TAO
Contexto 1. Una característica particular de las memorias de traducción es que tienen niveles de equivalencias. Existen las **equivalencias totales** y las equivalencias parciales, conocidas como *fuzzy.* Estas últimas también ayudan a acelerar el proceso de traducción ya que la herramienta de traducción incluso puede identificar parte de las palabras dentro de un mismo término. Por ejemplo, si en la memoria de traducción existe la equivalencia para el término *monolingual dictionary* pero más adelante aparece el término *bilingual dictionary*, la herramienta marcará *dictionary* como una equivalencia total y usted deberá entrar la equivalencia para *bilingual. EWJRLANGUAGE.*
•Véase coincidencia total.

ergonomía, *f.*

Gestión empresarial, equipamiento
•Véase ergonomía para traductores.

ergonomía para traductores, *f.*

Gestión empresarial, equipamiento
Diseño o adaptación del entorno laboral, herramientas y tareas en función de las características fisiológicas, anatómicas y psicológicas de un traductor (DST).
Contexto 1. Hace un par de semanas tuve el placer de asistir, virtualmente, a una charla sobre **ergonomía para traductores** organizada por la Aptic e impartida por Gabriel Álvarez. En ella se dieron muy buenos consejos teóricos para todos aquellos que pasamos el día sentados delante de una pantalla, y lo mejor de todo es que la charla se complementó con una sesión práctica el día 8 de febrero en la misma sede. *PBGALÁCTICO.*
Contexto 2. **Ergonomía para traductores**: trucos básicos. ¿Te duelen la espalda y/o las cervicales a menudo? ¿Has oído hablar del túnel carpiano y eres demasiado joven? ¿Tienes pesadillas con la tendinitis? ¿Eres traductor o trabajas muchas horas frente a un ordenador cada día? Si es así, sigue leyendo, porque vamos a comentar cómo prevenir todas esas enfermedades profesionales típicas de los traductores, que por lo general llevamos una vida bastante sedentaria. *PBDDOF.*
▲Remisiones: monitor dual; técnica pomodoro; gestión del tiempo; entorno laboral.
◆Nota: acort. ergonomía.

error crítico, *m.*

Proceso de traducción, fase de traducción
Contexto 1. Para el LQI, se recomienda usar una métrica estándar como, por ejemplo, la de la LISA. En la actualidad este modelo es una referencia establecida en el sector. Los **errores** se categorizan como leves (*minors*, con un valor de 1), graves (*majors*, con un valor de 5) o **críticos** (*criticals*, con un valor de 10) para diferentes tipos de errores: traducciones erróneas, incoherencias, terminología, errores ortotipográficos, etc. Cuando un error se categoriza como *minor*, *major* o *critical* se multiplica por su valor y todas las puntuaciones se suman para proporcionar una puntuación final. El resultado puede ser aprobado o suspenso en función de la cantidad de palabras del LQI. *EWNÓVALO.*
•Véase error muy grave.

error grave, *m.*

Proceso de traducción, fase de traducción
Falla de traducción atribuible a la existencia de sentidos diferentes entre el texto origen y el texto meta.
Contexto 1. Para el LQI, se recomienda usar una métrica estándar como, por ejemplo, la de la LISA. En la actualidad este modelo es una referencia establecida en el sector. Los **errores** se categorizan como leves (*minors*, con un valor de 1), **graves** (*majors*, con un valor de 5) o críticos (*criticals*, con un valor de 10) para diferentes tipos de errores: traducciones erróneas, incoherencias, terminología, errores ortotipográficos, etc. Cuando un error se categoriza como *minor*, *major* o *critical* se multiplica por su valor y todas las puntuaciones se suman para proporcionar una puntuación final. El resultado puede ser aprobado o suspenso en función de la cantidad de palabras del LQI. *EWNÓVALO.*
Contexto 2. **Errores graves**: el original y la traducción tienen significados diferentes (por ejemplo, traducir *turn on the light* por "darse la vuelta con ligereza"). *ORCEPC.*
▲Remisiones: falso amigo lingüístico; mala praxis; error leve; error muy grave; revisión; autocomprobación; verificación final; seguro de responsabilidad civil; responsabilidad civil.

error leve, *m.*

Proceso de traducción, fase de traducción
Falla de traducción atribuible a la existencia de sentidos similares entre el texto de origen y el texto meta.
Contexto 1. Para el LQI, se recomienda usar una métrica estándar como, por ejemplo, la de la LISA. En la actualidad este modelo es una referencia establecida en el sector. Los **errores** se categorizan como **leves** (*minors*, con un valor de 1), graves (*majors*, con un valor de 5) o críticos (*criticals*, con un valor

de 10) para diferentes tipos de errores: traducciones erróneas, incoherencias, terminología, errores ortotipográficos, etc. Cuando un error se categoriza como *minor, major* o *critical* se multiplica por su valor y todas las puntuaciones se suman para proporcionar una puntuación final. El resultado puede ser aprobado o suspenso en función de la cantidad de palabras del LQI. *EWNÓVALO.*
Contexto 2. **Errores leves**: el original y la traducción tienen significados parecidos (por ejemplo, traducir *turn on the light* por "activar el interruptor"). *ORCEPC.*
▲Remisiones: falso amigo lingüístico; mala praxis; error muy grave; error grave; autocomprobación; revisión; verificación final; seguro de responsabilidad civil; responsabilidad civil.

error muy grave, *m.*

Proceso de traducción, fase de traducción
Falla de traducción atribuible a la existencia de sentidos opuestos entre el texto de origen y el texto meta.
Contexto 1. **Errores muy graves**: el original y la traducción tienen significados opuestos (por ejemplo, traducir *turn on the light* por "apagar la luz"). *ORCEPC.*
▲Remisiones: falso amigo lingüístico; mala praxis; error grave; error leve; autocomprobación; revisión; verificación final; seguro de responsabilidad civil; responsabilidad civil.
◆Nota: sin. error crítico.

español estándar, *m.*

Proceso de traducción, fase de pretraducción
Contexto 1. El **español estándar** no es simplemente la ausencia de expresiones idiomáticas o modismos regionales, es decir, el común denominador más básico de todas las variedades de español. Constituye en sí mismo un dialecto diferente, con algunos tiempos verbales que no se encuentran en otras variedades lingüísticas: ciertos tiempos verbales (como el futuro perfecto) han casi desaparecido de los dialectos comunes y sobreviven solo en el español estándar. *EWTRUSTED.*
•Véase español neutro.

español internacional, *m.*

Proceso de traducción, fase de pretraducción
•Véase español neutro.

español latinoamericano, *m.*

Proceso de traducción, fase de pretraducción
Variante del español que refleja las expresiones idiomáticas y el vocabulario específico del español hablado en América Latina (DST).
Contexto 1. **Español latinoamericano** es el nombre universal, y de alguna manera arbitrario, que se les da a las expresiones idiomáticas y nativas y al vocabulario específico del idioma español en América Latina. *EWTRUSTED.*
▲Remisiones: español neutro.

español neutro, *m.*

Proceso de traducción, fase de pretraducción
Variante del español en la que se intenta eliminar los regionalismos y coloquialismos con la finalidad de que pueda ser entendida por los hablantes de cualquier variedad dialectal (DST).
Contexto 1. El **español neutro**, comúnmente denominado *español estándar, español internacional* o *español universal*, es una variación del idioma español utilizado por la mayoría de los hispanohablantes para comprender el mensaje sin emplear términos locales ni ciertos tiempos verbales. *EWTRUSTED.*
▲Remisiones: español latinoamericano.
◆Nota: sin. español estándar; español internacional; español universal.

español universal, *m.*

Proceso de traducción, fase de pretraducción
•Véase español neutro.

especialista traductor, *m.*

Gestión empresarial, actores

Profesional de otra especialidad que brinda servicios de traducción (DST).

Contexto 1. Muchos **especialistas traductores**, sobre todo aquellos que no han pasado por unos estudios de traducción previamente a comenzar a trabajar como tales, en más ocasiones de las que deberían tienden a "corregir" los textos originales echando mano de sus propios conocimientos sobre la materia. *PBPROTECT.*

Contexto 2. Así que, resumiendo, si eres un **especialista traductor** corres el peligro de caer en la rutina; encasillarte; no hacer un correcto trabajo de documentación previo; obviar herramientas que pueden facilitarte el trabajo; confiar en exceso en unos conocimientos desfasados. *PBPROTECT.*

▴Remisiones: traductor especializado; corrector de concepto; traductor generalista.

especialización, *f.*

Ejercicio profesional, perfil profesional

Ejercicio profesional de la traducción limitado a un área temática específica (DST).

Contexto 1. La polivalencia del personal, o su **especialización**, puede explicarse en algunos casos mediante las trayectorias laborales de los traductores internos dentro de las empresas. Al menos es lo que nos sugirió el director de la entidad D. Según él, los traductores empiezan su trabajo en la empresa como polivalente y se especializan con el paso del tiempo. *ATDAK.*

Contexto 2. Una de las prácticas recomendadas de forma generalizada en la profesión es la de la **especialización** en un único campo o trabajar solo en algunas disciplinas. Es una forma de reducir el número de competidores al que nos enfrentamos en el mercado a la hora de optar a un proyecto, ya que el número de personas que pueden traducir, por ejemplo, un texto general del inglés al español es bastante elevado. Sin embargo, el recuento se reduce considerablemente si lo que necesitamos es traducir un ensayo clínico sobre el uso de dianas terapéuticas en la cura del cáncer de páncreas o la ficha de características técnicas de una barra de combustible en un reactor presurizado. *PWOC.*

▴Remisiones: traductor especializado; especialista traductor; corrector de concepto; revisor especialista; polivalencia; traductor generalista; complejidad; volumen.

especificaciones del encargo de traducción, *f. pl.*

Proceso de traducción, fase de pretraducción

Contexto 1. El nivel de calidad exigido será el correspondiente a una traducción aceptable en el mercado profesional, considerando las **especificaciones del encargo de traducción** correspondiente. *AWFTIUG.*

•Véase especificaciones del proyecto.

especificaciones del proyecto, *f. pl.*

Proceso de traducción, fase de pretraducción

Instrucciones implícitas o explícitas delimitadas en la fase pretraductora, a partir de las cuales el PST diseña el proyecto de traducción.

Contexto 1. La fase de preproducción puede incluir los elementos siguientes: a) obtención o configuración de memorias de traducción, bases de datos terminológicas, guías de estilo y cualesquiera otros recursos de los que se podría disponer y resultaran útiles para el proceso de traducción; b) preparación del contenido para su procesamiento con la tecnología de la traducción; c) análisis y alcance del proyecto, incluido el análisis del contenido de la lengua de origen; d) hojas/plantillas de estilo que se vayan a aplicar o crear; e) recopilación y preparación de materiales de referencia (por ejemplo, terminología y materiales de formación) para mejorar la conformidad cualitativa con las **especificaciones del proyecto**. *ONAENORISO.*

▴Remisiones: acuerdo entre el cliente y el PST; contrato de traducción; orden de pedido; condiciones comerciales; encargo de

traducción; requisitos del proyecto; proyecto; cumplimiento de las especificaciones.
◆ Nota: sin. especificaciones del encargo.

especificaciones lingüísticas, *f. pl.*

Proceso de traducción, fase de pretraducción
Instrucciones referidas a aspectos lingüísticos del proyecto de traducción a las que debe ceñirse el PST, tales como la guía de estilo, la adaptación al destinatario, la finalidad de la traducción y la terminología propuesta por el cliente.
Contexto 1. El PST debe disponer de un proceso para garantizar que la información concerniente a las **especificaciones lingüísticas** en relación con el proyecto de traducción se documenta y comunica según sea necesario. Dicha información puede incluir especificaciones para el cumplimiento de la guía de estilo del cliente, la adaptación del contenido de la lengua de destino a la audiencia de destino, el propósito y/o el uso final acordados, y la utilización de la terminología adecuada, y conllevar la actualización de los recursos léxicos o terminológicos como los léxicos o bases de datos terminológicas. *ONAENORISO.*
▲ Remisiones: acuerdo entre el cliente y el PST; encargo de traducción; requisitos del proyecto; proyecto; cumplimiento de las especificaciones; especificaciones del proyecto.

estación de trabajo, *f.*

Tecnologías, TIC-TAV
Contexto 1. Actualmente las **estaciones de trabajo** especializadas que incorporan una memoria de traducción son una de las aplicaciones más utilizadas por los traductores profesionales y por los productores de documentación y programas informáticos en los que se produce un alto número de repeticiones. Se estima que pueden llegar a aumentar la productividad hasta en un 50%, siempre que, claro está, se disponga de textos ya traducidos almacenados. En este sentido, y para promover aún más el uso de estas herramientas, la *Localization Industry Standards Association, LISA*, proporcionó en 1998 unas directivas de formato estándar, que siguen la mayoría de los fabricantes, para poder intercambiar las bases de datos de textos traducidos entre los diferentes sistemas comercializados. *AWCVC.*
• Véase estación de trabajo del traductor.

estación de trabajo del traductor, *f.*

Tecnología, TIC-TAV
Entorno integrado de programas informáticos diseñados para facilitar y aumentar la productividad de un PST.
Contexto 1. La **estación de trabajo del traductor** incluye tres niveles: terminología, corpus y traducción automática, y es un término caduco. Finalmente, una herramienta de entorno de traducción o TEnT (término acuñado por Jost Zetzsche) implica un entorno especialmente diseñado para facilitar el trabajo del traductor y cuenta con todo lo necesario en un mismo paquete, sin necesidad de complementos externos. *GRASETRAD.*
▲ Remisiones: calculadora de presupuesto; contador de palabras; convertidor de unidades; programa de gestión de proyectos; herramienta de extracción automática de terminología; herramienta de facturación; herramienta de localización; herramientas TAO; programas de edición; programas OCR.
◆ Nota: sin. estación de trabajo.

estado del proyecto, *m.*

Proceso de traducción, fase transversal
Información relativa a los avances de un proyecto de traducción.
Contexto 1. INFORMA SOBRE EL **ESTADO DEL PROYECTO**. Si estás trabajando en un proyecto largo o que se va a alargar unos días, informa a tu PM sobre el estado del mismo de vez en cuando, por ejemplo: "Te escribo para informarte que he realizado la mitad de la traducción y que de momento no tengo ninguna duda". Es cierto que estar pendiente

de esto es parte del trabajo del PM pero te lo agradecerá, sobre todo cuando está gestionando un proyecto con varios traductores. ¡Mantén informado a tu PM! *PBEFMPT.*
▲Remisiones: hoja de estado del proyecto; identificación y trazabilidad del proyecto; identificador único del proyecto; registro del proyecto; progreso de la traducción.

estándar, *m.*

Regulación profesional, normas de calidad
Nivel mínimo y máximo deseado o aceptable de calidad que debe reunir un servicio de traducción (DST).
Contexto 1. UNE-EN 15038 - **Estándar** del Comité Europeo para la Estandarización para servicios de traducción. Esta norma de calidad regula y define los estándares de calidad y requisitos de los proveedores de servicios de traducción. *EWLINGUASERVE.*
Contexto 2. Las empresas de traducción pueden acogerse a **estándares** generales de prestación de servicios y a estándares específicos para la prestación de servicios de traducción. *ATDAK.*
▲Remisiones: norma de calidad; UNE-EN 15038; ISO 11669; ISO 17100; ISO 9001; SAE J2450; evaluación de calidad; control de calidad.

estenografía, *f.*

Servicio de valor añadido, traducción audiovisual
Contexto 1. La **estenografía** manual es una de las herramientas más prácticas de secretarias e intérpretes consecutivos, quienes suelen desarrollar sus propios sistemas de escritura rápida, los cuales no pueden ser comprendidos por nadie más que por ellos mismos. Este tipo de sistema es muy útil para quienes desean mantener a salvo cierta información confidencial. *EWINTERPRETACH.*
•Véase transcripción en tiempo real.

estenógrafo, *m.*

Tecnologías, TIC-TAV
Contexto 1. En lugar de teclas individuales para cada letra, como por ejemplo el teclado QWERTY de una computadora casera, los **estenógrafos** solo tienen 22 teclas. Adicionalmente, mientras que en el lenguaje inglés escrito el mismo sonido puede ser producido a través de múltiples combinaciones de letras, como por ejemplo la primera consonante en las palabras "Cat" y "Khat", en un estenógrafo cada sonido fonético es reducido a ya sea una letra o a una combinación de letras. En todos los casos en los que un sonido particular o sílaba son grabados, la ortografía es la misma, independientemente de la ortografía inglesa apropiada de la palabra siendo transcrita. Esto simplifica y coordina el proceso de registro de palabras habladas. *OWEHOW.*
•Véase máquina de estenotipia.

estudio de mercado, *m.*

Gestión empresarial, marketing
Tipo de investigación cuyo objetivo es analizar y comunicar de manera sistemática la situación del mercado de la traducción.
Contexto 1. Mediante métodos de **estudio de mercado** he logrado descubrir las áreas de especialización en traducción de polaco a inglés más lucrativas y también he identificado fuentes de buenos clientes de interpretación en el Reino Unido. Lo más importante ha sido que el estudio de mercado me ha ayudado a tomar decisiones de negocios informadas, basándome en datos fiables. Y estoy feliz con los resultados. *EBNVT.*
▲Remisiones: visibilidad en el mercado.

evaluación de la calidad, *f.*

Gestión empresarial, calidad
Conjunto de procedimientos que aplica el proveedor de servicios de traducción para determinar y medir la calidad del texto meta (DST).
Contexto 1. El control de la calidad de la traducción (CC), la **evaluación de la calidad** de la traducción (EC) y la revisión son

procedimientos que contribuyen al aseguramiento de la calidad. *AASP1.*
▲Remisiones: control de calidad; directrices de calidad propias; norma de calidad; estándar; aseguramiento de la calidad.
◆Notas: sigla EC. Sin. *translation quality assessment* (TQA).

evaluación de traducibilidad, *f.*

Proceso de traducción, fase de pretraducción
Contexto 1. Además de asistir a nuestros clientes en la validación lingüística de evaluaciones de resultados clínicos (COA), ofrecemos un conjunto completo de servicios para asistir plenamente a su organización de principio a fin, lo que incluye servicios de licencias/derechos de autor, traducción de documentos, **evaluación de traducibilidad,** integración de eCOA/ePRO, servicios de transcripción, grabación de IVRS, subtitulado y voz en *off* para formación de evaluadores, adaptación de lista de palabras, formateo de carpeta de estudio, traducción de *dossier* y una solución de tecnología de gestión de COA para gestionar toda la documentación relacionada con sus COA. *EWTRANSPERFECT.*
•Véase revisión de traducibilidad.

exact match, *f.*

Herramientas, TAO
Contexto 1. En esta publicación, queremos compartir con nuestros seguidores y lectores varios unas opciones de carácter gratuito en términos de memorias de traducción. Como ya sabemos, las memorias de traducción (también llamadas TM o *translation memories*) son corpus paralelos que les permiten a los usuarios guardar y archivar textos originales junto con sus respectivas traducciones en una base de datos (creadas en los mismos "almacenes") para luego recuperar la traducción ya realizada, ya sea mediante una coincidencia exacta (denominada en inglés ***exact match***) o parcial (del inglés *fuzzy match*). De esta manera, se reutilizan las frases traducidas y revisadas por el usuario. *PBMT.*
•Véase coincidencia total.

exactitud, *f.*

Ejercicio profesional, ética profesional
Garantía de absoluta precisión en la transferencia del contenido de un texto origen a un texto meta (DST).
Contexto 1. En el caso de las traducciones médicas es excepcionalmente importante que las mismas se efectúen con rapidez y **exactitud**, pero también que sean completamente comprensibles para el personal médico, de modo que pueda basarse en las mismas. *EWSWAN.*
Contexto 2. Una traducción con todas las garantías. Siempre tenemos en cuenta la opinión de nuestro cliente, por eso LinguaForce ofrece garantías de **exactitud** y una garantía de corrección gratuita si usted considera que esta es necesaria. *EWLINGUAFORCE.*
▲Remisiones: fidelidad; declaración jurada; certificado de autenticidad.

exclusividad, *f.*

Ejercicio profesional, modalidades y condiciones contractuales
Compromiso que asume el cliente con el PST para no contratar los servicios de sus subcontratistas durante un periodo previamente pactado.
Contexto 1. **Exclusividad**. El contratante se compromete, durante el transcurso de un periodo de 12 meses tras la finalización del encargo, a no iniciar relación comercial de ningún tipo con los subcontratistas empleados por el contratista. *EWINTERLINGUA.*
▲Remisiones: acuerdo entre el cliente y el PST; subcontratista; subcontratación.

expansión, *f.*

Gestión empresarial, presupuesto y facturación
Aumento del número de palabras de una versión traducida cuando la lengua meta es más analítica que la origen (DST).

Contexto 1. La **expansión** o contracción ocurre de distintas formas y por diversas razones. La gramática, terminología, estructura de la oración, etc. todos ellas juegan un papel importante. La temática del texto a traducir también tiene un rol destacable. Por ejemplo, un texto técnico, legal o científico promedio traducido al inglés se expande en un 20% aprox. Una lista de piezas o Fichas de Datos de Seguridad de Material pueden llegar a expandirse en un 40%, mientras que la transcripción de un texto educacional se expande solo en un 30%. *EWALLWORDS.*

▲Remisiones: contracción.

◆Nota: sin. expansión de textos en diferentes pares de idiomas; expansión del tamaño del texto en los diferentes idiomas; expansión del texto; expansión textual.

expansión de textos en diferentes pares de idiomas, *f.*

Gestión empresarial, presupuesto y facturación

Contexto 1. Contracción y **expansión de textos en diferentes pares de idiomas**. Sobre la base de datos estadísticos de toda la industria y de nuestra propia experiencia de traducir millones de palabras al año, la traducción de y a determinados idiomas dará lugar a la expansión o contracción del texto. Esto puede impactar en los costos, y también en el formato del texto traducido. Puede ser necesario modificar los documentos traducidos que tienen texto expandido para que quepa más texto. *EWTRUSTED.*

•Véase expansión.

expansión del tamaño del texto en los diferentes idiomas, *f.*

Gestión empresarial, presupuesto y facturación

Contexto 1. Straker le devuelve su publicidad en el mismo formato proporcionado y coloca el contenido traducido en InDesign para ahorrar tiempo y dinero. Tenemos en cuenta la **expansión** o contracción **del tamaño del texto en los diferentes idiomas** para que su material publicitario refleje de forma precisa el diseño y la apariencia del documento original. *EWSTRACKER.*

•Véase expansión.

expansión del texto, *f.*

Gestión empresarial, presupuesto y facturación

Contexto 1. **Expansión del texto**. Es necesario tener en cuenta que las diversas lenguas presentan la característica de ocupar más o menos espacio (o caracteres) para un mismo texto. *ALAO.*

•Véase expansión.

expansión textual, *f.*

Gestión empresarial, presupuesto y facturación

Contexto 1. Además, tenga en cuenta que la **expansión textual** no es exclusivamente un problema de las interfaces de usuario con el texto original en inglés y chino. Si su texto original está en español, la frase "Idioma de la interfaz" será más corta en inglés ("*Interface language*"), pero mucho más larga en malayo ("Bahasar pegantar untuk penelusuran"). Asimismo, las traducciones más pequeñas pueden ser tan problemáticas como las más grandes si dejan mucho espacio en blanco en la página. *OWW3C.*

•Véase expansión.

expectativas, *f. pl.*

Gestión empresarial, marketing

Resultado que el cliente espera como producto de un determinado servicio de traducción o de valor agregado.

Contexto 1. Las empresas clientes de proveedores MLV con frecuencia destinan recursos humanos muy limitados a la gestión de la ingente tarea de localización de sus productos a los diferentes mercados, frente a los clientes modelo de SLV, que cuentan por lo general con equipos de control más numerosos. Por ello, los clientes de MLV confían en que sus proveedores suplan esa gestión que no realizan internamente, y sus **expectativas** son muy altas: mínimas

complicaciones técnicas y lingüísticas y máxima estandarización y uniformidad de sus productos localizados, además de una producción muy rápida. *AAEM.*
▲Remisiones: cliente; visitas al cliente; comentarios del cliente; control de calidad; conocimiento del cliente.

expert review, *f.*

Servicio de valor añadido, revisión y publicación
•Véase validación lingüística.

externalización de la traducción, *f.*

Ejercicio profesional, modalidades y condiciones contractuales
Contratación de un PST para que cubra la totalidad de necesidades de traducción de un cliente.
Contexto 1. **Externalización de la traducción**. Con la globalización las empresas precisan de cada vez más servicios de traducción. Las empresas venden sus productos tanto a nivel nacional como internacional. Cuando llega el momento de tener que hacer una traducción las empresas se plantean si hacer las traducciones de forma interna o contratar una agencia de traducción externa que cubra todas sus necesidades de traducción. Existen 2 razones principales por las que una empresa debería contratar los servicios de traducción a una agencia o empresa de traducciones. La primera razón reside en que las agencias de traducción se especializan por campos de trabajo y por combinación de idiomas y siguiendo una buena metodología de trabajo podrán garantizar un encargo de traducción de máxima calidad. En el proceso de traducción intervienen jefes de proyecto, traductores nativos y revisores especializados. Si la empresa decide hacer la traducción internamente es posible que la calidad del encargo no cumpla con los criterios de calidad del cliente final. La segunda razón reside en que el tiempo cuesta mucho dinero y si la empresa tiene que dedicar recursos de tiempo de sus empleados a traducir, algo para lo que no están contratados, su productividad disminuirá radicalmente, ya que están dedicándose a algo para lo que no fueron contratados. *EWDIXIT.*
▲Remisiones: acuerdo de exclusividad; acuerdo entre el cliente y el PST.
◆Nota: sin. gestión completa de necesidades de traducción.

extracción terminológica automática, *f.*

Proceso de traducción, fase de pretraducción
Proceso de identificación de los términos contenidos en un texto origen y su posterior vaciado en una base de datos terminológica mediante el uso de una herramienta de extracción terminológica.
Contexto 1. Una vez que hayamos decidido crear el glosario, hay al menos tres enfoques diferentes para la recopilación de la lista de términos de la LO: **extracción terminológica automática** y extracción terminológica manual antes o durante la traducción. *EWAL.*
▲Remisiones: base de datos terminológica; creación y gestión de bases de datos terminológicas; gestor terminológico; terminólogo; herramienta de extracción automática de terminología; n-grama.

extracción terminológica manual, *f.*

Proceso de traducción, fase de pretraducción
Proceso de identificación de los términos contenidos en un texto origen y su posterior vaciado en una base de datos terminológica sin el empleo de una herramienta de extracción terminológica.
Contexto 1. Una vez que hayamos decidido crear el glosario, hay al menos tres enfoques diferentes para la recopilación de la lista de términos de la LO: extracción terminológica automática y **extracción terminológica manual** antes o durante la traducción. *EWAL.*
▲Remisiones: base de datos terminológica; creación y gestión de bases de datos termi-

nológicas; gestor terminológico; terminólogo; herramienta de extracción automática de terminología.

extractor automático de terminología, *m.*

Tecnologías, terminología
Contexto 1. YATE. **Extractor automático de terminología**. Herramienta de extracción automática de candidatos a término, basada en estrategias lingüísticas y estocásticas. *AWIULA*.
• Véase herramienta de extracción automática de terminología.

facturación, *f.*

Gestión empresarial, presupuesto y facturación
Cantidad de dinero que suma un servicio o la totalidad de servicios brindados por un PST en un periodo determinado.
Contexto 1. ¿Existe un mínimo de **facturación**? Para un encargo puntual, el mínimo de facturación es de 60 € para proyectos de traducción hacia un único idioma, y de 40 € por idioma para proyectos de traducción hacia varios idiomas. Sin embargo, este mínimo puede adaptarse si su encargo forma parte de un proyecto que consta de varias etapas o si usted solicita varias traducciones de la misma combinación lingüística a lo largo del año. Suele ser el caso de la traducción de sitios web, cuya traducción suele implicar fases sucesivas, o de proyectos de traducción recurrentes. *EWLINGUAFORCE*.
▲ Remisiones: cotización; capacidad de traducción; facturación media; facturación mensual; facturación por trabajo; herramienta de facturación; PayPal.

facturación media, *f.*

Gestión empresarial, presupuesto y facturación
Cantidad promedio de dinero que suma la totalidad de servicios brindados por un PST en un periodo determinado.
Contexto 1. Las empresas de traducción son pymes (menos de 250 trabajadores), incluso una gran parte son microempresa (menos de 5 empleadores). La mitad de la plantilla suele ser a tiempo parcial. Los traductores del equipo suelen ser la mitad de la plantilla. La **facturación media** es de 295 000 €. Se manifiesta un dinamismo en la creación de nuevas empresas. *ATDAK*.
▲ Remisiones: facturación; cotización; capacidad de traducción; facturación mensual; facturación por trabajo; herramienta de facturación; velocidad media de traducción.

facturación mensual, *f.*

Gestión empresarial, presupuesto y facturación
Cantidad de dinero que suma la totalidad de servicios brindados por un PST en el lapso de un mes.
Contexto 1. Hemos desarrollado una gama de servicios a las necesidades de su empresa. Presupuesto inmediato. **Facturación** por trabajo o **mensual**. *EWBUSINESS*.
▲ Remisiones: facturación; cotización; capacidad de traducción; facturación media; facturación por trabajo; herramienta de facturación.

facturación por trabajo, *f.*

Gestión empresarial, presupuesto y facturación
Cantidad de dinero que cobra el PST por la totalidad de servicios efectivamente brindados a su cliente en un periodo determinado.
Contexto 1. Hemos desarrollado una gama de servicios a las necesidades de su empresa. Presupuesto inmediato. **Facturación por trabajo** o mensual. *EWBUSINESS*.
▲ Remisiones: facturación; cotización; capacidad de traducción; facturación media; facturación mensual; herramienta de facturación.

falso amigo, *m.*

Proceso de traducción, fase de traducción
• Véase falso amigo lingüístico.

falso amigo lingüístico, *m.*

Proceso de traducción, fase de traducción
Palabras de etimología y forma semejantes,

pero con sentidos parcial o totalmente diferentes (Mounin, 1979).
Contexto 1. ¿Quién no se encontró alguna vez con el término *actual* del inglés traducido como "actual" en español? Ya sabemos que la traducción al español sería "real, concreto". Lo que en español significa "actual", en inglés es *current*. Del mismo modo, *argument* no refiere al argumento o tema de una obra, novela o película (lo cual en inglés sería *plot*), sino a una pelea, discusión, confrontación verbal. O *lecture*, que no significa "lectura" (que sería *reading*), sino "conferencia". También "sensible", en inglés, equivale al término "sensato" en español, y no a "sensible", que sería *sensitive*. Y podríamos seguir citando ejemplos. Confiamos en que sabrán prestar atención a los **falsos amigos lingüísticos**, así que les dejo un consejo de amiga: no caigan nunca en un *argument* si no tienen suficientes *argumentos*, pues sería *terrorífico*, lo cual está muy lejos de ser *terrific*. *EBTRUSTED*.
▲Remisiones: error muy grave; error grave; error leve; autocomprobación; revisión; verificación final.
◆Notas: sin. falso cognado. Acort. falso amigo.

falso cognado, *m.*

Proceso de traducción, fase de traducción
•Véase falso amigo lingüístico.

fansub, *m.*

Ejercicio profesional, inserción laboral
Subtitulación a cargo de aficionados sin autorización de los propietarios.
Contexto 1. ***Fansub***: se refiere a aquellos videos, películas o series de televisión que son traducidos por aficionados, desde su lengua original, sin autorización de los propietarios de los derechos. *APLR*.
▲Remisiones: practicante; doblaje; subtitulación; audiodescripción; supratitulación; voz superpuesta.

fase de preproducción, *f.*

Proceso de traducción, fase de pretraducción
Contexto 1. La **fase de preproducción** puede incluir los elementos siguientes: a) obtención o configuración de memorias de traducción, bases de datos terminológicas, guías de estilo y cualesquiera otros recursos de los que se podría disponer y resultaran útiles para el proceso de traducción; b) preparación del contenido para su procesamiento con la tecnología de la traducción; c) análisis y alcance del proyecto, incluido el análisis del contenido de la lengua de origen; d) hojas/plantillas de estilo que se vayan a aplicar o crear; e) recopilación y preparación de materiales de referencia (por ejemplo, terminología y materiales de formación) para mejorar la conformidad cualitativa con las especificaciones del proyecto. *ONAENORISO*.
•Véase proceso de preproducción.

fe pública, *f.*

Ejercicio profesional, acreditación
Potestad, conferida por ley al traductor público, que atribuye a una traducción la condición de fiel y correcta mientras no se pruebe lo contrario mediante resolución judicial firme.
Contexto 1. La doctrina uniforme que se da en gran número de tratados llama **fe pública** a la calidad de determinados documentos suscritos por funcionarios cuyas aseveraciones, cumplidas determinadas formalidades, tienen la virtud de garantizar la autenticidad de los hechos narrados, y, por consiguiente, su validez y eficacia jurídica. *PWPK*.
Contexto 2. Las traducciones juradas otorgan un *status* jurídico similar a la de un acta notarial, al dar **fe pública** de su fidelidad y veracidad. Por tanto, si su documentación ostenta un carácter oficial y debe presentarse ante una administración pública, un órgano judicial o una institución académica, será necesario realizar una traducción jurada, que cuente con la firma y sello del

traductor jurado, que actúa en calidad de fedatario público. *EWTRAOF.*
Contexto 3. Artículo 2°.- Las traducciones que realicen los traductores públicos juramentados en el ejercicio de sus funciones merecen **fe pública** y tienen plena validez legal. No obstante, la traducción no significa el reconocimiento de la autenticidad del documento. *ONMRREEP.*
▲Remisiones: traductor oficial; carácter oficial; traducción oficial; validez legal.

fecha de entrega, *f.*

Proceso de traducción, fase de pretraducción
Contexto 1. A menos que se acuerde de otro modo con el cliente, el PST debe enviar un presupuesto al cliente en el que indique al menos los detalles del precio y la entrega, tales como par(es) de lenguas, **fecha de entrega**, formato y soporte. *ONAENORISO.*
•Véase plazo de entrega.

fecha de recepción del contenido de la lengua de origen, *f.*

Proceso de traducción, fase de pretraducción
Día y hora en que el cliente entrega o envía el texto que será objeto de traducción.
Contexto 1. Los detalles del registro del proyecto pueden incluir los elementos siguientes: a) identificador único del proyecto; b) nombre del cliente y persona de contacto; c) orden de pedido fechada y condiciones comerciales, incluidos presupuestos, volumen, plazos y detalles de la entrega; d) acuerdo y cualesquiera otras especificaciones complementarias o elementos relacionados (véase el anexo B); e) composición del equipo del proyecto del PST y persona de contacto; f) lengua(s) de origen y destino; g) **fecha(s) de recepción del contenido de la lengua de origen** y cualquier otro material relacionado; h) título y descripción del contenido de la lengua de origen; i) finalidad y uso de la traducción; j) terminología existente del cliente o terminología propia y otro material de referencia que se vaya a usar; k) guía(s) de estilo del cliente; l) información sobre cualquier modificación en las condiciones comerciales y cambios en el proyecto de traducción. *ONAENORISO.*
▲Remisiones: contenido de la lengua de origen; orden de pedido; proceso de preproducción; fecha de entrega.

Federación Internacional de Traductores, *f.*

Regulación profesional, entidades gremiales
Organización internacional sin fines de lucro, reconocida por la Unesco en 1953, que agrupa a asociaciones de traductores de todo el mundo (DST).
Contexto 1. La Carta de Derechos del Traductor de la **Federación Internacional de Traductores** propuesta como principios guía para el ejercicio de la profesión, en su Sección II establece los derechos del traductor. *EBSTUS.*
Contexto 2. La **Federación Internacional de Traductores** celebrará en Berlín entre los días 4 y 6 de agosto su vigésimo congreso internacional, un punto de encuentro para todos los profesionales implicados en el sector lingüístico: traductores, intérpretes, terminólogos, profesores, estudiantes, proveedores y usuarios de productos y servicios, profesionales experimentados y novatos. *EWTRADUCTANET.*
▲Remisiones: Carta de Derechos del Traductor; American Translators Association.
◆Nota: sigla FIT.

***feedback* del cliente**, *m.*

Proceso de traducción, fase de postraducción
Contexto 1. Seguimos los procedimientos de calidad clara y comprobada para cada proyecto. Diseñamos glosarios específicos buscando asegurar la coherencia terminológica y estilística de cada cliente. Trabajamos con el ***feedback* del cliente**, asegurando el control de calidad de nuestras traducciones en la posventa. *EWGPRIMACY.*
Contexto 2. Para obtener la puntuación final, Net Promoter Score resta el número de

detractores del de promotores. El resultado es un porcentaje que sirve para medir la calidad de servicio de la empresa hacia sus clientes, su fidelidad y su conversión en evangelizadores de la compañía. La metodología de esta herramienta propone un seguimiento exhaustivo del ***feedback* del cliente**. *PBEB.*

• Véase comentarios del cliente.

fidelidad, *f.*

Ejercicio profesional, ética profesional

Transferencia del sentido del texto original respetando la intención del autor, las convenciones estilísticas de la lengua meta y el destinatario de la traducción (DST).

Contexto 1. En segundo lugar, tenemos que asegurarnos de que la agencia cuenta con traductores especializados, es decir, si usted necesita la traducción de un texto sobre minería, pues un traductor conocedor de aquella materia tiene que realizar la traducción de su texto; cabe mencionar que siempre un texto tiene que ser traducido por un nativo del idioma, de este modo se garantizará la **fidelidad** de la traducción. *EWPERU.*

Contexto 2. Una traducción jurada es aquella que ha sido realizada por un traductor-intérprete jurado habilitado por el Ministerio de Relaciones Exteriores. Los traductores o intérpretes jurados deben certificar con su firma y sello la **fidelidad** y exactitud de sus actuaciones para que la traducción tenga valor legal. *EWENLACE.*

Contexto 3. Traductores jurados certificados por el Ministerio o por el órgano competente que validan y dan fe pública de la **fidelidad** de un documento. *EWVORAGINE.*

▲Remisiones: exactitud; declaración jurada; certificado de autenticidad.

fidelización del cliente, *f.*

Gestión empresarial, marketing

Estrategia de *marketing* empleada para lograr que un cliente se convierta en frecuente y nos recomiende a terceros (DST).

Contexto 1. Los establecimientos que reciben público internacional deben estar preparados y disponer de material de calidad redactado en las lenguas correspondientes. Un buen trabajo en este sentido conseguirá atraer a un mayor número de visitantes y que estos disfruten y se puedan desenvolver sin ningún tipo de problema durante su estancia. Los turistas con otras lenguas agradecen que se les facilite la información de forma correcta en su idioma. Una buena gestión en este sentido mejorará la **fidelización de clientes**. *EWTEXTUALIA.*

▲Remisiones: cliente; conocimiento del cliente; comentarios del cliente; *marketing* empresarial; *marketing* personal; referencias de clientes; portafolio del traductor; portal de clientes; posicionamiento; primer contacto; visibilidad en el mercado.

file transfer protocol, *m.*

Tecnologías, TIC-TAV

Contexto 1. FTP: ***file transfer protocol***. Es el "almacén" compartido con nuestro cliente en el que podemos cargar o descargar material de los proyectos. *PBEADT.*

Contexto 2. Para aquellos que no conocen el término ni la herramienta, un FTP es un protocolo de transferencia de archivos (su nombre proviene de sus siglas en inglés, ***file transfer protocol***). Quizá para algunos pueda resultar una banalidad, debido a que es una herramienta muy común; sin embargo, no está de más brindar una breve explicación de lo que se puede hacer con un servidor FTP. Como bien lo indica la palabra, el FTP es de gran utilidad para la transferencia de archivos de gran tamaño. Muchos traductores solo conocen el envío de documentos por medio del método de adjunto tradicional; es decir, el archivo adjunto en el mismo cuerpo del *mail*. Sin embargo, no siempre podemos enviar documentos de este tipo, en especial cuando el tamaño de estos documentos supera los 10 MB. Normalmente, los servidores de *mail* tienen una capacidad de transferencia que no permite adjuntar

archivos más pesados de los 10 MB. [...] Para los PM que suelen planificar proyectos de gran tamaño, el uso de servidores FTP es fundamental, ya que facilita la tarea de asignación, de recepción de archivos, y, además, no se pierde tiempo descargando adjuntos pesados. Si la conexión es buena, un archivo de 30 MB puede bajarse en cuestión de minutos. *EWTRUSTED.*
•Véase protocolo de transferencia de archivos.

finalidad, *f.*

Proceso de traducción, fase de pretraducción
Contexto 1. Las especificaciones del proyecto pueden incluir los elementos siguientes: a) campo de aplicación del trabajo, que consta de servicios estándares y servicios de valor añadido; b) servicios estándares (traducción, autocomprobación [autorrevisión por parte del traductor], revisión [por otra persona distinta], corrección de concepto [si se solicita], corrección de pruebas, verificación final y entrega); c) lista no exhaustiva de servicios de valor añadido que pueden incluirse en un acuerdo (véase el anexo F); d) requisitos del lugar de trabajo (por ejemplo, cuando el trabajo debería hacerse en una ubicación predeterminada); e) calendarios del proyecto y fechas de entrega; f) presupuesto, incluida la divisa; g) información relevante sobre el contenido de origen (como su procedencia y el volumen en palabras o caracteres); h) especificaciones lingüísticas para el producto (es decir, especificaciones estándares y opcionales); i) especificaciones lingüísticas estándares (véase 5.3.1); j) lenguas; k) audiencia y **finalidad**. *ONAENORISO.*
•Véase finalidad de la traducción.

finalidad de la traducción, *f.*

Proceso de traducción, fase de pretraducción
Uso o destino que le dará el cliente al texto traducido (DST).
Contexto 1. **FINALIDAD DE LA TRADUCCIÓN**. El cliente debe utilizar la traducción exclusivamente para fines permitidos por la ley. La traducción solo podrá ser utilizada para fines informativos y de comprensión y, por lo tanto, bastará con que tenga la calidad suficiente para dicho fin. Si el cliente desea utilizar la traducción con cualquier otra finalidad, deberá contar con nuestra aprobación. *PBTJ.*
▲Remisiones: audiencia final; encargo de traducción; orden de pedido; requisitos de la traducción; especificaciones del proyecto.
◆Notas: sin. propósito de la traducción. Acort. finalidad.

FIT, *f.*

Regulación profesional, entidades gremiales
•Véase Federación Internacional de Traductores.

fluidez, *f.*

Proceso de traducción, fase de pretraducción
Legibilidad del contenido de la lengua de destino en términos de adecuación ortipográfica y gramatical, así como en naturalidad léxica y estilística.
Contexto 1. Competencia lingüística y textual en las lenguas de origen y de destino: capacidad para comprender la lengua de origen, **fluidez** en la lengua de destino y conocimiento general o especializado de las convenciones del tipo de texto. Esta competencia lingüística y textual incluye la capacidad para aplicar este conocimiento al producir la traducción u otro contenido de la lengua de destino. *ONAENORISO.*
▲Remisiones: convenciones textuales; convenciones locales; legibilidad.

flujo de trabajo, *m.*

Proceso de traducción, fase transversal
Conjunto de procesos de preproducción, producción y posproducción por los que atraviesa un proyecto de traducción.
Contexto 1. Nuestro sistema de gestión de la calidad, orientado a los procesos y con **flujos de trabajo** integrados, permite evaluar en

tiempo real cuestiones tales como la utilización de recursos, el estado de los proyectos o las actualizaciones en curso del estado objetivo o real para cada proyecto. *EWTRUSTED.*
Contexto 2. El encargo de traducción: el **flujo de trabajo**. En la entrada anterior, hablamos de las cinco primeras fases que atraviesa un proyecto de traducción: contacto, oferta, confirmación, preparación y traducción. Hoy trataremos las cinco siguientes, las posteriores a la traducción en sí, pero imprescindibles para finalizar un proyecto de forma satisfactoria. *PBLTEA.*
Contexto 3. 2.1.3 **flujo de trabajo** de traducción: procesos (2.1.4), o cualquiera de sus partes, que intervienen en la obtención del contenido de la lengua de destino (2.3.3). *ONAENORISO.*
▲Remisiones: proyecto de traducción; encargo de traducción; gestión de proyectos; proceso de preproducción; proceso de producción; proceso de posproducción.

foja de traducción, *f.*

Gestión empresarial, presupuesto y facturación
Contexto 1. Traducciones con carácter público-Aranceles por foja o fracción menor. Se considera **foja de traducción**: 50 renglones de papel tipo romaní, el equivalente a 500 palabras (en caso de confeccionarse en otro formato), todo otro documento cuya extensión sea menor que una foja, para los honorarios el idioma de referencia es el español. *GWFAT.*
•Véase página de traducción.

fondo de garantía, *m.*

Ejercicio profesional, ética profesional
Monto de dinero destinado exclusivamente a cubrir embargos por responsabilidad derivada del ejercicio de la función pública de traductor público juramentado peruano (DST).
Contexto 1. Los traductores públicos juramentados cuyos expedientes merecieron calificación aprobatoria actualizarán en el Banco de la Nación el **Fondo de Garantía** en función de la combinación de idiomas de cada traductor público juramentado (artículo 15 inciso "d" del Reglamento de los TPJ), destinado exclusivamente a cubrir embargos por responsabilidad derivada del ejercicio de las funciones de traductor público juramentado; por la suma equivalente a diez (10) remuneraciones mínimas vitales vigentes al 01 de enero de 2008. Este requerimiento será indispensable para ser ratificado. *ONMRREEP.*
▲Remisiones: seguro de responsabilidad civil; responsabilidad civil profesional; traductor público.

forma de entrega, *f.*

Proceso de traducción, fase de pretraducción
Contexto 1. La forma de actuar en esta situación es obvia: enviarle al cliente el presupuesto solicitado, en el que detallaremos nuestros datos de contacto y los del cliente, los detalles del trabajo en cuestión (tipo de tarea, idiomas, documentos, extensión, etc.), el precio por unidad y el precio total. No hay que olvidar indicar si ese precio incluye impuestos y, en su caso, gastos de envío. Y otros datos que nunca deben faltar en un presupuesto: la **forma** y el plazo **de entrega** del trabajo, la forma y el plazo de pago y las condiciones de anulación por si el cliente decide cancelar el encargo una vez confirmado, así como cualquier otra consideración importante que el cliente deba tener en cuenta. *PBETELS.*
•Véase método de entrega.

forma de envío, *f.*

Proceso de traducción, fase de pretraducción
Contexto 1. Eliges la **forma de envío**. Pensando en tu comodidad, tienes vía libre para hacer llegar tus textos en el formato que te resulte más práctico: vía *e-mail*, formulario web, carta, WhatsApp. ¡Lo que te venga mejor! *EWDECALERO.*
•Véase método de entrega.

formateado, *m.*

Proceso de traducción, fase de pretraducción
•Véase conversión de formatos.

formato, *m.*

Proceso de traducción, fase de pretraducción
Conjunto de características técnicas y de presentación del texto origen o del texto meta (DST).
Contexto 1. El gestor del proyecto también revisará el texto y garantizará la adecuación de la edición y el **formato** antes de enviar el texto final. *EWMCFELDER.*
Contexto 2. ¿Necesita una traducción profesional con un diseño concreto? Gracias al trabajo de nuestros diseñadores gráficos profesionales, en Dialog Ticket podemos ofrecerle un servicio completo para darle a su traducción el tipo de **formato** que desee. Por ejemplo, si al traducir un documento el título es mucho más largo que en el texto origen, es posible que se produzca un salto de línea no deseado, si lo desea nuestros diseñadores gráficos pueden resolver este tipo de problemas de tal modo que su documento quede listo para usarlo. *EWDIALOG.*
▴Remisiones: edición; documento original editable; conversión de formatos; imagen no editable; *optical character recognition*; digitalización de documentos; creación de plantillas de documentos.
◆Nota: algunos tipos de formato son formato especial, formato inicial y formato final.

formato final, *m.*

Proceso de traducción, fase de pretraducción
Conjunto de características técnicas y de presentación del texto meta.
Contexto 1. Maquetación. Colaboración con profesionales con amplia experiencia en maquetación para que pueda recibir su traducción en el **formato final** que necesita (folletos, manuales, presentaciones). *EWONEHEALTH.*
▴Remisiones: formato; edición; maquetación.

fotocomposición, *f.*

Servicio de valor añadido, edición y publicación
Servicio de valor añadido que consiste en reproducir textos directamente sobre película o papel fotográfico (DST).
Contexto 1. Las tarifas aplicadas para las traducciones simples y juradas de larga extensión se realizan a partir de un precio por palabra, tomando como referencia el texto original. De esta forma, garantizamos la transparencia y la claridad en todos nuestros presupuestos, perfectamente comprobables por el cliente o solicitante. Los trabajos adicionales o paralelos a la traducción, como por ejemplo la **fotocomposición** o la edición gráfica, se toman en cuenta de forma separada. *EWKMALARABI.*
Contexto 2. Diseño, compaginación, composición, revisión de galeradas, **fotocomposición** y filmación de textos. A partir de su original y sin pasos intermedios. Le entregamos su folleto, manual o libro traducido y montado. *EWBARCELONA.*
▴Remisiones: DTP; compaginación; edición; maquetación; diseño gráfico; volcado de texto.

FTP, *m.*

Tecnologías, TIC-TAV
Contexto 1. **FTP**: *file transfer protocol*. Es el "almacén" compartido con nuestro cliente en el que podemos cargar o descargar material de los proyectos. *PBEADT.*
•Véase protocolo de transferencia de archivos.

fuente de consulta, *f.*

Tecnologías, documentación
•Véase material de referencia.

fuzzy match, *f.*

Tecnologías, TA-TAO
Contexto 1. En esta publicación, queremos compartir con nuestros seguidores y lectores varios unas opciones de carácter gratuito en términos de memorias de traducción.

Como ya sabemos, las memorias de traducción (también llamadas *TM* o *translation memories*) son corpus paralelos que les permiten a los usuarios guardar y archivar textos originales junto con sus respectivas traducciones en una base de datos (creadas en los mismos "almacenes") para luego recuperar la traducción ya realizada, ya sea mediante una coincidencia exacta (denominada en inglés *exact match*) o parcial (del inglés ***fuzzy match***). De esta manera, se reutilizan las frases traducidas y revisadas por el usuario. *PBMT.*
•Véase coincidencia parcial.

G11N, *f.*

Servicio de valor añadido, contenidos
•Véase globalización.

galeradas, *f. pl.*

Proceso de traducción, fase de traducción
•Véase corrección de pruebas.

garantía de calidad, *f.*

Gestión empresarial, calidad
Contexto 1. **Garantía de calidad**. Nuestro objetivo primordial es la calidad. En Traducciones Políglota contamos con una doble certificación de nuestro sistema de calidad: ISO 9001: 2008 y norma europea de calidad CEN-Servicios de Traducción UNE-EN 15038:2006. *EWPOLIGLOTA.*
•Véase aseguramiento de calidad.

garantía y servicio de posventa, *f.*

Gestión empresarial, calidad
Contexto 1. **Garantía y servicio posventa**. En Textualia no nos contentamos únicamente con realizar correctamente, entregar y cobrar un trabajo, sino que estamos plenamente interesados en que usted como cliente se sienta completamente satisfecho de nuestros servicios. Por ello, en el momento de encargar un trabajo, nos comprometemos a entregárselo dentro de un plazo límite determinado, y le ofrecemos la devolución incondicional del dinero que usted nos hubiere avanzado en caso de que, por causas ajenas a nuestra voluntad, no pudiésemos cumplir con el plazo acordado. *EWTEXTUALIA.*
Contexto 2. En ningún caso, un defecto de una parte de la traducción podrá cuestionar la totalidad del trabajo realizado. Atendiendo a la legislación vigente en materia de **garantía y servicio posventa**, TLS Bureau procederá a realizar todas las modificaciones pertinentes durante el plazo de un año desde la aceptación del contrato, no incluyendo este servicio de garantía devolución dineraria. *EWGTLS.*
•Véase proceso de posproducción.

gastos fijos, *m. pl.*

Gestión empresarial, presupuesto y facturación
Desembolso mensual que el PST debe efectuar de manera invariable, el cual ha de tomarse en cuenta para la fijación de la tarifa de traducción.
Contexto 1. **Gastos fijos**. Aquí viene la opción que puede ser más variable entre los profesionales y que puede provocar grandes cambios a la tarifa por hora final que queremos obtener. No obstante, para este ejemplo, usamos datos que se asemejen a la realidad de la media. *EWTRADUGEEK.*
▴Remisiones: gastos profesionales; gastos personales; tarifa de traducción.

gastos personales, *m. pl.*

Gestión empresarial, presupuesto y facturación
Desembolsos realizados por el PST por concepto de consumo personal que deben tenerse en cuenta para la fijación de la tarifa de traducción.
Contexto 1. Analizar exhaustivamente todos nuestros **gastos** profesionales y **personales**: cuota de la Seguridad Social, internet, teléfono, cuotas de asociaciones profesionales, gastos de nuestra página web, seguros, casa, coche, alimentación, ocio, etc. La suma de todos esos gastos es

lo mínimo que necesitamos facturar (tras descontar impuestos y, preferiblemente, destinar una parte al ahorro) para cubrir los gastos de nuestra actividad y mantener nuestro nivel de vida. Supongamos que dicha cuantía asciende, incluyendo los impuestos y el ahorro, a 1500 € al mes, es decir, 18 000 € al año. También podemos fijarnos un objetivo de facturación, por ejemplo el doble de nuestros gastos: 36 000 € al año. *PBETELS.*

▴Remisiones: gastos profesionales; gastos fijos; tarifa de traducción.

gastos profesionales, *m. pl.*

Gestión empresarial, presupuesto y facturación

Desembolsos realizados por el PST por concepto de obligaciones profesionales o empresariales, que deben tenerse en cuenta para la fijación de la tarifa de traducción.

Contexto 1. Analizar exhaustivamente todos nuestros **gastos profesionales** y personales: cuota de la Seguridad Social, internet, teléfono, cuotas de asociaciones profesionales, gastos de nuestra página web, seguros, casa, coche, alimentación, ocio, etc. La suma de todos esos gastos es lo mínimo que necesitamos facturar (tras descontar impuestos y, preferiblemente, destinar una parte al ahorro) para cubrir los gastos de nuestra actividad y mantener nuestro nivel de vida. Supongamos que dicha cuantía asciende, incluyendo los impuestos y el ahorro, a 1500 € al mes, es decir, 18 000 € al año. También podemos fijarnos un objetivo de facturación, por ejemplo el doble de nuestros gastos: 36 000 € al año. *PBETELS.*

▴Remisiones: gastos personales; gastos fijos; tarifa de traducción.

generación de contenidos, *f.*

Servicio de valor añadido, contenidos

Contexto 1. **Generación de contenidos**. Algunas empresas tienen la necesidad de redactar memorias corporativas, *newsletters*, comunicados internos, etc. En estos casos, a partir de los textos, las ideas o las indicaciones que nos proporcionan, redactamos sus documentos, adaptados siempre al sector de actividad correspondiente. *EWPLANET.*

•Véase creación de contenidos.

generalista, *m.*

Gestión empresarial, actores

Contexto 1. Traducciones del inglés al español y del español al inglés. Máxima calidad y tarifas económicas. Traductora bilingüe desde 2002. Aunque soy **generalista**, estoy especializada en traducciones de arte, turismo y música. *EWTE.*

•Véase traductor generalista.

gerente de cuentas, *m.*

Gestión empresarial, actores

Contexto 1. El **gerente de cuentas** recibe los prospectos o pedidos de traducción a través de diversos canales; uno es el sitio web de la compañía: www.trustedtranslations.com. Se pone en contacto con los prospectos rápidamente para recibir los documentos con el fin de realizar una cotización detallada. Hay diferentes pasos dentro del proceso de ventas. Muchas veces de la cotización se pasa a una negociación, ya sea porque el cliente tiene un presupuesto limitado o requiere la traducción antes de lo esperado. En la jerga de ventas, esto significa que el "*driver*" debe estar bien definido: precio, tiempo o calidad. *EBTRUSTED.*

•Véase gestor de cuenta.

gerente de proveedores, *m.*

Gestión empresarial, actores

Persona que tiene a su cargo la contratación de traductores externos.

Contexto 1. VM. Acrónimo que significa *vendor manager*. Entre las responsabilidades del **gerente de proveedores**, se incluyen la selección de proveedores, la negociación de tarifas, las verificaciones de calidad y la asignación de recursos. *EWCCAPS.*

▲Remisiones: gerente de ventas; gestor de cuenta; gestor de proyectos; *lead translator*; *recruitment manager*.
◆Nota: sin. *vendor manager;* VM.

gerente de proyecto, *m.*

Gestión empresarial, actores
Contexto 1. Nuestros **gerentes de proyecto** no solo son expertos en la industria de la traducción, también demuestran sus aptitudes, conocimientos y versatilidad en el uso de programas y aplicaciones en línea. Con el respaldo de asistentes de proyectos, especialistas y consultores principales, su gerente de proyectos podrá determinar el alcance del proyecto y la configuración más eficaz para nuestro equipo del proyecto; desarrollar instrucciones detalladas de trabajo tras haber consultado con su equipo encargado del proyecto; establecer las diversas fases de control de calidad y realizar las verificaciones y aprobaciones finales; colaborar con su equipo, responder a sus inquietudes y asegurar que sus proyectos sean entregados puntualmente; crear guías de estilo específicas para cada cliente y cada tema; supervisar nuestros procesos automatizados; documentar las "lecciones que aprendimos" después de finalizar el proyecto. *EWTL.*
•Véase gestor de proyectos.

gerente de ventas, *m.*

Gestión empresarial, actores
Persona encargada de dirigir, organizar y controlar el departamento de ventas de un PST.
Contexto 1. El **gerente de ventas** debe ocuparse de las facturas y los recibos, y el proceso de cobranza es muy importante para completar el proceso de ventas. El gerente de ventas también debe trabajar con el gerente de proyectos, que es responsable de analizar la documentación para que el gerente de ventas proporcione una cotización detallada al prospecto/cliente. Además, el gerente de proyectos es responsable de armar el equipo de traducción: traductores, editores, revisores, diseñadores y especialistas en informática. *EBTRUSTED.*
▲Remisiones: gestor de cuenta; gestor de proyectos; *lead translator*; *recruitment manager*; gerente de proveedores.

gestión completa de necesidades de traducción, *f.*

Servicio de valor añadido, consultoría
Contexto 1. Las empresas de traducción MLV ofrecen a sus clientes la **gestión completa de sus necesidades de traducción** y localización desde y hacia cualquier idioma con toda la competencia técnica necesaria y haciendo entrega de un producto final. Con frecuencia se llega a gestionar la impresión y replicación de los productos, incluso la distribución geográfica de los mismos. *AAEM.*
•Véase externalización de la traducción.

gestión de proyectos, *f.*

Proceso de traducción, fase de pretraducción, fase de traducción y fase de postraducción
Administración del proceso de traducción que incluye el control y la supervisión del proceso de preparación; la asignación de traductores, revisores y correctores de concepto; la emisión de instrucciones para las partes implicadas; el control de la coherencia de la traducción; el control y la supervisión del calendario del proyecto; el mantenimiento del contacto con las partes implicadas, y la validación para la entrega final.
Contexto 1. La formación de un traductor nunca acaba, sino que es un aprendizaje continuo donde siempre hay espacio para seguir especializándose y mejorando. Este es el motivo por el que muchos traductores acabamos en el mundo de la **gestión de proyectos** y es que nadie mejor que un traductor para entender los entresijos de una traducción. *EWTRANSANDLOC.*
Contexto 2. Desde el punto de vista de la **gestión de proyectos**, el personal que intervendrá en la ejecución de los mismos

serán el jefe de proyectos, el traductor y el revisor. *EWNEOATLAS.*
▲Remisiones: gestor de proyectos; proyecto de traducción; flujo de trabajo; asignación del proyecto; especificaciones del proyecto; programa de gestión de proyectos; traducir.
◆Nota: sin. administración de proyectos; manejo de proyectos.

gestión del tiempo, *f.*

Herramientas, entorno laboral
Distribución y organización eficiente del tiempo destinado a cada una de las tareas profesionales, con la finalidad de incrementar la productividad.
Contexto 1. **Gestión del tiempo**: ¡aquí hay tomate! Como sabéis, queridos lectores, conseguir una gestión más eficaz del tiempo es una de mis obsesiones vitales, y una de las técnicas que (para mi gusto) mejor lo consigue es la archifamosa pomodoro. A los que no la conocéis, os diré que se basa en la aplicación de descansos de 5 minutos por cada 25 minutos de trabajo, con un descanso más largo de 15 minutos cada 4 periodos de trabajo. Debe su nombre a esos relojes avisadores que hay en casi todas las cocinas del mundo. Se conoce que en la casa del inventor de este método el que había tenía forma de tomate. *PBLTOLV.*
▲Remisiones: monitor dual; técnica pomodoro; ergonomía para traductores.

gestión documental, *f.*

Proceso de traducción, fase de pretraducción, fase de traducción y fase de postraducción
Administración del flujo documental de un proyecto de traducción.
Contexto 1. La subcompetencia instrumental no se limita solamente al uso de los programas de memoria de traducción. Algunas de las tareas que podrá incluir son creación de plantillas de documentos, **gestión documental**, gestión terminológica, investigación profunda de los recursos de la internet. *PWDOSSO.*
▲Remisiones: material de referencia; texto comparable; texto paralelo; glosario corporativo; documentalista.

gestión terminológica, *f.*

Proceso de traducción, fase de pretraducción, fase de traducción y fase de postraducción
Administración del proceso terminológico de un proyecto de traducción que incluye, entre otros aspectos, la identificación de la terminología relevante, la confección de un primer glosario, la consulta con expertos y la verificación de la consistencia terminológica con miras a la elaboración del glosario definitivo.
Contexto 1. La subcompetencia instrumental no se limita solamente al uso de los programas de memoria de traducción. Algunas de las tareas que podrá incluir son creación de plantillas de documentos, gestión documental, **gestión terminológica**, investigación profunda de los recursos de la internet, preparación de glosarios, guías de estilo y listas negras, etc. *PWDOSSO.*
▲Remisiones: base de datos terminológica; gestor terminológico; terminólogo; herramienta de extracción automática de terminología.

gestor de bases de datos terminológicas, *m.*

Tecnología, terminología
•Véase gestor terminológico.

gestor de cuenta, *m.*

Gestión empresarial, actores
Persona que sirve de nexo entre el PST y el cliente encargada de la cotización, la coordinación, la entrega y la facturación, entre otras tareas administrativas.
Contexto 1. **Gestor de cuenta**: es la persona que se encarga del contacto con el cliente, ya sea mediante el teléfono, correo electrónico, o dentro de la oficina y recoge sus expectativas (tipo de traducción, plazo, etc.) para hacérselas llegar al gestor de proyecto. El gestor de cuenta es la cara visible del proceso, pero hay mucha gente detrás trabajando.

También es el que finalmente enviará la traducción finalizada al cliente. *EWACANTHO.*
▲Remisiones: gerente de ventas; gestor de proyectos; *lead translator*; *recruitment manager*; gerente de proveedores.
◆Nota: sin. *account executive*; gerente de cuentas; ejecutivo de cuenta; gestor de cuentas.

gestor de cuentas, *m.*

Gestión empresarial, actores
•Véase gestor de cuenta.

gestor de proyectos, *m.*

Gestión empresarial, actores
Persona que tiene a su cargo la dirección de un proyecto de traducción y que es responsable del proceso de producción.
Contexto 1. El encargo se asigna a un gestor de proyectos, que supervisa en todo momento el proyecto en todas sus etapas. El **gestor de proyectos** asigna los archivos de trabajo a un traductor o un equipo de traductores en función de los idiomas de traducción, de la especialidad de traducción y del volumen de traducción. Coordina la utilización de la documentación de referencia, glosarios terminológicos, extracción de textos, corpus lingüísticos. *EWOKODIA.*
Contexto 2. Si alguna vez has trabajado como **gestor de proyectos** de traducción (*project manager*), seguramente estarás de acuerdo conmigo en aquello que más se valora de un traductor y que lo convierte en alguien con quien contar siempre que sea necesario. Tu relación con los gestores de proyectos forma parte de tu marca personal, es importante construir una relación satisfactoria para ambas partes con el objetivo de que valoren tanto tu trabajo como tu forma de trabajar. Esto es lo que más valoro, como gestora de proyectos, de un traductor con el que trabajo. *PBEFMPT.*
▲Remisiones: gestión de proyectos; verificación final; proyecto de traducción; programa de gestión de proyectos; gerente de cuentas.
◆Notas: sin. gerente de proyectos; coordinador de proyectos; *project manager*; administrador de proyectos; *translation manager*. Siglas GP; PM.

gestor de terminología, *m.*

Tecnología, terminología
Contexto 1. Los primeros programas de traducción asistida por computadora empezaron siendo almacenes de información en una base de datos sencilla dotada de un motor de búsqueda. A estas primeras herramientas se las llamó *memorias de traducción*. A estos sistemas se les ha ido dotando de una serie de herramientas anexas que complementan las funciones originales para mejorar su rendimiento convirtiéndose en un sistema integrado de módulos: **gestores de terminología**, alineadores, motor de búsquedas, editores de traducción, gestor de proyectos de traducción. Estas memorias de traducción se consideran corpus lingüísticos de tipo paralelo debido a que se constituyen por textos originales y sus traducciones a otra lengua. *PBCATW.*
•Véase gestor terminológico.

gestor terminológico, *m.*

Tecnología, terminología
Programa que permite crear, extraer y modificar una base de datos terminológica (DST).
Contexto 1. Si antes se hablaba de la industria de la localización, ahora este sector empresarial ha aumentado su radio de acción ajustándose a las necesidades de sus clientes potenciales ofreciendo una paleta de servicios ampliada que va desde la gestión de contenidos (creación, edición, publicación), es decir, gestión de documentación, internacionalización y localización de *software* y sitios web, así como el diseño de herramientas que gestionan lenguas (sistemas de traducción asistida por ordenador, **gestores terminológicos**, convertidores, alineadores, extractores, correctores, bancos terminológicos, corpus en línea, etc.). *AALC.*
Contexto 2. Xbench es un programa gratuito

de código cerrado que tiene dos elementos principales: **gestor terminológico** multifuente y herramienta de control de calidad. En el número anterior de La Linterna, Oliver Carreira nos habló concisamente de sus propiedades como herramienta de control de calidad, en comparación tanto con otros programas como con las funciones específicas para la evaluación de la calidad con las que cuentan actualmente la mayoría de los programas TAO del mercado. *GRASETRAD.*
▲Remisiones: servicio de terminología; programa de traducción asistida por ordenador; herramienta de extracción automática de terminología; creación y gestión de bases de datos terminológicas; terminólogo; base de datos terminológica.
◆Nota: sin. gestor de bases de datos terminológicas; gestor de terminología; sistema de gestión terminológica.

gist translation, *f.*

Proceso de traducción, fase de pretraducción
Contexto 1. Traducción o localización de textos o contenidos muy voluminosos y ágiles generados por el usuario (como un foro o red social) o dar soporte para buscadores multilingües para textos que no están traducidos. En este caso prima absolutamente el coste y la rapidez y a menudo es suficiente la traducción automática o informativa (***gist translation***). *EBLINGUASERVE.*
•Véase traducción informativa.

globalización, *f.*

Servicio de valor añadido, contenidos
Servicio de valor añadido que consiste en la preparación de un producto o servicio que va a ofrecerse en diversos mercados a escala mundial (DST).
Contexto 1. Trusted Translations, Inc. es líder en **globalización** de productos y contenidos. Presupuesto o consulta sin cargo. *EWTRUSTED.*
Contexto 2. Controle su presencia a escala global confiando en la experiencia y profesionalismo de una agencia de traducción internacional: Ability Top Translations. Nuestros servicios de traducción de textos, traducción de sitios web, localización de programas y consultoría en **globalización** le darán presencia a su negocio a nivel mundial en cualquier idioma. *EWABILITY.*
▲Remisiones: internacionalización; localización.
◆Nota: sigla G11N.

glosario corporativo, *m.*

Tecnología, terminología
Vocabulario que contiene la terminología y el estilo propios de un determinado cliente (DST).
Contexto 1. Creación de glosarios médicos aplicables a todas nuestras traducciones de esta especialidad. Adicionalmente, para clientes con gustos particulares creamos **glosarios corporativos** específicos. Además de lo anterior, para traducciones que requieren una terminología o estilo muy específico preparamos un glosario para cada traducción particular y una versión parcial provisional de la traducción que se envían al cliente antes de la entrega de la versión definitiva a efectos de que nos diga si está de acuerdo con la terminología utilizada. *EW1GLOBAL.*
Contexto 2. Comprenda de forma instantánea correos electrónicos, actas y páginas web escritas en otros idiomas a través de nuestro sistema seguro. Para una comunicación rápida en su día a día. Herramienta de traducción instantánea y en línea. Completamente segura y confidencial. Precios muy competitivos. Opción de añadir su **glosario corporativo**. *EWCLS.*
▲Remisiones: servicio de terminología; creación y gestión de bases de datos terminológicas; gestión terminológica.

glosario del traductor, *m.*

Tecnología, terminología
Vocabulario, casi siempre bilingüe, elaborado y almacenado en formato textual simple, estrechamente vinculado a los problemas de cada encargo de traducción, que por lo general contiene equivalencias léxicas, observaciones de uso y, a veces,

términos rechazables y variación léxica muy controlada (MTC).
Contexto 1. Dicho esto, si el traductor cumple a rajatabla estos requisitos y el cliente se presta a conceder unos plazos razonables, a proporcionar su ayuda en forma de documentación de apoyo, glosarios o memorias de traducción, aclara o resuelve dudas y valida el **glosario del traductor**, la calidad del trabajo está asegurada. *GRASETRAD.*
Contexto 2. Podemos distinguir entre **glosario del traductor** y glosario para el traductor. El primero es un glosario que registra las diversas soluciones propuestas por el traductor durante la elaboración de su traducción. Las características del glosario del traductor son las siguientes: presenta un formato muy simplificado, casi siempre bilingüe; contiene equivalencias léxicas, observaciones de uso y a veces términos rechazables (errores de traducción, falsos amigos). Se trata de glosarios muy vinculados a cada traducción y/o a cada traductor, en el que las soluciones y equivalencias registradas tienen que ver sobre todo con la preocupación por resolver de manera coherente y armónica los problemas planteados en la traducción del texto, controlar interferencias léxicas o evitar posibles errores terminológicos. *EBDELTATEXT.*
▲Remisiones: glosario para el traductor; actualización de glosarios; glosario corporativo; servicio de terminología; gestión de bases de datos terminológicas; gestión terminológica.

glosario para el traductor, *m.*
Tecnología, terminología
Vocabulario que estructura sistemáticamente la terminología de un determinado campo o subcampo de especialidad que incluye información contextual, semántica, gramatical y pragmática (MTC).
Contexto 1. Una reflexión más sobre los glosarios: son muy útiles porque el traductor necesita menos información fragmentada (tal y como aparece en muchos diccionarios y bases de datos), y más información contextualizada. Podemos distinguir entre glosario del traductor y **glosario para el traductor**. *EBDELTATEXT.*
Contexto 2. Los **glosarios para el traductor** son glosarios mucho más sistemáticos, elaborados con metodología de trabajo terminológica, que contienen informaciones útiles para la toma de decisiones del traductor, en un formato monolingüe con equivalencias, bilingüe o plurilingüe. Estos glosarios pueden contener muchas informaciones útiles, como información contextual (contextos, notas de uso, etc.), información semántica (definiciones, conceptos relacionados, etc.), información gramatical e información pragmática (marcas de variación formal, profesional, códigos de fiabilidad, etc.). *EBDELTATEXT.*
▲Remisiones: glosario del traductor; actualización de glosarios; glosario corporativo; servicio de terminología; gestión de bases de datos terminológicas; gestión terminológica.

GMX, *m.*
Tecnologías, TA-TAO
Contexto 1. Global Information Management Metrics eXchange (**GMX**) es un conjunto de estándares destinado a la proporción de medios comunes para medir los aspectos cuantitativos de un documento, como pueden ser el número de palabras, la complejidad, etc.
•Véase Global Information Management Metrics eXchange.

GP, *m.*
Gestión empresarial, actores
◆Nota: acort. gestor de proyectos.
•Véase gestor de proyectos.

gráfica de tarifas, *f.*
Gestión empresarial, presupuesto y facturación
Sondeo realizado por el PST para determinar la tarifa promedio del mercado.
Contexto 1. ¿Cómo puedes tener esta **gráfica de tarifas**? Buena pregunta: ¿cómo con-

seguir esta gráfica? Es imposible tenerla, no existe, nadie la tiene. Pero hay varias posibilidades. Primero, puedes ver tarifas medias en portales especializados de traducción, como en ProZ. Esa tarifa es el promedio de las tarifas de todos los perfiles de ProZ de una determinada combinación de idiomas, pero si quieres mi opinión, esas tarifas están algo infladas, no creo que reflejen la realidad. Hay varios portales o páginas web que puedes consultar, otra sería TranslatorBase, pero aquí no dicen cómo han calculado esa tarifa que aparece. *EWGODUANA.*

▴Remisiones: cotización; herramienta de facturación; contador de palabras; conteo de palabras; calculadora de tarifas; tarifa de traducción; unidad de facturación; costo de traducción; arancel; compensación; honorarios.

guía de estilo, *f.*

Regulación profesional, normas de calidad

Documento que contiene las convenciones estilísticas propias del cliente o del proveedor de servicios de traducción (DST).

Contexto 1. En el caso de que el cliente no proporcione ninguna guía de estilo, el PST debe utilizar una **guía de estilo** propia o adecuada que puede incluir elementos como los mencionados en el anexo D. *ONAENOR.*

Contexto 2. ¿Qué es una **guía de estilo**? Es un conjunto de indicaciones, especificaciones y glosarios propios de algunas empresas sobre cómo redactar o traducir sus documentos. Orchestra también ha elaborado sus propias guías de estilo, y están a la entera disposición de aquellos clientes que lo soliciten. *EWORCHESTRA.*

▴Remisiones: hoja de estilo; redacción técnica; redacción de textos; corrector de estilo; convenciones textuales; convenciones locales; registro.

gusano, *m.*

Tecnologías, documentación

•Véase metabuscador.

herramienta de alineación, *f.*

Tecnologías, TA-TAO

Contexto 1. Aunque hay miles de herramientas disponibles, la mayoría de ellas muy buenas, me decanto por Bitext2tmx, una **herramienta de alineación** libre e independiente que permite exportar textos bilingües en formato TMX. Podemos descargar gratis esta herramienta. *PBELPDLL.*

•Véase alineador.

herramienta de análisis de corpus, *f.*

Tecnologías, TIC-TAV

Aplicación informática que permite manipular e investigar el contenido de un corpus con la finalidad de acceder y visualizar las frecuencias de palabras, listas, concordancias y colocaciones, entre otros aspectos.

Contexto 1. También merece la pena señalar que muchas de las **herramientas de análisis de corpus** no fueron desarrolladas específicamente para los traductores. Inicialmente, dichas herramientas fueron destinadas a ser utilizadas por los profesionales de otros idiomas, incluidos los docentes de lengua extranjera y lexicógrafos. Sin embargo, son cada vez más populares entre los traductores y terminólogos, principalmente debido a que permiten a los usuarios tener acceso a los datos de frecuencia y ver los términos en una variedad de contextos al mismo tiempo, características que los diccionarios y corpus impresos no pueden proporcionar. *AMARB2.*

▴Remisiones: herramienta de concordancia; herramientas de extracción automática de terminología; corpus; corpus *ad hoc*; texto paralelo; texto comparable; corpus comparable; corpus paralelo.

◆Nota: por ejemplo, KWIC Concordance.

herramienta de aseguramiento de la calidad, *f.*

Tecnologías, TIC-TAV

Aplicación informática que permite evaluar la calidad de los proyectos de traducción del PST.

Contexto 1. La tecnología de la traducción comprende una serie de herramientas empleadas por traductores humanos, revisores, correctores de concepto y otros profesionales para facilitar su trabajo. Las tecnologías de la traducción pueden incluir los elementos siguientes: a) sistemas de gestión de contenidos (CMS); b) sistemas de redacción de contenidos; c) autoedición; d) programas de procesamiento de texto; e) sistemas de gestión de la traducción (SGT); f) herramientas de memorias de traducción (MT) y traducción asistida por ordenador (TAO); g) **herramientas de aseguramiento de la calidad**; h) herramientas de revisión; i) herramientas de localización; j) traducción automática (TA); k) sistemas de gestión terminológica; l) programas de gestión de proyectos; m) programas de reconocimiento de voz para conversión a texto. Las tecnologías de la traducción pueden incluir también otro tipo de tecnología de traducción relevante ya existente o futura. *ONAENORISO*.
▲Remisiones: T-Rank™; productividad; control de calidad; evaluación de la calidad; norma de calidad; estándar.

herramienta de concordancia, *f.*

Tecnologías, TA-TAO
Aplicación informática que permite recuperar todas las partes de una secuencia específica de búsqueda de una base de datos en una memoria de traducción y visualizar las veces que aparece o se repite, con su respectivo contexto, con la finalidad de mantener la coherencia y la unificación terminológicas (DST).
Contexto 1. ¿Cómo funciona? Cuando se usa la **herramienta de concordancia**, el traductor puede realzar una frase o palabra y buscarla en la base de datos de la MT, junto con las traducciones equivalentes. Esto permite al traductor visualizar rápidamente la secuencia de búsqueda en diferentes contextos, junto con sus traducciones, que puede no ser siempre la misma. *EWECOLORE*.
▲Remisiones: herramienta de análisis del corpus; memoria de traducción; herramienta de traducción asistida por ordenador; concordancia terminológica.
◆Nota: sin. *concordancer*; concordante; *software* de concordancia.

herramienta de conteo de palabras, *f.*

Tecnologías, TIC-TAV
•Véase contador de palabras.

herramienta de extracción automática de terminología, *f.*

Tecnologías, terminología
Aplicación informática que extrae automáticamente términos, ya sea para identificar candidatos en un corpus monolingüe o para detectar términos origen con sus respectivos equivalentes potenciales (DST).
Contexto 1. En este artículo presentamos LexTerm, una herramienta de extracción automática de terminología que es gratuita y de código abierto. Con esta herramienta se facilita la selección de los términos más relevantes que deben tener un equivalente de traducción consistente. Muchos traductores y algunas agencias de traducción realizan esta tarea todavía a mano. Aunque existen **herramientas de extracción automática de terminología**, estas no son gratuitas y son programas propietarios, características que influyen en la implantación y consolidación del uso de estos programas por parte de los profesionales de la traducción. La gratuidad y el hecho de que LexTerm sea de código libre, con la ventaja de que puede ser adaptada a las necesidades específicas del usuario, pueden ser determinantes en la consolidación de un método de trabajo semiautomático, consistente en la extracción automática de candidatos a términos y la selección manual de los términos junto con sus equivalentes de traducción. LexTerm agiliza la gestión terminológica de los proyectos de traducción, y sobre todo la hace más rentable, especialmente si la comparamos con la gestión basada en la extracción manual. *AAAOL*.
▲Remisiones: programa de gestión de pro-

yectos; servicio de terminología; programa de traducción asistida por ordenador; gestor terminológico; extracción terminológica automática; herramienta de concordancia.

herramienta de facturación, *f.*

Tecnologías, TIC-TAV

Aplicación informática que facilita la facturación de los servicios de traducción brindados por un PST (DST).

Contexto 1. Existen muchas herramientas y programas que nos pueden ayudar, por ejemplo la **herramienta de facturación** de ProZ.com, para crear, enviar y tener organizadas las facturas. Un programa de gestión bastante completo para traductores autónomos es Translation Office 3000; se puede probar de forma gratuita durante 30 días o comprar desde 39,20 euros. Con él se puede gestionar todo el trabajo administrativo: llevar un control de clientes, proyectos, tareas, presupuestos, facturación, etc., lo que supone un ahorro considerable de tiempo y, además, es muy fácil de utilizar. *PBHUNTER.*

▴Remisiones: cotización; contador de palabras; conteo de palabras; calculadora de tarifas; tarifa de traducción; unidad de facturación; costo de traducción; arancel; compensación; honorarios.

◆Nota: algunas herramientas son Billings, Harvest, Cuentica, Bonus, ProZ.com, Translation Office 3000.

herramienta de localización, *f.*

Tecnologías, TA-TAO

Aplicación informática diseñada para ayudar a los traductores a editar los textos que aparecen en el contenido en línea y las interfaces de usuario (menús, diálogos, mensajes del sistema) y adaptar los elementos gráficos, con la finalidad de crear un producto digital en otra lengua y cultura (DST).

Contexto 1. Las **herramientas de localización** respaldan cada etapa de nuestro proceso de trabajo. Gracias a las herramientas de localización de *software* podemos traducir el texto de los archivos de nuestros clientes sin modificar el código. Durante el proceso de traducción, dichas herramientas facilitan la gestión terminológica, así como la creación y gestión de memorias de traducción y de glosarios. En la fase de *testing*, los sistemas de QA (control de calidad) analizan el contenido traducido y resaltan automáticamente cualquier error que pudiera haber. *EWCPSL.*

Contexto 2. **Herramientas para la localización**. Desde el punto de vista del traductor, las principales herramientas necesarias para afrontar un proyecto de localización son las herramientas de traducción asistida y las herramientas específicas de localización. *PBETT.*

▴Remisiones: localización; convenciones locales; herramienta de traducción asistida por ordenador; localizador; cadena de *software*; XML Localization Interchange File Format.

herramienta de tecnología de la traducción, *f.*

Tecnologías, TIC-TAV

Contexto 1. El PST debe disponer de una infraestructura que, cuando proceda, garantice la disponibilidad y uso de lo siguiente: a) equipos técnicos requeridos para la realización eficaz y eficiente de los proyectos de traducción y para el manejo, almacenamiento, recuperación, archivo y destrucción seguros y confidenciales de todos los datos y documentos relevantes; b) equipos de comunicaciones que incluyan las máquinas y programas adecuados; c) recursos y soportes de información; d) **herramientas de tecnología de la traducción**, sistemas de gestión de la traducción, sistemas de gestión terminológica y otros sistemas para la gestión de recursos lingüísticos relacionados con la traducción. *ONAENORISO.*

•Véase tecnologías de la traducción.

herramienta de traducción asistida por computadora, *f.*

Tecnologías, TA-TAO

Contexto 1. Eriksen siempre ha estado comprometida a invertir en tecnología. Integramos las **herramientas de traducción asistida por computadora** (CAT) más innovadoras de la industria con nuestro Sistema de Administración de Traducción (TMS) para brindarle un mejor servicio de manera más rápida. A continuación, mencionamos algunas de nuestras herramientas favoritas de localización. Sin embargo, somos agnósticos en cuanto a las herramientas. Elegiremos la mejor solución para cada uno de sus proyectos. *EWERIKSEN.*
• Véase herramienta de traducción asistida por ordenador.

herramienta de traducción asistida por ordenador, *f.*

Tecnologías, TA-TAO
Programa compuesto por diversas herramientas que permiten que el traductor sea más eficiente y productivo en las diferentes fases del proceso de traducción.
Contexto 1. Una **herramienta de traducción asistida por ordenador**, o CAT de forma abreviada, es un proceso que incluye el uso de *software* para ayudar a las personas en la traducción. En caso de limitaciones de tiempo, una herramienta de traducción asistida por ordenador puede reducir efectivamente el tiempo de traducción, lo que permite al traductor traducir el contenido y cumplir plazos. *EWPANGEANIC.*
▴ Remisiones: gestor terminológico; memoria de traducción; traducción asistida por ordenador; gestor de proyectos; herramienta de localización.
◆ Nota: sin. herramienta de traducción asistida por computadora; herramientas TAO; herramientas TAC; sistema de traducción asistida por ordenador; programa de traducción asistida por ordenador; sistema TAO.

herramienta de traducción automática, *f.*

Tecnologías, TA-TAO
Contexto 1. Las **herramientas de traducción automática** no tienen la capacidad de razonar la mejor manera de expresar un pensamiento, ya que no realizan el análisis cognitivo necesario para proporcionar una traducción precisa. En consecuencia, el uso de estas herramientas puede llevarlo a utilizar palabras incorrectas y a cambiar el contenido o contexto de lo que quiere comunicar. Las herramientas de traducción automática están limitadas por los cambios de vocabulario y, en aquellos casos en los que una palabra tiene diferentes significados (como sucede a menudo en inglés), puede traer como consecuencia graves errores. Si desea asegurarse de que la información esté traducida correctamente y que comunique lo que usted quiere decir, lo mejor es contratar servicios profesionales que pueden garantizarle tanto capacidades en la especialidad como en el idioma. *EWIDEA.*
• Véase sistema de traducción automática.

herramienta de traducción colaborativa, *f.*

Tecnologías, TIC-TAV
• Véase programas de gestión de proyectos.

herramienta de transliteración, *f.*

Tecnologías, TIC-TAV
Aplicación informática que permite representar caracteres de un alfabeto (letras o signos) mediante los de otro (DST).
Contexto 1. **Herramienta de transliteración**. ¿Qué es transliteración? La transliteración consiste en representar los caracteres de una escritura por los de una otra, con la operación reversible. El uso de acentos o de ligaduras resuelve el problema del número de caracteres diferentes entre los alfabetos de los dos sistemas de escritura. La primera meta de esta operación de conversión es de permitir la reconstitución automática y sin ambigüedades del texto original (también conocido como *retroconversión*). En una palabra, la transliteración de un texto transliterado debería devolver el original. Por eso se usan normas, como por ejemplo la ISO.

La romanización (o latinización) es la transliteración de un alfabeto que no es latino en el alfabeto latino. *EBTMANCKO.*
▴Remisiones: romanización; transcripción fonética; transcripción fonológica.
◆Nota: ISO 9 (1995); ISO 233, -2/-3 (1984, 1993, 1999); ISO 259/-2 (1984, 1994) ; ISO 843 (1997); ISO 3602 (1989); ISO 7098 (1991); ISO/DIS 7098; ISO 9984 (1996); ISO 9985 (1996); ISO 11940-2 (2007); ISO 15919 (2001).

herramienta para gestionar proyectos, *f.*

Tecnologías, TIC-TAV
Contexto 1. Hoy vamos a descubrir 5 útiles **herramientas para gestionar proyectos** *online*. El *project management* es planificar, dirigir y gestionar recursos —en los que se incluyen las personas— y para ello uno se puede ayudar de herramientas colaborativas por internet. Estas herramientas son especialmente útiles cuando los colaboradores del proyecto están físicamente lejanos a nosotros. 1. Teambox; 2. Basecamp; 3. Remember the Milk; 4. Springloops; 5. Sharepoint Services. *EBADHOC.*
•Véase programa de gestión de proyectos.

herramienta TAC, *f.*

Tecnologías, TA-TAO
•Véase herramienta de traducción asistida por ordenador.

herramienta TAO, *f.*

Tecnologías, TA-TAO
Contexto 1. Las **herramientas TAO** ofrecen una optimización de la productividad en el proceso de traducción gracias a la automatización de los procesos repetitivos, lo que permite reducir considerablemente la velocidad del flujo de trabajo. Asimismo, incrementan la productividad gracias al reciclaje (reutilización) de la información ya digitalizada obtenida mediante traducciones previas y por el reaprovechamiento de la estructura y el formato de los documentos originales, generados automáticamente en las versiones traducidas. *AALC2.*
•Véase herramienta de traducción asistida por ordenador.

hoja de estado del proyecto, *f.*

Proceso de traducción, fase transversal
Documento en el que se indica el avance del proyecto de traducción.
Contexto 1. Entre los detalles que informen del proyecto, pueden incluirse los siguientes: a) comentarios del cliente; b) correcciones realizadas; c) **hoja de estado del proyecto**; d) facturación. *ONAENORISO.*
▴Remisiones: estado del proyecto; identificación y trazabilidad del proyecto; identificador único del proyecto; registro del proyecto.

hoja de estilo, *f.*

Regulación profesional, normas de calidad
Documento que contiene recomendaciones estilísticas breves y puntuales brindadas por el cliente o por el proveedor de servicios de traducción para un determinado encargo (DST).
Contexto 1. En relación con los factores que pueden incidir en el rendimiento de un traductor, Zabalbeascoa (2000) apunta los siguientes: competencia traductora, conocimiento de las variedades concretas de las lenguas del texto de partida, TP, y del TM, las convenciones y los contextos socioculturales, discursos, géneros, el léxico, el iniciador y sus expectativas, los receptores de la traducción y sus expectativas y valores, los temas tratados, contexto laboral (existencia y viabilidad de un encargo más o menos explícito, diccionarios, **hojas de estilo**, bases de datos, textos paralelos y cualquier otro tipo de ayuda documental, personal y material, y, además el plazo de entrega), experiencia previa en la traducción (redacción o lectura de textos semejantes en algún aspecto), incentivo y motivación, colaboración y corrección por parte de otras

personas cualificadas. *AAVR.*
Contexto 2. Contamos con las tecnologías más avanzadas para adaptar sus productos de *software* al mercado exterior gracias al sistema de visualización contextual de formato y **hojas de estilo**, el cual permite trabajar directamente el texto visualizando el entorno en el queda incrustado. *EWTMADRID.*
▲Remisiones: guía de estilo; redacción técnica; redacción de textos; corrector de estilo; convenciones textuales; convenciones locales; registro lingüístico.

honorarios, *m. pl.*

Gestión empresarial, presupuesto y facturación
Precio que se paga al traductor por sus servicios profesionales.
Contexto 1. En principio, los **honorarios** se basarán en la tarifa por palabra o por hora establecida por la agencia de traducción, salvo que haya sido acordado de otra forma. La agencia de traducción, además de sus honorarios, también podrá cobrar al cliente los desembolsos relacionados con la ejecución del pedido. La agencia de traducción podrá cargar una tarifa mínima por cada combinación lingüística. *EWJENSEN.*
▲Remisiones: sin. tarifa de traducción; tabla de honorarios; cotización; arancel.

hora de la entrega, *f.*

Proceso de traducción, fase de pretraducción
Hora a la que debe entregarse un encargo de traducción.
Contexto 1. TAT: *turnaround time*, **hora de la entrega**. *PBEADT.*
▲Remisiones: *end of business*; *end of day*; *out of office*; por confirmar; *start of business*; control de cambios; conteo de palabras; *working from home.*
◆Nota: sin. *turnaround time*; TAT.

horas trabajadas, *f. pl.*

Gestión empresarial, presupuesto y facturación
Número de horas efectivamente empleadas por un PST para realizar un servicio de traducción o de valor agregado.
Contexto 1. Fijar una tarifa o determinar si una tarifa es rentable sin tener en cuenta los gastos, las **horas trabajadas** y la productividad por hora. *PBETELS.*
▲Remisiones: cálculo de plazos; productividad; facturación; tarifa por hora; capacidad de traducción.

I18N, *f.*

Servicio de valor añadido, contenidos
Contexto 1. Internacionalización (**I18N**) es el diseño y la preparación de *software*, sitios web y otras aplicaciones a fin de que el código de origen sea válido para la cultura local y pueda soportar varios idiomas y escrituras. *EWLEMOINE.*
•Véase internacionalización.

ICE match, *f.*

Tecnologías, TA-TAO
Contexto 1. ***ICE matches***: *in context matches*, coincidencias en contexto. *PBEADT.*
Contexto 2. Los sistemas modernos de memoria de traducción van un paso más lejos y distinguen los matches al 101%, que son aquellos que, además de ser idénticos, también se encuentran en un contexto idéntico. Según sea el sistema de memoria, se denominan *context match* o ***ICE match***. El contexto se estudia comparando los segmentos anteriores y posteriores al segmento en cuestión o también recurriendo a metainformación disponible, como por ejemplo información sobre la estructura. Y además, también hay *perfect matches*. En este caso no se compara el texto original con las traducciones de una memoria de traducción, sino con otro documento, como por ejemplo una versión anterior del texto original. Finalmente se determina la redundancia que se da dentro de un texto original. En este caso, los **matches** al 100% se denominan **repeticiones**. *EWRWS.*
•Véase coincidencia de contexto.

identidad profesional, *f.*

Gestión empresarial, marketing

Percepción que tiene el traductor de su estatus profesional (DST).

Contexto 1. En definitiva, nuestras competencias genéricas suponen un instrumento fundamental para la empleabilidad. Además, adoptan una especial dimensión en su aplicación a nuestra disciplina, la TI; pero, desgraciadamente, no parecen resultar evidentes para los estudiantes y egresados consultados. La preparación de nuestros estudiantes por y para las competencias y su aplicación a otros sectores y campos de actividad es necesaria, para evitar además que se vea mermada la conciencia e **identidad profesional** de nuestros egresados, precisamente por un entorno poco favorable a la flexibilización de los perfiles académicos y profesionales. *GRASETRAD.*

▲Remisiones: *marketing* personal; *marketing* profesional; portal profesional; directorio profesional; posicionamiento; primer contacto; visibilidad en el mercado.

identificación y trazabilidad del proyecto, *f.*

Proceso de traducción, fase transversal

Serie de procedimientos establecidos por el PST para hacer el seguimiento de las diferentes etapas de un proyecto de traducción.

Contexto 1. Registro del proyecto. El PST debe registrar cada proyecto de traducción aceptado y mantener un registro que cubra la duración del proyecto, así como un archivo del proyecto. El registro debe posibilitar la **identificación y trazabilidad del proyecto** de traducción, así como la determinación de su estado. *ONAENORISO.*

▲Remisiones: hoja de estado del proyecto; estado del proyecto; identificador único del proyecto; registro del proyecto.

identificador único del proyecto, *m.*

Proceso de traducción, fase transversal

Código asignado a cada proyecto de traducción.

Contexto 1. Los detalles del registro del proyecto pueden incluir los elementos siguientes: a) **identificador único del proyecto**; b) nombre del cliente y persona de contacto; c) orden de pedido fechada y condiciones comerciales, incluidos presupuestos, volumen, plazos y detalles de la entrega; d) acuerdo y cualesquiera otras especificaciones complementarias o elementos relacionados; e) composición del equipo del proyecto del PST y persona de contacto; f) lengua(s) de origen y destino; g) fecha(s) de recepción del contenido de la lengua de origen y cualquier otro material relacionado; h) título y descripción del contenido de la lengua de origen; i) finalidad y uso de la traducción; j) terminología existente del cliente o terminología propia y otro material de referencia que se vaya a usar; k) guía(s) de estilo del cliente; l) información sobre cualquier modificación en las condiciones comerciales y cambios en el proyecto de traducción. *ONAENORISO.*

▲Remisiones: hoja de estado del proyecto; estado del proyecto; identificación y trazabilidad del proyecto; registro del proyecto.

idioma bidireccional, *m.*

Proceso de traducción, fase de pretraducción

Lengua que se lee de derecha a izquierda, a excepción de los números, cuya lectura es en sentido inverso.

Contexto 1. Los manuales operativos, guías de uso, manuales de instrucciones y otros documentos de gran alcance representan una dificultad en sí mismos, porque suelen tener cien páginas o más de texto bien estructurado, que requiere el uso de programas de memoria de traducción y también de sistemas de extracción y combinación de textos. Nuestros técnicos tienen una amplia experiencia en todo lo relativo al proceso de localización y sabrán recomendarle la estrategia más adecuada para sus archivos en cualquier situación: aunque estén en FrameMaker, InDesign o QuarkXPress; aunque necesite traducirlos a **idiomas** *multibyte*, **bidireccionales** o exóticos; aunque sus archivos de FrameMaker contengan texto condicional o sea necesario actualizar sus manuales usando un registro de cambios. Tenemos una experiencia inigualable en la aplicación de S-Tagger, StoryCollector, CopyFlow, Sysfilter y otras herramientas afines. *EWLINGUAGRAPHICS.*

▲Remisiones: lengua de origen; lengua de destino; lengua A; lengua B; lengua C; lengua activa; lengua pasiva; direccionalidad.

◆Nota: el hebreo y el árabe son ejemplos de lenguas bidireccionales.

idioma de llegada, *m.*

Proceso de traducción, fase de pretraducción

Contexto 1. El Programa de Certificación de Calidad de Trusted Translations para los proyectos de traducción consiste en un proceso de traducción de tres pasos: Traducción-Edición-Revisión/Administración de Contenidos y una evaluación final de calidad (aseguramiento de calidad) a cargo del gerente de proyecto. Cada uno de los tres pasos del proceso se asigna a un equipo diferente de traductores certificados compuesto por hablantes nativos del **idioma de llegada**. *EWTRUSTED.*

•Véase lengua de destino.

idioma pivote, *m.*

Proceso de traducción, fase de pretraducción

Lengua que se utiliza como punto de partida para otras traducciones.

Contexto 1. Características del **idioma pivote**. En una empresa con miras internacionales, es importante definir cuál será el idioma pivote, aquella lengua a partir de la cual se generarán las traducciones en diferentes lenguas. Suele coincidir con el idioma fuente; es decir la lengua en que se escribieron originalmente los contenidos, pero no siempre es así. Con el fin de facilitar las tareas de traducción, es aconsejable que el idioma pivote reúna cuatro características. *PBMAR.*

▲Remisiones: *relay*; lengua de origen; lengua de destino; traducción cruzada; direccionalidad.

ilegibilidad, *f.*

Proceso de traducción, fase de pretraducción

Dificultad para identificar con claridad los caracteres de un texto.

Contexto 1. Artículo 20. Documentos ilegibles. Los traductores oficiales no están obligados a recibir documentos ilegibles o que contengan abreviaturas o signos que no sean los de uso común. Sin embargo, si el traductor oficial accede a traducir documentos que contengan partes ilegibles, deberá hacer constar la **ilegibilidad** de estas en la traducción. *ONMRREEC.*

▲Remisiones: legibilidad; texto ilegible; copia legible.

imagen no editable, *f.*

Proceso de traducción, fase de pretraducción

Archivo en formato de imagen con texto que requiere la conversión de su formato para su posterior traducción y edición.

Contexto 1. En www.traductores-espanoles.com, un *project manager* atiende tus necesidades: plazos de entrega, urgencias, glosarios previos, maquetaciones, traducción o no de **imágenes no editables**, dudas que pueden surgir durante el proceso de la traducción, preparación de trabajos para páginas web, traducciones juradas que deben entregarse en una dirección concreta y muchos, muchísimos más matices. *EBTESPAÑOLES.*

▲Remisiones: documento original editable; conversión de formatos; *optical character recognition*; digitalización de documentos.

impago, *m.*

Gestión empresarial, presupuesto y facturación

Contexto 1. ¿Cómo se llega a un **impago**? La teoría del impago es muy sencilla. Tú realizas una prestación, envías tu factura al cliente y este no paga en el plazo previsto. Ante tal situación, lo normal es que nos pongamos en contacto con el cliente para "recordarle amablemente" que hay una factura pendiente. Si realmente ha sido un descuido (que no debería producirse, pero en fin, to-

dos somos humanos), lo más seguro es que abone el importe rápidamente. *PBMUTE.*
•Véase morosidad.

importe mínimo, *m.*

Gestión empresarial, presupuesto y facturación
Contexto 1. El **importe mínimo** por encargo es de 35 €. *PWVALEROBURGOS.*
•Véase tarifa mínima.

Index Translationum, *m.*

Tecnologías, documentación
Repertorio de obras traducidas en todo el mundo (DST).
Contexto 1. **Index Translationum**-Bibliografía Internacional de la Traducción. Fue creado en 1932. La base de datos contiene una información bibliográfica acumulativa sobre las obras traducidas y publicadas en un centenar de Estados Miembros de la UNESCO entre 1979 y 2009. Más de 1 800 000 referencias de todas las disciplinas: literatura, ciencias sociales y humanas, ciencias exactas y naturales, arte, historia, etc. *OWUNESCO.*
Contexto 2. **Index Translationum**. Esta base de datos contiene información bibliográfica sobre libros que han sido traducidos y publicados en lenguas distintas a la edición original. Recoge obras publicadas en más de 100 países desde 1979. Esta base de datos contiene más de 2 millones de entradas de las siguientes disciplinas: literatura, humanidades y ciencias sociales, ciencias naturales y exactas, arte e historia. *AWBUG.*
▲Remisiones: material de referencia; documentalista; lista de distribución.
◆Nota: sin. bibliografía internacional de la traducción.

informe pericial, *m.*

Ejercicio profesional, tipo de traducción
Contexto 1. **Informe pericial**: opinión emitida por escrito por un profesional matriculado que, sin tratarse de una traducción de carácter público, tiene por finalidad evacuar una consulta o un pedido del Poder Judicial. *GNCTPIPBAR.*
•Véase dictamen pericial.

intermediario, *m.*

Gestión empresarial, actores
Contexto 1. Para empezar, nunca está de más plantearse qué es lo que busca un cliente de servicios de traducción. En este caso, lo enfocaremos tanto en clientes directos habituados a contratar servicios de traducción como en **intermediarios**, es decir, las agencias de traducción, pero solo en aquellas agencias de traducción para las que nos interesa trabajar. Eso significa que descartaremos a esas agencias cuyo criterio principal es el precio, no la calidad (sois libres de trabajar para las agencias que vosotros queráis, pero ateneos a las consecuencias si elegís los clientes que no os convienen). *PBLTEA.*
Contexto 2. El "traductor de agencia de traducción" como tal, puede decirse que no existe, ya que, como se indicaba más arriba, la empresa de traducción no es una empresa en la que trabajan traductores sino algo bien distinto. En general, una agencia de traducción es un mero **intermediario** entre clientes y traductores: reciben pedidos de traducción de los clientes y los derivan a traductores autónomos externos. *EWBETWEEN.*
•Véase cliente indirecto.

internacionalización, *f.*

Servicio de valor añadido, contenidos
Servicio de valor añadido que consiste en la generalización de un producto de forma que pueda admitir varios idiomas y convenciones culturales, sin necesidad de tener que volver a diseñarlo (DST).
Contexto 1. **Internacionalización**. Consiste en la identificación de toda la información local que aparece en un sitio web, es decir, aquella información que viene dictada por el idioma y la cultura del país don-

de se diseñó originalmente. Por ejemplo fechas, números, moneda, información de contacto, etc. Estos elementos deberán aislarse y guardarse de forma independiente para que sea posible adaptarlos a las especificaciones de cualquier idioma. *AANC.*
Contexto 2. La **internacionalización** es fundamental en la etapa de planificación del producto e idealmente se debería considerar durante el diseño de aquel. Esto minimizará enormemente el trabajo y los costos del equipo de localización. *EWTRUSTED.*
▲Remisiones: globalización; localización; pseudolocalización.
◆Nota: sigla I18N.

interpretación de lengua de signos, *f.*

Servicio de valor añadido, interpretación
Contexto 1. INTÉRPRETE DE LENGUA DE SIGNOS. Servicio de **interpretación en lengua de signos** para congresos, ruedas de prensa, juicios, reuniones o cualquier otro acto. *EW1GLOBAL.*
•Véase interpretación de lenguaje de señas.

interpretación de lenguaje de señas, *f.*

Servicio de valor añadido, interpretación
Servicio de interpretación destinado a personas con discapacidad auditiva (DST).
Contexto 1. Trusted Translations, Inc. cuenta con una división especializada que se dedica a servicios de **interpretación de lenguaje de señas** estadounidense (ASL, por sus siglas en inglés) y lenguajes de señas. *EWTRUSTED.*
▲Remisiones: servicio de interpretación; traducción a la vista.
◆Nota: sin. interpretación de lengua de signos.

intrusismo, *m.*

Ejercicio profesional, perfil profesional
Ejercicio autodidacta de la traducción basado exclusivamente en la praxis.
Contexto 1. Además, se trata de una profesión en la que existe mucho **intrusismo** y desde InterTraducción hacemos un gran esfuerzo en la selección de traductores profesionales y una de nuestras misiones principales es una correcta selección y obtener colaboraciones asiduas y a largo plazo. *EBINTERTRADUCCION.*
▲Remisiones: traductor empírico; traductor titulado.

IPA, *m.*

Regulación profesional, normas internacionales
Contexto 1. Transcripción fonética: si dispone de un texto o palabras aisladas en cualquiera de nuestras lenguas de trabajo y le interesa conocer su pronunciación, no dude en consultarnos. Transcribimos al alfabeto fonético internacional (**IPA**) o a cualquier sistema acordado con el cliente. *EWEURASIA.*
•Véase Alfabeto Fonético Internacional.

ISO 11669, *f.*

Regulación profesional, normas de calidad
Norma internacional de calidad en la que se establecen las líneas directrices para la realización de proyectos de traducción (DST).
Contexto 1. Nuestra agencia realiza los proyectos de traducción de conformidad con la norma **ISO/TS 11669**:2012. Esta norma rigurosa establece las líneas directrices para la realización de cualquier proyecto de traducción, desde el momento de la aprobación del pedido hasta la recepción de este último por el cliente. Este proceso comprende la selección del traductor, la preparación terminológica, la preproducción, la producción y la posproducción. La aplicación rigurosa de este proceso dictado por la norma ISO/TS 11669:2012 garantiza al cliente una traducción de calidad óptima y una prestación de alta gama. *EWAAFTC.*
▲Remisiones: Asociación Española de Normalización y Certificación; Comisión de Normalización y de Fiscalización de Barreras Comerciales No Arancelarias; UNE-EN 15038; ISO 17100; ISO 9001; SAE J2450; proyecto de traducción.

ISO 17100, *f.*

Regulación profesional, normas de calidad
Norma internacional de calidad en la que se establecen las líneas directrices para la prestación de servicios de traducción.
Contexto 1. CPSL planteó esta necesidad de trabajar en una norma específica de posedición en el marco de los trabajos que se llevan a cabo para desarrollar la nueva **ISO 17100** sobre servicios de traducción que sustituirá a la norma europea UNE 15038. Una propuesta que fue aprobada a principios de 2013 y que desde entonces se está desarrollando a través de un grupo internacional de expertos que trabaja bajo la coordinación de la propia Livia Florensa. *EWCPSL.*
Contexto 2. Tras varios años de trabajo, el comité técnico 37 de la ISO aprobó el mes de noviembre pasado el borrador de norma internacional (DIS) **ISO 17100** sobre servicios de traducción (Translation Services. Requirements for Translation Services). Esta fase constituye la penúltima etapa de un complejo proceso de normalización que culminará cuando los organismos nacionales de normalización, AENOR en el caso de España, voten el nuevo proyecto de norma que se aplicará a escala mundial. *EWPOLIGLOTA.*
▲Remisiones: Asociación Española de Normalización y Certificación; Comisión de Normalización y de Fiscalización de Barreras Comerciales No Arancelarias; UNE-EN 15038; ISO 9001; ISO 11669; SAE J2450; proveedor de servicios de traducción.

ISO 9001, *f.*

Regulación profesional, normas de calidad
Norma internacional de calidad que certifica la gestión de calidad de un proveedor de servicios de traducción (DST).
Contexto 1. La norma **ISO-9001** es aún más nueva que la norma UNE-EN 15038, ya que fue aprobada por la Organización Internacional para la Estandarización (más conocida por ISO) en el año 2008. Como quizá sepas, esta normativa es un esfuerzo más para garantizar a los consumidores que los productos y servicios que adquieren tienen la calidad justa y adecuada. La ISO-9001 es una norma muy exhaustiva y regula aspectos técnicos y organizativos de la empresa. *EBABC.*
Contexto 2. Traductores e Intérpretes LinguaVox es una agencia de traducción profesional con un sistema de gestión de calidad certificado según la norma **ISO 9001**:2008 y un servicio de traducciones certificado conforme a la norma española para servicios de traducción: UNE-EN-15038:2006. *EWLINGUAVOX.*
▲Remisiones: Asociación Española de Normalización y Certificación; Comisión de Normalización y de Fiscalización de Barreras Comerciales No Arancelarias; UNE-EN 15038; ISO 11669; ISO 17100; SAE J2450; evaluación de la calidad; control de calidad.

jornada laboral, *f.*

Gestión empresarial, presupuesto y facturación
Número de horas que trabaja por día un PST.
Contexto 1. **Jornada laboral**. Lo primero que debemos hacer en la calculadora es poner cuántas horas trabajamos por día y cuántos días a la semana. Sabemos que este un cálculo difícil de hacer porque no solemos tener una jornada laboral normal, pero supongamos que queremos ser normales, así que pusimos 8 horas al día, 5 días a la semana. *EWTRADUGEEK.*
▲Remisiones: traductor de planta; honorarios; sueldo mensual; condiciones de pago; vacaciones y feriados.

juramento jeronímico, *m.*

Ejercicio profesional, ética profesional
Declaración de compromiso en la que se condensan los principios generales de la mayoría de códigos deontológicos conocidos dentro de nuestra profesión (DST).
Contexto 1. **Juramento jeronímico**. Declaración que explicita y articula el compromiso de los traductores profesionales hacia valores necesarios para promover comportamientos éticos en el ejercicio de la profesión como lealtad hacia la profesión, entendimiento y comprensión, verdad, claridad,

fiabilidad y veracidad de sus textos, justicia y búsqueda de la excelencia. *AWUV*.
▲Remisiones: buenas prácticas; malas prácticas; código de ética; decálogo del traductor; Recomendación sobre la Protección Jurídica de los Traductores y de las Traducciones y sobre los Medios Prácticos de Mejorar la Situación de los Traductores; Carta de Derechos del Traductor; cultura de la traducción.
◆Nota: su autor es Andrew Chesterman (2001).

L10N, *f.*

Servicio de valor añadido, contenidos
•Véase localización.

lacrado, *m.*

Ejercicio profesional, presentación de la traducción
Forma de presentación de la traducción oficial peruana que incluye esquinero, cinta, sello en relieve y firma del traductor público juramentado, con la finalidad de garantizar su inviolabilidad (DST).
Contexto 1. Este tipo de traducción es realizada por parte de un traductor público juramentado. Son traducciones que se utilizan en caso de que el documento vaya a ser legalizado por el Ministerio de Relaciones Exteriores. Servicio disponible en los idiomas inglés, francés, italiano, portugués, ruso y alemán. Las traducciones oficiales se entregan impresas e incluyen **lacrado** con cinta, sello y firma del traductor. *EWZENONI*.
▲Remisiones: cosellado; traducción oficial; traducción certificada; página en blanco.

latinización, *f.*

Proceso de traducción, fase de pretraducción
Contexto 1. Esto significa que la **latinización** (*romanization* en inglés) es la conversión al alfabeto latino de cualquier otro alfabeto. Parece lógico ampliar el alcance de la definición a la conversión al alfabeto latino de cualquier otro alfabeto, silabario o morfemograma. *AARMII*.
•Véase romanización.

lead translator, *m.*

Gestión empresarial, actores
Traductor que tiene a su cargo la dirección de un proyecto de traducción.
Contexto 1. Existe un ***lead translator*** por cada idioma para cada proyecto, y se asigna en función de la experiencia y capacidad de cada traductor para liderar un determinado tipo de proyecto. Cuando el trabajo para un cliente es recurrente, es recomendable mantener un equipo estable de trabajo que acumule conocimiento sobre el material de ese cliente. Por ello es frecuente que los mismos *leads* de los diferentes idiomas trabajen de forma continuada en las mismas cuentas de clientes, llegando a establecerse un equipo de trabajo multilingüe estable y especializado. El *lead translator* es responsable de la calidad final de proyecto, de la traducción de los componentes críticos (glosario, *software*), del establecimiento de unas normas estilísticas y de la uniformidad terminológica. *AAEM*.
▲Remisiones: gerente de ventas; gestor de cuenta; gestor de proyectos; *recruitment manager*; gerente de proveedores.

lector, *m.*

Proceso de traducción, fase de pretraducción
•Véase audiencia final.

lectura cruzada, *f.*

Proceso de traducción, fase de traducción
Revisión en la cual el revisor lee la traducción y se detiene en los segmentos que llaman su atención para cotejarlos con el original y realizar las correcciones u observaciones que resulten pertinentes.
Contexto 1. **Lectura cruzada**. El revisor lee la traducción y, si algo le llama la atención, consulta el original para asegurarse de que concuerdan y va introduciendo sus correcciones u observaciones (Manual de Revisión de la Comisión Europea). *ONCEMR*.
▲Remisiones: gestión de proyectos; proceso de producción; autocomprobación; tra-

ducción; corrección de concepto; corrección de pruebas; verificación final; revisión completa; revisión parcial.

lectura en diagonal, *f.*

Proceso de traducción, fase de pretraducción

Revisión rápida del documento origen centrada en la información esencial, que permite evaluar el tiempo que se invertirá en llevar a cabo la traducción.

Contexto 1. Haz una **lectura en diagonal**: si ves texto corrido sin imágenes ni gráficos, no te confíes. Analiza el contenido y sopesa el tiempo que te va a llevar documentarte sobre el texto en cuestión. Puede que tengas suerte y haya muchos nombres propios o títulos que el cliente quiera dejar en inglés, o puede que lo que a primera vista parecen nombres de instituciones, museos u organismos bien asentados y con traducción oficial, en realidad no lo sean. *EBTRADUCIR.*

▴Remisiones: gestión de proyectos; proceso de preproducción; tarifa de traducción; cotización.

legalización de la firma del traductor, *f.*

Gestión empresarial, marketing

Acto que tiene por finalidad certificar la firma del traductor previo cotejo de la misma en los archivos de la institución pertinente (DST).

Contexto 1. La **legalización de la firma del traductor** colegiado certificado. El Colegio de Traductores del Perú podrá legalizar la firma del traductor colegiado certificado después de realizada la traducción certificada, a su solicitud o a la del cliente, cuando este último requiera cerciorarse de la autenticidad de la firma del traductor; sin embargo, no es una exigencia del Colegio de Traductores del Perú. *GNCTPMPTC.*

▴Remisiones: apostilla de La Haya; traducción oficial; traducción certificada; traducción simple sin valor oficial; traducción especial.

◆Nota: sin. autenticación de la firma; certificación de la firma.

legalización de textos, *f.*

Gestión empresarial, marketing

Servicio de valor añadido que consiste en tramitar la cadena de legalizaciones requeridas para que un documento pueda contar con traducción oficial.

Contexto 1. **Legalización de textos** u olvídate de todos los trámites. *EWTRANSLEIT.*

▴Remisiones: traducción oficial; apostilla de La Haya; legalización de la firma del traductor.

legibilidad, *f.*

Proceso de traducción, fase de pretraducción

Facilidad de lectura y comprensión de un texto (DST).

Contexto 1. Servicios de **legibilidad**. Su meta es destacar y que le entiendan. CLS Communication analiza los textos aplicando parámetros de legibilidad. En una segunda fase, los especialistas lingüísticos comparan los resultados del análisis con el nivel deseado de legibilidad y le ayudan a dirigirse mejor a su público objetivo. Le ofrecemos un asesoramiento objetivo sobre la legibilidad de sus textos. Usted podrá aumentar la legibilidad de sus publicaciones aplicando nuestras recomendaciones. *EWCLS.*

▴Remisiones: ilegibilidad; texto ilegible; copia legible.

lengua A, *f.*

Ejercicio profesional, perfil profesional

Lengua materna, o casi equivalente, que el traductor tiene como activa, desde la cual traduce a su lengua B y hacia la que traduce desde sus lenguas B o C.

Contexto 1. Se establece la distinción entre **lenguas A** (primera lengua activa), B (primera lengua a la que se traduce), C1 (segunda lengua a la que se traduce) y C2 (tercera lengua extranjera). En autonomías con lenguas vernáculas, se dan varias lenguas A. *AARMIII.*

▴Remisiones: lengua de origen; lengua de destino; lengua B; lengua C; lengua activa; lengua pasiva; direccionalidad.

lengua activa, *f.*

Ejercicio profesional, perfil profesional
Lengua materna o extranjera que el traductor domina perfectamente, desde y hacia la cual puede traducir.
Contexto 1. Una **lengua activa** es aquella hacia la cual el intérprete reproduce los discursos. Para ello debe dominar dicha lengua, tanto en lo relativo a la comprensión como a la expresión. *EWAKZNTE.*
▲Remisiones: lengua de origen; lengua de destino; lengua A; lengua B; lengua C; lengua pasiva.

lengua B, *f.*

Ejercicio profesional, perfil profesional
Primera lengua extranjera que el traductor tiene como activa, desde la cual traduce a su lengua A y hacia la que traduce desde sus lenguas A o C.
Contexto 1. Se establece la distinción entre **lenguas** A (primera lengua activa), **B** (primera lengua a la que se traduce), C1 (segunda lengua a la que se traduce) y C2 (tercera lengua extranjera). En autonomías con lenguas vernáculas, se dan varias lenguas A. *AARMIII.*
▲Remisiones: lengua de origen; lengua de destino; lengua A; lengua C; lengua activa; lengua pasiva.

lengua C, *f.*

Ejercicio profesional, perfil profesional
Segunda lengua extranjera que el traductor tiene como pasiva, desde la que traduce a sus lenguas A o B.
Contexto 1. Se establece la distinción entre **lenguas** A (primera lengua activa), B (primera lengua a la que se traduce), **C**1(segunda lengua a la que se traduce) y C2 (tercera lengua extranjera). En autonomías con lenguas vernáculas, se dan varias lenguas A. *AARMIII.*
▲Remisiones: lengua de origen; lengua de destino; lengua A; lengua B; lengua activa; lengua pasiva.

lengua de destino, *f.*

Proceso de traducción, fase de pretraducción
Idioma al que debe traducirse el texto o contenido de la lengua de origen (UNE-EN ISO 17100).
Contexto 1. Dicha información puede incluir especificaciones para el cumplimiento de la guía de estilo del cliente, la adaptación del contenido de la **lengua de destino** a la audiencia de destino, el propósito y/o el uso final acordados, y la utilización de la terminología adecuada, y conllevar la actualización de los recursos léxicos o terminológicos como los léxicos o bases de datos terminológicas. *ONAENORISO.*
Remisiones: lengua de origen; lengua A; lengua B; lengua C; lengua activa; lengua pasiva; código de idioma.
◆Nota: sin. lengua de llegada; idioma de llegada; lengua meta; LM; LLl.

lengua de llegada, *f.*

Proceso de traducción, fase de pretraducción
•Véase lengua de destino.

lengua de origen, *f.*

Proceso de traducción, fase de pretraducción
Idioma en el cual está escrito el texto, o contenido, de la lengua que se va a traducir (UNE-EN ISO 17100).
Contexto 1. El revisor debe cotejar el contenido de la lengua de destino con el de la **lengua de origen** en busca de errores y otros problemas, así como para comprobar su adecuación a la finalidad prevista. *ONAENORISO.*
▲Remisiones: lengua de destino; lengua A; lengua B; lengua C; lengua activa; lengua pasiva; código de idioma.
◆Nota: sin. lengua origen; lengua de partida; lengua del texto de origen; lengua fuente; LO; LP.

lengua de partida, *f.*

Proceso de traducción, fase de pretraducción
•Véase lengua de origen.

lengua del texto de origen, *f.*

Proceso de traducción, fase de pretraducción
Contexto 1. Deberán tener un conocimiento adecuado de la **lengua del texto de origen** y conocer profundamente la lengua de destino. No aceptarán encargos para los que no cumplan estas condiciones, salvo que puedan garantizar una calidad óptima del trabajo final gracias a la colaboración de otros profesionales como, por ejemplo, revisores cualificados. *GRASETRAD.*
•Véase lengua de origen.

lengua fuente, *f.*

Proceso de traducción, fase de pretraducción
Contexto 1. Traducir no es únicamente trasladar palabras a otro idioma. solo un nativo bien cualificado puede percibir todos los matices de su lengua materna y emplear con extraordinario dominio los giros característicos. Por ello colaboramos exclusivamente con traductores nativos, que además de dominar su lengua materna poseen un extenso conocimiento de la **lengua fuente**. *EWTRADULINGUA.*
•Véase lengua de origen.

lengua indígena, *f.*

Servicios de valor añadido, lenguas de menor demanda
•Véase lengua originaria.

lengua meta, *f.*

Proceso de traducción, fase de pretraducción
Contexto 1. Declaración jurada en la cual indica que tiene dominio tanto en la lengua española como en la **lengua meta**, conocimientos actualizados de ambas y acceso a los recursos informáticos, materiales y herramientas requeridos para el buen desempeño de las labores como traductor y/o intérprete oficial. *ONMRREEC.*
•Véase lengua de destino.

lengua minoritaria, *f.*

Servicios de valor añadido, lenguas de menor demanda
Idioma que cuenta con un número reducido de hablantes (DST).
Contexto 1. Es diferente del término "lengua minorizada" en que se considera que la causa de esta reducción en su implantación es por la acción de los que promueven la lengua dominante. En todo caso no son sinónimos y no siempre una **lengua** minorizada es **minoritaria**, aunque tienda a ello. Sin embargo, en la mayor parte de los casos hace referencia a lenguas amenazadas, utilizándolo como eufemismo de lengua minorizada. *ABINFOTRA.*
▲Remisiones: lengua minorizada; Ley de Lenguas; lengua originaria.

lengua minorizada, *f.*

Servicios de valor añadido, lenguas de menor demanda
Idioma cuyo uso está restringido por motivos políticos o sociales (Fundéu).
Contexto 1. Si aceptamos como característica común a todas las **lenguas minorizadas** la pérdida de estabilidad en sus relaciones lingüísticas intraestatales o extraestatales, debemos estar de acuerdo en que el hecho de potenciar o no la traducción va a actuar de manera positiva o negativa en el desarrollo normal de una lengua. La lengua minorizada perderá terreno en el uso, o llegará a ser innecesaria en determinados ámbitos o para determinadas situaciones en función del volumen de traducción. Pero en cualquier caso, el volumen, así como el tipo de traducciones que se realicen se van a ver modificados por cada situación sociolingüística particular. *GWEIZIE.*
▲Remisiones: lengua minoritaria; Ley de Lenguas; lengua originaria.

lengua origen, *f.*

Proceso de traducción, fase de pretraducción
Contexto 1. Asimismo, cuando profesionales

peruanos contratados por estos directivos extranjeros u otras empresas peruanas o incluso entidades del Estado necesitan comunicarles su mensaje, necesitan del servicio de traducción inversa, es decir, traducción del español como **lengua origen**, al inglés u otro idioma como lengua meta. *EWPERU.*
• Véase lengua de origen.

lengua originaria, *f.*

Servicios de valor añadido, lenguas de menor demanda
Lengua anterior a la difusión del español que se preserva y emplea en el ámbito del territorio nacional (Ley 29735).
Contexto 1. Además todos y todas tenemos derecho a la igualdad idiomática y la eliminación de las desventajas de la discriminación por el uso de las lenguas originarias. Asimismo, la Ley 29735 resalta el derecho a hablar una o más **lenguas originarias** y que aquellos que tengan como lengua materna una lengua originaria pueden aprender el castellano sin que implique la substitución de la primera. *OWMINCUL.*
▲ Remisiones: Ley de Lenguas; lengua minoritaria; lengua minorizada.
◆ Nota: sin. lengua indígena.

lengua pasiva, *f.*

Ejercicio profesional, perfil profesional
Lengua extranjera que el traductor utiliza exclusivamente como lengua de origen por no contar con suficiente competencia de reexpresión.
Contexto 1. Una **lengua pasiva** es aquella que el intérprete comprende perfectamente pero hacia la cual no realiza la interpretación. *EWAKZNTE.*
▲ Remisiones: lengua de origen; lengua de destino; lengua A; lengua B; lengua C; lengua activa.

lengua pivote, *f.*

Proceso de traducción, fase de pretraducción
• Véase idioma pivote.

lenguaje ciudadano, *m.*

Servicio de valor añadido, contenidos
Contexto 1. De hecho, en muchas partes del mundo los ciudadanos insatisfechos comienzan a exigir que sus gobiernos se comuniquen en "**lenguaje ciudadano**". Así de increíble como suena, se ha esgrimido el reclamo, con fundamentos asombrosamente sólidos y lógicos, de que el lenguaje ciudadano es un derecho. Imagínese el nuevo mundo si todos los países implementaran este lenguaje. *EBTRUSTED.*
• Véase lenguaje llano.

lenguaje controlado, *m.*

Proceso de traducción, fase de pretraducción
Contexto 1. Esta circunstancia propició, hace ya más de tres décadas, el desarrollo de los primeros **lenguajes controlados**, cuyo objetivo primigenio era el de mejorar la calidad de los textos escritos en lengua origen, con el fin de aumentar la comprensibilidad y legibilidad de estos y hacerlos así más accesibles tanto a hablantes nativos como a no nativos. Sin embargo, la necesidad de traducir estos documentos escritos mayoritariamente en inglés a otras lenguas, dio también lugar a lenguajes controlados centrados en la mejora de la traducibilidad. *AALR.*
• Véase adecuación del lenguaje controlado.

lenguaje llano, *m.*

Servicio de valor añadido, contenidos
Estilo de escritura, simple y eficaz, que democratiza el acceso a la información por cualquier tipo de lector (DST).
Contexto 1. El Programa Lenguaje Ciudadano llevado adelante por IMPO, en conjunto con el Ministerio de Educación y Cultura y la Cámara de Representantes del Uruguay, propone fomentar el conocimiento de las leyes por medio de la traducción a un **lenguaje llano** y simple de las normas. El principal propósito de este Programa es difundir los mensajes normativos en el marco de

una estrategia de comunicación eficaz, concebida para lograr una conexión verdadera con la gente, mediante el uso de recursos que faciliten la creación de un vínculo de empatía e interés con los contenidos que se trasmiten. *OWIMPO.*
▲Remisiones: sistema de lenguaje controlado; traducción intralingüística.
◆Nota: sin. lenguaje simple; lenguaje ciudadano.

lenguaje simple, *m.*

Servicio de valor añadido, contenidos
Contexto 1. Cuando los lectores entienden el material, tienen más probabilidades de responder en forma favorable, cometer menos errores al completar sus formularios y cumplir en forma más exacta y rápida con los requisitos [...] Los documentos en **lenguaje simple** hacen que las traducciones a idiomas extranjeros sean más fáciles y rentables. Si sus documentos en inglés son fáciles de leer y entender, así lo serán también sus traducciones. Un documento en lenguaje simple por lo general puede llegar a tener una cantidad de palabras 40% menor que el original. Y ya que las traducciones se cobran por palabra, sus costos de traducción serán más bajos. *EBSTUS.*
•Véase lenguaje llano.

lenguas de trabajo, *f. pl.*

Ejercicio profesional, perfil profesional
Oferta idiomática de un proveedor de servicios de traducción (DST).
Contexto 1. Pero cuantificar el mercado de la traducción es sumamente complejo y complicado si se consideran el número de variables que entran en juego (agentes traductores, la tipología textual objeto de traducción, las **lenguas de trabajo**, las herramientas de traducción, etc.). *ARCLRP.*
Contexto 2. Nuestras **lenguas de trabajo** son el español, inglés, francés, portugués y catalán. *EWKILIMANJARO.*
▲Remisiones: combinación lingüística; código de idioma.

Ley 29735, *f.*

Servicios de valor añadido, lenguas de menor demanda
•Véase Ley de Lenguas.

Ley de Lenguas, *f.*

Servicios de valor añadido, lenguas de menor demanda
Norma jurídica que establece el alcance de los derechos y garantías individuales y colectivas en materia de diversidad lingüística y cultural (DST).
Contexto 1. Asegurar una comunicación efectiva entre las instituciones no gubernamentales, la empresa privada, la sociedad civil y las personas que hablan una lengua indígena, permitiendo así que el país pueda avanzar en la implementación de lo estipulado en la **Ley de Lenguas**, por ello los intérpretes y traductores son los "garantes" del cumplimiento de los derechos lingüísticos. *OWMINCUL.*
▲Remisiones: lengua originaria; lengua minoritaria; lengua minorizada.
◆Nota: sin. Ley 29735.

límite de capacidad, *m.*

Proceso de traducción, fase de pretraducción
Contexto 1. Y al hilo de esto último, entro en el tema de la organización del esfuerzo. Quizá el esfuerzo sea más difícil de cuantificar porque cada uno tiene un **límite de capacidad**. En cualquier caso, creo que hay que ser consciente de ese límite y no rebasarlo porque en ese mismo momento se deja de ser productivo. Esta faceta del trabajo del traductor se domina mucho mejor con el tiempo, cuando se ha elaborado una estadística mental de hasta dónde se puede llegar y se percibe perfectamente cuándo se está dejando de hacerlo. Seguir más allá del límite de las propias capacidades acaba pasando factura en forma de cansancio, una consecuencia más asumible, y pérdida de calidad del trabajo entre-

gado, efecto más arriesgado que debemos evitar. *EWNÓVALO*.
• Véase capacidad de traducción.

linguistic sign-off, *m.*

Proceso de traducción, fase de traducción
Contexto 1. Antes de redactar esta entrada del blog, he retrocedido unos cuantos años en el tiempo y he recordado mis inicios en el mundo de la traducción y la localización, cuando tenía que enfrentarme a numerosos términos que durante la carrera ni siquiera se habían mencionado de pasada. En la actualidad el sector ha cambiado mucho, internet constituye una importantísima y vastísima fuente de información para todos los que terminan los estudios de TEI, así que me gustaría aprovechar esta plataforma y dedicar esta entrada a abordar con detalle una tarea muy frecuente dentro del mundo de la localización denominada ***linguistic sign-off*** o LSO —que podríamos traducir como "conformidad lingüística" o "visto bueno lingüístico"— con el fin de que pueda servir de apoyo a aquellos traductores que tropiezan con este término por primera vez. *EWNÓVALO*.
• Véase conformidad lingüística.

lista de clientes, *f.*

Gestión empresarial, marketing
Contexto 1. Lista de referencias. A continuación le mostramos una breve **lista de clientes** con los que colaboramos regularmente. Si desea obtener una relación más extensa, solo tiene que pedirlo: contacte con nuestros gestores de proyectos a través del correo electrónico. Ellos le facilitarán una selección de referencias de clientes para los que hemos realizado proyectos que se asemejen a los suyos. Todos nuestros clientes nos han dado permiso para usarlos como referencias. *EWEXPRESS*.
• Véase referencias de clientes.

lista de distribución, *f.*

Tecnologías, documentación
Grupo de interés conformado por especialistas que se comunican mediante un único correo electrónico con la totalidad de sus integrantes para intercambiar información o absolver consultas (DST).
Contexto 1. Las **listas de distribución** constituyen un excelente canal que fomenta el debate activo sobre temas de interés para los profesionales e investigadores en traducción e interpretación. *GWAIETI*.
▲ Remisiones: material de referencia; portal profesional.
◆ Nota: sin. lista de interés.

lista de interés, *f.*

Tecnologías, documentación
• Véase lista de distribución.

LLI, *f.*

Proceso de traducción, fase de pretraducción
• Véase lengua de destino.

LM, *f.*

Proceso de traducción, fase de pretraducción
• Véase lengua de destino.

LO, *f.*

Proceso de traducción, fase de pretraducción
• Véase lengua de origen.

localización, *f.*

Servicio de valor añadido, contenidos
Servicio de valor añadido que consiste en adaptar un producto o servicio a las particularidades de un mercado específico, lo que implica su traducción y la aplicación de modificaciones técnicas para que cumpla con las normas del mercado objetivo (DST).
Contexto 1. Ability Top Translations es su socio ideal para conquistar nuevos mercados y mejorar la comunicación con sus clientes. Ofrecemos servicios profesionales

de traducción para textos, traducción y **localización** de sitios web, localización de *software*, y consultoría en globalización: una red de traductores y expertos en *marketing* y comunicaciones a su servicio. *EWABILITY*.
Contexto 2. La **localización** es el proceso de adaptación lingüística y cultural (lengua, símbolos, normas, valores, requisitos legales, etc.) de un producto (*software*, página web, aplicación informática, videojuegos, etc.) a las necesidades exactas de un público objetivo específico en el mercado de destino. Consiste en hacer llegar al usuario final, sea cual sea su idioma o cultura, el producto o página web en las condiciones de calidad y adecuación necesarias para obtener el éxito en el país de destino. *EWTRAGORA*.
Contexto 3. Trusted Translations es uno de los principales proveedores de servicios de **localización** de aplicaciones ("app") en la industria, con capacidad para localizar cualquier aplicación móvil para casi todos los mercados y dispositivos. *EWTRUSTED*.
▲Remisiones: diseño de páginas web; globalización; internacionalización; cadena de *software*; localizador; herramienta de localización; XML Localization Interchange File Format; traducción SEO.
◆Nota: sigla L10N.

localizador, *m.*

Gestión empresarial, actores
Especialista que se encarga de realizar la adaptación regional de videojuegos, *software* o páginas web.
Contexto 1. http://pablomunoz.com/ -> Sitio web de Pablo Muñoz, traductor, **localizador** y autor del blog Algo Más que Traducir, que si no lo conocéis a estas alturas, también os lo recomiendo. *PBJUGANDO*.
Contexto 2. El traductor que se dedica a la localización se denomina "**localizador**" y su labor va más allá que el proceso de traducción propiamente dicho: la traducción de programas informáticos o páginas webs implica la consideración de aspectos técnicos que serán cruciales para el usuario que utilice este programa o acceda por primera vez al sitio web. De modo que el traductor dedicado a la localización trabaja con un equipo de informáticos, ingenieros lingüísticos y diseñadores gráficos, entre otros coordinadores encargados de gestionar la traducción y adaptarla a las necesidades del mercado y que trabajan de forma interrelacionada, existiendo una perfecta comunicación entre ambos para asegurar que no exista ningún fallo en la cadena. Cabe la posibilidad de que el propio traductor englobe las capacidades profesionales antes mencionadas, siendo la multidisciplinariedad una característica intrínseca al traductor moderno. *EWTRAOF*.
▲Remisiones: localización; diseño de páginas web; globalización; internacionalización; herramienta de localización; convencionales locales.

loop, *m.*

Proceso de traducción, fase de traducción
•Véase toma.

LP, *f.*

Proceso de traducción, fase de pretraducción
•Véase lengua de origen.

LSO, *f.*

Proceso de traducción, fase de traducción
Contexto 1. Antes de redactar esta entrada del blog, he retrocedido unos cuantos años en el tiempo y he recordado mis inicios en el mundo de la traducción y la localización, cuando tenía que enfrentarme a numerosos términos que durante la carrera ni siquiera se habían mencionado de pasada. En la actualidad el sector ha cambiado mucho, internet constituye una importantísima y vastísima fuente de información para todos los que terminan los estudios de TEI, así que me gustaría aprovechar esta plataforma y dedicar esta entrada a abordar con detalle una tarea muy frecuente dentro

del mundo de la localización denominada *linguistic sign-off* o **LSO** —que podríamos traducir como "conformidad lingüística" o "visto bueno lingüístico"— con el fin de que pueda servir de apoyo a aquellos traductores que tropiezan con este término por primera vez. *EWNÓVALO.*
Contexto 2. El buen uso del espacio también comunica. Cuando ya se han revisado y corregido los textos, es necesario cuestionarlos visualmente una vez estén maquetados. Así se comprueba que todo lo que importa funciona correctamente: tabulaciones, guiones, palabras cortadas, etc. Un **LSO** supone el visto bueno definitivo a un trabajo. Con él se garantiza que el texto cumple su objetivo y funciona correctamente en su formato. *PBMB.*
• Véase conformidad lingüística.

lugar de trabajo, *m.*
Gestión empresarial, equipamiento
Instalación temporal en la que el PST lleva a cabo los proyectos de traducción.
Contexto 1. Las especificaciones del proyecto pueden incluir los elementos siguientes: a) campo de aplicación del trabajo, que consta de servicios estándares y servicios de valor añadido; b) servicios estándares, que se enumeran en el apartado 5.3 (traducción, autocomprobación [autorrevisión por parte del traductor], revisión [por otra persona distinta], corrección de concepto [si se solicita], corrección de pruebas, verificación final y entrega); c) lista no exhaustiva de servicios de valor añadido que pueden incluirse en un acuerdo; d) requisitos del **lugar de trabajo** (por ejemplo, cuando el trabajo debería hacerse en una ubicación predeterminada); e) calendarios del proyecto y fechas de entrega; f) presupuesto, incluida la divisa; g) información relevante sobre el contenido de origen (como su procedencia y el volumen en palabras o caracteres); h) especificaciones lingüísticas para el producto (es decir, especificaciones estándares y opcionales); i) especificaciones lingüísticas estándares; j) lenguas; k) audiencia y finalidad. *ONAENORISO.*
▴ Remisiones: entorno laboral; ergonomía para traductores; *coworking.*

lipsync, *m.*
Servicio de valor añadido, traducción audiovisual
• Véase doblaje *lipsync.*

mala praxis, *f.*
Ejercicio profesional, ética profesional
• Véase malas prácticas.

malas prácticas, *f. pl.*
Ejercicio profesional, ética profesional
Actuaciones profesionales reñidas con los principios éticos de la traducción (DST).
Contexto 1. **Malas prácticas** en el mercado de la traducción. Aquí se analizan, detallan, destapan y denuncian malas prácticas de algunos partícipes del mercado de la traducción en Chile y el mundo. Estas malas prácticas, que en su mayoría implican la entrega de un servicio de mala calidad, provocan el desprestigio de la actividad y afectan notoriamente el bienestar de traductores que se esfuerzan por actuar con el más alto nivel de profesionalismo. *EWTCHILE.*
Contexto 2. Dignificar la profesión con un comportamiento honesto y educado hacia clientes y compañeros de profesión, lo cual incluye la confidencialidad de información sensible de clientes; no "robar" clientes a agencias que nos han proporcionado el trabajo; avisar de **malas prácticas**; no insultar ni hacerse eco de rumores infundados etc.; ayudar a mantener un ambiente propicio para el buen hacer dentro y fuera de la asociación. *GWXARXA.*
▴ Remisiones: buenas prácticas; código de ética; decálogo del traductor; juramento jeronímico; cultura de la traducción.
◆ Nota: sin. mala praxis.

manejo de proyectos, *m.*
Proceso de traducción, fase de pretraducción

Contexto 1. Administración de proyectos. Lan Translation siempre ha trabajado para las necesidades de sus clientes, y el **manejo de proyectos** es una de las soluciones que ofrecemos. Si nuestros clientes están abrumados por los plazos de entrega y administración de proyectos de traducción y localización es justo el momento en el que participamos para ayudarlos. Apoyamos el manejo de sus proyectos de manera parcial o entera con la finalidad de proporcionar procesamientos oportunos y consistencia en contenido. Contamos con coordinadores de proyectos *in situ* que apoyan a nuestros clientes en el proceso y están comprometidos a conseguir su éxito. *EWLAN.*
• Véase gestión de proyectos.

mantenimiento y actualización de competencias, *m.*

Gestión empresarial, calidad
Proceso de desarrollo y perfeccionamiento de competencias traductoras en función de las demandas del mercado.
Contexto 1. Registro del **mantenimiento y actualización** regulares de las **competencias** requeridas. El PST debe disponer de un proceso para registrar que las competencias de sus traductores, revisores, correctores de concepto, gestores de proyectos y otros profesionales requeridos por los apartados de 3.1.3 a 3.1.7 se mantienen con la práctica continuada y se actualizan con regularidad mediante la formación u otros medios. El PST debe mantener un registro del modo en que se mantienen y actualizan las competencias. *ONAENORISO.*
▲ Remisiones: competencia revisora; revisión; revisor; competencia profesional del traductor.

maquetación, *f.*

Servicio de valor añadido, edición y publicación
• Véase DTP.

maquetador, *m.*

Gestión empresarial, actores
Profesional encargado de la maquetación.
Contexto 1. **Maquetador** o *desktop publisher*: una vez que la traducción ya está lista, es hora de cuidar el formato. El maquetador es el profesional que se asegura que la traducción posee el mismo formato que el texto original entregado. Para ello, emplea diversos programas de maquetación y debe tener altos conocimientos informáticos. *EWACANTHO.*
▲ Remisiones: DTP; formato final; edición.

máquina de estenotipia, *f.*

Tecnologías, TIC-TAV
Aparato electrónico, con 22 teclas, que permite transcribir un discurso oral en tiempo real a una velocidad promedio de 180 palabras por minuto.
Contexto 1. En ese evento notaron la presencia de un elemento hasta entonces desconocido por ellos: la "**máquina de estenotipia**", también conocida como "máquina de taquigrafía", que era capaz de registrar la palabra hablada del mismo modo que lo hacían los taquígrafos de lápiz, pero de una manera mucho más descansada, además de permitir una traducción instantánea si era conectada a una PC. *OWSTENOCAP.*
▲ Remisiones: transcripción literal; transcripción en tiempo real; transcripción de audio y video; transcripción natural.
◆ Nota: sin. estenógrafo; máquina de taquigrafía.

máquina de taquigrafía, *f.*

Tecnologías, TIC-TAV
Contexto 1. En ese evento notaron la presencia de un elemento hasta entonces desconocido por ellos: la "máquina de estenotipia", también conocida como "**máquina de taquigrafía**", que era capaz de registrar la palabra hablada del mismo modo que lo hacían los taquígrafos de lápiz, pero de una manera mucho más descansada, además de permitir una traducción instantánea si era conectada a una PC. *OWSTENOCAP.*
• Véase máquina de estenotipia.

marca personal, *f.*

Gestión empresarial, marketing
Estrategia de *marketing* que consiste en convertir al traductor en marca.
Contexto 1. Cómo trabajo en mi **marca personal** como traductor. Para empezar a trabajar en tu marca personal como traductor primero tienes que reflexionar sobre las siguientes preguntas clásicas del *branding*: ¿quién eres? ¿Cuáles son tus habilidades y pasiones? ¿A qué te dedicas? ¿Cuáles son tus objetivos? ¿Qué formación tienes? ¿Qué experiencia tienes? ¿Qué servicios ofreces? ¿Cuál es tu especialidad? ¿Quiénes son tus clientes? ¿Qué problemas resuelves? ¿Quién compite contigo? ¿Quién puede colaborar contigo? ¿Qué te hace diferente de tu competencia? ¿Qué te hace especial? ¿Cómo publicitas lo que ofreces? ¿Qué canales utilizas? ¿Qué dice de ti internet? ¿Qué dicen de ti en internet? ¿Qué dicen tus clientes de ti? ¿Y tus colegas, amigos, etc.? ¿Con qué profesionales te relacionas? ¿Qué contactos tienes? ¿Sabes gestionar el cambio? ¿Tienes proyectos de mejora? *PBEFMPT.*
▲Remisiones: fidelización del cliente; identidad profesional; *marketing* personal; *marketing* profesional; página web profesional; portafolio del traductor; posicionamiento; visibilidad en el mercado.

***marketing* empresarial**, *m.*

Gestión empresarial, marketing
•Véase *marketing* profesional.

***marketing* personal**, *m.*

Gestión empresarial, marketing
Estrategia aplicada por un traductor dirigida a proyectar una imagen que logre un impacto positivo en la percepción de los demás y en su posicionamiento profesional (DST).
Contexto 1. He considerado indispensable enfocar mi blog a traductores e intérpretes profesionales (y a estudiantes que quieren dedicarse a la traducción por cuenta propia) porque es primordial ser consciente de que, trabajando para nosotros mismos, tenemos que estar preparados para enfrentarnos a un mercado insaciable. Con esto me refiero a que debemos enfocar nuestras estrategias a fortalecer nuestro ***marketing* personal** y profesional. Si eres autónomo tienes una empresa. Si tienes una empresa tienes que crear una imagen de marca en el mercado que te identifique, que te diferencie de la competencia, que te haga más fuerte. *PBEFMPT.*
▲Remisiones: *marketing* profesional; portal profesional; identidad profesional; directorio profesional; *networking*.

***marketing* plurilingüe**, *m.*

Servicio de valor añadido, contenidos
Servicio de valor añadido que consiste en la elaboración de material promocional de una empresa simultáneamente en varias lenguas.
Contexto 1. Maquetación. Asistencia en el montaje de campañas de publicidad y ***marketing* plurilingüe**. *EWLEXPERT.*
▲Remisiones: creación de contenidos; edición multilingüe.

***marketing* profesional**, *m.*

Gestión empresarial, marketing
Estrategia de promoción que un proveedor de servicios de traducción utiliza de manera eficiente para satisfacer las necesidades de sus clientes y consumidores finales.
Contexto 1. He considerado indispensable enfocar mi blog a traductores e intérpretes profesionales (y a estudiantes que quieren dedicarse a la traducción por cuenta propia) porque es primordial ser consciente de que, trabajando para nosotros mismos, tenemos que estar preparados para enfrentarnos a un mercado insaciable. Con esto me refiero a que debemos enfocar nuestras estrategias a fortalecer nuestro ***marketing*** personal y **profesional**. Si eres autónomo tienes una empresa. Si tienes una empresa tienes que crear una imagen de marca en el mercado que te identifique, que te diferencie de la competencia, que te haga más fuerte. *PBEFMPT.*

▲Remisiones: *marketing* personal; portal profesional; identidad profesional; directorio profesional; fidelización del cliente; marca personal; página web profesional; portafolio del traductor; portal de clientes; posicionamiento.
◆Nota: sin. *marketing* empresarial.

material de referencia, *m.*

Tecnologías, documentación
Conjunto de fuentes de consulta que los traductores recopilan o solicitan al cliente durante el proceso de traducción con la finalidad de brindar un producto de calidad (DST).
Contexto 1. Cada cliente emplea una terminología exclusiva de su propia empresa. McFelder crea glosarios y memorias de traducción de los términos del cliente y, en subsiguientes proyectos, este **material de referencia** permite mantener la coherencia y la eficiencia. Nuestro sofisticado *software* ayuda a los traductores en su área y nos permite trasladarle al cliente cualquier ahorro que se genere. *EWMCFELDER.*
Contexto 2. Desde el punto de vista técnico es imprescindible tener buenos diccionarios y **material de referencia**. Los buenos diccionarios suelen ser bastante caros —unas 100 libras por ejemplar—, lo que representa una importante inversión. *AAMP.*
▲Remisiones: texto comparable; texto paralelo; glosario corporativo.
◆Nota: sin. documentación de referencia; documentación corporativa; fuente de consulta; documentación paralela; documentación y terminología.

material legible, *m.*

Proceso de traducción, fase de pretraducción
Contexto 1. En cualquier caso, para obtener los mejores resultados, Atimac le recomienda lo siguiente: Verifique la aptitud/referencias del traductor/intérprete. Pida una muestra, de preferencia sobre el tema que desea traducir. Procure prever sus necesidades con anticipación razonable. Puede pedir a su proveedor que le aparte cierta cantidad de días mientras usted prepara el material. Entregue **material legible**. En caso de copias, evite las reducciones. *GWATIMAC.*
•Véase copia legible.

matrícula, *f.*

Ejercicio profesional, acreditación
•Véase número de colegiatura.

matriculación, *f.*

Ejercicio profesional, acreditación
•Véase colegiación.

mediación cultural, *f.*

Servicio de valor añadido, consultoría
•Véase mediación intercultural.

mediación intercultural, *f.*

Servicio de valor añadido, consultoría
Relación de comunicación triangular en la que el agente de mediación actúa imparcialmente, potenciando que las partes desarrollen su propia capacidad de libertad y de decisión para resolver conflictos (DST).
Contexto 1. Como recurso, la **mediación intercultural** nos puede ser de ayuda para prevenir y resolver determinados conflictos que se dan en los contextos multiculturales. Su labor de prevención crece en la medida en que facilita la comunicación entre personas y grupos culturalmente diferentes, en cuanto contribuye al acercamiento cultural y al incremento del conocimiento mutuo de los códigos culturales. *OLFSG.*
Contexto 2. El mediador tiene la responsabilidad, en exclusiva, del proceso de la **mediación intercultural**, sin hacerse cargo del trabajo educativo y/o social; es decir, debe colaborar y complementarse con los profesionales de la sociedad mayoritaria, pero sin sustituirlos, con la obligación de no interferir en las funciones, tareas o relaciones de los otros miembros del equipo. *AANLL.*

▲Remisiones: mediador cultural; asesoramiento cultural.
◆Nota: sin. mediación cultural.

mediador cultural, *m.*

Gestión empresarial, actores
Contexto 1. En definitiva, debido a su importante labor como **mediador cultural**, el traductor debe ser el primero en tomar conciencia de que su trabajo tiene implicaciones que van más allá del simple ejercicio traductológico, valorando la importancia de sus estrategias y toma de decisiones en el proceso de traducción. *AANP.*
•Véase mediador intercultural.

mediador intercultural, *m.*

Gestión empresarial, actores
Experto en más de una cultura que interviene en la resolución de conflictos, como agente imparcial, para facilitar el conocimiento mutuo y garantizar el acercamiento cultural (DST).
Contexto 1. La mediación intercultural es un fenómeno bastante reciente, que en España no cuenta con mucho más de diez años. De hecho se trata de una figura que aún no está del todo definida, ni siquiera regularizada profesionalmente, pues aunque la figura del mediador intercultural ya está reconocida por el Ministerio del Interior —según Real Decreto 638/2000 de 11 de mayo—, a efectos prácticos esto no se nota nada. Hoy por hoy no existe un título oficial de **mediador intercultural**, ni un sistema de formación y acreditación. *AADS.*
Contexto 2. El **mediador intercultural** es una nueva figura que va emergiendo paulatinamente en distintas partes del mundo, al tiempo que en los estudios de traducción e interpretación cobran cada vez más relevancia las investigaciones dedicadas a la vertiente más social y comprometida de la práctica traductora, la que revela con mayor claridad la vocación de servicio de la traducción/interpretación. *AADS.*
▲Remisiones: mediación cultural.
◆Nota: sin. mediador cultural.

memoria de clientes, *f.*

Tecnologías, TA-TAO
Base de datos proporcionada por el cliente que almacena segmentos textuales traducidos que pueden ser parcial o totalmente reutilizados de forma automática en un nuevo encargo de traducción (DST).
Contexto 1. **Memorias de clientes** y coincidencias perfectas. solo acepto memorias de traducción de clientes si el cliente acepta toda la responsabilidad por transferir las coincidencias perfectas (*exact match*) sin edición (en este caso no deba ser mencionado como el traductor de dicho texto). Si usted espera que yo revise y corrija estos segmentos, tendría que cobrar mi tarifa de traducción, sin descuento. Podría hacer una excepción a esto, si tras varios proyectos, la memoria de traducción demuestra ser competente y se ajusta a mi estilo de escritura. Yo siempre reutilizo mis memorias de traducción acumuladas por cliente/especialidad, pero, dados los tipos de textos, es raro que el número de coincidencias perfectas sea importante, incluso tras años con un cliente, con la excepción de textos muy estandarizados como HDS, plantillas de formularios y algunos catálogos de productos. *PWSINCLAVOS.*
Contexto 2. Se cuentan todas las palabras, o bien se aplican descuentos sobre la base de las **memorias del cliente**. En caso de documentos nuevos, las herramientas de análisis cuentan como repeticiones solo las frases idénticas entre sí y no las frases similares. El traductor tiene a su disposición pequeñas memorias de traducción y debe dedicar al menos el 30% de su tiempo a realizar búsquedas de terminología. *EWTRANSLATED.*
▲Remisiones: cava de documentos; memoria de traducción; titular de memoria de traducción.

memoria de traducción, *f.*

Tecnologías, TA-TAO

Base de datos que almacena segmentos textuales traducidos que pueden ser parcial o totalmente reutilizados de forma automática en un nuevo encargo de traducción.

Contexto 1. **Memorias de traducción**: no se utilizan memorias de traducción ni programas de traducción asistida. En alguna ocasión se ha pensado en la posibilidad de incorporar estas herramientas al trabajo diario, pero, al tratarse de artículos de prensa, el grado de coincidencia de unas traducciones a otras sería muy bajo, por lo que finalmente se ha llegado a la conclusión de que las ventajas que aportaría no compensarían las dificultades derivadas de cambiar la forma de trabajo. *GNRITAPLB.*

▲Remisiones: cava de documentos; configuración de memoria de traducción; memoria de clientes; titular de memoria de traducción; coincidencia; ninguna coincidencia; traducción asistida por ordenador; alineación; texto paralelo; bitexto.

metabuscador, *m.*

Tecnologías, documentación

Herramienta que realiza rastreos paralelamente en diferentes motores de búsqueda con el objeto de ofrecer al usuario los mejores resultados provenientes de diversos buscadores (DST).

Contexto 1. Fuentes telemáticas: estas son fuentes a las que se puede acceder mediante una red informática ya sea local, extensa o la propia red internet. Básicamente se centran en la búsqueda de información, como por ejemplo directorios de búsqueda, **metabuscadores**, índices, portales, etc. *ABEUM.*

▲Remisiones: material de referencia; documentalista; lista de distribución.

◆Nota: sin. robot; araña; gusano; *crawler.*

método de entrega, *m.*

Proceso de traducción, fase de pretraducción

Forma en la que el servicio será recibido por el cliente.

Contexto 1. Las especificaciones adicionales pueden incluir, pero sin limitarse a ellos, los elementos siguientes: a) uso de tecnología; b) materiales que el cliente vaya a proporcionar al PST. NOTA: el cliente tiene que esforzarse para proporcionar el contenido de la lengua de origen en un formato procesable mediante máquinas; c) tratamiento de la comunicación durante el proyecto y de los comentarios de posproducción; d) formato y maquetación del contenido de destino (por ejemplo, Word, InDesign o XML, si no coinciden con los del contenido de origen); e) **método de entrega** (por ejemplo, correo electrónico y FTP); f) tipo de traducción (por ejemplo, localizada frente a generalista y transcreación); g) reconocimiento (¿aparece el nombre del PST o del traductor en la traducción publicada?). *ONAENORISO.*

▲Remisiones: detalles de la entrega; entregable; entrega parcial; plazo de entrega.

◆Nota: sin. forma de envío; forma de entrega.

métrica de calidad de la traducción, *f.*

Gestión empresarial, calidad

Método de medición de la calidad de una traducción automática basado en reglas.

Contexto 1. **Métrica de calidad de la traducción** J2450. El estándar se ha desarrollado con el objetivo de mantener un estándar consistente con el que contrastar objetivamente la calidad de la traducción de la información para servicios de automoción: independientemente del idioma de partida, independientemente del idioma de destino, independientemente de cómo se realice la traducción (traducción humana o traducción automática). *EWPANGEANIC.*

▲Remisiones: traducción automática; herramienta de traducción automática; métrica NIST; *bilingual evaluation understudy*; *word error rate*; *translation edit rate.*

métrica NIST, *f.*

Gestión empresarial, calidad
Método de medición de la calidad de una traducción automática que otorga mayor puntaje a las coincidencias correctas.
Contexto 1. Los criterios de metaevaluación han ido evolucionando a medida que se han ido proponiendo nuevas métricas de evaluación. Por ejemplo, la métrica BLEU (Papineni *et al.*, 2001) es metaevaluada en términos de correlación con juicios humanos, de forma independiente para adecuación y fluidez. Para abordar las deficiencias de BLEU se presenta la **métrica NIST** (Doddington, 2002). Análogamente, NIST se ha metaevaluado en términos de correlación con juicios humanos pero esta vez sobre diferentes textos fuente, para un número variable de modelos y sobre textos de diferente tamaño. *AAEA*.
▲Remisiones: métrica de calidad de la traducción; traducción automática; herramienta de traducción automática; *bilingual evaluation understudy*; *word error rate*; *translation edit rate*.
◆Nota: acort. NIST.

MLV, *m.*

Gestión empresarial, actores
Contexto 1. Agencias internacionales. A este apartado pertenece un nutrido grupo de agencias internacionales que suelen procesar grandes volúmenes de traducción destinado a un mercado global y multilingüe. (En localización, las empresas especializadas se denominan **MLV** o *multi-lingual vendors*, que son las que dan servicio a las grandes compañías internacionales. Los trabajos suelen ir acompañados de una cantidad considerable de instrucciones y exigencias específicas que requieren ciertos conocimientos avanzados por parte del traductor sobre los procedimientos y herramientas que deben utilizarse. *PBVRL*.
◆Nota: sin. *multi-language vendor*.
•Véase proveedor multilingüe.

modelo de contrato, *m.*

Ejercicio profesional, modalidades y condiciones contractuales
Contexto 1. En lo que concierne a los traductores de libros, existen tres **modelos de contrato**: el primero desarrolla las condiciones generales del contrato de traducción; el segundo las condiciones particulares del contrato a tanto alzado aplicado a la traducción; y el tercero las condiciones particulares del contrato mixto aplicado a la traducción. Asimismo, por primera vez se crea una Comisión Mixta de Autores y Editores que tendrá la función de realizar un seguimiento del cumplimiento de los mencionados contratos, Así como los preceptos de la Ley de Propiedad Intelectual relativos a la contratación o cesión de derechos. *GWACE*.
•Véase contrato tipo.

modificación al pedido, *f.*

Gestión empresarial, presupuesto y facturación
Cambio significativo que el cliente solicita introducir al pedido de un servicio de traducción u otro de valor añadido sujeto a modificaciones en la cotización o al pago de una compensación por daños (DST).
Contexto 1. En el caso de que el cliente, después de celebrar el acuerdo, introduzca **modificaciones** importantes en el pedido, la agencia de traducción tendrá el derecho de modificar el plazo de entrega o los honorarios, o incluso de rechazar el pedido. En este último caso, el cliente estará obligado a pagar la parte ya realizada del pedido y se aplicará también lo dispuesto en el apartado 3.3. *EWJENSEN*.
▲Remisiones: honorarios; cotización; cancelación del pedido; compensación por daños.

monitor dual, *m.*

Herramientas, entorno laboral
Sistema con dos monitores conectados a una sola computadora que permite incrementar el espacio visual y trabajar en forma paralela

y efectiva dos documentos distintos (DST).
Contexto 1. Productividad en la traducción: **monitores duales**, una buena alternativa. *PBVRL.*
▲Remisiones: gestión del tiempo; técnica pomodoro; ergonomía para traductores.

morosidad, *f.*

Gestión empresarial, presupuesto y facturación
Impuntualidad en el pago de servicios de traducción, o de valor añadido, en el plazo previsto (DST).
Contexto 1. La **morosidad**. Para nosotros los traductores es más fácil recabar datos sobre la reputación de las agencias de traducción, pero con los clientes directos puede ser complicado conseguir información sobre la salud económica y la solvencia de las empresas. Podemos aplicar una serie de pautas para prevenir la morosidad e iniciar las colaboraciones con buen pie. *PBLBM.*
Contexto 2. ¿Qué hay que tener en cuenta antes de ponerse a traducir? Verificar la seriedad de la empresa. Si hubo problemas de **morosidad** con otros traductores, dónde está la sede. Leer bien la página web, comprobar que funciona el fax, hacer una llamada para verificar antes de aceptar un trabajo, ver si hay traductores contentos con esta empresa. *GRASETRAD.*
▲Remisiones: plazo de pago; facturación.
◆Nota: sin. impago.

muestra, *f.*

Ejercicio profesional, inserción laboral
Contexto 1. En cualquier caso, para obtener los mejores resultados, Atimac le recomienda lo siguiente: verifique la aptitud/referencias del traductor/intérprete. Pida una **muestra**, de preferencia sobre el tema que desea traducir. *GWATIMAC.*
•Véase muestra de traducción.

muestra de traducción, *f.*

Ejercicio profesional, inserción laboral
Evidencia de traducciones anteriores realizadas por un PST para demostrar su competencia profesional a un cliente.
Contexto 1. Puedes leer algunas **muestras de** nuestras **traducciones**, para comprobar nuestra calidad. *EW1GLOBAL.*
▲Remisiones: evaluación de calidad; *marketing* profesional; prueba de traducción.
◆Nota: acort. muestra.

muestreo, *m.*

Gestión empresarial, calidad
Contexto 1. Larose (1998: 180) también se muestra partidario de utilizar el muestreo para valorar la calidad de la traducción, cuando rebate la postura reticente de la ACET, con los siguientes argumentos: 1. el método de evaluación mediante la técnica del **muestreo** es válido en la medida en que la elección de las muestras se realiza al azar y por personas diferentes a las que se ocupan de valorar la calidad de la traducción; 2. el número de muestras depende de la longitud del texto, por lo que siempre habrá un mínimo; 3. no parece necesario ni realista, aunque sería deseable, basar la evaluación en la totalidad del texto. En este sentido habría que preguntarse si la evaluación duna muestra de 800 palabras sería más significativa que la de una de 400 palabras; 4. las personas que se ocupan de realizar el control de la calidad son traductores/as con una dilatada experiencia. Esto significa que, además de conocer el encargo de traducción y quién es el destinatario del TL, proceden a las oportunas verificaciones en otros pasajes del texto si así lo estiman necesario. *AASP1.*
•Véase revisión parcial.

multi-language vendor, *m.*

Gestión empresarial, actores
Contexto 1. Agencias internacionales. A este apartado pertenece un nutrido grupo de agencias internacionales que suelen procesar grandes volúmenes de traducción destinado a un mercado global y multilingüe. (En localización, las empresas especia-

lizadas se denominan MLV o ***multi-lingual vendors***, que son las que dan servicio a las grandes compañías internacionales. Los trabajos suelen ir acompañados de una cantidad considerable de instrucciones y exigencias específicas que requieren ciertos conocimientos avanzados por parte del traductor sobre los procedimientos y herramientas que deben utilizarse. *PBVRL.*
•Véase proveedor multilingüe.

n-grama, *m.*

Tecnologías, TIC-TAV
Probabilidades estadísticas de secuencias de palabras que se explotan en campos como la gestión terminológica, la alineación de corpus paralelos y la traducción automática.
Contexto 1. Contabilizamos **n-gramas** de distinta longitud tomando como unidad básica la oración. Cuantos más n-gramas haya en común, mejor traducción será. *APVP.*
Contexto 2. La información básica que utilizan los sistemas de extracción automática de terminología de tipo estadístico es la frecuencia de aparición de una serie de combinaciones de palabras. Los sistemas de extracción de terminología estadísticos trabajan con **n-gramas** de palabras. Los n-gramas de palabras son combinaciones de n palabras consecutivas. Por ejemplo, en la frase: *Nuestro sistema de gestión empresarial incluye un programa de facturación y una base de datos de recursos humanos.* Los 1-gramas presentes en el texto son: *Nuestro, sistema, de, gestión, empresarial, incluye, un, programa, facturación, y, una, base, datos, recursos, humanos.* Los 1-gramas presentes en el texto son: *Nuestro, sistema, de, gestión, empresarial, incluye, un, programa, facturación,* y, *una, base, datos, recursos, humanos.* Los 2-gramas son: *Nuestro sistema, sistema de, de gestión, gestión empresarial, empresarial incluye, incluye un, un programa, programa de, de facturación, facturación y,* y *una, una base, base de, de datos, datos de, de recursos, recursos humanos.* Los 3-gramas son: *Nuestro sistema, sistema de, de gestión, gestión empresarial, empresarial* incluye, incluye un, un *programa, programa de, de facturación, facturación y, y una, una base, base de, de datos, datos de, de recursos, recursos humanos.* Y de esta manera sucesivamente hasta el orden *n* deseado. Los candidatos a término se encontrarán entre estas combinaciones (por ejemplo, *gestión empresarial* o *base de datos*) aunque también habrá muchos elementos sin ningún interés desde el punto de vista terminológico (por ejemplo, *programa de* o incluye *un programa*). Para poder seleccionar las combinaciones con una mayor probabilidad de constituir términos se puede hacer uso de listas de palabras vacías o *stop-words.* Las palabras vacías cuando hablamos de extracción de terminología son una serie de palabras (en su mayoría funcionales) que no pueden estar en ciertas posiciones de la entrada terminológica (normalmente las posiciones extremas, es decir, primera y última). Por ejemplo, si nuestra lista de palabras vacías para el castellano está compuesta por las palabras *nuestro, nuestra, nuestros, nuestras, de, uno, una, unos, unas, y* eliminamos los *bigrams* y *trigrams* que tienen en posición extrema una de estas palabras, la lista de candidatos se reduce a: Los 2-gramas son: *gestión empresarial, empresarial incluye, recursos humanos.* Los 3-gramas son: *sistema de gestión, gestión empresarial incluye, incluye un programa, programa de facturación, base de datos, datos de recursos. AAAOL.*
▲Remisiones: gestión terminológica; reconocimiento de voces; corpus paralelo; traducción automática.

N. del T., *f.*

Regulación profesional, normas de calidad
•Véase nota del traductor.

networking, *m.*

Gestión empresarial, marketing
Herramienta de *marketing* que tiene por finali-

dad crear o ampliar una red de contactos profesionales y comerciales en forma presencial.
Contexto 1. Claro, ser miembro de una asociación o pertenecer a una agencia no te garantiza trabajo. Aquí pasa lo mismo, el ***networking*** es la receta del éxito. Mientras estudiaba tuve la suerte de tener profesores que además eran profesionales en activo y me ayudaron a entrar en el mercado, fui compañera de cabina en sus proyectos y algunos me contrataron en varias ocasiones hasta que nos convertimos en compañeros habituales. Es de gran ayuda contar con este tipo de apoyo cuando empiezas. Luego, por supuesto, la calidad de tu trabajo es tu mejor activo. Suiza es un país pequeño y todo se sabe en poco tiempo. *PBADUTIM.*
Contexto 2. El ***networking*** se trata, en pocas palabras, de conocer a gente y de crear una red de contactos. Vas a un evento y conoces a gente nueva. Punto. Es algo que no se me daba demasiado bien al principio. Antes, me limitaba a escuchar las ponencias y me marchaba a mi casa tan pronto como podía. Fatal, lo sé, pero he progresado mucho desde entonces y ahora sé cómo sacar el máximo partido a estos eventos. Así que hoy comparto contigo algunas de las dudas que ya he conseguido despejar, así como algunos consejos sobre qué hacer antes, durante y después de un evento. *AWNVT.*
▴Remisiones: *coworking*; *marketing* profesional; *marketing* personal; posicionamiento; visibilidad en el mercado; primer contacto.

ninguna coincidencia, *f.*

Tecnologías, TA-TAO
Segmento que debe traducirse íntegramente por no aparecer almacenado en la memoria de traducción (DST).
Contexto 1. Los fragmentos para los que no se encuentre **ninguna coincidencia** deberán ser traducidos manualmente, y el resultado de este procedimiento se almacenará en la base de datos de la memoria de traducción para ser utilizado por el programa posteriormente. *PBACROSS.*
Contexto 2. Además, si la memoria de traducción no muestra **ninguna coincidencia**, Studio integra traducción automática basada en la nube para ayudarle a completar su proyecto. *OWBABEL.*
▴Remisiones: coincidencia; coincidencia total; coincidencia parcial; memoria de traducción; repetición; traducción asistida por ordenador; traducción automática; segmento bloqueado.

NIST, *f.*

Gestión empresarial, calidad
Contexto 1. **NIST**: esta métrica está basada en BLEU, aunque a diferencia de esta, otorga un mayor valor a las coincidencias correctas. Al igual que BLEU, las puntuaciones elevadas determinan la buena calidad de la traducción. *AEVVITAE.*
◆Nota: métrica del National Institute of Standards and Technology.
•Véase métrica NIST.

norma de calidad, *f.*

Regulación profesional, normas de calidad
Documento, establecido por consenso y aprobado por un organismo reconocido, que contiene una serie de reglas, directrices y especificaciones técnicas que establecen los requisitos mínimos que deben cumplir los servicios de traducción (DST).
Contexto 1. La nueva **norma** europea **de calidad** para servicios de traducción EN-15038 existe ya de modo oficial desde el 17 de mayo de 2006. Su elaboración ha llevado casi cinco años de laboriosas reuniones y debates entre los distintos agentes del sector con el ánimo de llegar a procedimientos que reflejaran lo que viene haciéndose en el ámbito de la traducción, al menos en Europa, desde hace años. *GRTREMEDICA.*
▴Remisiones: estándar; UNE-EN 15038; ISO 11669; ISO 17100: ISO 9001; SAE J2450; evaluación de calidad; control de calidad; aseguramiento de la calidad.

nota del traductor, *f.*

Regulación profesional, normas de calidad
Acotación que se incluye a pie de página, o al final de una cita o párrafo de una traducción, para aclarar contenidos de diversa índole (DST).
Contexto 1. ¿Cuándo se utilizan las **notas del traductor**? 1. Cuando el original requiera alguna aclaración para su comprensión por parte del lector. Por ejemplo, en un texto que dice: "Llevaba un bigote como el de Fu Manchú, fino y que se extiende por debajo de la barbilla", la nota podría ser así: * Un personaje villano y ficticio creado por el escritor de misterio Sax Rohmer. 2. Cuando se da una explicación no forzosamente necesaria para la cabal comprensión del texto, pero útil para quien quiera profundizar en él. 3. Cuando aparece algún modismo o juego de palabras, o queremos precisar por qué se emplea un determinado vocablo, expresión, etcétera. Es lo que ocurre en el siguiente ejemplo, sacado de los Diarios de Joe Orton: * Juego de palabras entre el título original de la obra, *Loot* ('saqueo', 'botín', y '*loo*' ('retrete'). (N. de la T.) 4. Cuando queremos dar la referencia completa de una obra citada de pasada en el original, indicar que la obra está traducida al castellano, etcétera. * Se trata del ensayo Vita. The life of Vita Sackville-West, de Victoria Glendinning, Weidenfeld and Nicolson, Londres, 1983. (N. de la T.). *ABSINJANIA.*
▲Remisiones: prólogo del traductor; texto ilegible.
◆Nota: acort. N. del T.

número de colegiatura, *m.*

Ejercicio profesional, acreditación
Registro asignado a un traductor al momento de incorporarse a su colegio profesional.
Contexto 1. En el encabezamiento de la primera página de la traducción llevará estampado el sello de TRADUCCIÓN CERTIFICADA y en la última página, un sello de certificación de la traducción que el Traductor Colegiado firmará con su **número de colegiatura** estampando el sello del Colegio de Traductores del Perú. *EWTRANSLINGUAL.*
▲Remisiones: colegiación.
◆Nota: sin. matrícula.

obra derivada, *f.*

Ejercicio profesional, derechos de autor
Obra basada en otra ya existente que genera derechos a su autor, sin perjuicio de los derechos del autor de la obra originaria y de su respectiva autorización (DST).
Contexto 1. Las **obras derivadas** son transformaciones de la obra original, y por tanto si la obra preexistente aún no está en el dominio público, el autor originario debe autorizar la transformación. El TRLPI estipula un listado de obras que son consideradas obras derivadas, por haber sido concebidas en virtud de una o más obras preexistentes. *OWCONGRESO.*
Contexto 2. Artículo 20.- El derecho de autor sobre las traducciones y demás **obras derivadas**, puede existir aun cuando las obras originales estén en el dominio público, pero no entraña ningún derecho exclusivo sobre dichas creaciones originarias, de manera que el autor de la obra derivada no puede oponerse a que otros traduzcan, adapten, modifiquen o compendien las mismas obras originarias, siempre que sean trabajos originales distintos del suyo. *ONCPLL.*
▲Remisiones: derechos de explotación y autoría; contrato de edición; obra originaria; derechos de propiedad intelectual; derechos patrimoniales; derechos morales; regalías.

obra originaria, *f.*

Ejercicio profesional, derechos de autor
Obra primigeniamente creada que genera derechos a su autor (DST).
Contexto 1. Artículo 6.- Sin perjuicio de los derechos que subsistan sobre la **obra originaria** y de la correspondiente autorización, son también objeto de protección como obras derivadas siempre que revistan características de originalidad: a. Las traducciones, adaptaciones. b. Las re-

visiones, actualizaciones y anotaciones. c. Los resúmenes y extractos. d. Los arreglos musicales. e. Las demás transformaciones de una obra literaria o artística o de expresiones del folklore. *OWIJ*.
Contexto 2. Es la facultad del autor de una **obra originaria** para autorizar la creación de obras derivadas de aquella, tales como adaptaciones, traducciones, arreglos musicales, compilaciones, etc. Por tanto, es la modificación de una obra preexistente, que está supeditada a la autorización del titular del derecho de autor sobre la obra que pretende ser transformada. *ALAV*.
Contexto 3. Las traducciones, además, serán siempre protegidas bajo reserva de la protección de la **obra originaria**, o sea el autor de la obra a traducir tendrá el derecho exclusivo de autorizar, o no, la transposición lingüística de su obra y, en caso de autorizarla. *OBCYD*.
▲Remisiones: derechos de explotación y autoría; contrato de edición; obra derivada; derechos de propiedad intelectual; derechos patrimoniales; derechos morales; regalías.

OCR, *m.*

Tecnologías, TIC-TAV
Contexto 1. Se conoce como *software* **OCR** o simplemente OCR a toda herramienta o programa de computación que permita realizar un reconocimiento óptico de caracteres (por sus siglas en inglés, *optical character recognition*) y que normalmente se utiliza en las agencias de traducción para la conversión de archivos PDF que provienen de diferentes orígenes. *EBTRUSTED*.
•Véase *optical character recognition*.

OMT, *f.*

Regulación profesional, entidades gremiales
•Véase Organización Mexicana de Traductores.

OoO, *loc.*

Proceso de traducción, fase de pretraducción
Contexto 1. **OoO**: *out of office*, muy usado por los PM. *PBEADT*.
•Véase *out of office*.

OP, *f.*

Ejercicio profesional, modalidades y condiciones contractuales
Contexto 1. También es conveniente que en la misma **OP**/PO consten los datos de facturación de la agencia (NIF, dirección, etc.) y la dirección de *e-mail* a la que hay que enviar las facturas... Y es mejor que se diga todo en el pedido que en un megadocumento de explicaciones sobre cómo facturar que nadie tiene tiempo de leerse. *PBLH*.
Contexto 2. Un aspecto importante es enviar un **OP**/PO/WO u OT (orden de pedido/trabajo) que refleje claramente los datos del proyecto para que el traductor lo pueda facturar con mayor facilidad... Todos los datos que la agencia necesita que queden reflejados (gestor, número del proyecto, etc.) y, por supuesto, lo fundamental, fundamentalísimo, que es el número de palabras, horas, unidades, etc. y el precio por palabra, unidad, hora facturable. *PBLH*.
•Véase orden de pedido.

opción laboral, *f.*

Ejercicio profesional, inserción laboral
•Véase salida profesional.

oportunidad laboral, *f.*

Ejercicio profesional, inserción laboral
•Véase salida profesional.

optical character recognition, *m.*

Tecnologías, TIC-TAV
Herramienta informática que permite el reconocimiento óptico de caracteres de documentos escaneados en formato PDF o imágenes en formato de texto.
Contexto 1. Se conoce como software OCR o simplemente OCR a toda herramienta o programa de computación que permita

realizar un reconocimiento óptico de caracteres (por sus siglas en inglés, ***optical character recognition***) y que normalmente se utiliza en las agencias de traducción para la conversión de archivos PDF que provienen de diferentes orígenes. *EBTRUSTED.*
▴ Remisiones: digitalización de documentos; conversión de formatos; documento original editable; imagen no editable; formato.
◆ Notas: sin. *software* OCR. Acort. OCR.

orden de pedido, *f.*

Ejercicio profesional, modalidades y condiciones contractuales
Documento en el que se consignan las especificaciones del encargo de traducción.
Contexto 1. Los detalles del registro del proyecto pueden incluir los elementos siguientes: a) identificador único del proyecto; b) nombre del cliente y persona de contacto; c) **orden de pedido** fechada y condiciones comerciales, incluidos presupuestos, volumen, plazos y detalles de la entrega; d) acuerdo y cualesquiera otras especificaciones complementarias o elementos relacionados (véase el anexo B); e) composición del equipo del proyecto del PST y persona de contacto; f) lengua(s) de origen y destino; g) fecha(s) de recepción del contenido de la lengua de origen y cualquier otro material relacionado; h) título y descripción del contenido de la lengua de origen; i) finalidad y uso de la traducción; j) terminología existente del cliente o terminología propia y otro material de referencia que se vaya a usar; k) guía(s) de estilo del cliente; l) información sobre cualquier modificación en las condiciones comerciales y cambios en el proyecto de traducción. Entre los detalles que informen del proyecto, pueden incluirse los siguientes: a) comentarios del cliente; b) correcciones realizadas; c) hoja de estado del proyecto; d) facturación. *ONAENORISO.*
Contexto 2. **Orden de pedido**. La orden de pedido tendrá que efectuarse por escrito o de forma electrónica y tiene que ser confirmada por teléfono, por escrito o electrónicamente por traduccioneslowcost.com. El cliente se compromete a informar a traduccioneslowcost.com como muy tarde en el momento de formalización del encargo sobre todos los aspectos de importancia para la realización del trabajo, tales como idiomas, fecha de entrega, terminología, finalidad, formato, etc. *EWLOWCOST.*
Contexto 3. Estas Condiciones Generales de Contratación junto con la **orden de pedido** adjuntas a las mismas, se considerarán un documento único y formarán parte del Contrato entre el Cliente y la Agencia de Traducción. *EWMONDO.*
▴ Remisiones: acuerdo entre el cliente y el PST; contrato de traducción; especificaciones del proyecto; condiciones comerciales; requisitos del proyecto; fecha de recepción del contenido de la lengua de origen.
◆ Notas: sin. orden de servicio; orden de trabajo; OT. Sigla OP.

orden de servicio, *f.*

Ejercicio profesional, modalidades y condiciones contractuales
Contexto 1. Cumplir con los términos a los que se ha comprometido en la **Orden de Servicio** (tarifa, plazo de entrega y condiciones de presentación convenidos) e informar al cliente a la brevedad posible si hubiera algún cambio en los términos pactados. *GNCTPMPTC.*
• Véase orden de pedido.

orden de trabajo, *f.*

Ejercicio profesional, modalidades y condiciones contractuales
Contexto 1. Un aspecto importante es enviar un OP/PO/WO u OT (**orden** de pedido/**trabajo**) que refleje claramente los datos del proyecto para que el traductor lo pueda facturar con mayor facilidad... Todos los datos que la agencia necesita que queden reflejados (gestor, número del proyecto, etc.) y, por supuesto, lo fundamental, fundamentalísimo, que es el número de pa-

labras, horas, unidades, etc. y el precio por palabra, unidad, hora facturable. *PBLH.*
•Véase orden de pedido.

Organización Mexicana de Traductores, *f.*

Regulación profesional, entidades gremiales
Gremio mexicano fundado en 1992 que agrupa a traductores e intérpretes.
Contexto 1. La **Organización Mexicana de Traductores** es una asociación civil que se constituyó en 1992 para promover la profesión de traductores e intérpretes y actualmente es una de las asociaciones profesionales más importantes dentro de la república mexicana. Nuestros objetivos: promover y dar apoyo para el desarrollo profesional de intérpretes y traductores. Usted puede ser miembro de la Organización Mexicana de Traductores Capítulo Occidente si es un profesional en las actividades de traducción o interpretación. *GWOMT.*
▲Remisiones: Federación Internacional de Traductores; American Translators Association; Asociación de Traductores e Intérpretes de Monterrey.
◆Nota: sigla OMT.

original, *m.*

Proceso de traducción, fase de pretraducción
•Véase contenido de la lengua de origen.

OT, *f.*

Ejercicio profesional, modalidades y condiciones contractuales
Contexto 1. Un aspecto importante es enviar un OP/PO/WO u **OT** (orden de pedido/trabajo) que refleje claramente los datos del proyecto para que el traductor lo pueda facturar con mayor facilidad... Todos los datos que la agencia necesita que queden reflejados (gestor, número del proyecto, etc.) y, por supuesto, lo fundamental, fundamentalísimo, que es el número de palabras, horas, unidades, etc. y el precio por palabra, unidad, hora facturable. *PBLH.*
•Véase orden de pedido.

out of office, *loc.*

Proceso de traducción, fase de pretraducción
Mensaje automático de correo que indica que la persona se encuentra fuera de oficina.
Contexto 1. OoO: ***out of office***, muy usado por los PM. *PBEADT.*
▲Remisiones: *end of business*; *end of day*; por confirmar; *start of business*; control de cambios; hora de la entrega; conteo de palabras; *working from home.*
◆Nota: sigla OoO.

página de traducción, *f.*

Gestión empresarial, presupuesto y facturación
Unidad de facturación basada en una página que contiene un determinado número de caracteres o de palabras.
Contexto 1. Una **página de traducción** de texto simple contiene 1800 caracteres con espacios incluidos. El número de las páginas se calcula teniendo en cuenta el texto original. El texto con 900 caracteres traducidos se calcula como mitad de tarifa. *EWPAROLA.*
▲Remisiones: cotización; herramienta de facturación; tarifa de traducción; tarifa de traducción estándar; unidad de facturación.
◆Nota: sin. foja de traducción.

página en blanco, *f.*

Ejercicio profesional, presentación de la traducción
Acotación que se coloca al reverso de las páginas en blanco de una traducción para impedir adiciones textuales (DST).
Contexto 1. Estampar, en el reverso de cada una de las hojas traducidas, el sello de **página en blanco** en lengua meta (sección 3.4.8). *GNCTPMPTC.*
▲Remisiones: traducción certificada; traducción oficial; cosellado; lacrado.

página web profesional, *f.*

Gestión empresarial, marketing
Documento electrónico ubicado en un dominio mediante el cual el PST promociona sus servicios profesionales.

Contexto 1. **Página web profesional**: hoy en día no hay excusa para no tener una página web, a ser posible con un nombre de dominio propio (que también irá asociado a vuestra dirección de correo electrónico). El precio de registrar un dominio y contratar un servicio de alojamiento es más que asequible y el beneficio para la imagen de un traductor es, en mi opinión, incuestionable. A este respecto no solo es importante que el contenido de la web sea profesional, sino que también debe parecerlo, como la mujer del César. Nadie se creerá que somos traductores serios si nuestra propia página tiene un diseño cutre. Pero tampoco hace falta recurrir a sofisticadas puestas en escena con latosas animaciones en Flash; basta con un diseño sobrio y sencillo. Ya sabéis: menos es más. Aunque para que una página web sea una herramienta realmente útil y eficaz capaz de atraer clientes casi por sí sola conviene tener un buen posicionamiento en buscadores y esa clase de cosas tan propias de la generación 2.0 (o 3.0), siempre estará ahí como presentación de nuestros servicios. Entre sus muchas ventajas, como ya he dicho, proyecta una imagen de profesionalidad e inspira confianza; permite que los clientes accedan a nuestra información en cualquier momento y desde cualquier lugar; permite incluir toda la información necesaria para vender nuestros servicios, sin las limitaciones que impone, por ejemplo, un currículum, y es una muestra de nuestras habilidades lingüísticas, por lo que su redacción (en todos los idiomas) debe ser impecable. *PBETELS.*

▲Remisiones: directorio profesional; fidelización del cliente; identidad profesional; marca personal; *marketing* personal; *marketing* profesional; portal profesional; posicionamiento; visibilidad en el mercado.

pago anticipado, *m.*

Gestión empresarial, presupuesto y facturación

Abono a cuenta que realiza el cliente por la prestación del servicio de traducción antes de su entrega efectiva.

Contexto 1. En caso de que usted necesite una traducción en forma inmediata, ponemos a su disposición el servicio *express.* Para poder acceder a este servicio, deberá enviar el documento en formato electrónico y lo recibirá de la misma manera en un plazo no mayor a veinticuatro horas, siempre y cuando le confirmemos que hemos recibido su documento. En caso de que el trabajo se realice y a menos que se estipule lo contrario, el servicio de traducción *express* queda sujeto a un **pago anticipado** equivalente al 50% del costo total del proyecto. *EWTRADUCIRE.*

▲Remisiones: plazo de pago; cotización; condiciones de pago.

◆Nota: sin. adelanto; adelanto parcial; anticipo.

palabra de origen, *f.*

Gestión empresarial, presupuesto y facturación

•Véase palabra del texto original.

palabra del texto original, *f.*

Gestión empresarial, presupuesto y facturación

Unidad de facturación utilizada para fijar tarifas de traducción basada en la palabra del texto de origen.

Contexto 1. El coste de cualquier traducción se calcula siempre por **palabra del texto original**, para garantizar una transparencia total. *EWIBIDEM.*

▲Remisiones: cotización; herramienta de facturación; contador de palabras; tarifa por palabra de origen; tarifa de traducción; tarifa por palabra; palabra traducida; unidad de facturación.

◆Nota: sin. palabra de origen.

palabra meta, *f.*

Gestión empresarial, presupuesto y facturación

Contexto 1. Una particularidad que los traductores novatos y los que comienzan a trabajar independientemente deben saber es la diferencia entre palabra fuente y **palabra meta**. La primera se refiere a un nú-

mero de palabras en el documento original y, la segunda, a las palabras traducidas en el documento final. Diferentes agencias y traductores independientes pueden elegir una u otra pero es más conveniente para un cliente recibir un presupuesto basado en las palabras fuente. ¿Por qué? De esta manera, pueden saber el costo exacto antes de que se comience a traducir. *EBTRANSPANISH*.
•Véase palabra traducida.

palabra resultante, *f.*

Gestión empresarial, presupuesto y facturación
•Véase palabra traducida.

palabra traducida, *f.*

Gestión empresarial, presupuesto y facturación
Unidad de facturación utilizada para fijar tarifas de traducción basada en la palabra del texto meta.
Contexto 1. ¿Cuál es, pues, la velocidad media de **palabras traducidas** por hora? Es algo indudablemente difícil de explicar y entran en juego muchas variables. Por ejemplo, un traductor con dos años de experiencia tendrá mucho camino recorrido y tardará menos en traducir un texto que un traductor novel. También, un traductor experto en la materia necesitará documentarse menos que alguien que no sea muy ducho en el tema [...] Por lo que he podido observar, parece que lo normal es traducir de 2500 a 3000 palabras diarias con calidad en unas buenas condiciones, pero si el tema es muy complejo la cifra desciende, y seguramente aumente conforme pasan los días si se trata de un proyecto de gran volumen. Yo, por ejemplo, hace una semana llegué a traducir... ¡hasta unas 4000 palabras! *PBAMQT*.
▲Remisiones: cotización; herramienta de facturación; contador de palabras; tarifa por palabra de origen; tarifa de traducción; tarifa por palabra; palabra del texto original; unidad de facturación.
◆Nota: sin. palabra resultante; palabra meta.

palabras revisadas por día, *f. pl.*

Gestión empresarial, presupuesto y facturación
Unidad de facturación empleada para determinar la producción de un revisor por jornada.
Contexto 1. El volumen del texto se calcula en palabras. El coste de la edición se calcula utilizando el precio por palabra. El precio de la revisión es normalmente el 50% del precio de traducción de la combinación de idiomas correspondiente. La velocidad y el volumen de revisión por hora varían de un idioma a otro. En promedio, el volumen diario normal de un proyecto de revisión es de 3500 palabras por día. En el marco de un proyecto, el volumen diario máximo de **palabras revisadas** es de 12 000 palabras **por día**. *EWFREELANGUAGE*.
▲Remisiones: unidad de facturación; tarifa por hora; revisor; revisión; productividad; rentabilidad de la revisión.

PAO, *f.*

Servicio de valor añadido, edición y publicación
Contexto 1. Servicios de **PAO**. Technicis, con el objetivo constante de adaptarse al soporte provisto, le ofrece servicios de publicación asistida por ordenador (PAO) para entregarle su documentación multilingüe directamente en su formato original. Superamos todas las restricciones impuestas por soportes complejos, brindándole una maquetación impecable conforme a sus normas gráficas. Confíe en nosotros como un único prestatario de amplia experiencia para traducir sus documentos en toda clase de soportes. *EWTECHNICIS*.
•Véase DTP; publicación asistida por ordenador.

paquete lingüístico, *m.*

Servicio de valor añadido, consultoría
Contexto 1. **Paquetes lingüísticos** (para consultas sencillas y rápidas). Son paquetes que reúnen 10, 15 o 20 consultas lingüísticas simples (una palabra, una expresión, etc.) de modo mensual, aplicando un pequeño des-

cuento al precio de una consulta lingüística. La idea es ofrecer una continuidad en el servicio, en un precio competente. *EWURBAN*.
•Véase consultas independientes y puntuales.

paráfrasis, *f.*

Ejercicio profesional, tipo de traducción
•Véase traducción intralingüística.

pausa externa, *f.*

Proceso de traducción, fase de traducción
Intervalo de tres o más minutos en los que un traductor detiene su trabajo entre traducciones de textos diferentes (DST).
Contexto 1. En lo que se refiere a las **pausas externas**, su función podría ser comer, tomar café, cerrar y empezar el día, revisar correcciones hechas por un corrector, etc. *ATDAK*.
▲Remisiones: pausa interna; gestión del tiempo; técnica pomodoro.

pausa interna, *f.*

Proceso de traducción, fase de traducción
Intervalo de tres o más minutos en los que un traductor detiene su trabajo durante la traducción de un mismo texto (DST).
Contexto 1. Podemos tener la impresión general de que el trabajo del traductor interno fue bastante monótono, al menos en cuanto a la duración de la misma posición física y de la actividad principal de traducción. La autora, sin embargo, menciona la gran incidencia (no esperada) de **pausas internas** y externas. *ATDAK*.
▲Remisiones: pausa externa; gestión del tiempo; técnica pomodoro.

PayPal, *m.*

Gestión empresarial, presupuesto y facturación
Plataforma de pago segura vía internet que funciona como una billetera electrónica.
Contexto 1. **PayPal** o Skrill (antes Moneybookers). De estos dos yo solo uso el primero, que es el más utilizado. En mi caso, yo lo utilizo cuando trabajo para empresas de fuera de Europa, porque las comisiones por transferencia internacional son muy elevadas y la mayoría de las empresas se niegan a cargar con la comisión. Así que, a menos que el importe sea muy alto y te ofrezcas a cargar con la comisión (que suele ser una cantidad fija que no hace tanto daño en pagos altos como en importes diminutos), la mejor idea para pagos extracomunitarios es PayPal o Skrill, que te cobran un porcentaje del dinero recibido en calidad de comisión (en PayPal es del 3,4%). *PBLTEA*.
▲Remisiones: cotización; pago anticipado; plazo de pago; facturación; condiciones de pago.

PEMT, *f.*

Servicio de valor añadido, traducción automática
Contexto 1. **PEMT**. 1. Una computadora traduce el texto. 2. Se envía el texto que resulta de esa traducción al traductor para que este lo revise. 3. El traductor lee el texto fuente. 4. Lee el texto meta. 5. Se da cuenta de que hay muchos errores en la traducción. 6. Piensa, pero su proceso de pensamiento se ve entorpecido al tener que leer estructuras de lenguaje incorrectas, y al encontrar términos y frases que resultan totalmente extraños dentro del contexto en cuestión. 7. Lee el original y la traducción una y otra vez para asegurarse de que los cambios que hace reflejan el texto original. Esto puede llevar mucho tiempo. 8. Tiene que usar el *mouse* para resaltar palabras y frases, ya sea para eliminarlas o para cortar y pegar texto. Esta tarea también lleva mucho tiempo. De hecho, hasta es posible que decida que es más rápido borrar la traducción de determinadas oraciones para traducirlas de nuevo desde cero. 9. Vuelve al comienzo para controlar todo porque ha hecho tantos cambios que necesita asegurarse de que la traducción tenga sentido y fluya. 10. Envía el texto meta a la agencia o al cliente. Debido a que este es un proceso de revisión, no se harán otros controles de la traducción, a menos que el cliente lo haya solicitado específicamente y que haya, además, pagado por este servicio. *EWHOMING*.

•Véase posedición; traducción automática con revisión posterior.

peritaje, *m.*

Ejercicio profesional, tipo de traducción
•Véase dictamen pericial.

perito traductor, *m.*

Gestión empresarial, actores
Profesional experto, debidamente acreditado, que se encarga de dar fe ante un tribunal de la exactitud y veracidad de una traducción (DST).
Contexto 1. Pueden postular al cargo de **perito traductor** todos aquellos colegiados que así lo soliciten y se sometan a las evaluaciones correspondientes en base a los requisitos señalados por la entidad que requiera de sus conocimientos especializados. *GNCTPRI.*
▲Remisiones: dictamen pericial; traductor oficial; traductor colegiado certificado.
◆Nota: sin. traductor perito; perito traductor judicial.

perito traductor judicial, *m.*

Gestión empresarial, actores
Contexto 1. Una manera fácil y rápida de encontrar a un **perito traductor judicial** es a través de nuestro directorio en línea. Aquí encontrarás a un perito traductor que podrá realizar una traducción, bajo los estándares de calidad que usted está buscando. *OWPJGJ.*
•Véase perito traductor.

persona de contacto, *f.*

Gestión empresarial, actores
Persona designada por el cliente como contacto para las coordinaciones necesarias con el PST durante el desarrollo de un proyecto de traducción u otro de valor agregado.
Contexto 1. Los detalles del registro del proyecto pueden incluir los elementos siguientes: a) identificador único del proyecto; b) nombre del cliente y **persona de contacto**; c) orden de pedido fechada y condiciones comerciales, incluidos presupuestos, volumen, plazos y detalles de la entrega; d) acuerdo y cualesquiera otras especificaciones complementarias o elementos relacionados (véase el anexo B); e) composición del equipo del proyecto del PST y persona de contacto; f) lengua(s) de origen y destino; g) fecha(s) de recepción del contenido de la lengua de origen y cualquier otro material relacionado; h) título y descripción del contenido de la lengua de origen; i) finalidad y uso de la traducción; j) terminología existente del cliente o terminología propia y otro material de referencia que se vaya a usar; k) guía(s) de estilo del cliente; l) información sobre cualquier modificación en las condiciones comerciales y cambios en el proyecto de traducción. *ONAENORISO.*
▲Remisiones: cliente; gestor de cuenta; gestor de proyectos; gerente de ventas.

pilot testing, *f.*

Servicio de valor añadido, validación
•Véase *cognitive debriefing.*

plataforma de gestión de contenidos, *f.*

Tecnologías, TIC-TAV
Contexto 1. Nuestro CMS, o **plataforma de gestión de contenidos**, le ofrece un servicio puntual de actualización multilingüe de su sitio web y adaptado al cien por cien a lo que necesite. Su facilidad de manejo hace que sea muy sencilla la edición de los contenidos y una gestión dinámica de la información. Dicha gestión puede realizarse por uno o varios usuarios, que no necesariamente necesitan conocimientos de programación o maquetación. Cualquier usuario puede añadir contenido al portal web, puesto que el gestor de contenidos permite manejar de manera independiente el contenido y el diseño. *EWTRIDIOMSL.*
•Véase sistema de gestión de contenidos.

plataforma de gestión de traducciones, *f.*

Tecnologías, TA-TAO

Contexto 1. **Plataformas de gestión de traducciones** (TMS) • De pago: funcionalidades de gestión, traducción asistida etc. • Crowdin; • Get Localization; • Wordbee: video; • GlobalSight; • Lingotek: video • Xmt International; -GMS; • Gratuitas: • Google Translator Toolkit; • Solo gestión de proyectos: Vitroff. *PBETELS.*

•Véase sistema de gestión de la traducción.

plazo, *m.*

Proceso de traducción, fase de pretraducción

•Véase plazo de entrega.

plazo de entrega, *m.*

Proceso de traducción, fase de pretraducción

Fecha de entrega definitiva pactada entre el cliente y el PST para un determinado encargo de traducción o servicio de valor agregado.

Contexto 1. Los **plazos de entrega** se ajustarán a las necesidades de cada proyecto. *EWGLOSALIA.*

Contexto 2. Tiempo o **plazo de entrega**: se puede medir en función a la cantidad de páginas y horas de trabajo que se requieran para realizar las fases de traducción, revisión e impresión. Se debería tener en consideración que la cantidad de páginas promedio por día que puede traducir un traductor es de 10 páginas a doble espacio o 1800 palabras por día en idiomas con estructuras menos complejas como el inglés. A menor tiempo para la traducción se debería considerar una mayor tarifa dado que la traducción deberá abordarse como un proyecto de traducción en el que deberán necesariamente participar una mayor cantidad de traductores y revisores. El promedio de páginas por día que puede traducir un traductor no incluye las fases de revisión e impresión. *GNCTPMPTC.*

▲Remisiones: detalles de la entrega; método de entrega; plazo de entrega urgente: plazo de entrega estándar; plazo de entrega razonable; cotización; cálculo de plazos; plazo de pago; complejidad; volumen.

◆Notas: sin. tiempo de entrega; fecha de entrega; *deadline*; *turnaround time*; TAT. Acort. plazo.

plazo de entrega estándar, *m.*

Gestión empresarial, presupuesto y facturación

Fecha de entrega de un servicio de traducción de calidad que fija el PST en función de su capacidad promedio de traducción.

Contexto 1. Tarifas y plazos. Traducción de español a ingles desde 0,075 €/Pal. Traducción de inglés a español desde 0,075 €/Pal. **Plazo de entrega estándar** 3~4 días o entrega urgente en 24 horas. *EWAGESTRAD.*

Contexto 2. ¿Necesitas una traducción urgente, para ya mismo...? En Ibidem Group estamos acostumbrados a traducir bajo presión, y entregar en plazos casi imposibles. Si nuestro **plazo de entrega *standard*** (3-4 días) no es suficiente para ti, solicítanos una traducción urgente 24 h. En todo caso te garantizamos que haremos todo lo posible por ajustarnos a tus necesidades de entrega, manteniendo la misma calidad. *EWIBIDEM.*

▲Remisiones: plazo de entrega; plazo de entrega urgente; plazo de entrega razonable.

◆Nota: sin. plazo de entrega normal; plazo *standard* de traducción.

plazo de entrega normal, *m.*

Gestión empresarial, presupuesto y facturación

•Véase plazo de entrega estándar.

plazo de entrega razonable, *m.*

Gestión empresarial, presupuesto y facturación

Fecha de entrega de un servicio de traducción, o de valor agregado, que fija el PST en función de las necesidades del cliente y de su flujo de trabajo, sin descuidar la calidad del producto.

Contexto 1. **Plazos de entrega razonables** (teniendo en cuenta el número de palabras que es posible traducir en un día y dar tiempo suficiente para que cada documento pase por todos los pasos de procesamiento establecidos). *ONOEAI.*

Contexto 2. Disponer de **plazos de entrega**

razonables: los plazos de entrega son uno de los factores que más afectan en el momento de reducir los costes de traducción. Si se requiere una traducción profesional, esta deberá ser realizada por un traductor humano cualificado, que requiere un tiempo mínimo determinado por debajo del cual no es posible realizar una traducción de calidad. A título informativo, se calcula que un traductor puede traducir, de media, unas 10 páginas al día. Todos los encargos que requieran plazos inferiores al indicado implicarán unos costes de traducción más elevados y, también, una disminución de la calidad de la traducción, ya que muy probablemente la traducción se tendrá que dividir entre varios traductores, con lo que se perderá la coherencia del estilo y de la terminología utilizados. *EBAMPERSAND.*
▲Remisiones: plazo de entrega urgente; plazo de entrega estándar; plazo de entrega; cotización; cálculo de plazos; plazo de pago; tarifa de traducción; tarifa razonable.

plazo de entrega urgente, *m.*

Gestión empresarial, presupuesto y facturación
Fecha de entrega de un servicio de traducción, o de valor agregado, que sobrepasa la capacidad promedio de traducción del proveedor e implica un recargo.
Contexto 1. Tarifas y plazos. Traducción de español a inglés desde 0,075 €/Pal. Traducción de inglés a español desde 0,075 €/Pal. **Plazo de entrega** estándar 3~4 días o entrega **urgente** en 24 horas. *EWAGESTRAD.*
▲Remisiones: plazo de entrega razonable; plazo de entrega estándar; plazo de entrega; cotización; cálculo de plazos; plazo de pago; recargo; tarifa de traducción.
◆Nota: sin. traducción urgente; entrega urgente; encargo urgente; documento urgente; traducción exprés.

plazo de pago, *m.*

Gestión empresarial, presupuesto y facturación
Tiempo acordado entre el PST y el cliente para la cancelación del servicio de traducción u otro de valor añadido (DST).
Contexto 1. En cuanto a las formas y **plazos de pago**, se observa que el 87,6% de los traductores recibe el pago después de entregar su trabajo. Los pagos fraccionados durante toda la traducción o el anticipo en la firma del contrato cobrando el resto al final del trabajo son forma de pago muy poco utilizadas, 7,5% y 4,9%, respectivamente. El plazo para cobrar la traducción es de 30 días o menos en un 55,4% de los casos, aunque para el 13,2% supera los 90 días. *ATFGCL.*
Contexto 2. ¿Qué hay que tener en cuenta antes de ponerse a traducir? Verificar la seriedad de la empresa. Elaborar un presupuesto adecuado. Archivar copia de seguridad. Pedir material de referencia. Acordar bien los **plazos de** entrega y de **pago.** Tener todo lo que se haya acordado en un mensaje. *GRASETRAD.*
Contexto 3. **Plazos de pago**: suele someterse a la legislación de aplicación del contrato. Se aconseja incluir una cláusula de sanción por mora y aplicarla si procede. *PBMAR.*
▲Remisiones: condiciones de pago; pago anticipado; cotización; plazo de entrega.

plazo *standard* de traducción, *m.*

Gestión empresarial, presupuesto y facturación
Contexto 1. **PLAZO *STANDARD* DE TRADUCCIÓN**: 3-4 DÍAS. El plazo de entrega normal para una traducción es de 3 o 4 días. Este es el plazo mínimo de entrega *standard* para textos de cualquier extensión: desde 2 líneas hasta 5000 palabras (unas 15 págs.). En todo caso, en cuanto sepamos exactamente la extensión y dificultad de los textos a traducir, podremos indicarte un plazo más exacto. *EWIBIDEM.*
•Véase plazo de entrega estándar.

PM, *m.*

Gestión empresarial, actores
◆Nota: desarr. *project manager.*
•Véase gestor de proyectos.

política ecológica, *f.*

Ejercicio profesional, ética profesional
Modelo adoptado por un PST para relacionarse adecuadamente con el medioambiente y con los recursos naturales.
Contexto 1. **Política Ecológica** de Trusted Translations. Reducción de residuos. El objetivo de Trusted Translations es utilizar la tecnología de internet como un medio para disminuir los costos de impresión y optimizar la aplicación general de medidas medioambientales de diversas maneras. • Uso limitado de los servicios de correo: intente aconsejar a los clientes que insisten en enviar y recibir copias impresas, etc. *EBTRUSTED.*
▲Remisiones: buenas prácticas.

polivalencia, *f.*

Ejercicio profesional, perfil profesional
Ejercicio profesional de la traducción que cubre un amplio espectro de áreas temáticas (DST).
Contexto 1. La **polivalencia** del personal, o su especialización, puede explicarse en algunos casos mediante las trayectorias laborales de los traductores internos dentro de las empresas. Al menos es lo que nos sugirió el director de la entidad D. Según él, los traductores empiezan su trabajo en la empresa como polivalente y se especializan con el paso del tiempo. *ATDAK.*
▲Remisiones: traductor generalista; especialización; traductor especializado.

por confirmar, *loc.*

Proceso de traducción, fase de pretraducción
Encargo de traducción sin confirmación.
Contexto 1. TBC: *to be confirmed*, **por confirmar**. *PBEADT.*
▲Remisiones: *end of business*; *end of day*; *out of office*; *start of business*; control de cambios; hora de la entrega; conteo de palabras; *working from home.*
◆Nota: sigla TBC.

portafolio del traductor, *m.*

Gestión empresarial, marketing
Selección de textos traducidos que un PST presenta como muestra de la calidad de su trabajo profesional.
Contexto 1. El **portafolio de un traductor** no debe contener simplemente una multitud de traducciones seleccionadas al azar. Debes dar preferencia a las traducciones altamente especializadas que demuestren tu experiencia de la mejor manera posible. Estas traducciones deben enfatizar tu especialización en un campo y que deberían ser las traducciones de las que estás especialmente orgulloso. No debes mezclar diferentes especialidades dentro de un mismo portafolio de traducción, en su lugar, puedes crear varios, uno para cada una de tus áreas de especialización (si es el caso). *PBQPA.*
▲Remisiones: muestra de traducción; fidelización del cliente; *marketing* personal; *marketing* profesional; posicionamiento; visibilidad en el mercado, prueba de traducción; evaluación de calidad.

portal de clientes, *m.*

Gestión empresarial, marketing
Sitio web destinado a informar a los clientes reales y potenciales del PST sobre el estado del servicio solicitado.
Contexto 1. **Portal de clientes**. Nuestro portal de clientes le permite acceder directamente a toda la información que gestionamos para usted. 24 horas al día, 7 días a la semana y 365 días al año. Podrá consultar el estado de sus solicitudes de presupuesto, sus proyectos de traducción y de comunicación multilingüe y la información acerca de los procesos que se están llevando a cabo. *EWSTAR.*
▲Remisiones: portal profesional; portal de proveedores; cartera de clientes; referencias de clientes; fidelización del cliente; página web profesional; progreso de la traducción; estado del proyecto.

portal de proveedores, *m.*

Gestión empresarial, marketing

Sitio web destinado a brindar a los proveedores del PST todos los recursos requeridos para el desarrollo eficiente de los encargos de traducción o de valor agregado.

Contexto 1. **Portal de proveedores**. START Servicios Lingüísticos creemos que nuestros proveedores son un eslabón crucial en nuestra cadena de valor y por ello los consideramos como parte de nuestro equipo. Procuramos crear condiciones de colaboración idóneas, facilitándoles todos los recursos lingüísticos y materiales de referencia disponibles y dando instrucciones claras acerca del alcance de los proyectos. *EWSTAR.*

▲Remisiones: portal profesional; portal de clientes; página web profesional; material de referencia; subcontratista; programas de gestión de proyectos.

portal profesional, *m.*

Gestión empresarial, marketing

Directorio web que permite que un traductor cree y gestione su perfil para ofrecer sus servicios a clientes potenciales (DST).

Contexto 1. Casi todos los traductores están registrados en uno o más **portales profesionales** con el objetivo de aumentar las posibilidades de contactar con potenciales clientes. A continuación analizo los sitios que considero más interesantes para crear y gestionar un perfil profesional como traductor o intérprete. *PBEFMPT.*

▲Remisiones: *marketing* personal; *marketing* profesional; identidad profesional; directorio profesional; portal de clientes; portal de proveedores; página web profesional; posicionamiento; visibilidad en el mercado.

posicionamiento, *m.*

Gestión empresarial, marketing

Imagen que tienen los clientes del PST en relación con la competencia.

Contexto 1. Y este es el segundo factor fundamental. Utilizando siempre las mismas palabras clave para tu posicionamiento en internet tanto en tu web/blog como en los portales profesionales en los que estás registrado aumentan las posibilidades de aparecer en la primera página de los buscadores (otro día hablaremos de cómo seleccionar tus palabras clave). Pero eso no es lo más importante, en el **posicionamiento** SEO se tienen muy en cuenta los enlaces entrantes a tu web de sitios considerados de calidad por los buscadores (muy visitados, recomendados, etc.), y este es el punto clave. A más enlaces entrantes de sitios bien considerados más valor le darán los buscadores a tu página web. *PBMPT.*

▲Remisiones: fidelización del cliente; marca personal; *marketing* personal; *marketing* profesional; visibilidad en el mercado; *networking.*

posedición, *f.*

Servicio de valor añadido, traducción automática

Servicio de valor añadido que consiste en la revisión humana de una versión traducida por un sistema de traducción automática (DST).

Contexto 1. La **posedición** es una actividad que realiza esta persona, asociada a la traducción automática. Consiste en efectuar modificaciones en el producto de dicha traducción automática, ya que en general posee diversos errores, para obtener un texto aceptable. Uno de los traductores automáticos más conocidos es Google Translate. *PBACROSS.*

Contexto 2. Nuestros servicios de **posedición** distinguen distintos niveles, desde una posedición rápida a una posedición completa. Es lo que denominamos *calidad bajo demanda* o *quality on demand*, adaptándose de este modo a sus necesidades, presupuesto y la finalidad de los textos. La posedición consiste en la revisión y corrección de contenido generado por la traducción automática para garantizar la calidad y coherencia de dichos contenidos, a un menor coste que el de la traducción humana. *EWLINGUASERVE.*

Contexto 3. La **posedición** de textos para traducción automática supone solucionar los posibles errores de traducción cometidos por un traductor automático. *EBTRA&COMM.*
▲Remisiones: preedición; poseditor; sistema de traducción automática; traducción automática; herramienta de traducción automática; revisión de traducibilidad.
◆Nota: sin. *post-editing machine translation*; PEMT.

poseditor, *m.*

Gestión empresarial, actores
Profesional de la traducción que se encarga del trabajo de revisión de un producto de traducción automática.
Contexto 1. En Trusted Translations, tenemos lingüistas expertos capacitados específicamente en la posedición de traducciones generadas en forma automática. Nuestros **poseditores** expertos utilizan su experiencia con el resultado de la traducción automática o automatizada no solo para corregirlo sino también para mejorar el resultado de traducción automática futuro. *EWTRUSTED.*
Contexto 2. Según Gouadec, los traductores (personas formadas en traducción), en las posiciones internas, pueden desempeñar una o varias de las siguientes funciones: pretraductor integral, documentalista e investigador, terminólogo, fraseólogo, traductor (puro), postraductor o **poseditor**, revisor, corrector, editor, redactor, traductor con dos competencias, ingeniero de comunicación multilingüe y multimedia, jefe de proyectos/interface de gestión. *ATDAK.*
▲Remisiones: preedición; posedición; sistema de traducción automática; traducción automática; preeditor.
◆Notas: sin. postraductor. Var. orto. posteditor.

posproducción, *f.*

Proceso de traducción, fase de postraducción
Contexto 1. **Posproducción** – El gestor de proyectos entrega la traducción final al cliente y recibe los comentarios de este en caso de que los haya. Es posible que en esta fase tengan que actualizarse las memorias de traducción. *EBEVS.*
•Véase proceso de posproducción.

post-editing machine translation, *f.*

Servicio de valor añadido, traducción automática
Contexto 1. La última tendencia en la industria de la traducción: PEMT, por Nikki Graham (y traducido al español por Victoria Principi). PEMT viene a ser la traducción automática con revisión posterior (del inglés ***post-editing machine translation***). Intentar colar un texto traducido por un servicio de traducción automática es un truco que tiene más años que un bosque. Nikki enfatiza las diferencias entre la traducción humana y la automática. La PEMT, entre preedición y posedición, puede resultar incluso más costosa que una traducción humana. *PBTEP.*
•Véase posedición; traducción automática con revisión posterior.

postraductor, *m.*

Gestión empresarial, actores
Contexto 1. Según Gouadec, los traductores (personas formadas en traducción), en las posiciones internas, pueden desempeñar una o varias de las siguientes funciones: pretraductor integral, documentalista e investigador, terminólogo, fraseólogo, traductor (puro), **postraductor** o poseditor, revisor, corrector, editor, redactor, traductor con dos competencias, ingeniero de comunicación multilingüe y multimedia, jefe de proyectos/interface de gestión. *ATDAK.*
•Véase poseditor.

practicante, *com.*

Ejercicio profesional, inserción laboral
Estudiante o egresado de la carrera de traducción que recibe entrenamiento laboral temporal en un centro de práctica.

Contexto 1. Se busca **practicante** de Traducción. Estudio de Traducción busca practicante de Traducción con el siguiente perfil: Egresado(a) de universidad o instituto técnico de prestigio. Excelente manejo de idioma castellano. Excelente manejo del idioma inglés (indispensable). Manejo de otros idiomas (opcional). Recién egresado o cursando los últimos ciclos. El horario laboral es de 9 a. m. a 1 p. m. o de 1 p. m. a 5 p. m. Se ofrece excelente capacitación profesional, en una empresa de gran importancia en la ciudad y movilidad. *PBTRADUCTOSFERA.*
▲Remisiones: prueba de traducción; salida profesional; empleabilidad; competencia profesional.

precio de traducción, *m.*

Gestión empresarial, presupuesto y facturación
Contexto 1. Por supuesto, además de todos estos costos relacionados con los distintos recursos, internos y externos, la empresa debe pagar todos sus costos fijos, y, preferiblemente, dar ganancia. Por ende, calcular los costos de traducir siempre es una tarea difícil. En Trusted Translations, tratamos de ofrecer el máximo beneficio a nuestros clientes minimizando los costos y manteniendo la calidad. Si desea más información al respecto, por favor visite nuestra página sobre **precios de traducción**. *EWTRUSTED.*
•Véase tarifa de traducción.

precio de traducción por palabra de origen, *m.*

Gestión empresarial, presupuesto y facturación
•Véase tarifa por palabra de origen.

precio por palabra de origen, *m.*

Gestión empresarial, presupuesto y facturación
Contexto 1. **Precio por palabra de origen**. Ventajas de cotizar por idioma fuente. El presupuesto es real, ya que se basa en un documento, el de origen, que está a la vista de todos; el presupuesto es inmediato, ya que no hay que esperar a la entrega de la traducción para calcular los costos del trabajo; el presupuesto es ético, ya que se basa en material observable y medible. Desventajas de cotizar por idioma de destino. El presupuesto es irreal, ya que se basa en proyecciones a futuro; el presupuesto es tardío, ya que su exactitud y precisión dependen de la finalización de la traducción; el presupuesto es objetable, ya que se basa en cálculos y proyecciones, que pueden ser erróneos o no ajustados a la realidad. *EBTRUSTED.*
•Véase tarifa por palabra de origen.

precio por palabra del texto de llegada, *m.*

Gestión empresarial, presupuesto y facturación
Contexto 1. Si el proveedor de servicios de traducción le ofrece una tarifa basada en **precio por palabra del texto de llegada**, observará que la tarifa puede parecer menor que una tarifa por palabra a partir de las contabilizadas en el texto de origen. *EWENGLISHPOWER.*
•Véase tarifa por palabra del texto meta.

precio por palabra meta, *m.*

Gestión empresarial, presupuesto y facturación
Contexto 1. Sin embargo, cobrar por página difiere del **precio por** página que alguno traductores o agencias cobran, ya que, en ocasiones, se refiere a un número de palabras fijo (por ejemplo, 200 palabras por página). Por lo tanto, cuando negocias tus tarifas, es siempre importante aclarar a qué te refieres cuando cotizas "por página" (página física o número de palabras predeterminado) y "por palabra" (**palabra** fuente o **meta**). *EBTRANSPANISH.*
•Véase tarifa por palabra del texto meta.

preedición, *f.*

Servicio de valor añadido, traducción automática
Servicio de valor añadido que consiste en el proceso, previo a la traducción automática, de modificar el texto con la finalidad de mejorar su calidad inicial y de reducir, así, el tiempo de posedición (DST).

Contexto 1. La **preedición** incluye muchos tipos de tareas diferentes. Una de esas tareas es que el texto fuente esté escrito según reglas fijas tales como usar oraciones cortas, evitar estructuras sintácticas complejas o ambiguas, unificar la terminología, etc. Otras tareas de preedición son pasar el corrector ortográfico por el texto fuente, arreglar el formato y etiquetar los elementos del documento fuente que no deben traducir. *EBTRUSTED.*
Contexto 2. En términos de calidad, la **preedición** lingüística es mucho más importante que la preedición de formato ya que puede afectar directamente la calidad de la pretraducción. Si el texto *source* es incomprensible, entonces la traducción automática también lo será. Esto no sucede, por ejemplo, si el formato de diseño está mal. *EWTRUSTED.*
▲Remisiones: posedición; poseditor; preeditor; sistema de traducción automática; traducción automática; herramienta de traducción automática; revisión de traducibilidad; preparación del contenido.
◆Nota: su forma desarrollada es preedición lingüística.

preedición lingüística, *f.*

Servicio de valor añadido, traducción automática
•Véase preedición.

preeditor, *m.*

Gestión empresarial, actores
Traductor que prepara un texto origen para facilitar su traducción automática.
Contexto 1. Un **preeditor** prepara un texto para facilitar su traducción mediante un traductor automático y, posteriormente, un poseditor arregla el texto según el principio de que los textos poseditados podrán ser revisados para asegurar la calidad de las opciones de idioma y corregir los errores más simples. *EWTRANIX.*
▲Remisiones: preedición; posedición; poseditor.

preparación de originales, *f.*

Proceso de traducción, fase de pretraducción
Contexto 1. También debería mencionar la **preparación de originales**. Este es un paso anterior a la TA. Se limpia el texto, se eliminan la jerga interna, los errores ortográficos y de tipeo, y las características de mala redacción, para que la computadora reconozca mejor lo que dice el original y produzca un texto meta más comprensible. Un traductor humano simplemente comprenderá su mensaje al leer el texto y, como parte del servicio, corregirá cualquier error. Además, si por algún motivo no está seguro sobre alguna cuestión, se comunicará con ustedes para consultarles. El diálogo suele ser una parte importante del proceso, que puede beneficiar tanto al traductor como al cliente, y contribuir a forjar relaciones duraderas y provechosas. *EWHOMING.*
•Véase preparación del contenido.

preparación del contenido, *f.*

Proceso de traducción, fase de pretraducción
Disposición del contenido de la lengua de origen para su ulterior procesamiento con alguna tecnología de traducción.
Contexto 1. La fase de preproducción puede incluir los elementos siguientes: a) obtención o configuración de memorias de traducción, bases de datos terminológicas, guías de estilo y cualesquiera otros recursos de los que se podría disponer y resultaran útiles para el proceso de traducción; b) **preparación del contenido** para su procesamiento con la tecnología de la traducción; c) análisis y alcance del proyecto, incluido el análisis del contenido de la lengua de origen; d) hojas/plantillas de estilo que se vayan a aplicar o crear; e) recopilación y preparación de materiales de referencia (por ejemplo, terminología y materiales de formación) para mejorar la conformidad cualitativa con las especificaciones del proyecto. *ONAENORISO.*
▲Remisiones: contenido; traducción; pretraducción; preedición; adecuación de lenguaje controlado; traducibilidad; preeditor.
◆Nota: sin. preparación de originales.

preproducción, *f.*

Proceso de traducción, fase de pretraducción
Contexto 1. **Preproducción** – El gestor de proyectos es la persona de contacto con el cliente y quien evalúa los requisitos del proyecto. Es el gestor de proyectos quien reúne un equipo y designa a los traductores y revisores más adecuados en función de las necesidades específicas del proyecto. Asimismo es quien comunica al equipo las especificaciones del cliente. Por otro lado, en esta fase el equipo de maquetación prepara los documentos de modo que puedan importarse y el formato sea compatible con el programa de traducción asistida que vaya a utilizarse. *EBEVS.*
•Véase fase de preproducción.

presupuesto, *m.*

Gestión empresarial, presupuesto y facturación
•Véase cotización.

pretraducción, *f.*

Proceso de traducción, fase de pretraducción
Contexto 1. Desde la confirmación del pedido, el gestor de proyectos designado (que permanece siempre con el mismo cliente) remata la planificación detallada y define el sistema de seguimiento (procedimiento preciso, informe de estado semanal, identificación y escalonamiento de las tareas, etc.). Organiza, entre otras cosas, el trabajo de **pretraducción** (en la mayoría de los casos con Trados) y el reparto de las diversas traducciones, revisiones y actividades de posedición entre las diferentes oficinas. *EWEUROLOGOS.*
•Véase proceso de preproducción.

primer contacto, *m.*

Gestión empresarial, marketing
Acercamiento inicial que el PST tiene con el cliente.
Contexto 1. **Primer contacto**: siempre que tengas la oportunidad, utiliza el teléfono. El *e-mail* es nuestro medio de comunicación por excelencia pero, cuando tratamos con clientes directos, a veces resulta demasiado impersonal. Está demostrado que una conversación telefónica crea una relación con el cliente más estrecha que un mensaje por *e-mail* y es especialmente útil cuando tratas con clientes directos. Por teléfono podrás explicarle mucho mejor el proceso a seguir y se creará una relación de confianza. La gente hace negocios con gente que conoce y en la que confía. Además, para pasar de esta primera fase de contacto, es imprescindible destacar un punto fuerte que te distinga de los demás. *EBDECALERO.*
▲Remisiones: conocimiento del cliente; fidelización del cliente; *marketing* personal; *marketing* profesional; portafolio del traductor; posicionamiento; visibilidad en el mercado; *networking.*

principio de honradez con los clientes, *m.*

Ejercicio profesional, conducta profesional
Norma ética profesional que consiste en guardar un comportamiento íntegro y recto con los clientes.
Contexto 1. El **principio de honradez con los clientes**. a. Requerir remuneración o beneficios proporcionales a su trabajo, sin aprovecharse de la necesidad, ignorancia o inexperiencia del cliente. b. Cobrar gastos o expensas razonables. c. No retener o demorar injustificadamente documentos suministrados para la traducción o la realización de dicho trabajo. d. Otorgar recibos de pago de honorarios o de gastos, cuando le sean solicitados. e. Demostrar transparencia en el trabajo y en la tarifa. f. Abstenerse de aceptar una traducción por la cual no pueda responder adecuadamente. *GNACTICE.*
▲Remisiones: principio de lealtad profesional; principio de libertad; principio de neutralidad; principio de solidaridad; código de ética; decálogo del traductor; juramento jeronímico; secreto profesional.

principio de lealtad profesional, *m.*

Ejercicio profesional, conducta profesional

Norma ética profesional que consiste en guardar fidelidad a la profesión mediante una actuación debida con los colegas y los clientes.

Contexto 1. El **principio de lealtad profesional**. • No aceptar traducciones con las cuales puedan presentarse conflictos de intereses. • No realizar directamente o por interpuesta persona, o en cualquier forma, gestiones encaminadas a desplazar o a sustituir a un colega en asunto profesional del que este se haya encargado, u ofrecer o prestar sus servicios a menor precio para impedir que se confiera el encargo a otro traductor. • No propiciar la elusión o el retardo del pago de los honorarios debidos a un colega. • Respetar los parámetros o criterios de fijación de tarifas sugeridos por las asociaciones de traductores y no aplicar tarifas que estimulen la competencia desleal. *GNACTICE.*

▲Remisiones: principio de honradez con los clientes; principio de libertad; principio de neutralidad; principio de solidaridad; código de ética; decálogo del traductor; juramento jeronímico; competencia desleal; conducta interprofesional; secreto profesional.

principio de libertad, *m.*

Ejercicio profesional, ética profesional

Norma ética profesional que consiste en la independencia con la que cuenta el traductor para aceptar o rechazar un determinado encargo de traducción.

Contexto 1. **Principio de libertad**. • Libertad de aceptar el cliente y el tema de traducción. • Negarse a dar al texto una interpretación impuesta que el traductor no aprueba. *GNACTICE.*

▲Remisiones: principio de honradez con los clientes; principio de lealtad profesional; principio de neutralidad; principio de solidaridad; código de ética; decálogo del traductor; juramento jeronímico; secreto profesional.

principio de neutralidad, *m.*

Ejercicio profesional, ética profesional

Norma ética profesional que consiste en no tomar partido por ninguna de las partes involucradas en un servicio de traducción, u otro, y renunciar a toda injerencia en caso de conflicto o diferencia de opiniones.

Contexto 1. El **principio de la neutralidad** en la traducción. • Observar neutralidad entre las partes que intervengan en una traducción o interpretación. *GNACTICE.*

▲Remisiones: principio de honradez con los clientes; principio de lealtad profesional; principio de libertad; principio de solidaridad; código de ética; decálogo del traductor; juramento jeronímico; secreto profesional.

principio de reserva, *m.*

Ejercicio profesional, ética profesional

Contexto 1. El **principio de la reserva** o secreto profesional. • Guardar la confidencialidad de proyectos originales o documentos suministrados para la traducción. • No aprovechar la información confidencial contenida en los documentos de la traducción para uso personal o de terceros. *GNACTICE.*

•Véase secreto profesional.

principio de solidaridad, *m.*

Ejercicio profesional, ética profesional

Norma ética profesional que consiste en considerar a los colegas como un colectivo profesional en el que deben primar la colaboración y la ayuda mutua.

Contexto 1. **Principio de solidaridad**. • Observar buenas relaciones de confraternidad y solidaridad profesionales. • Evitar la competencia desleal. • Prestar ayuda en caso de dificultad profesional. *GNACTICE.*

▲Remisiones: principio de honradez con los clientes; principio de lealtad profesional; principio de libertad; principio de neutralidad; código de ética; decálogo del traductor; juramento jeronímico; secreto profesional.

procedimiento de resolución de disputas, *m.*

Ejercicio profesional, ética profesional
Forma prevista y acordada entre el cliente y el PST para solucionar cualquier controversia que se genere como resultado del servicio prestado.
Contexto 1. Las condiciones comerciales pueden incluir, pero sin limitarse a ellos, los elementos siguientes: a) cláusulas de confidencialidad y acuerdos de no revelación; b) derechos de propiedad intelectual sobre el material entregado al cliente y restricciones sobre el uso de subproductos, como memorias de traducción; c) condiciones de pago (como pago a 30 días o un descuento del 2% si el pago se produce en un plazo de 10 días); d) garantías; e) responsabilidad; f) **procedimientos de resolución de disputas**; g) elección de la jurisdicción aplicable. *ONAENORISO.*
▲Remisiones: administración del cierre del proyecto; proceso de posproducción; comentarios del cliente; reclamación; seguro de responsabilidad civil; acuerdo entre el cliente y el PST.

proceso de posproducción, *m.*

Proceso de traducción, fase de postraducción
Fase final del flujo de trabajo de una traducción que incluye los comentarios del cliente y la administración del cierre del proyecto.
Contexto 1. Flujo de trabajo de traducción. La ISO 17100:2015 establece los procesos y las fases de un proyecto de traducción. Distingue entre **procesos de** preproducción, producción y **posproducción** y, además, desglosa cada una de las actividades involucradas en cada fase. *EWSTAR.*
Contexto 2. **Procesos de posproducción**. 6.1 Comentarios del cliente. El PST debe disponer de un proceso para el tratamiento de los comentarios del cliente, para la evaluación de la satisfacción del cliente y para la realización de las correcciones correspondientes y/o la adopción de acciones correctoras. Si existe la necesidad de introducir correcciones, el trabajo se volverá a entregar al cliente. Se considera una buena práctica que el PST comparta los comentarios del cliente con todas las partes involucradas. 6.2 Administración del cierre del proyecto. El PST debe disponer de un proceso para garantizar el archivo completo del proyecto durante un periodo adecuado y para satisfacer todas las obligaciones legales y/o contractuales relativas a la conservación o destrucción de registros y protección de datos. *ONAENORISO.*
▲Remisiones: administración del cierre del proyecto; cierre del proyecto de traducción; comentarios del cliente; gestión de proyectos; proceso de preproducción; proceso de producción.
◆Nota: sin. posproducción.

proceso de preproducción, *m.*

Proceso de traducción, fase de pretraducción
Fase inicial del flujo de trabajo de una traducción que involucra la disposición de procesos para la gestión y el análisis de solicitudes, la determinación de la viabilidad de los proyectos, la preparación de presupuestos y la formalización de acuerdos con los clientes (UNE-EN ISO 17100).
Contexto 1. a) identificar los requisitos y especificaciones fundamentales del proyecto de traducción durante el **proceso de preproducción**, y seguir los procedimientos y especificaciones a lo largo de toda su producción. *ONAENORISO.*
▲Remisiones: gestión de proyectos; proceso de posproducción; proceso de producción; presupuesto; acuerdo entre el cliente y el PST; material de referencia; composición del equipo del proyecto; guía de estilo; hoja de estilo; glosario del traductor; glosario para el traductor.
◆Notas: sin. fase de preproducción. Acort. preproducción.

proceso de producción, *m.*

Proceso de traducción, fase de traducción
Fase intermedia del flujo de trabajo de una

traducción que involucra la traducción propiamente dicha, la autocomprobación, la revisión, la corrección de concepto, la corrección de pruebas, la verificación final y la entrega de la traducción al cliente.
Contexto 1. Cada proyecto de traducción debe ser coordinado por un gestor de proyectos que debe ser el responsable de satisfacer los requisitos de todos los aspectos del **proceso de producción** y de gestionar el proyecto en consonancia con los procedimientos del PST, el acuerdo entre el cliente y el PST, y cualesquiera otras especificaciones relevantes. *ONAENORISO.*
▲Remisiones: gestión de proyectos; traducción; autocomprobación; revisión; corrección de concepto; corrección de pruebas; verificación final; traducir.
◆Nota: acort. producción.

producción, *f.*

Proceso de traducción, fase de traducción
Contexto 1. **Producción**. Esta fase engloba la traducción, la revisión y las tareas de posmaquetación (los archivos vuelven a convertirse a su formato original o al formato especificado por el cliente). El gestor de proyectos garantiza que los traductores tengan acceso a las memorias de traducción, guías de estilo del cliente, glosarios y materiales de referencia y supervisa el avance del proyecto. Tras la traducción, el equipo de maquetación se encarga de asegurar que el nuevo contenido encaja debidamente. *EBEVS.*
•Véase proceso de producción.

productividad, *f.*

Gestión empresarial, productividad
Número promedio de palabras que traduce un profesional por día (DST).
Contexto 1. La **productividad** varía enormemente según la persona y las circunstancias. Como cota de referencia creo que, siempre que el traductor tenga trabajo, puede hacer un mínimo de unas 1500 a 2000 palabras al día, según la especialidad, hasta unas 3000 o 4000 al día, cifra que hacen muchos traductores. *PBVRL.*
Contexto 2. En la traducción, la **productividad** se podría definir como un engranaje, en el que se aúnan calidad, rendimiento y actitud. Sergio citó a uno de los ponentes de la edición pasada, Juanjo Arevalillo, al decir que "se contrata por aptitud y se despide por actitud", algo que hay que tenerlo muy en cuenta, ya que para ser productivo hay que tener ganas de querer serlo. *PBDDUFT.*
Contexto 3. Calcular nuestra **productividad** en palabras por hora (que variará según el idioma y la materia) y dividir la tarifa por hora entre dicho número de palabras. Por ejemplo, si somos capaces de traducir 350 palabras por hora (listas para entregar), nuestro precio por palabra equivalente a nuestro precio por hora será de 0,029 €, 0,058 €, 0,069 € y 0,14 € respectivamente, en función de cuál sea nuestro objetivo de facturación y nuestro horario de trabajo. *PBETELS.*
▲Remisiones: capacidad de traducción; cálculo de plazos; plazo de entrega; velocidad de escritura; velocidad de traducción; velocidad media de traducción; palabras revisadas por día.

profesional polivalente, *m.*

Gestión empresarial, actores
Contexto 1. Dada la demanda de servicios de traducción cada vez más especializados en diversos sectores y nichos de negocio, es esencial hoy día recurrir a **profesionales polivalentes** que posean la experiencia en traducción que exigimos, y además destaquen en disciplinas clave que se ajusten a las necesidades de nuestros clientes. *EWBETRANSLATED.*
•Véase traductor generalista.

programa de edición, *m.*

Tecnologías, TIC-TAV
Herramienta informática que facilita el trabajo de edición de textos con diferentes formatos.

Contexto 1. Algunos programas, como Wordfast y las versiones de Trados anteriores a SDL Trados Studio 2009, funcionan en combinación con Microsoft Word, aunque Trados también cuenta con un **programa de edición** llamado TagEditor que permite traducir textos de otros formatos, como Excel o HTML. Otros programas, como las demás herramientas mencionadas y la versión más reciente de Trados (SDL Trados Studio 2009), tienen una interfaz propia que integra la memoria de traducción, el texto que se está traduciendo y la base de datos terminológica, en vez de tener que utilizar programas independientes, como es el caso del paquete Trados. *PBETELS.*

▴Remisiones: traducción asistida por ordenador; herramienta de traducción asistida por ordenador; edición; DTP; editor.

programa de gestión de proyectos, *m.*

Tecnologías, TIC-TAV

Aplicación informática que facilita el trabajo cooperativo en la gestión de un proyecto de traducción.

Contexto 1. La tecnología de la traducción comprende una serie de herramientas empleadas por traductores humanos, revisores, correctores de concepto y otros profesionales para facilitar su trabajo. Las tecnologías de la traducción pueden incluir los elementos siguientes: a) sistemas de gestión de contenidos (CMS); b) sistemas de redacción de contenidos; c) autoedición; d) programas de procesamiento de texto; e) sistemas de gestión de la traducción (SGT); f) herramientas de memorias de traducción (MT) y traducción asistida por ordenador (TAO); g) herramientas de aseguramiento de la calidad; h) herramientas de revisión; i) herramientas de localización; j) traducción automática (TA); k) sistemas de gestión terminológica; l) **programas de gestión de proyectos**; m) programas de reconocimiento de voz para conversión a texto. Las tecnologías de la traducción pueden incluir también otro tipo de tecnología de traducción relevante ya existente o futura. *ONAENORISO.*

▴Remisiones: proyecto de traducción; gestión de proyectos; gestor de proyectos; traducción colaborativa; portal de proveedores.

◆Nota: sin. herramientas para gestionar proyectos; *software* de gestión de proyectos; herramienta de traducción colaborativa.

programa de reconocimiento de voz, *m.*

Tecnologías, TIC-TAV

Herramienta informática capaz de identificar las palabras dictadas a un micrófono y de convertirlas en texto escrito.

Contexto 1. Todo **programa de reconocimiento de la voz** requiere un breve periodo de entrenamiento de la computadora: una vez cargado el *software* y conectado el micrófono, hay que dejar que el programa guíe al usuario, pidiéndole, entre otras cosas, leer un texto en voz alta ante el micrófono. De este modo, el programa se adapta a cada voz. Una vez finalizado el entrenamiento, podrá usted dictar claramente, pero en tono y ritmo naturales, sin hacer pausas entre palabras como exigían los primeros programas por el estilo. Los factores que dificultan el reconocimiento de voz son: ambiente/canal; conjunto de usuarios; modo de elocución; vocabulario y complejidad de la tarea. *PBSQ.*

▴Remisiones: OCR; formato; n-grama.

◆Nota: acort. reconocimiento de voz.

programa de traducción asistida por ordenador, *m.*

Tecnologías, TA-TAO

•Véase herramienta de traducción asistida por ordenador.

programa QA, *m.*

Tecnología, TIC-TAV

Herramienta de aseguramiento de la calidad que permite revisar el grado de coherencia interna de una traducción y detectar un gran número de errores difíciles de evaluar.

Contexto 1. ¿Qué son los **programas QA**? Los programas QA son las herramientas que nos facilitan la tarea de revisión. Con ellos podremos comprobar que nuestras traducciones son coherentes y corregir un gran número de errores que se nos pasan fácilmente al revisar. Estas herramientas de traducción analizan una inmensidad de puntos que pueden dar lugar a errores pero los más importantes son: Palabras clave: los programas nos analizan las palabras clave del documento y nos avisan si hemos traducido una misma palabra clave de diferentes formas. Por ejemplo, pongamos que un documento aparece la palabra "*lightsaber*" y la traducimos 20 veces por "espada láser", dos por "sable de luz" y una por "espada de luz". El programa nos avisará de este error automáticamente. Es algo especialmente útil en proyectos largos de más de 30 000 palabras en los que aparezca una gran cantidad de términos especializados. Números: nos avisará de errores en los números, tanto de los del texto origen que no coinciden con los de la traducción, como errores en el formato de los números. Así, si en una traducción de unas cuentas anuales, por ejemplo, en la que aparecen decenas de cuadros con números interminables nos equivocamos en un número o un símbolo, nuestro programa de revisión nos ayudará a detectarlo. Especialmente útil además para aquellas veces en las que Trados te juega una mala pasada y te aplica automáticamente un número con un formato erróneo. Segmentos no traducidos: nos avisará de los segmentos o palabras no traducidos, por si se trata de un error de traducción. *EWDECALERO.*

progreso de la traducción, *m.*

Gestión empresarial, marketing
Facilidad de acceso que brinda un proveedor de servicios a su cliente para que pueda hacer el seguimiento de su encargo de traducción (DST).
Contexto 1. ¿Puedo ver el **progreso de la traducción**? Si ha elegido recibir una traducción mediante nuestro servicio 5 estrellas/Avanzado, 7 estrellas/Superior o 24 horas podrá visualizar el progreso de su traducción en cualquier momento a través de internet. Una vez inicie sesión en su perfil de usuario, podrá comprobar el estado de su proyecto en la Zona de clientes. Se trata de un proceso transparente, de forma que usted no solo estará al tanto del progreso de su traducción, sino que también podrá comprobar que está obteniendo aquello por lo que ha pagado. *EWCOMTRANSLATIONS.*
▲Remisiones: portal de clientes; cartera de clientes; fidelización del cliente; página web profesional; estado del proyecto.
◆Nota: sin. progreso del encargo.

progreso del encargo, *m.*

Gestión empresarial, marketing
Contexto 1. La puntualidad en la entrega del encargo es primordial tanto para nuestros clientes como para nosotros, por lo que garantizamos un seguimiento del proyecto e informamos a nuestros clientes del **progreso de su encargo**. *EWIPSUM.*
•Véase progreso de la traducción.

project manager, *m.*

Gestión empresarial, actores
•Véase gestor de proyectos.

prólogo del traductor, *m.*

Regulación profesional, normas de calidad
Espacio ubicado al inicio de una traducción en el que se describen los problemas hallados, así como los métodos, las técnicas y las estrategias traductoras utilizadas para resolverlos (DST).
Contexto 1. **Prólogo a la traducción**: este trabajo de traducción ha sido realizado íntegramente por voluntarios. Le agradecemos que nos comunique cualquier error de traducción o transcripción en el texto. También será bienvenido si desea colabo-

rar más activamente en la traducción. Ayúdenos a hacer de esta traducción un trabajo de calidad. *GRASETRAD*.
▲ Remisiones: nota del traductor; texto ilegible.

propósito de la traducción, *m.*

Proceso de traducción, fase de pretraducción
Contexto 1. Tenga en cuenta el tipo de documento que necesita traducir y el **propósito de la traducción**. *EBTRANSPANISH*.
• Véase finalidad de la traducción.

protección de datos, *f.*

Gestión empresarial, marketing
Resguardo de la información de un cliente que debe garantizar un PST.
Contexto 1. Dada la importancia que tiene para muchos de nuestros clientes el apropiado uso y la protección de sus datos, Mondo Agit decidió, a principios de 2012, confiar el control de su política y aplicación de **protección de datos** a una empresa independiente externa, la consultora especializada DGE Bruxelles. De esta manera, tras varios trámites y pruebas realizados estamos en posesión del documento que expide la consultora independiente DGE Bruxelles y certifica que nuestra agencia adapta sus procesos a la actual normativa vigente en materia de protección de datos. *EWMONDO*.
Contexto 2. Administración del cierre del proyecto. El PST debe disponer de un proceso para garantizar el archivo completo del proyecto durante un periodo adecuado y para satisfacer todas las obligaciones legales y/o contractuales relativas a la conservación o destrucción de registros y **protección de datos**. *ONAENORISO*.
▲ Remisiones: certificado de protección de datos; acuerdo de no revelación; cláusula de confidencialidad; acuerdo de confidencialidad con los empleados; destrucción confidencial y certificada de documentación; secreto profesional.

protocolo de transferencia de archivos, *m.*

Tecnologías, TIC-TAV
Sistema de transferencia de archivos entre ordenadores a través de una red TCP/IP que permite descargar y subir archivos de manera fiable y rápida.
Contexto 1. Para aquellos que no conocen el término ni la herramienta, un FTP es un **protocolo de transferencia de archivos** (su nombre proviene de sus siglas en inglés, *file transfer protocol*). Quizá para algunos pueda resultar una banalidad, debido a que es una herramienta muy común; sin embargo, no está de más brindar una breve explicación de lo que se puede hacer con un servidor FTP. Como bien lo indica la palabra, el FTP es de gran utilidad para la transferencia de archivos de gran tamaño. Muchos traductores solo conocen el envío de documentos por medio del método de adjunto tradicional; es decir, el archivo adjunto en el mismo cuerpo del *mail*. Sin embargo, no siempre podemos enviar documentos de este tipo, en especial cuando el tamaño de estos documentos supera los 10 MB. Normalmente, los servidores de *mail* tienen una capacidad de transferencia que no permite adjuntar archivos más pesados de los 10 MB. [...] Para los PM que suelen planificar proyectos de gran tamaño, el uso de servidores FTP es fundamental, ya que facilita la tarea de asignación, de recepción de archivos, y, además, no se pierde tiempo descargando adjuntos pesados. Si la conexión es buena, un archivo de 30 MB puede bajarse en cuestión de minutos. *EWTRUSTED*.
▲ Remisiones: entregable; método de entrega.
◆ Nota: sin. FTP; *file transfer protocol*.

proveedor de servicios de traducción, *m.*

Gestión empresarial, actores
Persona natural o jurídica que presta servicios de traducción o de valor añadido (DST).
Contexto 1. La norma exige que el **proveedor de servicios de traducción** (agencia o empresa de traducción, equipo de traductores, etc.) disponga de un procedimiento documentado para la gestión de los proyec-

tos de traducción y describe brevemente las diferentes fases de la gestión de proyectos: desde el control y supervisión del proceso de preparación hasta el proceso de validación para la entrega final. *EWALPHATRAD.*
Contexto 2. Se pueden categorizar los **proveedores de servicios de traducción** en tres amplios modelos. Modelo interno: la mayoría del trabajo de traducción lo realizan traductores en interno, es decir, en las oficinas de la empresa de traducción. Modelo de agencia: la mayoría o hasta todo el trabajo de traducción es subcontratado por la agencia a otros traductores autónomos. Modelo autónomo: traductores que, por regla general, trabajan desde su domicilio. *EWVERITAS.*
▲Remisiones: agencia de traducción; empresa de traducción; bróker de traducción; traductor independiente; proveedor de servicios lingüísticos; proveedor multilingüe.

proveedor de servicios lingüísticos, *m.*

Gestión empresarial, actores
Persona, natural o jurídica, que presta servicios relacionados con las lenguas.
Contexto 1. **Proveedor de servicios lingüísticos** (PSL) es un término más general que cubre otros servicios de valor añadido y relacionados con las lenguas, pero, a efectos de esta norma internacional, los PSL se consideran PST cuando prestan servicios de traducción. *ONAENORISO.*
▲Remisiones: agencia de traducción; empresa de traducción; bróker de traducción; traductor independiente; proveedor de servicios lingüísticos; proveedor multilingüe.
◆Nota: sigla PSL.

proveedor multilingüe, *m.*

Gestión empresarial, actores
Persona natural o jurídica que ofrece servicios de traducción en varios pares de idiomas.
Contexto 1. Nuestros equipos aportan experiencia en la traducción de los siguientes idiomas: chino (simplificado y tradicional), japonés, coreano, tagalo, inglés (estadounidense y británico), español (latinoamericano, de España y estadounidense), alemán, italiano, portugués (brasileño y de Portugal), neerlandés (flamenco y holandés), sueco, croata, serbio. Un socio global: **proveedor multilingüe**, una fuente única para proyectos de traducción multifacéticos de gran complejidad técnica. *EWILANGUAGE.*
Contexto 2. **Proveedor multilingüe**. Empresa de traducción que ofrece servicios de traducción en varios pares de idiomas (de origen y de destino, por ejemplo, francés-alemán o inglés-español). *OWGOOGLE.*
▲Remisiones: agencia de traducción; empresa de traducción; bróker de traducción; traductor independiente; proveedor de servicios lingüísticos; proveedor multilingüe.
◆Nota: sin. *multi-language vendor*; MLV.

proyecto, *m.*

Proceso de traducción, fase transversal
Contexto 1. El PST debe disponer de procesos para la gestión y análisis de solicitudes, la determinación de la viabilidad de los **proyectos**, la preparación de presupuestos y la formalización de acuerdos con clientes. *ONAENORISO.*
•Véase proyecto de traducción.

proyecto de traducción, *m.*

Proceso de traducción, fase transversal
Encargo de traducción que debe ceñirse a los procedimientos establecidos por el proveedor de servicios de traducción, previamente pactados con el cliente.
Contexto 1. SETranslations se ha convertido, con el paso de los años y la experiencia adquirida, en una empresa de traducción española líder gracias a sus servicios de traducción prestados a diferentes empresas tanto nacionales como internacionales. Nos orgullece poder ofrecer un servicio profesional, de calidad, fiable y eficiente adaptado a cada **proyecto de traducción**. *EWSET.*
Contexto 2. Nuestras tarifas son convenientes y varían según las áreas temáticas so-

licitadas, el nivel técnico, la extensión, las combinaciones lingüísticas y el plazo de entrega. Se aplican descuentos a los clientes habituales o por volumen del **proyecto de traducción**. Para recibir un presupuesto personalizado puede enviarnos el documento por correo electrónico. Actualmente contamos con las mejores tarifas del mercado. *EWZENONI.*
Contexto 3. La preparación por parte del PST debe cubrir los aspectos administrativos, técnicos y lingüísticos acordes con las especificaciones de cada **proyecto de traducción**. *ONAENORISO.*
▲Remisiones: especificaciones del proyecto; encargo de traducción; gestión de proyectos; gestor de proyectos; programa de gestión de proyectos; requisitos del proyecto.
◆Nota: acort. proyecto.

prueba de traducción, *f.*

Ejercicio profesional, inserción laboral
Examen que debe realizar un traductor independiente para demostrar sus competencias a un proveedor de servicios de traducción o a un cliente directo.
Contexto 1. En la Universidad, los futuros traductores adquieren muchísimos conocimientos que les serán muy útiles a la hora de desarrollar su profesión; es probable que hayan realizado algún máster o incluso estudios universitarios de otras materias convirtiéndose en expertos en ciertas áreas y que, además, sean perfectos bilingües y trilingües, ¿no es suficiente para que, además, tengan que realizar una prueba? Yo creo que no es suficiente, y que las **pruebas de traducción** son imprescindibles. De hecho, creo que se debe desconfiar de las empresas que no realizan pruebas de traducción. *PBTYE.*
Contexto 2. Los traductores, por su parte, suelen aceptar el hecho de realizar **pruebas de traducción** sin cobrarlas, siempre que no superen un volumen determinado, establecido normalmente alrededor de las 300 o 350 palabras. El problema suele comenzar cuando se supera ese volumen, o cuando el traductor empieza a sospechar que la prueba de traducción es algo más que una prueba, ya que en alguna ocasión los candidatos se quejan de que ciertas empresas utilizan la excusa de la prueba de traducción para ahorrarse los costes de la misma en un proyecto determinado. *PBTYE.*
▲Remisiones: evaluación de calidad; *marketing* profesional; muestra de traducción; practicante; salida profesional.

prueba externa, *f.*

Ejercicio profesional, inserción laboral
Examen que debe realizar un traductor independiente, en su domicilio, para demostrar sus competencias a un proveedor de servicios de traducción o a un cliente directo.
Contexto 1. La **prueba externa**. El objetivo de este test es comprobar la familiaridad del candidato con determinadas materias. Se realizan en casa, con un amplio plazo de entrega. No se busca rapidez sino calidad. *AAEM.*
▲Remisiones: evaluación de calidad; *marketing* profesional; muestra de traducción; practicante; salida profesional.

prueba *in situ*, *f.*

Ejercicio profesional, inserción laboral
Examen que debe realizar un postulante en las instalaciones del PST o en las del cliente directo para demostrar sus competencias.
Contexto 1. Las **pruebas *in situ***. Aquellos candidatos que superan las pruebas externas son invitados a realizar un segundo test en las instalaciones de la empresa. De nuevo, el procedimiento de prueba es común a todas las sedes de la MLV, independientemente del idioma de trabajo de los candidatos. En esta ocasión se evalúa no solo la calidad del texto producido sino la capacidad de ajustarse al tiempo establecido como límite y de seguir unas instrucciones proporcionadas por escrito. *AAEM.*
▲Remisiones: evaluación de calidad; *marketing* profesional; muestra de traducción; practicante; salida profesional.

prueba piloto, *f.*

Servicio de valor añadido, validación

Contexto 1. Las sesiones cognitivas (**pruebas piloto**) continúan desempeñando un papel importante en la garantía de calidad lingüística de los resultados comunicados por pacientes. En Moravia, comprendemos y seguimos las pautas establecidas por el Grupo de Tareas para la Traducción y la Adaptación Cultural de la Ispor, que llevan el título Principios de Buenas Prácticas para el Proceso de Traducción y Adaptación Cultural de Medidas Relacionadas con Resultados Percibidos por el Paciente (RPP). *EWMORAVIA.*

• Véase *cognitive debriefing.*

pseudolocalización, *f.*

Servicio de valor añadido, contenidos

Método que permite verificar la correcta internacionalización de un *software* para su futura localización.

Contexto 1. Puede que los términos "**pseudolocalización**" y "pseudotraducción" te suenen un poco a chino, e incluso es probable que nunca veas nada de lo que voy a explicar en esta entrada. Sin embargo, si te dedicas a hacer *testing* o control de calidad, o simplemente tienes curiosidad, quizás te interese seguir leyendo. [...] Ahí es cuando entran en juego la pseudolocalización o pseudotraducción según sea el caso. Básicamente, pseudolocalizar o pseudotraducir significa llevar a cabo una batería de pruebas sobre un programa o documento respectivamente con el fin de comprobar, entre otras cosas, que se ven todos los caracteres especiales de cada idioma y que no hay problemas de espacio. En otras palabras, verificar que se ha hecho una correcta internacionalización, es decir, preparar un producto para su posible localización (dejar suficiente espacio, permitir caracteres especiales, etc.). *PBAMQT.*

▲ Remisiones: internacionalización; globalización; localización.

◆ Nota: sin. pseudotraducción.

pseudotraducción, *f.*

Servicio de valor añadido, contenidos

Contexto 1. Probablemente los términos "pseudolocalización" y "**pseudotraducción**" te suenen un poco a chino, e incluso es probable que nunca veas nada de lo que voy a explicar en esta entrada. Sin embargo, si te dedicas a hacer *testing* o control de calidad, o simplemente tienes curiosidad, quizás te interese seguir leyendo. *PBAMQT.*

Contexto 2. Presenta una opción de **pseudotraducción** para comprobar que el contenido está listo para su localización. *EBTRUSTED.*

• Véase pseudolocalización.

PSL, *m.*

Gestión empresarial, actores

Contexto 1. Proveedor de servicios lingüísticos (**PSL**) es un término más general que cubre otros servicios de valor añadido y relacionados con las lenguas, pero, a efectos de esta norma internacional, los PSL se consideran PST cuando prestan servicios de traducción. *ONAENORISO.*

• Véase proveedor de servicios lingüísticos.

PST, *m.*

Gestión empresarial, actores

Contexto 1. Esta norma europea especifica los requisitos para el proveedor de servicios de traducción (**PST**) respecto a los recursos humanos y técnicos, la gestión de la calidad y de proyectos, el marco contractual y los procedimientos del servicio. *ONAENOR.*

• Véase proveedor de servicios de traducción.

publicación asistida por ordenador, *f.*

Servicio de valor añadido, edición y publicación

Contexto 1. Servicios de PAO. Technicis, con el objetivo constante de adaptarse al soporte provisto, le ofrece servicios de **publicación asistida por ordenador** (PAO) para entregarle su documentación multilingüe directamente en su formato original. Su-

peramos todas las restricciones impuestas por soportes complejos, brindándole una maquetación impecable conforme a sus normas gráficas. Confíe en nosotros como un único prestatario de amplia experiencia para traducir sus documentos en toda clase de soportes. *EWTECHNICIS.*
• Véase DTP.

publicidad engañosa, *f.*

Ejercicio profesional, ética profesional
Promoción de servicios de traducción que induce a error a sus destinatarios y puede generar una afectación económica.
Contexto 1. El traductor y el intérprete tendrán la obligación de cumplir las prescripciones legales establecidas para el ejercicio de la profesión y evitarán la competencia desleal y la **publicidad engañosa**. *EWTG.*
▴ Remisiones: principio de honradez con los clientes; código de ética; competencia desleal; malas prácticas.

público destinatario de la traducción, *m.*

Proceso de traducción, fase de pretraducción
• Véase audiencia final.

query, *f.*

Proceso de traducción, fase de traducción
Consulta efectuada al cliente sobre la traducción en curso.
Contexto 1. Esto es, junto con las guías de estilo, algo que no se suele enseñar durante la carrera. O al menos a mí no me lo enseñaron. Sí escuchamos que "en caso de duda, siempre hay que consultar con el cliente", pero nunca nos dicen cómo hacerlo. Y como es lógico, no vamos a estar llamándolo por teléfono cada dos por tres ni vamos a estar mandando correos electrónicos sueltos continuamente, porque entonces no daríamos abasto ni ellos, ni nosotros, y además perderíamos una cantidad de tiempo impresionante por gestionar mal nuestro tiempo a base de "preguntar por sistema de goteo". ¿Cómo se soluciona entonces el "preguntadle al cliente"? Pues mediante lo que se denominan ***queries***. Como el propio nombre indica, las *queries* son las consultas que tenemos que hacerle al cliente, y lo mejor para este propósito es crear un documento con cualquier programa de hoja de cálculo (tipo MS Excel o Calc, de OpenOffice), aunque normalmente los clientes tienen una plantilla propia que mandan al traductor para que este siga el esquema de consulta que tienen ya establecido y que es con el que suelen trabajar. ¿Por qué un documento de hoja de cálculo? Porque la estructura de cuadrícula que utilizan estos documentos es el método más cómodo, fácil y rápido para redactar nuestras consultas y presentarle así al cliente la información de forma clara, cosa que es de agradecer, sobre todo si vas a enfrentarte a cientos de dudas en un macroproyecto que se está vertiendo a varios idiomas al mismo tiempo por diferentes equipos de distintos países. *PBEADT.*
▴ Remisiones: comentarios posproducción; consultas a expertos; validación lingüística.

recargo, *m.*

Gestión empresarial, presupuesto y facturación
Monto adicional que el cliente paga por la prestación de servicios de traducción, o de valor agregado, en función de factores tales como la urgencia o el formato del encargo (DST).
Contexto 1. Urgencia: disponemos de un servicio urgente gracias al cual, mediante el pago de un recargo, podremos entregarle su traducción cuando usted la necesite. Formato del documento: los precios de salida parten de la base de que el documento original es tipo Word, PDF o PowerPoint. Para traducciones con otros formatos, como por ejemplo InDesign y asimilables, cobraremos un **recargo** de maquetación. *EWBONA DICTA.*
Contexto 2. La traducción urgente es el doble de rápida que la habitual. Así se tradu-

cen 4000 palabras por días y el plazo mínimo de entrega es de un día (24 horas) en las traducciones, dos días en las traducciones juradas y tres días en servicios de localización. Las traducciones urgentes tienen un **recargo** del 35%. *EWMONDO.*

▲Remisiones: tarifa de traducción; cotización; plazo de entrega urgente; formato; descuento.

receptor, *m.*

Proceso de traducción, fase de pretraducción

•Véase audiencia final.

reclamación, *f.*

Proceso de traducción, fase de postraducción

Disconformidad del cliente con el servicio prestado por un determinado PST.

Contexto 1. Para los demás casos, las **reclamaciones** deberán efectuarse preferiblemente en las dos semanas siguientes a la entrega, o como muy tarde, a los dos meses de la entrega. En caso de que el Cliente considere que la traducción es defectuosa, tendrá derecho a exigir su revisión. En la Cláusula 11 de estas Condiciones Generales se describe en qué puede consistir una traducción defectuosa. Los posibles errores en la traducción tendrán que estar señalados y fundados. En caso de que la reclamación sea fundada, la Agencia de Traducción corregirá el trabajo y ofrecerá al Cliente, en el caso de que proceda, un descuento sobre las tarifas acordadas por las molestias producidas. *EWMONDO.*

▲Remisiones: administración del cierre del proyecto; cierre del proyecto de traducción; encuesta de satisfacción; proceso de posproducción; comentarios del cliente.

Recomendación de Nairobi, *f.*

Regulación profesional, normas internacionales

Contexto 1. Favorecer la formación permanente de los traductores, prestando apoyo a conferencias y coloquios de traductores. Intensificar los intercambios entre traductores, autores y editores. Respetar la Recomendación aprobada por la Unesco el 22 de noviembre de 1976 sobre la protección jurídica de los traductores (**Recomendación de Nairobi**), así como la Carta del Traductor, aprobada por la Federación Internacional de Traductores en Dubrovnik en 1963 y modificada en Oslo el 9 de julio de 1994. Hacer extensiva la interpretación de los términos de dicha Recomendación y de esa Carta a los nuevos medios de comunicación y de difusión, en especial la difusión electrónica de las obras. OWTRADUCTORIA.

•Véase Recomendación sobre Protección Jurídica de los Traductores y de las Traducciones y sobre los Medios Prácticos de Mejorar la Situación de los Traductores.

Recomendación sobre la Protección Jurídica de los Traductores y de las Traducciones y sobre los Medios Prácticos de Mejorar la Situación de los Traductores, *f.*

Regulación profesional, normas internacionales

Documento elaborado por la Unesco con el propósito de difundir la profesión del traductor y establecer lineamientos para su protección jurídica (DST).

Contexto 1. Recordando también la **Recomendación sobre la Protección Jurídica de los Traductores y de las Traducciones y sobre los Medios Prácticos para Mejorar la Situación de los Traductores**, aprobada por la Conferencia General de la Organización de las Naciones Unidas para la Educación, la Ciencia y la Cultura, reunida en Nairobi del 26 de octubre al 30 de noviembre de 1976, en su 19.ª reunión. *OULMDLH.*

▲Remisiones: Carta de Derechos del Traductor; contrato de edición; obra originaria; obra derivada; Convenio de Berna para la Protección de las Obras Literarias y Artísticas; Convención Universal sobre Derechos de Autor; derechos de propiedad intelectual; regalías.

◆Nota: sin. Recomendación de Nairobi.

reconocimiento, *m.*

Ejercicio profesional, derechos de autor

Derecho, irrenunciable e inalienable, que protege la paternidad de la obra de un traductor.

Contexto 1. Las especificaciones adicionales pueden incluir, pero sin limitarse a ellos, los elementos siguientes: a) uso de tecnología (véase el anexo E); b) materiales que el cliente vaya a proporcionar al PST; NOTA. El cliente tiene que esforzarse para proporcionar el contenido de la lengua de origen en un formato procesable mediante máquinas; c) tratamiento de la comunicación durante el proyecto y de los comentarios de posproducción; d) formato y maquetación del contenido de destino (por ejemplo, Word, InDesign o XML, si no coinciden con los del contenido de origen); e) método de entrega (por ejemplo, correo electrónico y FTP); f) tipo de traducción (por ejemplo, localizada frente a generalista y transcreación); g) **reconocimiento** (¿aparece el nombre del PST o del traductor en la traducción publicada?). *ONAENORISO.*

▴Remisiones: derechos morales; derechos de explotación y autoría; contrato de edición; obra originaria; obra derivada; derechos de propiedad intelectual; derechos patrimoniales; regalías.

reconocimiento de voz, *m.*

Tecnologías, TIC-TAV

•Véase programa de reconocimiento de voz.

recruitment manager, *m.*

Gestión empresarial, actores

Persona que tiene a su cargo la selección y contratación de traductores internos o externos.

Contexto 1. ***Recruitment manager***: publica anuncios y capta currículos para cubrir las necesidades de selección de los diferentes idiomas. Una fuente importante de captación de candidatos es la Universidad. Es recomendable establecer buenas relaciones con diferentes centros universitarios en todos los países de cuyos idiomas haya necesidad de contratación. *AAEM.*

▴Remisiones: gerente de ventas; gestor de cuenta; gestor de proyectos; *lead translator*; gerente de proveedores.

recuento de palabras, *m.*

Gestión empresarial, presupuesto y facturación

•Véase conteo de palabras.

redacción comercial, *f.*

Servicio de valor añadido, contenidos

•Véase *copywriting.*

redacción creativa, *f.*

Servicio de valor añadido, contenidos

Contexto 1. La **redacción creativa** es la que se adapta a la perfección a los contenidos que el cliente cree necesarios a destacar en su empresa, producto, marca o diseño. Si se tiene que crear una idea o concepto y definir los distintos apartados del texto (web, documento, díptico, etc.), nuestro equipo creativo se encargará de la tarea de redacción para que el texto final sobresalga, y sea muestra de respeto y de prestigio. Si el cliente ya tiene la idea, con algunas partes desarrolladas pero otras aún dudosas, dispondrá de un asesor con la finalidad de mejorar la redacción. *EWURBAN.*

•Véase *copywriting.*

redacción de contenidos, *f.*

Servicio de valor añadido, contenidos

Contexto 1. **Redacción de contenidos**. Su empresa posee los conocimientos; nosotros, las palabras adecuadas para transmitirlos. Contamos con profesionales de todos los sectores que le ayudarán a concebir, estructurar y redactar documentos que le permitan comunicarse de forma clara y eficaz con su público global. *EWPANGEA.*

•Véase creación de contenidos.

redacción de textos, *f.*

Servicio de valor añadido, contenidos

Servicio de valor añadido que consiste en la elaboración de textos de diversa naturaleza, en una o varias lenguas, a partir de un contenido proporcionado por el cliente.

Contexto 1. Por **redacción de textos** se entiende la redacción profesional de textos de cualquier tipo y en cualquier idioma en base al mensaje que el cliente quiera transmitir, el medio a través del cual desee difundirlo y el público al que vaya dirigido. En Acantho contamos con profesionales nativos de distintos idiomas dedicados a la redacción de contenidos de páginas web (tienen una importancia fundamental ya que de ellos depende en gran medida el posicionamiento en Google del sitio web), así como a la redacción periodística, científica, publicitaria, epistolar, etc. *EWACANTHO.*

▲Remisiones: creación de contenidos; redacción técnica.

redacción paralela, *f.*

Servicio de valor añadido, contenidos

Contexto 1. Es discutible que hubiera podido (o debido) seguirse un método diferente desde el comienzo: "Una solución que habría podido adoptarse para resolver los problemas de traducción de textos dispositivos en las instituciones europeas podría haber sido la corredacción o **redacción paralela**", es decir, unas "actividades que consisten, con leves matices que las diferencian, en que los especialistas, no necesariamente traductores, colaboran redactando los textos legales de forma casi simultánea" (Garrido, 1996, 39). *AAJMMV.*

•Véase edición multilingüe.

redacción promocional, *f.*

Servicio de valor añadido, contenidos

•Véase *copywriting.*

redacción técnica, *f.*

Servicio de valor añadido, contenidos

Servicio de valor añadido que consiste en la elaboración de textos especializados, a partir de un contenido proporcionado por el cliente.

Contexto 1. Los servicios de **redacción técnica** de CPSL se basan en tres premisas clave: Contenido claro y conciso: si la documentación técnica está bien redactada, contendrá menos errores humanos, presentará al usuario el nuevo sistema o programa de forma comprensible y eliminará la necesidad de realizar costosas sesiones de formación y apoyo. En cambio, los documentos mal escritos frustran y disuaden al público destinatario. Invirtiendo en servicios profesionales de redacción técnica se potencia el éxito de los productos de su empresa. *EWCPSL.*

▲Remisiones: creación de contenidos; redacción de textos; registro lingüístico.

redactor de contenidos, *m.*

Gestión empresarial, actores

Profesional que crea contenidos, en una o varias lenguas, a medida de las necesidades comunicativas del cliente.

Contexto 1. Vorágine es una agencia de comunicación digital que ofrece servicios de *marketing* de contenidos. Tras la marca encontrarás a correctores, redactores y traductores dispuestos a auxiliarte con la captación de nuevos clientes a través de medios digitales: blogs, páginas web, redes sociales, y lo que necesites. Pero no te líes. Vamos a hacerlo sencillo, ¿de acuerdo? Si eres una empresa o un emprendedor/a, necesitas un **redactor de contenidos** que haga que los clientes se acerquen a tu marca. Si eres una agencia de *marketing online* o de posicionamiento web, necesitas redactores de calidad que acojan las tareas de *marketing* de contenidos para tus propios clientes. *EWVORAGINE.*

▲Remisiones: contenido; creación de contenidos; *copywriter*; sistema de redacción de contenidos.

reescritura, *f.*

Servicio de valor añadido, contenidos

Servicio de valor añadido que consiste en corregir textos originales que presentan una considerable cantidad de deficiencias ortotipográficas, gramaticales y estilísticas (DST).

Contexto 1. **Reescritura** y optimización de textos. Si un texto presenta un número muy elevado de deficiencias ortotipográficas y estilísticas, no se puede someter a un proceso de corrección, sino que requiere una reescritura total. Esto puede suceder tanto con textos redactados originariamente en una lengua como con los previamente traducidos. Reescritura de textos no traducidos. La reescritura de un texto mal redactado es un proceso similar a la redacción desde cero, pero algo más complejo, puesto que requiere una extracción de las ideas fundamentales a partir de la formulación existente, no siempre inteligible, para su posterior reelaboración desde una estructura y con una orientación totalmente nuevas. Reescritura de traducciones. Una traducción deficiente no tiene arreglo. La única solución posible consiste en traducir el texto de nuevo. Si un cliente nos solicita la corrección de un texto muy mal traducido, solo podremos ayudarle si rehacemos por completo la traducción, partiendo de nuevo del original. En tales casos prestaremos, por lo tanto, un servicio de traducción, no de corrección. *EWQCS.*

▲Remisiones: asesoramiento cultural; transcreación; revisión; *copywriting.*

referencias, *f. pl.*

Gestión empresarial, marketing

•Véase referencias de clientes.

referencias de clientes, *f. pl.*

Gestión empresarial, marketing

Estrategia de *marketing* mediante la cual el proveedor de servicios de traducción publicita su cartera de clientes (DST).

Contexto 1. Experiencia y **referencias de clientes**. Veritas Traducción y Comunicación, S. L. presta servicios de traducción para empresas desde 1998. A lo largo de estos años nuestro equipo de traducción ha adquirido una gran experiencia en los siguientes campos de especialización, entre otros, y ha demostrado día tras día su capacidad para adecuarse a los requerimientos de traducción de clientes tanto locales, nacionales como internacionales. *EWVERITAS.*

▲Remisiones: portal de clientes; directorio profesional; portal profesional; portal de proveedores; cartera de clientes; *marketing* profesional, conocimiento del cliente; fidelización del cliente; posicionamiento; visibilidad en el mercado.

◆Notas: sin. lista de clientes. Acort. referencias.

reformulación, *f.*

Ejercicio profesional, tipos de traducción

Contexto 1. Las varias versiones de *Pygmalion*, de Bernard Shaw, desde el texto original de 1913, su representación teatral al año siguiente, las dos revisiones posteriores del texto a cargo del mismo autor, hasta la publicación de *My Fair Lady* de Alan Lerner y las dos adaptaciones al cine, la última en 1964, son un claro ejemplo de traducción intralingüística o **reformulación**. *AAMR.*

•Véase traducción intralingüística.

regalías, *f. pl.*

Ejercicio profesional, derechos de autor

Pago que recibe el traductor, en calidad de autor de una obra derivada, a cambio del derecho a usarla y explotarla (DST).

Contexto 1. Si quien contrata la traducción de un libro no es una editorial, ¿puedo pedir que me paguen **regalías**? Si la obra traducida va a ser publicada y explotada comercialmente, necesita tener un número de registro ISBN. Más allá de quién lo haga (una editorial, un particular, una institución o fundación, pública o privada), el traductor puede percibir derechos de autor. Si la traducción de un libro se hace en colaboración,

¿cada traductor puede cobrar, además de sus honorarios, los derechos de autor? Sí. Cada traductor puede cobrar regalías por su participación en la traducción de un texto que se explote comercialmente. *GWAATIW.*
Contexto 2. La Sunat ratifica el criterio de que la exoneración del impuesto a la renta de las **regalías** por derechos de autor que perciban los autores y traductores nacionales y extranjeros, por concepto de libros editados e impresos en el territorio nacional, tenía una vigencia de 3 años, que comenzó a regir a partir del 1.1.2004. Ahora bien, conforme al Decreto Legislativo N.º 977, que derogó la Norma VII del Título Preliminar del Código Tributario, al 16.3.2007 ya no se encontraba vigente el referido beneficio tributario; por consiguiente, no podría entenderse que existe una prórroga de la citada exoneración con la vigencia del Decreto Legislativo N.º 977. *OWAELE.*
▲Remisiones: derechos de explotación y autoría; contrato de edición; obra derivada; obra originaria; derechos de propiedad intelectual; derechos patrimoniales; derechos morales.

registro lingüístico, *m.*

Proceso de traducción, fase de pretraducción
Variedad de lengua empleada para una finalidad específica o en un dominio social o sectorial en particular (UNE-ISO 17100).
Contexto 1. La noción de estilo a veces se confunde con la de **registro lingüístico**. Se puede matizar la diferencia aduciendo que dentro de un mismo registro puede haber varios estilos: más o menos pomposo o llano; directo o indirecto; formal o informal, etc. La noción de estilo sirve para distinguirlos textos por sus propiedades lingüísticas: longitud de oraciones, utilización de perífrasis verbales, densidad léxica, uso de conectores, etc. Laviosa (1998), por ejemplo, ha encontrado diferencias cuantitativas importantes entre textos traducidos y originales en un corpus de inglés. *AMAJA.*
▲Remisiones: guía de estilo; redacción técnica; redacción de textos; corrector de concepto; corrector de estilo; convenciones textuales; convenciones locales.

registro del proyecto, *m.*

Proceso de traducción, fase de pretraducción
Asignación de un código para el proyecto de traducción.
Contexto 1. **Registro del proyecto**. El PST debe registrar cada proyecto de traducción aceptado y mantener un registro que cubra la duración del proyecto, así como un archivo del proyecto. El registro debe posibilitar la identificación y trazabilidad del proyecto de traducción, así como la determinación de su estado. *ONAENORISO.*
▲Remisiones: identificador único del proyecto; hoja de estado del proyecto; estado del proyecto; identificación y trazabilidad del proyecto.

relatoría, *f.*

Servicio de valor añadido, traducción audiovisual
Contexto 1. Otros servicios. Contamos además con profesionales experimentados en transcripción de textos, **relatoría**, subtitulado, doblaje y locución. No dude en contactarse con nosotros para que nos encarguemos de sus proyectos en estos campos. *EWDEORIGEN.*
Contexto 2. Servicios de **relatoría**, transcripción y edición. Ofrezco mis servicios de: 1. Relator de reuniones particulares. especiales, juntas directivas, organizaciones, foros, mesas de trabajo, talleres, conferencias y eventos. 2. Transcripción de grabaciones. 3. Edición de documentos y libros. Contacte para cotizar y programar. *PWOLX.*
•Véase transcripción en tiempo real.

relay, *m.*

Proceso de traducción, fase de pretraducción
Proceso de traducción en el que un primer traductor transfiere el texto de origen, por

lo general al inglés, y a partir de este producto un segundo profesional realiza la traducción a una tercera lengua.
Contexto 1. Un "***relay***", entonces, es un proceso mediante el cual se busca a un traductor que pueda tomar el texto de origen y traducirlo al inglés (pueden ser otros idiomas, pero este es el más universal de todos). Para explicarlo de una mejor manera, pensemos en los casos mencionados anteriormente para dar un ejemplo: para el par de idiomas portugués-alemán, la agencia deberá buscar entonces a un recurso que pueda traducir del portugués al inglés y, posteriormente, buscar a otro recurso que pueda traducir del inglés al alemán. Siguiendo la misma premisa, para el par francés-danés se busca a una persona que traduzca del francés al inglés y, posteriormente, otra que lo haga del inglés al danés. De esta forma, se puede garantizar una traducción de esos pares de idiomas tan complicados. *EBTRUSTED.*
▲Remisiones: idioma pivote; lengua de origen; lengua de destino; direccionalidad.

rentabilidad de la revisión, *f.*

Proceso de traducción, fase de pretraducción
Resultado satisfactorio de la revisión de una traducción con relación al esfuerzo y al tiempo invertidos.
Contexto 1. Estudiar la **rentabilidad de la revisión**.- En función de las veces que el revisor tenga que recurrir al texto origen y del tipo y número de errores que se detecten en esa primera lectura del texto meta, o de fragmentos de este, se podrá deducir si la revisión es rentable o no. No obstante, el revisor debe ser consciente de que mediante la lectura de verificación del texto meta o, si es el caso, la lectura de muestras de la traducción, solo puede identificar determinado tipo de errores (sin sentidos, incoherencias, gramaticales, ortográficos, de sintaxis y tipográficos), al no tratarse de una revisión comparativa. Si el revisor estima que la revisión no es rentable, tiene dos opciones: devolver la traducción al traductor para que la revise o, si es pésima, que otro traductor vuelva a traducir el texto origen. *AASP3.*
▲Remisiones: capacidad de traducción; palabras revisadas por día; revisión.

repetición, *f.*

Tecnologías, TA-TAO
Segmento que aparece más de una vez en el texto origen y que no se encuentra almacenado en la memoria de traducción.
Contexto 1. Uno de los elementos a tener en cuenta al momento de realizar una cotización de un documento es la cantidad de segmentos repetidos que pueda haber dentro del mismo. Por lo general, de haber **repeticiones**, estas ocupan alrededor de un 5% a un 8% del documento. Distinto es el caso de cuando se trata de documentos de Excel o de páginas web (enviadas en formato HTM o HTML), ya que con este tipo de archivos suele aumentar el total del porcentaje de repeticiones. *EBTRUSTED.*
Contexto 2. Por su naturaleza, algunos textos para traducción pueden tener muchas palabras o segmentos de texto repetidos. Para volúmenes de más de 5000 palabras, después de un análisis con nuestro *software* de traducción, podemos ser capaces de ofrecerle una tarifa de descuento (1/3 de la tarifa de una "palabra nueva") para todas las **repeticiones**. *EWNONSENSE.*
▲Remisiones: coincidencia; coincidencia total; coincidencia parcial; memoria de traducción; ninguna coincidencia; traducción asistida por ordenador; traducción automática; segmento bloqueado.

requisitos del proyecto, *m. pl.*

Proceso de traducción, fase de pretraducción
Necesidades identificadas y soluciones planteadas por el gestor de proyectos para satisfacer las especificaciones de un proyecto de traducción.
Contexto 1. La gestión del proyecto debe incluir las tareas siguientes: a) identificar los

requisitos y especificaciones fundamentales **del proyecto** de traducción durante el proceso de preproducción, y seguir los procedimientos y especificaciones a lo largo de toda su producción; b) supervisar y controlar el proceso de preparación del proyecto de traducción; c) asignar a un traductor o traductores competentes para el proyecto de traducción; d) asignar a un revisor o revisores competentes; e) distribuir la información, emitir las instrucciones relacionadas con la asignación y gestionar el proyecto de traducción para todas las partes involucradas; f) controlar el cumplimiento de planificaciones y plazos acordados; g) comunicar los cambios que se produzcan en las especificaciones del proyecto, cuando proceda; h) supervisar la conformidad constante con el acuerdo entre el cliente y el PST, las especificaciones del proyecto y, cuando sea necesario, comunicarse con todas las partes involucradas en el proyecto, incluido el cliente; i) garantizar que se responde a las consultas sobre la traducción y de otro tipo; j) gestionar y administrar los comentarios del cliente; k) verificar el cumplimiento de las especificaciones del servicio de traducción antes de la aprobación del contenido de la lengua de destino y de la autorización de su entrega al cliente; l) prestar el servicio. *ONAENORISO*.

▲Remisiones: proyecto de traducción; especificaciones del proyecto; encargo de traducción; gestión de proyectos; gestor de proyectos; programa de gestión de proyectos.

reserva de propiedad, *f.*

Ejercicio profesional, modalidades y condiciones contractuales

Conservación de todos los derechos por parte del PST sobre la versión traducida, hasta que el cliente cumpla con sus obligaciones de pago (DST).

Contexto 1. **Reserva de propiedad**. Hasta que se hayan satisfecho por completo todas nuestras demandas de pago presentes y futuras frente al cliente, el objeto suministrado continuará siendo de nuestra propiedad material e intelectual, con el uso exclusivo de los derechos que de él se derivan. *EWEVS*.

Contexto 2. **Reserva de propiedad**. La traducción proporcionada y sus derechos de autor serán propiedad nuestra hasta que se realice el pago completo de todos los créditos. Hasta ese momento, el cliente no poseerá ningún derecho de utilización. Si la traducción se realiza para una tercera parte, nos reservamos el derecho de llamar la atención a esa tercera parte en relación a la deuda pendiente y la consecuente ilegalidad en la utilización de la traducción y, del mismo modo, nos reservamos el derecho de poder exigir a esa tercera parte el pago del importe adeudado y de los costes derivados de ese hecho. *EWJABA*.

▲Remisiones: derechos de autor del traductor; derechos de explotación y autoría; contrato de edición; obra derivada; derechos de propiedad intelectual; derechos morales; derechos patrimoniales; regalías.

responsabilidad civil, *f.*

Ejercicio profesional, ética profesional

Obligación de indemnización a un cliente que asume el PST frente a daños y perjuicios derivados de su actuación profesional (DST).

Contexto 1. Obtener de forma colectiva beneficios tangibles para los socios individuales interesados. Por ejemplo, no he encontrado todavía una compañía de seguros que me ofrezca un seguro de **responsabilidad civil** con cobertura para dentro y fuera de España (Mapfre me ha ofrecido uno pero no me sirve para mis clientes en el extranjero). *GRASETRAD*.

Contexto 2. Existen pues **responsabilidades** penales, y también **civiles**, para los errores o inexactitudes cometidos en el ejercicio de su profesión por el traductor jurado. Para aliviar la situación (no se cubren todos los riesgos), se pueden subscribir seguros de responsabilidad civil específicos para traductores, que ofrecen las compañías de seguros más importantes.

Por ejemplo, por una prima aproximada de 25 000 pesetas se puede conseguir una cobertura aproximada de 60 millones de pesetas. *AARMI*.
▴Remisiones: fondo de garantía; seguro de responsabilidad civil profesional; mala praxis; error muy grave; error grave; error leve.

resultado de traducción automática, *m.*

Tecnologías, TA-TAO
Producto obtenido mediante la aplicación de la traducción automática (UNE-ISO 17100).
Contexto 1. La calidad sigue siendo por tanto un objetivo de la traducción automática, y por ello, una de las líneas de trabajo es la evaluación de los sistemas que se desarrollan. Para ello, se diseñan metodologías, técnicas y test que tienen como objetivo medir la calidad de los **resultados de la traducción automática**, que se plasma en distintas métricas. Como ejemplo, podemos mencionar el documento J2450 elaborado por la Society for Automotive Engineering para identificar los errores que pueden aparecer en un texto traducido, clasificarlos en una categoría (error léxico, sintáctico, morfológico, puntuación, ortográfico) y asignarles una valoración. Con un método de evaluación, resulta más fácil comparar los resultados de traducción obtenidos con diferentes sistemas. *AAAA*.
Contexto 2. Traducción automática con edición posterior completa: este planteamiento resulta idóneo para potenciar al máximo la eficiencia de la traducción automática sin perder calidad. Se trata de un proceso en dos fases que consta de una ronda rápida de traducción automática seguida de una ronda de edición humana. La ronda de edición posterior mejora el **resultado de la traducción automática** sin procesar con un contexto exacto, matices culturales, referencias locales y terminología del sector. Esta opción ofrece hasta un 30% de ahorro de costes con respecto a la traducción humana y es la mejor opción para contenido importante y con mucha visibilidad. *EWLIONBRIDGE*.
▴Remisiones: memoria de clientes; memoria de traducción; resultado de traducción automática; posedición; poseditor.

resumen, *m.*

Servicio de valor añadido, contenidos
Contexto 1. Asimismo, ofrecemos el servicio de **resumen**, con el que se acorta el número de palabras del original, adaptándose al objetivo o al espacio disponible para su publicación. De esta manera, se selecciona solamente el contenido más importante o necesario, siempre con una excelente redacción final, adaptada al tipo de público y al idioma meta. *EWSIGNE*.
•Véase traducción resumida.

retraducción, *f.*

Gestión empresarial, calidad
Contexto 1. Las **retraducciones** también pueden ser una herramienta de ayuda para los traductores independientes, especialmente cuando desean asegurar la calidad total de una traducción. Si bien implica un costo adicional, vale la pena saber que el documento que se tradujo refleja el texto original al más alto nivel. *EBTRUSTED*.
Contexto 2. Generalmente los clientes nos solicitan lo que se denomina una **retraducción**, que frecuentemente es una forma de verificar la exactitud de una traducción. Las áreas en las que con mayor frecuencia se realizan retraducciones son las ciencias y la medicina, ya sea que se trate de formularios médicos, formularios de consentimiento informado, protocolos de estudios de investigación, etc. *EBTRUSTED*.
•Véase retrotraducción.

retrotraducción, *f.*

Gestión empresarial, calidad
Traducción a la lengua original de un texto que ya ha sido traducido a otra, para verificar su calidad (DST).
Contexto 1. Otros servicios de valor añadido que puede ofrecer un PST incluyen,

pero sin limitarse a ellos, los siguientes: a) certificación y autorización según la legislación nacional y otros requisitos; b) asistencia en actos notariales y legalizaciones; c) adaptación; d) reescritura; e) actualización; f) localización; g) internacionalización; h) globalización; i) gestión terminológica; j) transcripción; k) transliteración; l) transcreación; m) ilustraciones finales para diseño gráfico o de páginas web mediante autoedición; n) redacción técnica; o) consultoría lingüística y cultural; p) concordancia terminológica; q) alineación de memorias de traducción; r) alineación de textos paralelos bilingües; s) preedición y posedición; t) subtitulación; u) doblaje y superposición de voz; v) revisión y/o corrección de concepto de contenido de lenguas de destino traducido por terceros; w) **retrotraducción**. *ONAENORISO.*
Contexto 2. La **retrotraducción** es el proceso mediante el cual se traduce un documento que ya fue traducido a otro idioma de regreso a su idioma original, preferentemente por un traductor independiente. *EWMIKKO.*
▴Remisiones: control de calidad; evaluación de la calidad; *back-translator*.
◆Nota: sin. retraducción.

revisión, *f.*

Proceso de traducción, fase de traducción
Cotejo bilingüe del contenido de la lengua de destino con el contenido de la lengua de origen respecto a su adecuación a la finalidad prevista (UNE-EN ISO 17100).
Contexto 1. Las especificaciones del proyecto pueden incluir los elementos siguientes: a) campo de aplicación del trabajo, que consta de servicios estándares y servicios de valor añadido; b) servicios estándares, que se enumeran en el apartado 5.3 (traducción, autocomprobación [autorrevisión por parte del traductor], **revisión** [por otra persona distinta], corrección de concepto [si se solicita], corrección de pruebas, verificación final y entrega). *ONAENORISO.*
Contexto 2. A grandes rasgos, lo más destacado de la norma es, por un lado, la definición del proceso de traducción, en el que la traducción propiamente dicha es una más de las fases del proceso, que no garantiza la calidad sin una **revisión** por una persona distinta del traductor; y, por otro lado, la precisión de las competencias profesionales de cada uno de los participantes en el proceso de traducción, principalmente traductores, revisores, correctores de concepto y correctores de prueba. *OWUNE15038.*
Contexto 3. **Revisión** bilingüe se refiere a la mejora de los textos traducidos. Un editor o corrector bilingüe no solo mira al texto final, sino que hace una comparación entre el original y la traducción. La revisión bilingüe reconocerá texto omitido o añadido, incorrecto o con significados opuestos. *EWASIATIS.*
▴Remisiones: gestión de proyectos; proceso de producción; autocomprobación; traducción; corrección de concepto; corrección de pruebas; verificación final; revisión completa; revisión parcial; control de calidad; evaluación del control de calidad; palabras revisadas por día.
◆Nota: sin. revisión bilingüe.

revisión bilingüe, *f.*

Proceso de traducción, fase de pretraducción
•Véase revisión.

revisión completa, *f.*

Proceso de traducción, fase de pretraducción
Procedimiento que consiste en cotejar la totalidad del contenido de la lengua de destino con el contenido de la lengua de origen para valorar su calidad.
Contexto 1. La traducción sin revisión incluye una rápida verificación de que la traducción está en orden. No incluye, sin embargo, la **revisión completa** realizada por un profesional diferente al que ha realizado la traducción, es decir, no es conforme a la norma UNE-EN-15038:2006. *EWMONDO.*
▴Remisiones: revisión; revisor; revisión parcial.

revisión de traducciones de terceros, *f.*

Servicio de valor añadido, validación
Servicio de valor añadido que consiste en revisar una traducción hecha por una persona ajena al PST.
Contexto 1. **Revisión de traducciones de terceros**: en ocasiones, las traducciones realizadas por cualquier otra agencia pueden crearle dudas y considera necesaria la intervención de una nueva agencia que le pueda aportar una evaluación adicional. Echoes Translations también le ofrece este tipo de servicio. *EWECHOES.*
▲Remisiones: revisión; corrección de concepto; corrección de textos; corrección de pruebas.

revisión de traducibilidad, *f.*

Proceso de traducción, fase de pretraducción
Evaluación del grado de dificultad y viabilidad de la traducción del texto origen.
Contexto 1. Poniendo como ejemplo el caso de la traducción relacionada con la investigación médica, los trabajos que me ofrecen habitualmente cubren una amplia gama: **revisión de traducibilidad** [*translatability review*] (revisión previa a la traducción, en la que se analiza el texto en el idioma fuente y se señalan aquellos puntos que puedan dificultar la traducción del texto a un idioma y para un mercado en particular), traducción inicial [*front translation*] al idioma meta, corrección [*proofreading*], gestión de calidad [*quality management*], traducción inversa [*back translation*] al idioma fuente, revisión de la traducción inversa, validación lingüística del texto traducido mediante pruebas piloto entre la población meta [*cognitive debriefing*], validación lingüística del texto traducido por parte de un especialista en la materia [*expert review*], y revisión (e introducción, si corresponde) de cualquier cambio final propuesto por el cliente. *PBTEP.*
▲Remisiones: preedición; posedición; poseditor; preeditor; sistema de traducción automática; traducción automática; herramienta de traducción automática.
◆Nota: sin. *translatability review*; evaluación de traducibilidad; traducibilidad.

revisión ligera, *f.*

Proceso de traducción, fase de traducción
Contexto 1. Además, hay un servicio de PEMT denominado **revisión ligera**. Este tipo de revisión posterior de la TA solo requiere que el revisor haga cambios en las partes que, de lo contrario, distorsionarían el significado; sin embargo, muchos errores se dejan a propósito porque resulta muy costoso corregirlos al precio de una revisión ligera. Sí, están leyendo bien. No todos los errores de un texto traducido automáticamente se arreglan porque el cliente no desea pagar para que se corrijan. Espero que ustedes no sean ese tipo de cliente. Y espero no brinden su apoyo para que se destruya nuestro idioma al permitir que las espantosas producciones generadas por las computadoras pueblen nuestro material de lectura. *EWHOMING.*
•Véase revisión parcial.

revisión parcial, *f.*

Proceso de traducción, fase de pretraducción
Procedimiento que consiste en aplicar al texto meta un número restringido de criterios o categorías de error para valorar su calidad.
Contexto 1. Finalmente, también se puede hablar de **revisión parcial** del texto meta en aquellos casos en los que solo se utilizan uno o varios parámetros de revisión para verificar la calidad de la traducción y realizar las correspondientes correcciones y mejoras en el texto meta antes de proceder a su entrega al cliente. *AASP3.*
▲Remisiones: revisión completa.
◆Nota: sin. revisión ligera; cala; *spot check*; muestreo.

revisión pericial, *f.*

Ejercicio profesional, tipo de traducción
•Véase dictamen pericial.

revisor, *m.*

Gestión empresarial, actores

Persona, distinta del traductor, que coteja el contenido de la lengua de destino con el de la lengua de origen en busca de errores y de otros problemas, y comprueba su adecuación a la finalidad prevista (UNE-EN ISO 17100).

Contexto 1. Las correcciones suelen originarse como resultado de errores encontrados cuando el traductor está autocomprobando el contenido de la lengua de destino, cuando informa de ellos un **revisor**, un corrector de concepto, un corrector de pruebas o un cliente o durante una auditoría interna o externa de la implantación de esta norma internacional. *ONAENORISO.*

Contexto 2. El **revisor** es a menudo la clave de este proceso y, por tanto, el éxito del proyecto en cuestión. A la vista de su importancia en el proceso, los coordinadores deberían tener en cuenta y elegir a los revisores en función de sus conocimientos técnicos (producto, mercado, etc.), su disponibilidad y su actitud positiva. *EWQUICKSILVER.*

Contexto 3. Podemos afirmar que la revisión de la traducción se ha de realizar siempre; por el propio traductor mediante la comprobación (autorrevisión) y por una tercera persona (el **revisor**), por tratarse de actividades que forman parte del proceso de traducción. *AASP2.*

▲Remisiones: competencia revisora; revisión; corrector de pruebas; corrector de concepto; corrector de textos; revisor interno; revisor externo; revisor nativo.

revisor especialista, *m.*

Gestión empresarial, actores

Contexto 1. La Agencia de Traducción NOTA BENE ofrece una gama completa de servicios relacionados con la traducción: traducciones de textos y documentos de/a más de 40 idiomas; revisión de traducciones. Realizada por un **revisor especialista** en el campo específico de la traducción; comprobación de textos traducidos por un revisor nativo con pleno dominio de la terminología. *EWNOTABENE.*

▲Remisiones: especialización; traductor especializado; especialista traductor; corrector de concepto.

◆Véase corrector de concepto.

revisor externo, *m.*

Gestión empresarial, actores

Profesional de la revisión que realiza el trabajo fuera de las instalaciones del PST.

Contexto 1. ¿Y si resultara difícil que un solo traductor pueda traducir todo el texto dentro del plazo límite? Entonces coordinaremos a varios traductores en el mismo proyecto sin reducir la calidad de ninguna manera. Los traductores se ponen de acuerdo en cuanto al uso de la terminología y, de todos modos, la traducción final es revisada por un **revisor externo**. Esto es lo que llamamos *doble garantía de consistencia. EWVIVA.*

▲Remisiones: colaborador externo; competencia revisora; revisor; revisor interno; revisor nativo.

revisor interno, *m.*

Gestión empresarial, actores

Profesional de la revisión que realiza el trabajo en las instalaciones del PST.

Contexto 1. De forma general, podemos decir que el proceso de traducción más básico sigue las fases que expongo a continuación: traducción, revisión, corrección (si procede, en caso de un segundo filtro). En una revisión, se compara la traducción con el original, mientras que la corrección se centra únicamente en el texto resultante sin tener en cuenta el original. Con esta combinación, encontramos que el traductor puede equivocarse y el revisor puede enmendar los errores de la traducción, o al revés: que el traductor haga un trabajo impecable y el revisor no esté muy acertado con sus cambios (a propósito de esto, recomiendo leer esta entrada del blog de Isabel Cutillas). Este es el más sencillo de

los casos. Luego podemos tener el mismo proceso, pero con una variante al final: traducción, revisión, corrección o revisión por parte de un **revisor interno** o editor del cliente final. *PBEADT.*
▲Remisiones: competencia revisora; revisor; revisor externo; revisor nativo.

revisor nativo, *m.*

Gestión empresarial, actores
Profesional de la revisión que corrige exclusivamente textos producidos en su lengua materna.
Contexto 1. La traducción de español hacia otro idioma es más cara: el traductor español deberá contratar a un **revisor nativo** para asegurarse de que su mensaje se transmite con la mayor naturalidad, por lo que su tarifa se encarecerá en un 30%-50%. *EBNUBELO.*
▲Remisiones: competencia revisora; revisor; revisor externo; revisor interno.

robot, *m.*

Tecnologías, documentación
•Véase metabuscador.

romanización, *f.*

Proceso de traducción, fase de pretraducción
Representación de un idioma escrito o hablado mediante el uso del alfabeto latino (DST).
Contexto 1. La **romanización**, para un extranjero, solo tiene un valor: que pueda leer los sinogramas chinos con un sonido lo más cercano al del nativo chino. Cuando hacemos una traducción del chino al español podemos tropezarnos con muchos nombres que no admiten traducción y hay que trasliterarlos. Si estamos haciendo una traducción oficial o académica podemos seguir sin más el hanyu pinyin porque se supone que el lector la sabe y no tendrá problemas de lectura. Pero si estamos haciendo una traducción para el público en general, o para unos lectores que sabemos positivamente que no saben chino, ni conocen ninguna romanización, creo que es una falta de sensibilidad el usar siempre la romanización pinyin porque estamos dando al lector una lectura equivocada del chino. *AAJRA.*
▲Remisiones: herramienta de transliteración; transliteración; transcripción fonética; transcripción fonológica.
◆Nota: sin. latinización.

SAE J2450, *m.*

Regulación profesional, normas de calidad
Estándar que permite determinar la calidad de traducciones técnicas mediante controles al azar (DST).
Contexto 1. **SAE J2450** es una medida de calidad de traducción establecida por SAE Internacional para la industria automotriz. Ya que MultiLing tiene varios clientes en la industria automotriz, hemos adoptado las pautas para proporcionarles traducciones de la más alta calidad. *EWMULTILING.*
Contexto 2. Exija una especialización soportada por normas de calidad ISO 9001 y **SAE J2450** específica para traducción técnica. Puede que ahora la cueste algo más que la superoferta de una empresa no especializada, pero si la vida de una patente es de 20 años, ¿está dispuesto a vivir con un riesgo latente durante ese tiempo? *EWGVG2.*
Contexto 3. Nuestros clientes confían en nuestra agencia de traducción por los siguientes puntos fuertes: comunicación excelente, precios competitivos, una alta calidad según las normas internacionales de calidad (EN ISO 9001:2008, **SAE J2450**, EN 15038). *EWSKRIVAMEK.*
▲Remisiones: Asociación Española de Normalización y Certificación; Comisión de Normalización y de Fiscalización de Barreras Comerciales No Arancelarias; UNE-EN 15038; ISO 17100; ISO 11669; ISO 9001; estándar.

salida laboral, *f.*

Ejercicio profesional, inserción laboral
•Véase salida profesional.

salida profesional, *f.*

Ejercicio profesional, inserción laboral
Oferta laboral disponible para los egresados de la carrera de traducción en un determinado tiempo y espacio (DST).
Contexto 1. Haciendo un esfuerzo de síntesis, podemos sintetizar este amplio espectro de **salidas profesionales**. Traducción: como autónomo, en agencia, en organismos internacionales, empresarios. Comercio exterior: técnicos de comercio exterior, asistentes de *import/export*. Trabajos administrativos: "secretaría bilingüe", asesoría y gestión de programas académicos de intercambio. Trabajo en cooperación internacional, cooperación para el desarrollo: responsable de proyectos. Trabajo en economía y finanzas: banca internacional. Turismo: organización de eventos, gestión hotelera, información turística, asistentes de vuelo, guías turísticos, asistentes en centros de llamadas. Docencia de Lenguas: normalmente a nivel de secundaria, en academias o en universidad. Docencia de Traducción/ Interpretación. Docencia de otras materias. Interpretación: de conferencias. Revisión, edición, terminología. *GRASETRAD*.
▴Remisiones: practicante; prueba de traducción; empleabilidad; competencia profesional, servicio de valor añadido.
◆Nota: sin. salida laboral; opción laboral; oportunidad laboral.

SCS, *m.*

Servicio de valor añadido, contenidos
Contexto 1. Los servicios para sistemas cognitivos (**SCS**) de Lionbridge tienen como objetivo ayudarle a diseñar, desarrollar, implantar, comprobar y mejorar su tecnología lingüística. Lionbridge proporciona asesoramiento experto y soporte de desarrollo, y también activos lingüísticos adaptados a sus necesidades específicas en más de 200 idiomas. *EWLIONBRIDGE*.
•Véase servicios de sistemas cognitivos.

search engine optimization, *f.*

Servicio de valor añadido, contenidos
Contexto 1. Las empresas multinacionales deben adaptar las estrategias SEO para incorporar traducciones y versiones que no solo lleguen a internet sino que sean descubiertas por los motores de búsqueda de cada idioma. SEO quiere decir "***search engine optimization***" u "Optimización para los motores de búsqueda" y generalmente se utiliza para posicionarse de acuerdo con unas palabras clave mirando las necesidades del mercado local. No hacerlo significa arriesgarse a perder el valor de marca, fidelización y ventaja competitiva/beneficios en el extranjero. Y como los procesos de internacionalización de servicios y productos son irreversibles, la necesidad de optimizar nuestra presencia en varios idiomas a través de la traducción de nuestra web resulta cada día más importante. *EBPANGEANIC*.
◆Nota: sigla SEO.
•Véase traducción SEO.

secreto profesional, *m.*

Ejercicio profesional, ética profesional
Norma ética profesional que consiste en guardar reserva de toda información confidencial proporcionada por el cliente y no aprovecharse indebidamente de esta.
Contexto 1. El principio de la reserva o **secreto profesional**. • Guardar la confidencialidad de proyectos originales o documentos suministrados para la traducción. • No aprovechar la información confidencial contenida en los documentos de la traducción para uso personal o de terceros. *GNACTICE*.
▴Remisiones: principio de honradez con los clientes; principio de libertad; principio de neutralidad; principio de solidaridad; código de ética; decálogo del traductor; juramento jeronímico; conducta interprofesional; cláusula de confidencialidad.
◆Nota: sin. principio de reserva.

Segmentation Rules eXchange, *m.*

Tecnologías, TA-TAO

Formato estándar para el intercambio de reglas de segmentación entre herramientas de traducción asistida por ordenador.

Contexto 1. Uno de los cambios que se observan en la industria de la traducción de páginas web es el fortalecimiento de iniciativas de estandarización que pretenden salvar las barreras impuestas por tecnologías no compatibles ni integradas. Actualmente, existen distintos formatos que permiten el intercambio de productos propios de un proceso de traducción web. XLIFF (XML Localization Interchange File Format), por ejemplo, es un formato basado en XML creado para estandarizar los ficheros de localización; TMX, es un estándar para el intercambio de memorias de traducción; SRX (**Segmentation Rules eXchange**) un estándar de reglas de segmentación y TBX es el estándar XML propuesto para el intercambio de bases de datos terminológicas. No obstante, estas iniciativas son todavía demasiado independientes y su asimilación por parte de la industria no acaba de desembocar en tecnologías integradoras que combinen un mismo formato. Esto implica que el traductor debe lidiar con distintos formatos y protocolos de intercambio de datos donde encontramos además de los ya mencionados, otros propios de herramientas TAO o TA específicas como TTX para memorias Trados, o TTK para proyectos en Catatyst, etc. *AAAE.*

▲Remisiones: TermBase eXchange; Translation Memory eXchange; XML Localization Interchange File Format; herramienta de traducción asistida por ordenador.

◆Nota: sigla SRX.

segmento bloqucado, *m.*

Tecnologías, TA-TAO

Segmento origen y meta de una memoria de traducción con coincidencia total que se envía protegido para que no se modifique.

Contexto 1. Selección de segmentos más específica para realizar una búsqueda. Ahora se puede restringir las búsquedas a solo segmentos nuevos, traducción en desarrollo o incluso se puede excluir **segmentos bloqueados** en los resultados de la búsqueda. *EBTRUSTED.*

▲Remisiones: coincidencia; coincidencia total; coincidencia parcial; memoria de traducción; ninguna coincidencia; traducción asistida por ordenador; traducción automática; repetición.

◆Nota: acort. bloqueado.

seguro contra errores de traducción, *m.*

Ejercicio profesional, ética profesional

Contexto 1. **Seguro contra errores de traducción**. Teknotrans AB tiene un seguro que entra en vigor si, contra toda previsión, se cometiera un grave error de traducción que comportara la obligación de resarcimiento por daños materiales, personales, o puramente patrimoniales. Este seguro significa para nuestros clientes una ventaja adicional, además de la seguridad que supone nuestro sistema de calidad. *EWTEKNOTRANS.*

•Véase seguro de responsabilidad civil.

seguro de responsabilidad civil, *m.*

Ejercicio profesional, ética profesional

Póliza que protege a un PST cuando incurre en responsabilidad civil por daños y perjuicios ocasionados a un cliente (DST).

Contexto 1. Selección de profesionales adecuados para su proyecto: • Gestión del proyecto • Control de calidad • Conversión de archivos • Presentación homogénea en proyectos multiidioma • Respaldo de un buen **seguro de responsabilidad civil**. *EWACANTHO.*

Contexto 2. Gastos empresariales: aquellos gastos que no se repercuten en la factura del cliente, como el alquiler del despacho y los gastos que conlleva dicho espacio (electricidad, calefacción, limpieza, etc.), publicidad, **seguro de responsabilidad civil**, gastos informáticos, literatura especializada (diccionarios, suscripciones), amortizaciones de material informático, *software* de herramientas TAO, etc., gastos de transporte, teléfono, móvil, material mobiliario, cursos de formación, asesoría fiscal, cuotas de asociaciones. *PBSEBUSCA.*

▲Remisiones: fondo de garantía; responsabilidad civil profesional; mala praxis; error muy grave; error grave; error leve.

◆Nota: sin. seguro contra errores de traducción.

SEO, *m.*

Servicio de valor añadido, contenidos

Contexto 1. Las empresas multinacionales deben adaptar las estrategias SEO para incorporar traducciones y versiones que no solo lleguen a internet sino que sean descubiertas por los motores de búsqueda de cada idioma. **SEO** quiere decir "*search engine optimization*" u "optimización para los motores de búsqueda" y generalmente se utiliza para posicionarse de acuerdo con unas palabras clave mirando las necesidades del mercado local. No hacerlo significa arriesgarse a perder el valor de marca, fidelización y ventaja competitiva/beneficios en el extranjero. Y como los procesos de internacionalización de servicios y productos son irreversibles, la necesidad de optimizar nuestra presencia en varios idiomas a través de la traducción de nuestra web resulta cada día más importante. *EBPANGEANIC.*

• Véase traducción SEO.

servicio adicional, *m.*

Gestión empresarial, presupuesto y facturación

Contexto 1. Davico (2005) menciona la interpretación, la redacción técnica, la maquetación y la escuela de lenguas como ejemplos de **servicios adicionales** más frecuentes asociados al servicio de traducción, y sugiere que todos ellos son necesarios, porque cada empresa busca una oferta de servicios lo más amplia posible. *ATDAK.*

• Véase servicio de valor añadido.

servicio adicional de valor añadido, *m.*

Gestión empresarial, presupuesto y facturación

Contexto 1. **Servicios adicionales de valor añadido**. También incluimos servicios adicionales como son: – El escaneo de la traducción jurada (el cliente tendrá que avisar antes del envío de la jurada); – Envío: nos ocupamos nosotros del envío por su comodidad; – Copias: se ofrecen copias de las traducciones juradas a precios más reducidos. Para más información consúltenos por correo electrónico o a través del formulario de contacto. *PWLH.*

• Véase servicio de valor añadido.

servicio ampliado, *m.*

Gestión empresarial, presupuesto y facturación

Contexto 1. Gouadec (2007b) realiza una distinción entre servicios de traducción "pura" y **servicios ampliados**. Los servicios ampliados, según este autor, tienen su origen en una de las actividades del proceso de ejecución de las traducciones que preceden a la traducción misma o que la siguen. *ATDAK.*

• Véase servicio de valor añadido.

servicio complementario, *m.*

Gestión empresarial, presupuesto y facturación

Contexto 1. Nexus Traducciones le ofrece además otros **servicios complementarios**, como maquetación en todos los formatos, subtitulado en todos los idiomas, doblaje, localización, etc. *EWNEXUS.*

• Véase servicio de valor añadido.

servicio de interpretación, *m.*

Servicio de valor añadido, traducción oral

Servicio de valor añadido, brindado por un PST, que consiste en la traducción oral a la lengua meta de un discurso (DST).

Contexto 1. EVS Translations ofrece **servicios de interpretación** para juntas generales anuales de empresas cotizadas en bolsa,

comités europeos de empresa y conferencias, formando equipos de hasta 20 intérpretes para cada reunión. Otros proyectos de interpretación incluyen reuniones de seguridad en el trabajo, seminarios de formación para directivos y reuniones corporativas. Otros ejemplos de nuestra gama de servicios son las interpretaciones en procesos judiciales y para visitas a plantas. *EWEVS.*
▴Remisiones: interpretación de lenguaje de señas; traducción a la vista.

servicio de posventa, *m.*

Proceso de traducción, fase de postraducción
Contexto 1. **Servicio posventa.** Asesoramiento gratuito y adaptación lingüística del texto traducido una vez maquetado por el cliente, ya sea en papel o en la web. Contacto directo con el cliente para conocer su grado de satisfacción. Compromiso de garantía resolviendo cualquier tipo de controversia en el mínimo tiempo posible. *EWTRAYMA.*
•Véase proceso de posproducción.

servicio de terminología, *m.*

Servicio de valor añadido, terminología
Puesta a disposición del cliente de una extensa gama de productos terminológicos a medida de sus necesidades (DST).
Contexto 1. **Servicios de terminología**. Una terminología coherente es fundamental para dar una imagen profesional y reforzar la claridad de sus comunicaciones. *EWCLS.*
▴Remisiones: terminólogo; creación y gestión de bases de datos terminológicas; asesoramiento terminológico; concordancia terminológica; glosario corporativo; glosario para el traductor; glosario del traductor.

servicio de traducción, *m.*

Gestión empresarial, presupuesto y facturación
Actividad principal que brinda un proveedor de servicios de traducción (DST).
Contexto 1. Tal como hemos señalado anteriormente, una de las características básicas que comparten todas las empresas de traducción consiste en el hecho de que los servicios de traducción constituyen su principal actividad comercial. Sin embargo, los investigadores perciben al mismo tiempo la existencia de una gran variedad de servicios complementarios que acompañan el **servicio de traducción**. *ATDAK.*
Contexto 2. Davico (2005) menciona la interpretación, la redacción técnica, la maquetación y la escuela de lenguas como ejemplos de servicios adicionales más frecuentes asociados al **servicio de traducción**, y sugiere que todos ellos son necesarios, porque cada empresa busca una oferta de servicios lo más amplia posible. *ATDAK.*
Contexto 3. Dicha actividad de traducción, socialmente organizada y distribuida entre diferentes trabajadores, da como resultado definitivo un producto de tipo económico: un **servicio de traducción**. *ATDAK.*
▴Remisiones: servicios de valor añadido; servicio de interpretación; orden de pedido; acuerdo entre el cliente y el PST; cotización; traducción.

servicio de valor agregado, *m.*

Gestión empresarial, presupuesto y facturación
Contexto 1. **Servicios de valor agregado**: tercerización de los procesos de traducción e interpretación. Formamos equipo con su empresa, por consiguiente, sus objetivos son nuestros objetivos. Creación y gestión de bases de datos terminológicos de su empresa para armonización de los términos tanto para los documentos internos como externos. Proceso editorial. Diagramación, ilustración e impresión de sus textos, folletos, manuales, etc. *EWORBIS.*
•Véase servicio de valor añadido.

servicio de valor añadido, *m.*

Gestión empresarial, presupuesto y facturación
Prestación complementaria a la actividad traductora propiamente dicha, que ofrece un proveedor de servicios de traducción (DST).
Contexto 1. **Servicios de valor añadido**.

Servicios que puede prestar un PST, además de los servicios de traducción propiamente dichos. *ONAENOR.*
▲Remisiones: servicios de traducción; servicio de interpretación; orden de pedido; cotización; acuerdo entre el cliente y el PST; empleabilidad; competencia profesional; salida profesional.
◆Nota: sin. servicio de valor agregado; servicio adicional de valor añadido; servicio complementario; servicio adicional; servicio ampliado.

servicio *online* de traducción, *m.*

Gestión empresarial, presupuesto y facturación
Prestación que brinda un PST bajo la modalidad en línea.
Contexto 1. Las empresas con un volumen alto y permanente de traducciones a menudo recurren a la contratación de traductores *in-house* (también llamados *traductores de planta*) para atender sus necesidades. Sin embargo, mantener a uno o más traductores de tiempo completo presenta distintos desafíos. Trabajar estrechamente con un **servicio *online* de traducción** puede ser un método más viable para obtener traducciones en forma oportuna y a un precio justo. *EBTRANSPANISH.*
▲Remisiones: orden de pedido; acuerdo entre el cliente y el PST; cotización; traducción.

sesión cognitiva, *f.*

Servicio de valor añadido, validación
Contexto 1. Las **sesiones cognitivas** (pruebas piloto) continúan desempeñando un papel importante en la garantía de calidad lingüística de los resultados comunicados por pacientes. En Moravia, comprendemos y seguimos las pautas establecidas por el Grupo de Tareas para la Traducción y la Adaptación Cultural de la Ispor, que llevan el título Principios de Buenas Prácticas para el Proceso de Traducción y Adaptación Cultural de Medidas Relacionadas con Resultados Percibidos por el Paciente (RPP). *EWMORAVIA.*
•Véase *cognitive debriefing.*

sincronización labial, *f.*

Servicio de valor añadido, traducción audiovisual
Servicio de valor añadido que consiste en hacer coincidir el movimiento de los labios de los actores originales con la traducción de los labios.
Contexto 1. En lo que se refiere a la adaptación, lo más complejo es encontrar la **sincronización labial** sin perder el sentido de lo que se está diciendo y manteniendo la coherencia del género del material. Se puede encontrar mayor dificultad cuando el idioma original no es el inglés. Puede ser alemán, francés o japonés, y tienen movimientos de boca muy distintos a los nuestros y a los que igualmente debemos hacer coincidir en la sincronización. Por ejemplo, el coreano, que tiene muchas palabras abiertas, casi sin labiales. *PBTAVA.*
▲Remisiones: doblaje; doblaje *lipsync*; adaptador-ajustador; toma.

Sindicato Nacional dos Tradutores, *m.*

Regulación profesional, entidades gremiales
Gremio brasileño fundado en 1988 que agrupa a traductores e intérpretes.
Contexto 1. Con el respaldo de un equipo de traductores acreditados por Abrates (Asociación Brasileña de Traductores) y asociados con Sintra (**Sindicato Nacional dos Tradutores**), Traducenter ofrece de manera regular el curso de formación de traductores e intérpretes de inglés-portugués, que se inicia con varios grupos en distintas fechas a lo largo del año. *EWTRADUCENTER.*
▲Remisiones: Federación Internacional de Traductores; American Translators Association; Asociación Brasileña de Traductores e Intérpretes.
◆Nota: sigla Sintra.

Sintra, *m.*

Regulación profesional, entidades gremiales
•Véase Sindicato Nacional dos Tradutores.

sistema de gestión de contenidos, *m.*

Tecnologías, TIC-TAV

Herramienta informática que permite generar una estructura de soporte para la creación y la administración de contenidos. Contexto 1. La tecnología de la traducción comprende una serie de herramientas empleadas por traductores humanos, revisores, correctores de concepto y otros profesionales para facilitar su trabajo. Las tecnologías de la traducción pueden incluir los elementos siguientes: a) **sistemas de gestión de contenidos** (CMS); b) sistemas de redacción de contenidos; c) autoedición; d) programas de procesamiento de texto; e) sistemas de gestión de la traducción (SGT); f) herramientas de memorias de traducción (MT) y traducción asistida por ordenador (TAO); g) herramientas de aseguramiento de la calidad; h) herramientas de revisión; i) herramientas de localización; j) traducción automática (TA); k) sistemas de gestión terminológica; l) programas de gestión de proyectos; m) programas de reconocimiento de voz para conversión a texto. Las tecnologías de la traducción pueden incluir también otro tipo de tecnología de traducción relevante ya existente o futura. *ONAENORISO.*

▲Remisiones: sistema de redacción de contenidos; creación de contenidos; actualización de contenidos.

◆Notas: sin. plataforma de gestión de contenidos. Sigla CMS.

sistema de gestión de la traducción, *m.*

Tecnologías, TA-TAO

Programa que integra herramientas de gestión administrativa y lingüística, incluidas herramientas de traducción asistida por ordenador y de traducción automática, con la finalidad de optimizar el proceso de traducción. Contexto 1. El PST debe disponer de una infraestructura que, cuando proceda, garantice la disponibilidad y uso de lo siguiente: a) equipos técnicos requeridos para la realización eficaz y eficiente de los proyectos de traducción y para el manejo, almacenamiento, recuperación, archivo y destrucción seguros y confidenciales de todos los datos y documentos relevantes; b) equipos de comunicaciones que incluyan las máquinas y programas adecuados; c) recursos y soportes de información; d) herramientas de tecnología de la traducción, **sistemas de gestión de la traducción**, sistemas de gestión terminológica y otros sistemas para la gestión de recursos lingüísticos relacionados con la traducción. *ONAENORISO.*

▲Remisiones: herramienta de traducción asistida por ordenador; gestor terminológico; memoria de traducción; traducción asistida por ordenador; gestor de proyectos; herramienta de localización; sistema de traducción automática.

◆Nota: sin. plataforma de gestión de traducciones; TMS.

sistema de gestión terminológica, *m.*

Tecnologías, terminología

Contexto 1. El PST debe disponer de una infraestructura que, cuando proceda, garantice la disponibilidad y uso de lo siguiente: a) equipos técnicos requeridos para la realización eficaz y eficiente de los proyectos de traducción y para el manejo, almacenamiento, recuperación, archivo y destrucción seguros y confidenciales de todos los datos y documentos relevantes; b) equipos de comunicaciones que incluyan las máquinas y programas adecuados; c) recursos y soportes de información; d) herramientas de tecnología de la traducción, sistemas de gestión de la traducción, **sistemas de gestión terminológica** y otros sistemas para la gestión de recursos lingüísticos relacionados con la traducción. *ONAENORISO.*

•Véase gestor terminológico.

sistema de lenguaje controlado, *m.*

Servicio de valor añadido, documentación

Servicio de valor añadido que consiste en un conjunto de pautas para reescribir los textos a lenguaje llano y facilitar el proceso de tra-

ducción automática o asistida por ordenador. Contexto 1. Hoy en día ya se habla de **sistemas de "lenguaje controlado"**, que consisten en fijar unas pautas terminológicas y estilísticas que facilitan después la traducción por ordenador. El traductor seguirá desempeñando un papel en este proceso (preparación de los textos, posrevisión), pero bastante distinto del actual. *AWCVC*.
▴ Remisiones: lenguaje llano; sistema de redacción de contenidos; adecuación del lenguaje controlado.

sistema de redacción de contenidos, *m.*
Tecnologías, TIC-TAV
Herramienta informática que permite la adecuación de contenidos al lenguaje controlado.
Contexto 1. La tecnología de la traducción comprende una serie de herramientas empleadas por traductores humanos, revisores, correctores de concepto y otros profesionales para facilitar su trabajo. Las tecnologías de la traducción pueden incluir los elementos siguientes: a) sistemas de gestión de contenidos (CMS); b) **sistemas de redacción de contenidos**; c) autoedición; d) programas de procesamiento de texto; e) sistemas de gestión de la traducción (SGT); f) herramientas de memorias de traducción (MT) y traducción asistida por ordenador (TAO); g) herramientas de aseguramiento de la calidad; h) herramientas de revisión; i) herramientas de localización; j) traducción automática (TA); k) sistemas de gestión terminológica; l) programas de gestión de proyectos; m) programas de reconocimiento de voz para conversión a texto. Las tecnologías de la traducción pueden incluir también otro tipo de tecnología de traducción relevante ya existente o futura. *ONAENORISO*.
▴ Remisiones: adecuación del lenguaje controlado; sistema de gestión de contenidos; creación de contenidos; redactor de contenidos.
◆ Nota: en inglés se le denomina *authoring system* o *authoring tools*.

sistema de traducción asistida por ordenador, *m.*
Tecnologías, TA-TAO
Contexto 1. Las unidades de traducción son las unidades traducibles elementales guardadas en la memoria de traducción. La memoria de traducción segmenta el texto completo en pequeñas frases u oraciones que se guardan como distintos segmentos y que corresponden a sus frases de texto original. Las unidades de traducción no pueden dividirse más en segmentos más pequeños. Si esto ocurre, el **sistema de traducción asistida por ordenador** (TAO) podría no ser capaz de traducirlas adecuadamente con respecto a los contextos en los que se usan en varios lugares. *EWPANGEANIC*.
• Véase herramienta de traducción asistida por ordenador.

sistema de traducción automática, *m.*
Tecnologías, TA-TAO
Programa que traduce sin intervención humana basado en reglas, corpus o contextos cuyas versiones de pago permiten alimentar diccionarios generales o especializados (DST).
Contexto 1. Hay que señalar que en general las compañías que desarrollan **sistemas de traducción automática** directos no pretenden que estos produzcan versiones finales, sino que faciliten el trabajo del traductor en términos de eficacia y rendimiento. *AAPH*.
Contexto 2. Solamente podremos sacar provecho de los **sistemas de traducción automática** si somos conscientes de que pueden ser muy útiles para aplicaciones y en entornos determinados. Es inútil que intentemos traducir una novela del inglés al castellano o al gallego con un sistema de traducción automática. *GRASETRAD*.
▴ Remisiones: traducción automática; posedición; poseditor; preedición.
◆ Notas: sin. programa de traducción automática; herramienta de traducción automática. Acort. sistema TAO.

sistema TAO, *m.*

Tecnologías, TA-TAO
Contexto 1. Hemos implantado el **sistema TAO** (traducción asistida por ordenador). Gracias a programas como Transit, Trados, LocStudio, SDLx, correctores y otras herramientas, ofrecemos un servicio de calidad. Estamos inmersos en el proceso de obtención del certificado ISO 9001:2008 (gestión de la calidad) y del EN 15038:2008 (empresas de traducción). *EWMARAMARA.*
• Véase herramienta de traducción asistida por ordenador.

SOB, *m.*

Proceso de traducción, fase de pretraducción
Contexto 1. **SOB**. *Start of business*. Estas siglas se usan para indicar que la entrega se hace a primera hora del día. *PBEADT.*
• Véase *start of business.*

sobretitulación, *f.*

Servicio de valor añadido, traducción audiovisual
• Véase supratitulación.

software **de concordancia**, *m.*

Tecnologías, TA-TAO
Contexto 1. Concordantes o ***software*** **de concordancia** son herramientas de referencia para buscar una palabra junto con su contexto, ya sea en un corpus monolingüe, bilingüe o multilingüe (como un bitexto o una memoria de traducción). *EBCCONNECTION.*
• Véase herramienta de concordancia.

software **de gestión de proyectos**, *m.*

Tecnologías, TIC-TAV
Contexto 1. ***Software*** **de gestión de proyecto** como Memsource. Con este programa, el jefe de proyecto de una agencia de traducción puede organizar proyectos de traducción complejos mediante la asignación de tareas a diferentes traductores y hacer un seguimiento del avance de cada uno. *EBCCONNECTION.*
• Véase programas de gestión de proyectos.

software **OCR**, *m.*

Tecnologías, TIC-TAV
Contexto 1. Se conoce como ***software*** **OCR** o simplemente OCR a toda herramienta o programa de computación que permita realizar un reconocimiento óptico de caracteres (por sus siglas en inglés, *optical character recognition*) y que normalmente se utiliza en las agencias de traducción para la conversión de archivos PDF que provienen de diferentes orígenes. *EBTRUSTED.*
• Véase *optical character recognition.*

solicitud del cliente, *f.*

Proceso de traducción, fase de pretraducción
Conjunto de necesidades del cliente referidas al encargo de traducción a partir de las cuales se determinan las especificaciones del proyecto.
Contexto 1. El PST debe analizar las **solicitudes del cliente** para identificar las especificaciones que este impone para los servicios y la capacidad del PST para satisfacerlas, para así determinar si se encuentran disponibles todos los recursos humanos, técnicos y tecnológicos necesarios. *ONAENORISO.*
▲ Remisiones: acuerdo entre el cliente y el PST; especificaciones del proyecto; encargo de traducción; requisitos del proyecto; proyecto; cumplimiento de las especificaciones.

spot check, *f.*

Gestión empresarial, calidad
Procedimiento que consiste en seleccionar un porcentaje previamente definido de fragmentos del texto meta para valorar su calidad considerando una serie de criterios o categorías de errores.
Contexto 1. ***Spot check***: es un tipo de revisión rápida donde se mira aproximadamente el 60% del texto. *PBEADT.*
• Véase revisión parcial.

SRX, *m.*

Tecnologías, TA-TAO

Contexto 1. Uno de los cambios que se observan en la industria de la traducción de páginas web es el fortalecimiento de iniciativas de estandarización que pretenden salvar las barreras impuestas por tecnologías no compatibles ni integradas. Actualmente, existen distintos formatos que permiten el intercambio de productos propios de un proceso de traducción web. XLIFF (XML Localization Interchange File Format), por ejemplo, es un formato basado en XML creado para estandarizar los ficheros de localización; TMX es un estándar para el intercambio de memorias de traducción; **SRX** (Segmentation Rules eXchange) un estándar de reglas de segmentación y TBX es el estándar XML propuesto para el intercambio de bases de datos terminológicas. No obstante, estas iniciativas son todavía demasiado independientes y su asimilación por parte de la industria no acaba de desembocar en tecnologías integradoras que combinen un mismo formato. Esto implica que el traductor debe lidiar con distintos formatos y protocolos de intercambio de datos donde encontramos además de los ya mencionados, otros propios de herramientas TAO o TA específicas como TTX para memorias Trados, o TTK para proyectos en Catatyst, etc. *AAAE.*

• Véase Segmentation Rules eXchange.

start of business, *m.*

Proceso de traducción, fase de pretraducción

Entrega que debe llevarse a cabo a primera hora del día.

Contexto 1. **SOB**. ***Start of business***. Estas siglas se usan para indicar que la entrega se hace a primera hora del día. *PBEADT.*

▴ Remisiones: *end of business*; *end of day*; *out of office*; por confirmar; control de cambios; hora de la entrega; conteo de palabras; *working from home*.

◆ Nota: sigla SOB.

string, *m.*

Tecnologías, TA-TAO

Contexto 1. ***String***: término que usamos para designar la forma en que los programas TAO dividen un texto para facilitar la tarea de la traducción. Normalmente, las herramientas TAO utilizan los puntos o los dos puntos para "trocear" el texto y que no se nos haga tan cuesta arriba nuestra tarea, aunque en algunos programas se puede personalizar esta división. *PBEADT.*

• Véase cadena de *software*.

subcontratación, *f.*

Ejercicio profesional, modalidades y condiciones contractuales

Contratación que realiza un proveedor de servicios de traducción de una persona natural o jurídica para que ejecute, total o parcialmente, los trabajos por los que el primero ha sido contratado en forma directa (DST).

Contexto 1. Aunque la cadena de **subcontrataciones** es algo normalmente visto como la gran bestia negra posmoderna (y en parte es cierto), también aporta algunas ventajas: en primer lugar, al no tener contacto con el cliente, nos permite centrarnos exclusivamente en las tareas de traducción (y olvidarnos de la gestión de proyectos o de la comercialización de servicios). Trabajar para un intermediario ofrece cierta seguridad: en caso de impago de un cliente directo tendremos que acudir a los tribunales para recuperar nuestro dinero. Sin embargo, si trabajamos para una agencia, esta tiene que pagarnos, ya que trabajamos para ella (y si al final el cliente final no paga, será problema del intermediario y no nuestro). La cadena de subcontratación aporta valor añadido al producto: si trabajamos para un cliente directo, el proyecto se entregará como mucho con dos revisiones. Si nuestro cliente es un intermediario, cada escalón de la cadena añadirá su propia revisión y control de calidad, lo que permitirá generar un texto de mayor calidad. *PWOC.*

Contexto 2. Evitar la **subcontratación** generalizada. El hecho de interponer un in-

termediario entre la Administración y el traductor/intérprete encarece el servicio en detrimento de la calidad. Además, la subcontratación plantea numerosos problemas cuando se trata de cuestiones que afectan a derechos individuales fundamentales (privación de la libertad o determinación de la protección internacional) y a derechos colectivos (salvaguarda del interés público o seguridad del Estado). La fórmula recomendada por la Directiva 2010/64/UE del Parlamento Europeo y del Consejo, relativa al derecho a interpretación y a traducción en los procesos penales (en vías de transposición), cuando la plantilla no sea suficiente, es la creación de registros de profesionales autónomos con criterios de cualificación y competencia. *GWRITAP.*
▲Remisiones: contrato de traducción; *crowdsourcing*; traducción colaborativa; subcontratista; exclusividad.

subcontratista, *m.*

Gestión empresarial, actores
Persona que brinda, en forma autónoma, servicios de traducción o de valor agregado a un PST.
Contexto 1. Recursos técnicos. El PST debe garantizar que todas las partes relevantes involucradas en el proceso, incluidos los **subcontratistas**, emplean los recursos técnicos requeridos en todas las fases del proyecto. *ONAENORISO.*
▲Remisiones: subcontratación; traductor independiente; revisor externo; tarea subcontratada; proveedor de servicios de traducción; exclusividad.
◆Nota: sin. colaborador externo.

subproducto, *m.*

Proceso de traducción, fase de pretraducción
Producto derivado de un proyecto de traducción.
Contexto 1. Las condiciones comerciales pueden incluir, pero sin limitarse a ellos, los elementos siguientes: a) cláusulas de confidencialidad y acuerdos de no revelación; b) derechos de propiedad intelectual sobre el material entregado al cliente y restricciones sobre el uso de **subproductos**, como memorias de traducción; c) condiciones de pago (como pago a 30 días o un descuento del 2% si el pago se produce en un plazo de 10 días); d) garantías; e) responsabilidad; f) procedimientos de resolución de disputas; g) elección de la jurisdicción aplicable. *ONAENORISO.*
▲Remisiones: condiciones comerciales; memorias de traducción.

subtitulación, *f.*

Servicio de valor añadido, traducción audiovisual
Servicio de valor añadido que consiste en la superposición directa de un diálogo, o de su traducción, sobre un material audiovisual (DST).
Contexto 1. Una vez aceptado el presupuesto, nuestros traductores profesionales especializados en la **subtitulación** se encargarán de traducir y acortar los textos según las reglas y técnicas de la subtitulación. *EWMONDO.*
▲Remisiones: doblaje; audiodescripción; subtitulado para sordos; supratitulación; voz superpuesta.
◆Nota: sin. subtitulado; subtitulaje.

subtitulación cerrada, *f.*

Servicio de valor añadido, traducción audiovisual
•Véase *closed caption.*

subtitulado, *m.*

Servicio de valor añadido, traducción audiovisual
Contexto 1. El **subtitulado** es la superposición directa de un diálogo o de su traducción sobre un video. Pero no es fácil transferir el diálogo verbal a leyendas escritas. Se trata de un proceso complejo de adaptación de los diálogos del video a un código escrito en un conjunto integral de parámetros, incluyendo los límites de espacio, ritmo del discurso, registro y muchos otros elementos. *EWHIEROGLIFS.*
•Véase subtitulación.

subtitulado para personas con discapacidad auditiva, *m.*

Servicio de valor añadido, traducción audiovisual
•Véase subitulado para sordos.

subtitulado para sordos, *m.*

Servicio de valor añadido, traducción audiovisual
Servicio de valor añadido que consiste en la superposición directa de un diálogo, o de su traducción, y de todo aquello que una persona con discapacidad auditiva pierde (emisor, énfasis, entonación, tono de voz, acentos, idiomas extranjeros, efectos sonoros y música instrumental).
Contexto 1. **Subtitulado para sordos**. Los contenidos audiovisuales también pueden ser accesibles para personas sordas (véase audiodescripción para ciegos como otra modalidad de accesibilidad audiovisual) mediante las técnicas de subtitulado para sordos en cine y televisión. Para subtitular para sordos un video, o cualquier contenido audiovisual, es necesario generar un archivo de subtítulos especialmente creado para un público sordo (se describen los sonidos y los subtítulos llevan colores diferentes según el personaje que habla, entre otras particularidades), siguiendo las recomendaciones propuestas por la norma UNE 153010:2003 de subtitulación para sordos. *EWTRAGORA*.
Contexto 2. Accesibilidad-**Subtitulado para sordos**. En Mercury Telecom nos importa que las personas con discapacidad tengan acceso a la cultura, a la información y al ocio. Por ello nos esforzamos en brindar soluciones de accesibilidad comunicativa a través del subtitulado para personas sordas o con deficiencias auditivas, a través de la audiodescripción para personas ciegas y a través de las audiosignoguías (intérpretes de lengua de signos). *EWMERCURY.*
▲Remisiones: subtitulación; doblaje; audiodescripción; supratitulación; voz superpuesta; *closed caption.*
◆Nota: sin. subitulado para personas con discapacidad auditiva.

subtitulaje, *m.*

Servicio de valor añadido, traducción audiovisual
Contexto 1. El proceso de **subtitulaje** tiene varias etapas, cada una de ellas requiere de diversas habilidades y en donde intervienen distintos profesionales. *EWLEXUS*.
•Véase subtitulación.

subtítulo oculto, *m.*

Servicio de valor añadido, traducción audiovisual
•Véase *closed caption.*

sueldo mensual, *m.*

Ejercicio profesional, modalidades y condiciones contractuales
Monto neto estimado que debe percibir por mes el traductor.
Contexto 1. **Sueldo mensual**. Aquí debemos poner el monto que queremos ganar en mano todos los meses. Pusimos un sueldo más que aceptable para un traductor profesional: ARS 12 000 por mes (tengan presente que este monto será lo que recibamos en mano y se tendrán en cuenta los gastos fijos por encima de este valor). *EWTRADUGEEK*.
▲Remisiones: traductor de planta; honorarios; condiciones de pago; vacaciones y feriados; jornada laboral.

superposición de voz, *f.*

Servicio de valor añadido, traducción audiovisual
Contexto 1. Otros servicios de valor añadido que puede ofrecer un PST incluyen, pero sin limitarse a ellos, los siguientes: a) certificación y autorización según la legislación nacional y otros requisitos; b) asistencia en actos notariales y legalizaciones; c) adaptación; d) reescritura; e) actualización; f) localización; g) internacionalización; h) globalización; i) gestión terminológica; j) transcripción; k) transliteración; l) transcreación; m) ilustraciones finales para diseño gráfico o de páginas web mediante autoedición; n) redacción técnica; o) consultoría lingüística y cultural; p) con-

cordancia terminológica; q) alineación de memorias de traducción; r) alineación de textos paralelos bilingües; s) preedición y posedición; t) subtitulación; u) doblaje y **superposición de voz**; v) revisión y/o corrección de concepto de contenido de lenguas de destino traducido por terceros; w) retrotraducción. *ONAENORISO.*
• Véase voz superpuesta.

supratitulación, *f.*

Servicio de valor añadido, traducción audiovisual
Servicio que consiste en sintetizar fragmentos operísticos u otros, a través de una pantalla luminosa instalada en la parte superior del escenario o detrás de los asientos del público, con la finalidad de facilitar al espectador el desarrollo de la trama (DST).
Contexto 1. La **supratitulación**: se trata de una práctica ya común en el ámbito de la ópera, que a veces también se usa para la traducción de obras de teatro. Según Hernández Bartolomé y Mendiluce Cabrera (2005). *ATDCA.*
Contexto 2. La **supratitulación** se realiza en las óperas, para facilitar al espectador el desarrollo de la acción. Consiste en sintetizar los fragmentos de cantabile y los recitativos; esta síntesis aparece en una pantalla luminosa instalada en la parte superior del escenario o detrás de los asientos del público. Una vez más la traducción deberá ajustarse al tiempo (escénico) y a la acción que se está desarrollando. *AAMRPC.*
▲ Remisiones: subtitulación; doblaje; audiodescripción; subtitulado para sordos; voz superpuesta.
• Nota: sin. sobretitulación; supratitulación musical.

supratitulación musical, *f.*

Servicio de valor añadido, traducción audiovisual
• Véase supratitulación.

T-Rank™, *m.*

Gestión empresarial, calidad
Sistema de soporte de decisiones empresariales que permite identificar entre un gran número de traductores a aquel más adecuado para cada encargo (DST).
Contexto 1. **T-Rank™** es un método para facilitar la elección del mejor traductor humano para cada trabajo. OK, pero ¿cómo puedo utilizar T-Rank™? T-Rank™ es la tecnología utilizada por Translated para elegir al mejor traductor para cada trabajo. Lo único que pedimos a nuestros clientes es que nos envíen el documento a traducir. T-Rank™ analiza más de 30 características (calidad y puntualidad en trabajos anteriores, capacidad productiva, disponibilidad en tiempo real, etc.) del traductor y del tipo de encargo, y las confronta con una muestra de traductores de calidad probada y con las elecciones anteriores de los gestores de proyectos. El resultado de este análisis es un valor numérico que representa en qué medida cada traductor es similar al traductor ideal para el encargo. *EWTRANSLATED.*
Contexto 2. ¿En qué tecnologías se basa **T-Rank™**? T-Rank™ es una distancia en un espacio métrico. Los elementos de este espacio métrico son elegidos por un sistema de inteligencia artificial capaz de aprender las características que identifican a un buen traductor a partir de las elecciones humanas y de los resultados de los trabajos anteriores. T-Rank™ mide la distancia entre cada traductor y el traductor ideal para cada encargo. *EWTRANSLATED.*
▲ Remisiones: productividad; composición del equipo del proyecto; herramienta de aseguramiento de la calidad.

T9N, *f.*

Proceso de traducción, fase de traducción
Código alfanumérico creado para el término *traducción*.
Contexto 1. **T9N**: abreviatura de *translation*. Se abrevia así porque entre la T y la N hay 9 letras. *PBEADT.*
• Véase traducción.

TA, *f.*

Ejercicio profesional, tipos de traducción
• Véase traducción automática.

tabla de honorarios, *f.*

Gestión empresarial, presupuesto y facturación
Listado de aranceles fijados por el Estado, o por un gremio profesional, que se han de pagar a los traductores (DST).
Contexto 1. Artículo 2.- La Comisión Asesora para el establecimiento de la **Tabla de Honorarios.** Corresponde a la Comisión Asesora para el establecimiento de la Tabla de Honorarios, conocer y resolver en relación con las consultas de los profesionales acerca de la procedencia o derecho que les asiste a los traductores e intérpretes oficiales para el cobro de honorarios por la prestación futura de servicios profesionales que les hayan sido requeridos, cuando este Arancel expresamente no contemple el caso concreto. *ONMRREEC2.*
Contexto 2. **Tabla de Honorarios** aprobada en reunión del Consejo Directivo Provincial. LaPlata, 6 de diciembre de 2012. Se establece dicha tabla para el año 2013 y quedará a criterio de este Consejo su revisión y eventual posterior modificación. *GWCTPIPBA.*
▲ Remisiones: arancel; tarifa de traducción; honorarios.
◆ Nota: sin. tabla referencial de honorarios profesionales; tabla referencial; tarifario referencial.

tabla referencial, *f.*

Gestión empresarial, presupuesto y facturación
• Véase tabla de honorarios.

tabla referencial de honorarios profesionales, *f.*

Gestión empresarial, presupuesto y facturación
Contexto 1. Recomendar una **tabla referencial de honorarios profesionales**, acorde con la responsabilidad del ejercicio profesional. *GNCTPE.*
• Véase tabla de honorarios.

TAC, *f.*

Ejercicio profesional, tipos de traducción
• Véase traducción asistida por ordenador.

TACT, *f.*

Gestión empresarial, calidad
Contexto 1. **TACT** (verificación de precisión técnica de traducciones). En situaciones donde la precisión técnica es de importancia vital, nuestros profesionales en TACT estarán listos para servirle. Puede confiar en nuestros expertos en la industria para ofrecerle validaciones lingüísticas al igual que asesoría profesional en cuestiones clave de terminología. Contáctenos hoy para hablar acerca de sus necesidades específicas. *EWCLSLEXITECH.*
• Véase verificación de precisión técnica de traducciones.

take, *f.*

Proceso de traducción, fase de traducción
• Véase toma.

TAO, *f.*

Ejercicio profesional, tipos de traducción
Contexto 1. ¿Cómo ayuda a conseguirlo? **TAO** es la sigla de "traducción asistida por ordenador". Una herramienta TAO es un programa de ordenador que ayuda a traducir documentos de texto de una forma más eficiente. *OWMETATEXIS.*
• Véase traducción asistida por ordenador.

taquigrafía, *f.*

Servicio de valor añadido, traducción audiovisual
• Véase transcripción en tiempo real.

tarea de preproducción, *f.*

Proceso de traducción, fase de pretraducción
Actividad que forma parte del proceso de preproducción en el flujo de trabajo de una traducción, destinada a preparar el texto origen para su ulterior traducción.

Contexto 1. **Tareas de preproducción**. La fase de preproducción puede incluir los elementos siguientes: a) obtención o configuración de memorias de traducción, bases de datos terminológicas, guías de estilo y cualesquiera otros recursos de los que se podría disponer y resultaran útiles para el proceso de traducción; b) preparación del contenido para su procesamiento con la tecnología de la traducción; c) análisis y alcance del proyecto, incluido el análisis del contenido de la lengua de origen; d) hojas/plantillas de estilo que se vayan a aplicar o crear; e) recopilación y preparación de materiales de referencia (por ejemplo, terminología y materiales de formación) para mejorar la conformidad cualitativa con las especificaciones del proyecto. *ONAENORISO.*
Contexto 2. El PST debe llevar a cabo todas las tareas necesarias técnicas y de preproducción con el fin de preparar el contenido de la lengua de origen para su traducción. Las **tareas de preproducción** de traducción pueden incluir elementos como los enumerados en el anexo D. *ONAENORISO.*
▲Remisiones: gestión de proyectos; proceso de posproducción; proceso de producción; presupuesto; acuerdo entre el cliente y el PST; material de referencia; composición del equipo del proyecto; guía de estilo; hoja de estilo; glosario del traductor; glosario para el traductor.

tarea subcontratada, *f.*

Proceso de traducción, fase de pretraducción
Actividad que realiza un subcontratista para el PST.
Contexto 1. Responsabilidad de las **tareas subcontratadas**. Cuando un PST decida recurrir a terceros para llevar a cabo un servicio de traducción o cualquiera de sus partes, el PST debe asumir la plena responsabilidad de asegurarse de que esos terceros cumplen todos los requisitos de esta norma internacional en relación con dicho servicio o cualquiera de sus partes. *ONAENORISO.*
▲Remisiones: subcontratación; subcontratista.

tarifa de traducción, *f.*

Gestión empresarial, presupuesto y facturación
Precio que paga el cliente por el servicio de traducción que incluye el costo más el beneficio y se fija en función de una unidad de facturación (DST).
Contexto 1. Con frecuencia, un aspecto que se presta bastante al desconcierto es el de las **tarifas de traducción**. Sobre todo al comienzo de la actividad, uno tiende a aceptar tácitamente los precios que le marca la empresa contratante, guiado como es normal por el deseo de introducirse en el mercado lo más rápidamente posible. *PBVRL.*
▲Remisiones: cotización; complejidad; volumen; especialización; herramienta de facturación; contador de palabras; conteo de palabras; calculadora de tarifas; gráfica de tarifas; tarifa por palabra de origen; tarifa por palabra del texto meta; tarifa de traducción; tarifa de traducción estándar; tarifa de traducción por línea; tarifa mínima; tarifa plana; tarifa por hora; tarifa por palabra; tarifa razonable; unidad de facturación.

tarifa de traducción estándar, *f.*

Gestión empresarial, presupuesto y facturación
Precio preestablecido por el PST para los servicios de traducción de textos en idiomas de mayor demanda, de complejidad promedio, solicitados con plazos de entrega estándar.
Contexto 1. **Tarifas de traducción estándar**. Para los siguientes idiomas: español, inglés (Reino Unido), inglés (Estados Unidos), francés, portugués (Portugal), portugués (Brasil), alemán. *EWINTERTRADOC.*
Contexto 2. Esta página presenta una relación de las **tarifas estándares de traducción** de Dixon Servicios Lingüísticos, S. L. Para las tarifas de traducción de otras combinaciones de idiomas o para recibir un presupuesto sin compromiso ajustado a las necesidades de su proyecto, consultar directamente con nuestro departamento de gestión de traducción. *EWDIXON.*
▲Remisiones: cotización; herramienta de facturación; contador de palabras; tarifa

por palabra del texto meta; tarifa por palabra de origen; tarifa de traducción; tarifa de traducción por línea; tarifa mínima; tarifa plana; tarifa por hora; tarifa por palabra; tarifa razonable; unidad de facturación.

tarifa de traducción por línea, *f.*

Gestión empresarial, presupuesto y facturación
Precio que paga el cliente por el servicio de traducción, u otro, que utiliza como unidad de facturación la línea.
Contexto 1. La modalidad aplicada para determinar el precio de la prestación del servicio de traducción. Este último se puede facturar mediante una tarifa fija, según una tarifa por hora de trabajo, o con la **tarifa** del prestatario en vigor el día de la realización del presupuesto, por número de palabras del original (es decir, el número de palabras contenidas en el texto que se debe traducir) o **de** la **traducción** (es decir, según las palabras incluidas en el texto traducido) según el recuento de Microsoft Word (Herramientas, Estadísticas), **por líneas**, por páginas, por horas. *EETAGENCY.*
▲Remisiones: cotización; herramienta de facturación; contador de palabras; tarifa por palabra del texto meta; tarifa por palabra de origen; tarifa de traducción; tarifa de traducción estándar; tarifa mínima; tarifa plana; tarifa por hora; tarifa por palabra; tarifa razonable; unidad de facturación.

tarifa mínima, *f.*

Gestión empresarial, presupuesto y facturación
Precio base establecido por el PST para aceptar un encargo de traducción.
Contexto 1. He probado a pedir **tarifas mínimas**. Y, como sospechaba, los clientes están dispuestos a pagarlas. Procesar un archivo en Trados, documentarse y hacer una factura lleva tiempo si te mandan solo 60 palabras, así que hay que asegurar un mínimo. *PBAMQT.*
▲Remisiones: cotización; herramienta de facturación; contador de palabras; tarifa por palabra del texto meta; tarifa por palabra de origen; tarifa de traducción; tarifa de traducción estándar; tarifa de traducción por línea; tarifa plana; tarifa por hora; tarifa por palabra; tarifa razonable; unidad de facturación.

tarifa plana, *f.*

Gestión empresarial, presupuesto y facturación
Precio único preestablecido por el PST para los servicios de traducción, u otros.
Contexto 1. La cotización de proyectos de traducción puede hacerse en base a una **tarifa plana**, como lo sería el precio por página o una tarifa por hora. No obstante, en la industria no se acostumbra cobrar de esta manera y no es recomendable por varias razones. En primer lugar, dado que todos los documentos son diferentes, la cantidad de palabras por página puede sufrir variaciones significativas. *EWTRUSTED.*
▲Remisiones: cotización; herramienta de facturación; contador de palabras; tarifa por palabra del texto meta; tarifa por palabra de origen; tarifa de traducción; tarifa de traducción estándar; tarifa de traducción por línea; tarifa mínima; tarifa por hora; tarifa por palabra; tarifa razonable; unidad de facturación.

tarifa por hora, *f.*

Gestión empresarial, presupuesto y facturación
Precio que paga el cliente por el servicio de traducción, u otro, que utiliza como unidad de facturación la hora trabajada.
Contexto 1. Precio de localización de *software*. La localización de *software* o los sistemas de administración de contenido pueden cobrarse en base a una **tarifa por hora** o se puede establecer un precio fijo para la totalidad del proyecto. *EWTRUSTED.*
Contexto 2. Calcular nuestra productividad en palabras por hora (que variará según el idioma y la materia) y dividir la **tarifa por hora** entre dicho número de palabras. Por ejemplo, si somos capaces de traducir 350 pala-

bras por hora (listas para entregar), nuestro precio por palabra equivalente a nuestro precio por hora será de 0,029 €, 0,058 €, 0,069 € y 0,14 €, respectivamente, en función de cuál sea nuestro objetivo de facturación y nuestro horario de trabajo. *PBETELS.*

▲Remisiones: cotización; herramienta de facturación; contador de palabras; tarifa por palabra del texto meta; tarifa por palabra de origen; tarifa de traducción; tarifa de traducción estándar; tarifa de traducción por línea; tarifa mínima; tarifa plana; tarifa por palabra; tarifa razonable; unidad de facturación.

◆Nota: sin. traducción por hora.

tarifa por número de palabras del original, *f.*

Gestión empresarial, presupuesto y facturación

Contexto 1. La modalidad aplicada para determinar el precio de la prestación del servicio de traducción. Este último se puede facturar mediante una tarifa fija, según una tarifa por hora de trabajo, o con la **tarifa** del prestatario en vigor el día de la realización del presupuesto, **por número de palabras del original** (es decir, el número de palabras contenidas en el texto que se debe traducir) o de la traducción (es decir, según las palabras incluidas en el texto traducido) según el recuento de Microsoft Word (Herramientas, Estadísticas), por líneas, por páginas, por horas. *EWMILEG.*

•Véase tarifa por palabra de origen.

tarifa por palabra, *f.*

Gestión empresarial, presupuesto y facturación

Precio que paga el cliente por el servicio de traducción, u otro, que utiliza como unidad de facturación la palabra del texto origen o meta.

Contexto 1. La fijación de **tarifas por palabra** supone una ventaja tanto para el cliente como para el traductor, dado que desde un primer momento se puede establecer un presupuesto con total transparencia (algo que no ocurriría si se determinas en por hora). No obstante, hay que tener en cuenta que, aunque la tarifa se calcule por palabra, hay casos en los que se pueden aplicar recargos: traducciones urgentes, textos en formatos no editables, textos parcialmente ilegibles, etc. *EBTRADUSPANISH.*

Contexto 2. Tanto la **tarifa por palabra** como por línea depende del nivel de dificultad del texto a traducir y del plazo de entrega. *PWMCORONADO.*

▲Remisiones: cotización; herramienta de facturación; contador de palabras; tarifa por palabra del texto meta; tarifa por palabra de origen; tarifa de traducción; tarifa de traducción estándar; tarifa de traducción por línea; tarifa mínima; tarifa plana; tarifa por hora; tarifa razonable; unidad de facturación.

tarifa por palabra de origen, *f.*

Gestión empresarial, presupuesto y facturación

Precio que paga el cliente por el servicio de traducción, u otro, que utiliza como unidad de facturación la palabra del texto origen.

Contexto 1. En Dixit, ofrecemos tarifas muy competitivas. A continuación, detallamos nuestras tarifas de traducción: traducción simple (**tarifas por palabra de origen** expresadas en €). *EWDIXIT.*

▲Remisiones: cotización; herramienta de facturación; contador de palabras; calculadora de tarifas; tarifa por palabra del texto meta; tarifa de traducción; tarifa de traducción estándar; tarifa de traducción por línea; tarifa mínima; tarifa plana; tarifa por hora; tarifa por palabra; tarifa razonable; unidad de facturación.

◆Nota: sin. precio de traducción por palabra de origen; costo de traducción por palabra de origen; valor por palabra del documento original; precio por palabra de origen; coste por palabra del texto original.

tarifa por palabra del texto meta, *f.*

Gestión empresarial, presupuesto y facturación

Precio que paga el cliente por el servicio de traducción, u otro, que utiliza como unidad de facturación la palabra del texto meta.

Contexto 1. En países como España, por

ejemplo, es habitual fijar una **tarifa por palabra del texto** fuente o del texto **meta**. Se multiplica el número total de palabras por la tarifa en cuestión y se obtiene el precio final, al margen de impuestos. Esta relación directa entre el número de palabras y el precio final induce a pensar que la tarifa remunera estrictamente lo que cuesta traducir cada palabra, un error que está muy extendido incluso entre profesionales que no se han parado a reflexionar detenidamente sobre el asunto. *GRASETRAD*.
▲Remisiones: cotización; herramienta de facturación; contador de palabras; calculadora de tarifas; tarifa por palabra de origen; tarifa de traducción; tarifa de traducción estándar; tarifa de traducción por línea; tarifa mínima; tarifa plana; tarifa por hora; tarifa por palabra; tarifa razonable; unidad de facturación.
◆Nota: sin. precio por palabra del texto de llegada; tarifa por palabra meta; precio por palabra meta.

tarifa por palabra meta, *f.*

Gestión empresarial, presupuesto y facturación
Contexto 1. Sin embargo, cobrar por página difiere del precio por página que algunos traductores o agencias cobran, ya que, en ocasiones, se refiere a un número de palabras fijo (por ejemplo, 200 palabras por página). Por lo tanto, cuando negocias tus **tarifas**, es siempre importante aclarar a qué te refieres cuando cotizas "por página" (página física o número de palabras predeterminado) y "**por palabra**" (palabra fuente o **meta**). *EBAGENCIAS*.
•Véase tarifa por palabra del texto meta.

tarifa razonable, *f.*

Gestión empresarial, presupuesto y facturación
Precio que paga el cliente por el servicio de traducción que incluye costos y márgenes de utilidad aceptables.
Contexto 1. Antes de aceptar un proyecto, trata de recopilar información que te permita comprobar, o al menos intuir, la seriedad y solvencia del cliente. Más importante que defender unas **tarifas razonables** es cobrarlas.
▲Remisiones: cotización; herramienta de facturación; contador de palabras; tarifa por palabra del texto meta; tarifa por palabra de origen; tarifa de traducción; tarifa de traducción estándar; tarifa de traducción por línea; tarifa mínima; tarifa plana; tarifa por hora; tarifa por palabra; unidad de facturación.

tarifario referencial, *m.*

Gestión empresarial, presupuesto y facturación
•Véase tabla de honorarios.

TAT, *m.*

Proceso de traducción, fase de traducción
Contexto 1. **TAT:** *turnaround time*, hora de la entrega. *PBEADT*.
Contexto 2. Acrónimo que significa *turnaround time*. Conocido también como *plazo de entrega*, el **TAT** es el tiempo requerido para completar una tarea determinada. *EWCCAPS*.
•Véase *turnaround time*.

TBC. *loc.*

Proceso de traducción, fase de traducción
Contexto 1. **TBC**: *to be confirmed*, por confirmar. *PBEADT*.
•Véase por confirmar.

TBX, *m.*

Tecnologías, TA-TAO
Contexto 1. TermBase eXchange (**TBX**), Universal Terminology eXchange (UTX) y Open Lexicon Interchange Format (OLIF) son tres formatos compatibles con XML pensados específicamente para datos terminológicos y léxicos. Todos ellos contienen glosarios, tanto para traducción humana como para traducción automática. Almacenan pares de términos de las lenguas de partida y llegada, así como otros datos terminológicos, como el tipo de palabra, el género, el número e in-

formación léxica más detallada. *EWQABIRIA.*
•Véase TermBase eXchange.

técnica pomodoro, *f.*

Proceso de traducción, fase de traducción
Sistema que consiste en dividir una actividad en fracciones de 25 minutos, separadas por pausas de cinco y diez minutos, con la finalidad de incrementar la productividad traductora (DST).
Contexto 1. Aprender a gestionar mejor mi tiempo. Nunca me he considerado improductivo, y sinceramente no me veo en la necesidad de probar métodos como la **técnica pomodoro**, porque cuando tengo que trabajar quito todas las distracciones. Sin embargo, tras asistir a una ponencia de Tenesor Rodríguez sobre este mismo tema, voy a intentar optimizar mi tiempo. *PBAMQT.*
Contexto 2. Muchos autónomos estarán preocupadísimos de su productividad, de que no rinden lo necesario, de que deberían seguir la **técnica pomodoro**. *PBHUNTER.*
▲Remisiones: gestión del tiempo; monitor dual; ergonomía para traductores.

tecnologías de la traducción, *f. pl.*

Tecnologías, TIC-TAV
Herramientas informáticas empleadas por traductores humanos, revisores, correctores de concepto y otros profesionales para facilitar su trabajo (UNE-EN ISO 17100).
Contexto 1. Las **tecnologías de la traducción** pueden incluir los elementos siguientes: a) sistemas de gestión de contenidos (CMS); b) sistemas de redacción de contenidos; c) autoedición; d) programas de procesamiento de texto; e) sistemas de gestión de la traducción (SGT); f) herramientas de memorias de traducción (MT) y traducción asistida por ordenador (TAO); g) herramientas de aseguramiento de la calidad; h) herramientas de revisión; i) herramientas de localización; j) traducción automática (TA); k) sistemas de gestión terminológica; l) programas de gestión de proyectos; m) programas de reconocimiento de voz para conversión a texto. Las tecnologías de la traducción pueden incluir también otro tipo de tecnología de traducción relevante ya existente o futura. *ONAENORISO.*
▲Remisiones: competencia tecnológica.
◆Nota: sin. herramienta de tecnología de la traducción.

TEP, *m.*

Proceso de traducción, fase de traducción
Contexto 1. Aunque los clientes no estén familiarizados con esta sigla, en una agencia de traducción es normal hablar de **TEP** a secas, ya que se entiende lo que eso significa: *translation* (traducción del texto) + *editing* (edición del texto) + *proofreading* (revisión del texto meta). Es el famoso proceso de los 3 pasos, fundamental para que un trabajo sea de calidad. *EBTRUSTED.*
Contexto 2. Procesos **TEP** (TEP = traducción, edición y revisión). Las traducciones son realizadas por traductores nativos de los idiomas de destino con antecedentes de experiencia pertinentes. Para resolver problemas y compartir información oportunamente se emplean informes de consulta y reuniones regulares. Luego, los editores revisan el 100% de las traducciones comparando el idioma de destino con el idioma fuente. Se revisa rigurosamente la precisión, gramática, ortografía y estilo de escritura. Los revisores, por último, simulan la experiencia del cliente final al revisar el texto sin referirse a los documentos de origen. *EWLOCATRAN.*
•Véase traducción, edición y revisión.

TER, *f.*

Gestión empresarial, calidad
Contexto 1. **TER**: evalúa las traducciones automáticas según el mínimo número de ediciones necesario para su correspondencia con la traducción de referencia. Los resultados son negativos, entendiéndose

como valores óptimos aquellos más cercanos a cero. *AEVVITAE.*
Contexto 2. Otra métrica similar a WER es **TER** (*translation edit rate*) [107], que consiste en dividir el número de ediciones (incluyendo operaciones como el desplazamiento de palabras) entre la media de palabras de referencia. *ATFMMN.*
• Véase *translation error rate.*

TermBase eXchange, *m.*

Tecnologías, TA-TAO
Formato estándar para el intercambio de bases de datos terminológicas.
Contexto 1. **TermBase eXchange** (TBX), Universal Terminology eXchange (UTX) y Open Lexicon Interchange Format (OLIF) son tres formatos compatibles con XML pensados específicamente para datos terminológicos y léxicos. Todos ellos contienen glosarios, tanto para traducción humana como para traducción automática. Almacenan pares de términos de las lenguas de partida y llegada, así como otros datos terminológicos, como el tipo de palabra, el género, el número e información léxica más detallada. *EWQABIRIA.*
Remisiones: Translation Memory eXchange; XML Localization Interchange File Format; Segmentation Rules eXchange; herramienta de traducción asistida por ordenador.
◆ Nota: sigla TBX.

terminólogo, *m.*

Gestión empresarial, actores
Profesional que brinda servicios destinados a satisfacer todas las necesidades terminológicas de un cliente.
Contexto 1. Linguoc LexTerm. El programa LexTerm es un programa de extracción automática de terminología de tipo estadístico gratuito, de libre distribución y de código abierto. LexTerm pone al alcance de cualquier traductor, **terminólogo**, empresa o institución la posibilidad de crear glosarios terminológicos de una manera rápida y eficiente. *OWTDIRECTORY.*
▲ Remisiones: servicio de terminología; creación y gestión de bases de datos terminológicas; asesoramiento terminológico; gestión terminológica.

terminótica, *f.*

Tecnologías, TA-TAO
Materia que se ocupa de la aplicación de los recursos informáticos al campo de la terminología (DST).
Contexto 1. Resumiendo, la utilización de la **terminótica** en la formación de traductores e intérpretes debe apuntar a que el alumno la entienda como una herramienta que habrá de servirle para llevar a cabo tres tareas fundamentales: 1) detectar unidades de transmisión de conocimiento especializado, es decir, términos; 2) recopilar dichas unidades eficientemente, en forma de glosarios y bases de datos, para poder reutilizarlos fácilmente, y 3) homogeneizar su producción, es decir, lograr que sus trabajos exhiban coherencia terminológica (lo cual se dificulta substancialmente al manejar grandes volúmenes de texto, y en especial cuando se comparte un proyecto con un grupo de colegas). *GRTREMEDICA.*
▲ Remisiones: tradumática; competencia técnica; aplicación.

texto, *m.*

Proceso de traducción, fase transversal
Contenido en formato escrito (UNE-EN ISO 17100).
Contexto 1. Una traducción puede referirse a formatos que no estén basados en **texto** (por ejemplo, un archivo de audio, una imagen, etc.). *ONAENORISO.*
▲ Remisiones: contenido; texto de origen; contenido de la lengua de origen; documento.

texto de llegada, *m.*

Proceso de traducción, fase de traducción
Contexto 1. La pregunta de si hay que acercarle al lector del **texto de llegada** (TL) la cultura del texto de partida (TP) o bien acer-

car este a la cultura ajena es tan vieja como el oficio de la traducción mismo. *AAMF.*
•Véase contenido de la lengua de destino.

texto de origen, *m.*

Proceso de traducción, fase de pretraducción
•Véase contenido de la lengua de origen.

texto de partida, *m.*

Proceso de traducción, fase de pretraducción
•Véase contenido de la lengua de origen.

texto fuente, *m.*

Proceso de traducción, fase de pretraducción
•Véase contenido de la lengua de origen.

texto ilegible, *m.*

Proceso de traducción, fase de traducción
Acotación que se incluye en una traducción con la finalidad de indicar la ilegibilidad de algún segmento del texto origen.
Contexto 1. A continuación, presentamos los criterios formales que aplicamos a nuestras traducciones juradas además, por supuesto, de la norma oficial. Se indicará [Texto ilegible] donde consten firmas o **texto ilegible** (ya sea o no manuscrito). *EWCAMBEIRO.*
▲Remisiones: ilegibilidad; legibilidad; copia legible; prólogo del traductor; nota del traductor.

texto meta, *m.*

Proceso de traducción, fase de traducción
Contexto 1. El "texto origen" es simplemente el documento original que necesita traducir y el "**texto meta**" es el documento final traducido, es decir, la traducción. "Palabras origen" hace referencia al número de palabras del documento original y "palabras meta" al número de palabras del documento traducido. *EWANGELIA.*
•Véase contenido de la lengua de destino.

texto origen, *m.*

Proceso de traducción, fase de pretraducción
Contexto 1. El "**texto origen**" es simplemente el documento original que necesita traducir y el "texto meta" es el documento final traducido, es decir, la traducción. "Palabras origen" hace referencia al número de palabras del documento original y "palabras meta" al número de palabras del documento traducido. *EWANGELIA.*
•Véase contenido de la lengua de origen.

texto original, *m.*

Proceso de traducción, fase de pretraducción
Contexto 1. Es deber y función principal del asociado recrear de la manera más fiel posible el **texto original**, para lo cual debe usar un lenguaje claro y preciso. Sin embargo, no se debe confundir una traducción/interpretación fiel con una traducción/interpretación literal, ya que la fidelidad de esta no excluye contextualizar culturalmente el texto para transmitir el contenido. *GNCOTICHCE.*
•Véase contenido de la lengua de origen.

textos comparables, *m. pl.*

Tecnologías, documentación
Documentos del mismo tipo, función y tema en lenguas distintas que el traductor consulta para familiarizarse con la terminología, la fraseología y las convenciones textuales (DST).
Contexto 1. En este estudio hemos aplicado el método de la doble comparación. En la primera fase analizamos y comparamos **textos comparables** (tal como los definen por ejemplo Rabadán y Fernández Nistal (2002: 53), es decir textos originales del mismo tipo, función y tema, uno de ellos escrito en español y otro en checo. *AAVO.*
Contexto 2. El **texto comparable** es aquel que comparte determinadas características con un original, como pueden ser la temática, el género, el autor, etc. Cuantas más características comparta mayor será su grado de comparabilidad. De este modo, cuando hacemos acopio de varios textos que son comparables por la temática, por ejemplo,

creamos un corpus comparable. *ATFMKW.*
▴Remisiones: herramienta de análisis de corpus; corpus; corpus *ad hoc*; texto paralelo; corpus comparable; corpus paralelo.
◆Nota: en el ámbito laboral y didáctico, hasta la fecha se utiliza la denominación *texto paralelo* como sinónima de *texto comparable*, término propuesto recientemente en el ámbito traductológico.

textos paralelos, *m. pl.*

Tecnologías, documentación
Documentos origen y meta que el traductor consulta para reutilizar las equivalencias aplicables a encargos de traducción similares (DST).
Contexto 1. La segunda fase consiste en una comparación de **textos paralelos** (partiendo otra vez de la definición de Rabadán y Fernández Nistal (2002: 51), es decir comparación del original, en este caso escrito en castellano, y su respectiva traducción al checo. *AAVO.*
Contexto 2. En cambio, el **texto paralelo** es la traducción de un original. Cuando construimos un corpus que contiene textos originales junto con sus traducciones realizamos un corpus paralelo, los cuales resultan de gran utilidad al traductor. *ATFMKW.*
▴Remisiones: herramienta de análisis de corpus; corpus; corpus *ad hoc*; texto comparable; corpus comparable; corpus paralelo.
•Véase nota de la entrada anterior.

TF, *m.*

Proceso de traducción, fase de pretraducción
•Véase contenido de la lengua de origen.

tiempo de entrega, *m.*

Proceso de traducción, fase de pretraducción
Contexto 1. **Tiempo** o plazo **de entrega**: se puede medir en función a la cantidad de páginas y horas de trabajo que se requieran para realizar las fases de traducción, revisión e impresión. Se debería tener en consideración que la cantidad de páginas promedio por día que puede traducir un traductor es de 10 páginas a doble espacio o 1800 palabras por día en idiomas con estructuras menos complejas como el inglés. A menor tiempo para la traducción se debería considerar una mayor tarifa dado que la traducción deberá abordarse como un proyecto de traducción en el que deberán necesariamente participar una mayor cantidad de traductores y revisores. El promedio de páginas por día que puede traducir un traductor no incluye las fases de revisión e impresión. *GNCTPMPTC.*
•Véase plazo de entrega.

tiempo muerto, *m.*

Gestión empresarial, marketing
Porcentaje de tiempo que el traductor dedica a labores administrativas o de gestión.
Contexto 1. **Tiempo muerto**. En el quinto campo, debemos poner qué porcentaje de nuestro tiempo usamos para enviar presupuestos, CV, tener reuniones y demás; es decir, el tiempo en el que no estamos traduciendo. La web nos sugiere un 30 por ciento, así que tomamos su sugerencia. *EWTRADUGEEK.*
▴Remisiones: gestión del tiempo; cotización; visitas a cliente; *networking*; *marketing* personal; *marketing* profesional; días de inactividad.

tipo de texto, *m.*

Proceso de traducción, fase de pretraducción
Género textual que se atribuye a un contenido sobre la base de su función, su formato y la intención del autor con respecto a la audiencia de destino (ISO/TS 11669:2012 E).
Contexto 1. Traducimos entre las principales lenguas del mundo todo **tipo de textos**, desde reglamentaciones técnicas hasta páginas web o correspondencia comercial. *EWPANGEA.*
Contexto 2. Veritas Traducciones es una agencia de traducción formada por una red de traductores profesionales que se dedican a la traducción de todo **tipo de textos** en multitud de idiomas, teniendo como ob-

jetivo proporcionar a nuestros clientes las mejores soluciones para sortear las barreras lingüísticas existentes. *EWVERITAS.*
▴Remisiones: convenciones textuales; convenciones locales; documento; contenido de lengua origen; texto.

titular de memoria de traducción, *m.*
Gestión empresarial, actores
Persona que tiene los derechos sobre la memoria de traducción.
Contexto 1. ¿Quién es el **titular de una MT**? ¿El propietario del *software* con el que se ha elaborado la MT? ¿El traductor que ha creado la MT? ¿El autor a partir de cuyo texto parte la MT? *EBTRADUCIR.*
▴Remisiones: cava de documentos; memoria de clientes; memoria de traducción; configuración de memoria de traducción.

TLl, *m.*
Proceso de traducción, fase de traducción
◆Nota: desarr. texto de llegada.
•Véase contenido de la lengua de destino.

TM, *m.*
Proceso de traducción, fase de traducción
◆Nota: desarr. texto meta.
•Véase contenido de la lengua de destino.

TMS, *m.*
Tecnologías, TA-TAO
Contexto 1. El sistema de gestión de traducciones (**TMS**) de Lionbridge automatiza y acelera las tareas de traducción globales y reduce enormemente el coste de traducir contenido a los distintos idiomas locales. Lionbridge Translation Workspace Enterprise centraliza las tareas de traducción mediante la fusión de procesos manuales y dispares en un solo programa racionalizado. *EWLIONBRIDGE.*
•Véase sistema de gestión de la traducción.

TMX, *m.*
Tecnologías, TA-TAO
•Véase Translation Memory eXchange.

TO, *m.*
Proceso de traducción, fase de pretraducción
◆Nota: desarr. texto origen.
•Véase contenido de la lengua de origen.

to be confirmed, *loc.*
Proceso de traducción, fase de pretraducción
Contexto 1. TBC: ***to be confirmed***, por confirmar. *PBEADT.*
•Véase por confirmar.

toma, *f.*
Proceso de traducción, fase de traducción
Fragmento de texto en que se divide el guion de doblaje (DST).
Contexto 1. Cada **toma** no puede superar las diez líneas; en el caso de que solo intervenga un personaje en una toma, esta unidad no puede superar las cinco líneas. *ALAH.*
Contexto 2. Proceso de pautado. El pautado consiste en distribuir el diálogo, siguiendo unas normas establecidas, en pequeñas fracciones llamadas *takes* (o ***tomas***. Siempre se utiliza el vocablo inglés) a las que se les va aplicando un número de identificación. Después, la Sección de Producción, basándose en estos números identificables, podrá preparar los gráficos, que servirán para saber los actores que intervienen en los distintos *takes* que componen la película y proceder a convocarlos para la grabación de los diálogos en sala. Para realizar la labor de pautado, el montador (o editor) utiliza la copia de trabajo de la película y el guion. *EWDOBLAJE.*
▴Remisiones: doblaje; doblaje *lipsync*; adaptador-ajustador; sincronización labial.
◆Nota: sin. *take*; *loop.*

TP, *m.*
Proceso de traducción, fase de pretraducción

◆Nota: desarr. texto partida.
•Véase contenido de la lengua de origen.

TQA, *f.*

Gestión empresarial, calidad
•Véase evaluación de la calidad.

track changes, *m. pl.*

Proceso de traducción, fase de pretraducción
Contexto 1. TRKCHG: *track changes*, control de cambios (MS Word). *PBEADT.*
•Véase control de cambios.

traducción, *f.*

Proceso de traducción, fase de traducción
Conjunto de procesos para reproducir el contenido de la lengua de origen en el contenido de la lengua de destino de forma escrita (UNE-EN ISO 17100).
Contexto 1. El PST debe llevar a cabo todas las tareas necesarias técnicas y de preproducción con el fin de preparar el contenido de la lengua de origen para su **traducción**. Las tareas de preproducción de traducción pueden incluir elementos como los enumerados en el anexo D. *ONAENORISO.*
Contexto 2. En el caso de las agencias de traducción, todas estas condiciones suelen recogerse en una orden de pedido o *purchase order* (PO). Huelga decir que hasta que el cliente no nos envíe esa hoja o no confirme expresamente el encargo por escrito, es mejor no mover un dedo. Y una vez aceptado, para hacer el trabajo lo mejor posible, no está de más preguntarle al cliente si dispone de glosarios, documentos de referencia, **traducciones** anteriores o cualquier otro tipo de material que nos facilite la tarea y nos ayude a entregar una traducción de calidad y coherente. *PBETELS.*
▲Remisiones: gestión de proyectos; proceso de producción; autocomprobación; revisión; corrección de concepto; corrección de pruebas; verificación final; traducir.
◆Nota: acort. T9N.
•Véase contenido de la lengua de destino.

traducción a la vista, *f.*

Servicio de valor añadido, interpretación
Servicio de valor añadido brindado por un PST que consiste en la traducción oral a la lengua meta de un texto escrito (DST).
Contexto 1. Por lo general, el servicio de interpretación continúa incluso durante la recepción o la comida. En este tipo de reunión, resulta a menudo necesario proceder en el acto a la traducción oral de un documento. El intérprete hará rápidamente lo que llamamos **traducción a la vista** "leyendo" directamente en la lengua de llegada el texto escrito en la lengua de partida. Para los textos de más de 1000 palabras (unas 100 líneas), una traducción previa resulta necesaria. *EWEUROLOGOS.*
Contexto 2. Elija la modalidad de interpretación más adecuada, según la cantidad de participantes y la naturaleza del evento: simultánea, consecutiva, *whispering* y **traducción a la vista**, entre otras. *EWDECIPHRA.*
▲Remisiones: servicio de interpretación; interpretación de lenguaje de señas.

traducción asistida por computadora, *f.*

Ejercicio profesional, tipos de traducción
Contexto 1. **Traducción asistida por computadora** es un término amplio e impreciso que abarca una variedad de herramientas, desde la más simple hasta la más compleja. Pueden incluir: correctores ortográficos, correctores gramaticales, administradores de terminología, diccionarios electrónicos, bases de datos terminológicas, memorias de traducción, herramientas para conservar el formato, entre otras. *EWTRUSTED.*
•Véase traducción asistida por ordenador.

traducción asistida por ordenador, *f.*

Ejercicio profesional, tipos de traducción
Versión traducida que realiza un traductor humano con el apoyo de un sistema de traducción asistida por ordenador (DST).
Contexto 1. ¿Cómo ayuda a conseguirlo? TAO es la sigla de "**traducción asistida por**

ordenador". Una herramienta TAO es un programa de ordenador que ayuda a traducir documentos de texto de una forma más eficiente. *OWMETATEXIS.*
Contexto 2. Mientras que la **traducción asistida por ordenador** es la que hacen las personas que se dedican a la traducción ayudándose de las posibilidades y ventajas que les brindan los programas de TAO, la traducción automática es la que hacen automáticamente ciertas aplicaciones específicas, como Systran o Google Translate. *GRTREMEDICA.*
▴Remisiones: herramienta de traducción asistida por ordenador; sistema de traducción automática; traducción automática; memoria de traducción.
◆Notas: sin. traducción asistida por computadora. Siglas TAO, TAC, CAT.

traducción automática, *f.*

Ejercicio profesional, tipos de traducción
Versión producida íntegramente por un sistema de traducción automática (DST).
Contexto 1. **Traducción automática**: traducción llevada a cabo mediante ordenador. En este proceso el ordenador tiene la responsabilidad principal en la traducción de un texto. Un traductor humano puede ayudar durante el proceso con tareas de pre- o posedición, pero es el ordenador, en lugar de la persona, quien produce la primera traducción en borrador. *EWECOLORE.*
▴Remisiones: sistema de traducción automática; traducción asistida por ordenador; sistema de traducción asistida por ordenador; detector de traducciones automáticas; n-grama.
◆Nota: sigla TA.

traducción automática con revisión posterior, *f.*

Servicio de valor añadido, traducción automática
Contexto 1. PEMT (**traducción automática con revisión posterior**). 1. Una computadora traduce el texto. 2. Se envía el texto que resulta de esa traducción al traductor para que este lo revise. 3. El traductor lee el texto fuente. 4. Lee el texto meta. 5. Se da cuenta de que hay muchos errores en la traducción. 6. Piensa, pero su proceso de pensamiento se ve entorpecido al tener que leer estructuras de lenguaje incorrectas, y al encontrar términos y frases que resultan totalmente extraños dentro del contexto en cuestión. 7. Lee el original y la traducción una y otra vez para asegurarse de que los cambios que hace reflejan el texto original. Esto puede llevar mucho tiempo. 8. Tiene que usar el mouse para resaltar palabras y frases, ya sea para eliminarlas o para cortar y pegar texto. Esta tarea también lleva mucho tiempo. De hecho, hasta es posible que decida que es más rápido borrar la traducción de determinadas oraciones para traducirlas de nuevo desde cero. 9. Vuelve al comienzo para controlar todo porque ha hecho tantos cambios que necesita asegurarse de que la traducción tenga sentido y fluya. 10. Envía el texto meta a la agencia o al cliente. Debido a que este es un proceso de revisión, no se harán otros controles de la traducción, a menos que el cliente lo haya solicitado específicamente y que haya, además, pagado por este servicio. *EWHOMING.*
•Véase posedición.

traducción candidata, *f.*

Tecnologías, TA-TAO
Versión traducida que se compara con la traducción de referencia.
Contexto 1. Contabilizamos los n-gramas comunes de la **traducción candidata** y la de referencia, sin tener en cuenta la posición en la que aparecen. *APVP.*
▴Remisiones: *bilingual evaluation understudy*; métrica de calidad de la traducción; traducción automática; herramienta de traducción automática; métrica NIST; *word error rate*; *translation edit rate*; traducción de referencia.

traducción certificada, *f.*

Ejercicio profesional, tipos de traducción
Servicio de traducción en la que se entrega una versión traducida debidamente firmada en soporte papel (DST).

Contexto 1. **Traducción certificada**. Versión traducida a una lengua meta de un documento en lengua origen por un traductor colegiado certificado del Colegio de Traductores del Perú, que se ajusta a los requisitos establecidos en el presente Manual. *GNCTPMPTC*.
Contexto 2. Efectuamos **traducciones certificadas** de diplomas, expedientes académicos y certificados escolares y universitarios para propósito educacionales en los Estados Unidos o internacionalmente. Nuestras traducciones son aceptadas por agencias de evaluación de credenciales educativas. *EWJRLANGUAGE*.
▲ Remisiones: carátula de la traducción certificada; traducción oficial; traducción simple sin valor oficial; traducción especial; certificación.
◆ Notas: acort. TC. Las traducciones certificadas avaladas por el Colegio de Traductores del Perú llevan una carátula.

traducción colaborativa, *f.*

Ejercicio profesional, tipos de traducción
Subcontratación masiva que realiza una empresa, a través de una convocatoria abierta, de traductores profesionales y *amateurs* voluntarios para traducir un proyecto de traducción remunerado, urgente y de gran volumen que pasará por un proceso de revisión remunerado (DST).
Contexto 1. Por otra parte, el *crowdsourcing* y la **traducción colaborativa** surgen cuando en un solo proyecto de traducción participa un grupo heterogéneo, compuesto por traductores voluntarios, contratistas o empleados. En esta ocasión sí se cuenta con la colaboración de profesionales que velan por la calidad final del proyecto. Un claro ejemplo de este modelo de trabajo es Facebook: los usuarios traducen a través de una plataforma que hay en la misma red social, y un profesional se encarga de revisar el producto final. *GRASETRAD*.
▲ Remisiones: subcontratación; CT3; traducción comunitaria; programa de gestión de proyectos; *crowdsourcing*.

traducción comunitaria, *f.*

ejercicio profesional, tipos de traducción
Subcontratación mediante convocatoria abierta a traductores voluntarios para que traduzcan gratuitamente un gran volumen de contenidos de su interés, en poco tiempo y sin control de calidad (DST).
Contexto 1. La **traducción comunitaria** consiste en una convocatoria abierta para un grupo numeroso e indeterminado de personas: traductores voluntarios, contratistas o empleados, que traducen sin remuneración mayoritariamente un gran volumen de contenido en poco tiempo. Los interesados se agrupan con el fin de participar en un proyecto sobre las traducciones, las más populares son los *fansubs*. Normalmente, el proyecto no tiene ningún control de calidad, de ahí que en los textos puede fallar la gramática o la terminología. Se supone que la unión de un grupo debería ser más productiva que tan solo una persona. Sin embargo, en muchas ocasiones no existe ningún supervisor profesional, es decir, ninguna persona responsable que se encargue de revisar y corregir los posibles errores. *EW1GLOBAL*.
Contexto 2. Por una parte, la **traducción comunitaria** consiste en traducir un gran volumen de contenido en poco tiempo gracias a la participación de un grupo de voluntarios o usuarios de un servicio específico, una página web, etc. En este caso, no existe la figura de ningún profesional que revise el producto final. Un buen ejemplo de ello son los *fansubs*, pues la mayor parte del contenido subtitulado por aficionados no suele someterse a ningún control de calidad. *GRASETRAD*.
▲ Remisiones: subcontratación; CT3; traducción colaborativa; programa de gestión de proyectos; *crowdsourcing*.

traducción cruzada, *f.*

Ejercicio profesional, tipos de traducción
Traducción que se realiza de una lengua extranjera a otra lengua extranjera.
Contexto 1. Servicios de traducción. **Traducción cruzada** inglés-francés, inglés-alemán,

inglés-portugués, etc., y a la inversa. *EWBABEL.*
Contexto 2. Las **traducciones cruzadas** son aquellas en que ninguno de los dos idiomas es el español, por ejemplo traducción de francés a alemán. En ocasiones, si la combinación es complicada, se puede recurrir al inglés como "idioma puente". *EWIBIDEM.*
▲ Remisiones: *relay*; lengua de origen; lengua de destino; idioma pivote; direccionalidad.

traducción de referencia, *f.*
Tecnologías, TA-TAO
Versión traducida que sirve como fuente de contrastación para la candidata.
Contexto 1. Contabilizamos los n-gramas comunes de la **traducción** candidata y la **de referencia**, sin tener en cuenta la posición en la que aparecen. *APVP.*
▲ Remisiones: *bilingual evaluation understudy*; métrica de calidad de la traducción; traducción automática, herramienta de traducción automática, métrica NIST; *word error rate*; *translation edit rate*; traducción candidata.

traducción de relevo, *f.*
Ejercicio profesional, tipos de traducción
• Véase traducción indirecta.

traducción de segunda mano, *f.*
Ejercicio profesional, tipos de traducción
• Véase traducción indirecta.

traducción directa, *f.*
Ejercicio profesional, tipos de traducción
Texto que una persona traduce a su lengua materna (DST).
Contexto 1. Los traductores públicos juramentados (TPJ) realizan traducciones oficiales escritas en documentos, en dos direcciones: de un idioma extranjero al idioma castellano (**traducción directa**); y, del idioma castellano a un idioma extranjero (traducción inversa). *OWMRREEP.*
Contexto 2. La especialización en campos técnicos y científicos, y la puntualidad en las entregas, son orgullo de la empresa desde sus orígenes. Ofrecemos servicios de **traducción directa** e inversa. *EWSTILOGO.*
▲ Remisiones: traducción inversa; traducción indirecta; direccionalidad; lengua activa; lengua pasiva.

traducción en línea, *f.*
Servicio de valor añadido, traducción automática
Servicio de traducción en tiempo real mediante el cual el PST pone a disposición de clientes, con volúmenes de trabajo elevados y permanentes, traductores a dedicación exclusiva (DST).
Contexto 1. Vale decir que la mayoría de las pequeñas y medianas empresas dedicadas a la globalización, internacionalización, localización y traducción (GILT, por sus siglas en inglés) tienen sus propios sitios web tipo catálogo de apariencia profesional e informativos. Lo interesante es que ahora más y más de estas empresas están siguiendo las huellas de los gigantes de la industria y modernizando sus sitios para facilitar los servicios de **traducción en línea**. *OWLEXICOOL.*
◆ Nota: sin. servicio *online.*

traducción especial, *f.*
Ejercicio profesional, tipos de traducción
Servicio de traducción, validado por el Ministerio de Relaciones Exteriores del Perú, que brindan personas naturales o jurídicas en los idiomas en los que no se cuenta con traductores públicos juramentados (DST).
Contexto 1. De las **traducciones especiales**. Artículo 48º.- En el caso de traducciones del castellano a otros idiomas o viceversa, que no puedan ser efectuadas por no existir traductor público juramentado, merecerá fe pública la traducción realizada por: a) embajada acreditada ante el Estado peruano; b) universidad que cuente con Facultad de Traducción; c) centro de enseñanza del idio-

ma que se desee traducir; d) entidad especializada que pueda traducir; e) traductor especializado en el idioma requerido. En los casos señalados en los incisos anteriores, la traducción será declarada válida por el Ministerio de Relaciones Exteriores a través de la oficina correspondiente. *ONMRREEP.*
▲Remisiones: traducción oficial; traducción simple sin valor oficial; traducción certificada.

traducción exprés, *f.*

Ejercicio profesional, tipos de traducción
•Véase plazo de entrega urgente.

traducción indirecta, *f.*

Ejercicio profesional, tipos de traducción
Versión traducida a partir de un original previamente traducido de una lengua desconocida por el PST (DST).
Contexto 1. Las **traducciones indirectas**, también llamadas de *segunda mano* o *relevo*, han favorecido la recepción literaria en la extensa historia de las relaciones entre culturas, culturas a veces geográficamente alejadas y con lenguas dispares, o culturas que han sido mediadas por otras de mayor poder o prestigio. *AAMMARIN.*
▲Remisiones: traducción inversa; traducción directa; direccionalidad; idioma pivote.
◆Nota: sin. traducción de segunda mano; traducción de relevo.

traducción informativa, *f.*

Ejercicio profesional, tipos de traducción
Borrador de una versión traducida humana o automática realizada con la finalidad de que el lector pueda entender el contenido central del original.
Contexto 1. También es posible que solo se necesite una **traducción informativa**, únicamente para entender de manera aproximada el contenido del texto original. En tal caso, la calidad de borrador que ofrecen las traducciones automáticas ya es suficiente. Habrá que resaltar, sin embargo, que el texto final tiene una función meramente informativa y que es no apto para su difusión. Ponemos a disposición de los usuarios una plantilla (en los formatos de LibreOffice Writer y de Microsoft Word) para pegar los textos traducidos automáticamente, en la que se indica que el texto procede de una traducción automática sin revisar. *AWUB.*
▲Remisiones: traducción; traducción móvil; traducción automática; traducción resumida; traducción parcial.
◆Nota: sin. *gist translation.*

traducción instantánea, *f.*

Servicio de valor añadido, traducción automática
•Véase traducción móvil.

traducción intersemiótica, *f.*

Ejercicio profesional, tipos de traducción
Transferencia de un contenido expresado en un código lingüístico a otro de naturaleza no lingüística (DST).
Contexto 1. Mediante la **traducción intersemiótica**, o transmutación, interpretamos signos verbales mediante signos no verbales. Se trata de una categoría muy sugerente, que nos invita a ampliar extraordinariamente el campo de lo decible y lo interpretable. Jakobson nos da los ejemplos, ya clásicos, de transmutación de la sustancia literaria en música, danza, cine o pintura. *AAJS.*
▲Remisiones: traducción intralingüística; lenguaje llano.
◆Nota: sin. transmutación.

traducción intralingüística, *f.*

ejercicio profesional, tipos de traducción
Reformulación de un mensaje dentro de una misma lengua (DST).
Contexto 1. Las varias versiones de *Pygmalion*, de Bernard Shaw, desde el texto original de 1913, su representación teatral al año siguiente, las dos revisiones posteriores del texto a cargo del mismo autor, hasta la publicación de *My Fair Lady de* Alan Lerner y las dos adaptaciones al cine, la última en

1964, son un claro ejemplo de **traducción intralingüística** o reformulación. *AAMR.*
▲Remisiones: sistema de lenguaje controlado; lenguaje llano; traducción intersemiótica.
◆Nota: sin. reformulación; paráfrasis.

traducción inversa, *f.*

ejercicio profesional, tipos de traducción
Texto que una persona traduce a una lengua extranjera (DST).
Contexto 1. Asimismo, cuando profesionales peruanos contratados por estos directivos extranjeros u otras empresas peruanas o incluso entidades del estado necesitan comunicarles su mensaje, necesitan del servicio de **traducción inversa**, es decir, traducción del español como lengua origen, al inglés u otro idioma como lengua meta. *EWPERU.*
Contexto 2. Los traductores públicos juramentados (TPJ) realizan traducciones oficiales escritas en documentos, en dos direcciones: de un idioma extranjero al idioma castellano (traducción directa); y del idioma castellano a un idioma extranjero (**traducción inversa**). *OWMRREEP.*
▲Remisiones: traducción directa; traducción indirecta; direccionalidad.

traducción jurada, *f.*

Ejercicio profesional, tipos de traducción
•Véase traducción oficial.

traducción móvil, *f.*

Servicio de valor añadido, traducción automática
Servicio de traducción automática para dispositivos móviles que se basa en la programación lingüística computacional (DST).
Contexto 1. Ayer fue presentado al mercado de los Estados Unidos un innovador servicio traducción instantánea para dispositivos móviles. Se trata de Muuzii, un servicio de **traducción móvil** que facilita la conversación y el aprendizaje de idiomas entre usuarios de la red AT&T en el mercado estadounidense. *OWCIO.*
Contexto 2. IdiomaX Mobile Translator convierte tu Pocket PC o *smartphone* en un dispositivo de **traducción móvil** que va contigo a todas partes. Traduce textos, consulta diccionarios y conjuga verbos en cinco idiomas sin perder ni un minuto en tu ocupada agenda. *OWIDIOMAX.*
▲Remisiones: traducción automática; traducción informativa.
◆Nota: sin. traducción instantánea.

traducción natural, *f.*

Ejercicio profesional, perfil profesional
Habilidad innata y rudimentaria que puede poseer cualquier hablante plurilingüe para transferir mensajes de una lengua a otra (DST).
Contexto 1. Coincidimos con estos autores en que la habilidad de **traducción natural** no es suficiente para formar la competencia traductora y que por sí sola no tiende a construir la competencia traductora (todo bilingüe no es traductor), siendo necesario el desarrollo de otras subcompetencias. Ahora bien, esa habilidad rudimentaria de pasar de una lengua a otra es una de las bases de la competencia traductora. *ALAH.*
▲Remisiones: traductor empírico.

traducción oficial, *f.*

Ejercicio profesional, tipos de traducción
Servicio de traducción realizado por un traductor público, oficial o jurado que se entrega en soporte papel, con firma, sello y certificación de fidelidad (DST).
Contexto 1. **Traducción oficial**. La traducción es oficial cuando se realiza en un formato preestablecido por el Colegio de Traductores Públicos del Uruguay (foja tipo papel florete de tamaño A4, dos carillas con un total de 54 líneas de 60 espacios cada una) y está firmada por el traductor público que la realiza. *EWTPA.*
▲Remisiones: traducción simple sin valor oficial; traducción certificada; traducción especial; apostilla de La Haya; fe pública; carácter oficial; validez legal.
◆Nota: sin. traducción jurada.

traducción parcial, *f.*

Ejercicio profesional, tipos de traducción
Transferencia a la lengua meta únicamente de partes del texto original solicitadas por el cliente.
Contexto 1. Traducción plena frente a traducción parcial (basado en el criterio de extensión de la traducción). Traducción plena: todo el material de la lengua fuente es sustituido por el material equivalente de la lengua B. **Traducción parcial**: algunas partes de la lengua fuente no son traducidas, sino incorporadas, debido a que existen elementos intraducibles o también para darle "sabor" al texto B. *AMARB1.*
▲Remisiones: traducción plena; traducción resumida; traducción informativa.

traducción peritada, *f.*

Ejercicio profesional, tipos de traducción
Contexto 1. **Traducción peritada**. Nuestros traductores en francés e inglés están certificados ante el Tribunal de Justicia de México y cuentan con amplia experiencia en este ramo. Se traducen documentos como actas de nacimiento, actas de matrimonio, comprobantes de estudios, materias, contratos, documentos legales, etc., así como cualquier documento que requiera de una certificación oficial. *EWLEXI.*
• Véase dictamen pericial.

traducción plena, *f.*

Ejercicio profesional, tipos de traducción
Transferencia a la lengua meta de la totalidad del texto original (DST).
Contexto 1. Traducción plena frente a traducción parcial (basado en el criterio de extensión de la traducción). **Traducción plena**: todo el material de la lengua fuente es sustituido por el material equivalente de la lengua B. Traducción parcial: algunas partes de la lengua fuente no son traducidas, sino incorporadas, debido a que existen elementos intraducibles o también para darle "sabor" al texto B. *AMARB1.*
▲Remisiones: traducción parcial; traducción resumida; traducción informativa.

traducción por hora, *f.*

Gestión empresarial, presupuesto y facturación
Contexto 1. La forma tradicional de cobrar las traducciones es la palabra en origen. El problema con este modelo es que no tiene correlación con el tiempo real necesario para completar el trabajo, en casi todos los casos, cualquier ahorro de tiempo es una ventaja para la agencia de traducción y no para el cliente. Aquí es donde el modelo de Straker de "**traducción por hora**" se transforma en un modelo ganador para nuestros clientes. Cuanto más rápidos sean los traductores, menos tendrán que pagar nuestros clientes. Todo buen desempeño representa un ahorro para el cliente. *EWSTRAKER.*
• Véase tarifa por hora.

traducción resumida, *f.*

Ejercicio profesional, tipos de traducción
Servicio de valor añadido que consiste en sintetizar un texto escrito extenso de modo que el cliente pueda tomar la decisión de traducirlo en su totalidad o en parte (DST).
Contexto 1. Las **traducciones resumidas** también pueden ser beneficiosas en situaciones donde el tiempo de entrega es muy corto. Un traductor profesional leerá todo el documento para evaluar los puntos más importantes. Entonces el documento se resume y traduce hacia la lengua de destino. Esto proporcionará al lector el conocimiento básico y esencial del contexto. Aunque la traducción resumida no es ideal para ser publicada o distribuida, puede cumplir con las necesidades específicas dentro de una situación específica. *EBTRUSTED.*
▲Remisiones: adaptación; lenguaje llano; *copywriting*; reescritura; traducción parcial; traducción plena; traducción informativa.
◆Nota: sin. resumen.

traducción SEO, *f.*

Servicio de valor añadido, contenidos

Servicio de valor añadido que consiste en traducir con exactitud toda la información contenida en un sitio web para facilitar su recuperación en motores de búsqueda de diferentes idiomas y lograr de esa manera mayor posicionamiento.

Contexto 1. La importancia de la **traducción SEO** es un elemento clave para toda empresa que quiera entrar en mercados que utilizan idiomas extranjeros. Nuestro servicio de traducción SEO, bastante diferente de un servicio de localización, está diseñado para hacer que su sitio web sea visible en los motores de búsqueda en internet. *EWCOMTRANSLATIONS.*

Contexto 2. La **traducción SEO** (*search engine optimization*) engloba la traducción y la optimización del contenido web. El traductor SEO debe hacer compatible la redacción profesional en otro idioma con el posicionamiento en los motores de búsqueda. *EBPERLUETO.*

▲Remisiones: diseño de páginas web; globalización; internacionalización; cadena de *software*; localizador; herramienta de localización; XML Localization Interchange File Format.

◆Nota: sin. SEO; *search engine optimization.*

traducción simple sin valor oficial, *f.*

Ejercicio profesional, tipos de traducción

Servicio de traducción no oficial realizado por un traductor público, jurado u oficial (DST).

Contexto 1. Artículo 25°.- Los traductores públicos juramentados podrán traducir documentos privados que no contengan las legalizaciones oficiales correspondientes, pero deberán estampar en el encabezamiento de la primera página de las traducciones efectuadas un sello del siguiente tenor: "TRADUCIDO SIN LEGALIZACIONES OFICIALES" y debajo otro sello que diga: "**TRADUCCIÓN SIMPLE SIN VALOR OFICIAL**", los cuales deben estamparse en cada una de sus páginas. *ONMRREEP.*

▲Remisiones: traducción oficial; traducción certificada; traducción especial.

◆Nota: sin. traducción sin carácter público.

traducción sin carácter público, *f.*

Ejercicio profesional, tipos de traducción

Contexto 1. Sin embargo, por las capacidades conferidas por la formación y el título de traductor público, casi todos los matriculados ejercemos otras actividades, por ejemplo, la **traducción sin carácter público** (con o sin relación de dependencia y para agencias extranjeras), docencia, secretariado, subtitulado, interpretación en congresos, corrección, etc.). *GBCTPCBA.*

•Véase traducción simple sin valor oficial.

traducción urgente, *f.*

Ejercicio profesional, tipos de traducción

Contexto 1. Ofrecemos servicios de **traducción urgente** y normal, para pequeños y grandes volúmenes, en la mayoría de los idiomas españoles regionales, en las lenguas europeas y en las orientales. Inglés, francés, italiano, alemán, catalán... son los idiomas más solicitados, aunque disponemos de traductores en multitud de lenguas. *EWVERITAS.*

Contexto 2. ¿Necesitas una **traducción urgente**, para ya mismo...? En Ibidem Group estamos acostumbrados a traducir bajo presión, y entregar en plazos casi imposibles. Si nuestro plazo de entrega *standard* (3-4 días) no es suficiente para ti, solicítanos una traducción urgente 24 h. En todo caso te garantizamos que haremos todo lo posible por ajustarnos a tus necesidades de entrega, manteniendo la misma calidad. *EWIBIDEM.*

•Véase plazo de entrega urgente.

traducción voluntaria, *f.*

Ejercicio profesional, tipos de traducción

Servicio de traducción que se realiza sin fines de lucro.

Contexto 1. Hoy voy a abordar un tema un tanto polémico que es nada más y nada menos que la **traducción voluntaria**. Hace

poco más de un mes empecé a colaborar con la ONG Fundación Sur y poco después conocí la comunidad de Global Voices que funciona gracias a escritores y traductores voluntarios. A mí personalmente me parece una buena manera de practicar y es que traducir voluntariamente tiene muchos aspectos positivos. *PBETELS.*
▲Remisiones: traducción comunitaria; traducción colaborativa; CT3; *crowdsourcing.*

traducción, edición y revisión, *f.*

Proceso de traducción, fase de traducción
Fase intermedia del flujo de trabajo que involucra los procesos de traducción, edición y revisión.
Contexto 1. Procesos TEP (TEP = **traducción, edición y revisión**). Las traducciones son realizadas por traductores nativos de los idiomas de destino con antecedentes de experiencia pertinentes. Para resolver problemas y compartir información oportunamente se emplean informes de consulta y reuniones regulares. Luego, los editores revisan el 100% de las traducciones comparando el idioma de destino con el idioma fuente. Se revisa rigurosamente la precisión, gramática, ortografía y estilo de escritura. Los revisores, por último, simulan la experiencia del cliente final al revisar el texto sin referirse a los documentos de origen. *EWLOCATRAN.*
▲Remisiones: gestión de proyectos; proceso de producción; control de calidad; evaluación del control de calidad.
◆Nota: sin. TEP.

traducibilidad, *f.*

Proceso de traducción, fase de pretraducción
•Véase revisión de traducibilidad.

traducir, *v.*

Proceso de traducción, fase de pretraducción
Reproducir el contenido de la lengua de origen en el contenido de la lengua de destino de forma escrita (UNE-EN ISO 17100).
Contexto 1. El traductor debe **traducir** según la finalidad del proyecto de traducción, incluidas las convenciones lingüísticas de la lengua de destino y las especificaciones relevantes del proyecto. *ONAENORISO.*
▲Remisiones: traducción; gestión de proyectos; proceso de producción; proceso de preproducción.

traductor académico, *m.*

Gestión empresarial, actores
Contexto 1. Durante mis estudios de la carrera de traducción, y en los años que llevo como traductora, muchas veces he escuchado que hay una gran diferencia entre el **traductor** empírico y el **académico** (con "académico" me refiero al traductor que cursó una carrera para serlo, y preferí este término al de "profesional" porque considero que el título no es garantía de profesionalismo). Estoy de acuerdo, aunque por razones totalmente opuestas a las de quienes se empeñan en hacer esa afirmación. *GRATIMAC.*
•Véase traductor titulado.

traductor autónomo, *m.*

Gestión empresarial, actores
Contexto 1. Gouadec (2007b) distingue estos tipos: **traductores autónomos**, empresas de traducción, agencias y brókeres de traducción, entidades no especializadas en servicios de traducción, que incluyen estos servicios en su oferta como servicios adicionales (empresas de servicios lingüísticos, escuelas de idiomas, etc.). *ATDAK.*
•Véase traductor independiente.

traductor colegiado certificado, *m.*

Gestión empresarial, actores
Traductor miembro del Colegio de Traductores del Perú habilitado para realizar traducciones certificadas.
Contexto 1. Traducción certificada. Versión traducida a una lengua meta de un documen-

to en lengua origen por un **traductor colegiado certificado** del Colegio de Traductores del Perú, que se ajusta a los requisitos establecidos en el presente Manual. *GNCTPMPTC.*
▲Remisiones: perito traductor; traductor oficial; traducción certificada; CTP; certificación.

traductor contratado, *m.*

Gestión empresarial, actores
•Véase traductor de planta.

traductor de planta, *m.*

Gestión empresarial, actores
Trabajador con contrato de trabajo fijo cuya actividad laboral principal en la empresa consiste en realizar traducciones u otros servicios de valor agregado.
Contexto 1. Una empresa de traducción consiste básicamente en una empresa cuyo personal está formado por administrativos, gerentes de proyectos y varios **traductores de planta** cuyo número varía según la cantidad de idiomas que maneja y la demanda de trabajo. Estas empresas les ofrecen a sus traductores la opción de seguridad laboral a cambio de una tarifa inferior. Generalmente estos traductores son profesionales que se están iniciando en la actividad y aún no poseen un *pool* de clientes propios. Esto les permite a estas empresas, actuando como intermediarios, cubrir sus costos administrativos y obtener una utilidad. Excepcionalmente se pueden encontrar empresas especializadas con traductores experimentados, pero con tarifas proporcionalmente superiores. *PWSINCLAVOS.*
▲Remisiones: traductor independiente; proveedor de servicios de traducción; empresa de traducción; bróker de traducción.
◆Nota: sin. traductor en plantilla; traductor dependiente; traductor contratado; traductor interno.

traductor dependiente, *m.*

Gestión empresarial, actores
•Véase traductor de planta.

traductor empírico, *m.*

Gestión empresarial, actores
Traductor que ha adquirido la competencia traductora en forma autodidacta (DST).
Contexto 1. Durante mis estudios de la carrera de traducción, y en los años que llevo como traductora, muchas veces he escuchado que hay una gran diferencia entre el **traductor empírico** y el académico (con "académico" me refiero al traductor que cursó una carrera para serlo, y preferí este término al de "profesional" porque considero que el título no es garantía de profesionalismo). Estoy de acuerdo, aunque por razones totalmente opuestas a las de quienes se empeñan en hacer esa afirmación. *GRATIMAC.*
▲Remisiones: traductor titulado; intrusismo.
◆Nota: sin. traductor intruso.

traductor en plantilla, *m.*

Gestión empresarial, actores
Contexto 1. Hace un par de días hablamos en clase de las ventajas y las desventajas de ser **traductor en plantilla** y las de ser traductor *freelance.* ¿Quién prefiere qué y por qué? Bueno, como en todo, hay opiniones de todo tipo, porque para gustos los colores. Siempre hay quien dice que es muy cómodo ser tu propio jefe, no depender de nadie e imponerte tus propios horarios sin tener que pasar ocho horas diarias metido en una oficina. Por otro lado, están los que alegan que ser traductor en plantilla da seguridad, porque, de alguna manera, aseguras que entre dinero en casa para poder llegar a fin de mes. *PBYARAVSWORDS.*
•Véase traductor de planta.

traductor especializado, *m.*

Gestión empresarial, actores
Traductor profesional especializado en la traducción de textos pertenecientes a un determinado campo temático (DST).
Contexto 1. El texto lo traduce un **traductor especializado**, que tiene una competencia

referencial considerable en un número reducido de temas. *AAJM.*
Contexto 2. Textualia es una empresa de traducción e interpretación que le permitirá hablar el mismo idioma que sus clientes. Ponemos a su disposición un gran equipo de **traductores especializados** para prestarle un servicio adaptado a sus necesidades. En Textualia ofrecemos traducciones de calidad a un precio excelente. *EWTEXTUALIA.*
Contexto 3. Somos una agencia de traducción formada por **traductores especializados** según el tema (traductor técnico, traductor jurídico, traductor médico, traductor general). *EWTRADUPOLIS.*
▲Remisiones: especialización; revisor especialista; especialista traductor; corrector de concepto.

traductor externo, *m.*

Gestión empresarial, actores
Contexto 1. En otras palabras, al cliente de las empresas de traducción no le importa tanto si la traducción está realizada por **traductores** internos o **externos**, sino la calidad del servicio, el respecto de plazos establecidos y de la confidencialidad de datos; y obviamente, el precio final. *ATDAK.*
•Véase traductor independiente.

traductor *freelance*, *m.*

Gestión empresarial, actores
•Véase traductor independiente.

traductor generalista, *m.*

Gestión empresarial, actores
Traductor profesional no especializado que brinda servicios de traducción de todo tipo de textos (DST).
Contexto 1. El concepto de traducción general se refiere a la traducción de textos no específicos de un ámbito determinado. Si bien la mayoría de los **traductores** se consideran **generalistas** y están acostumbrados a encargarse de traducciones de toda índole, estas traducciones generales constituyen tal vez una especie de género aparte en el que prima la capacidad de realizar una traducción natural, correcta y adaptada al contexto. *EWLINGUATRANS.*
▲Remisiones: polivalencia; especialización; traductor especializado.
◆Notas: sin. profesional polivalente. Acort. generalista.

traductor independiente, *m.*

Gestión empresarial, actores
Proveedor de servicios de traducción que trabaja en forma autónoma para clientes directos o indirectos.
Contexto 1. Para resumir, como **traductor independiente** debe, básicamente, tener dos opciones cuando se trata de conseguir clientes: trabajar directamente para empresas privadas y trabajar para ellas indirectamente, a través de las empresas de traducción. *EWALLWORDS.*
▲Remisiones: subcontratista; *e-lancer*; agencia de traducción; bróker de traducción; empresa de traducción; proveedor de servicios de traducción; traductor de planta; cooperativa; *coworking*.
◆Nota: sin. traductor *freelance*; traductor autónomo; traductor externo.

traductor interno, *m.*

Gestión empresarial, actores
Contexto 1. En otras palabras, al cliente de las empresas de traducción no le importa tanto si la traducción está realizada por **traductores internos** o externos, sino la calidad del servicio, el respecto de plazos establecidos y de la confidencialidad de datos; y obviamente, el precio final. *ATDAK.*
•Véase traductor de planta.

traductor intruso, *m.*

Gestión empresarial, actores
Contexto 1. ¿Realmente hay intrusos? Yo creo que simplemente hay buenos y malos

traductores. ¿Qué es un **traductor intruso**? ¿El que no es licenciado en Traducción e Interpretación? ¿El que hace mal su trabajo? ¿El que cobra dos céntimos por palabra? ¿El que trabaja en la economía sumergida? Porque hay traductores magníficos que no han pisado nunca una facultad de traducción (ni falta que les hace), que son buenos en su trabajo y pagan religiosamente sus impuestos, y licenciados en Traducción e Interpretación que hacen trabajillos mediocres en negro por tarifas misérrimas. ¿Quién sería el intruso en este caso? *PBETELS.*
• Véase traductor empírico.

traductor jurado, *m.*

Gestión empresarial, actores
Contexto 1. Finalmente, y a efectos de actualizar y ampliar el horizonte de estos profesionales, se ha considerado necesario reflejar, en su denominación, su doble condición de **traductores/as** y de intérpretes **jurados/as**, pues en su labor desempeñan ambos tipos de funciones. *ONMAECE.*
• Véase traductor oficial.

traductor nativo, *m.*

Gestión empresarial, actores
Proveedor de servicios de traducción que traduce hacia su lengua materna (DST).
Contexto 1. Con una gran cartera de profesionales de todas las nacionalidades, realizamos traducciones con **traductores nativos** de la lengua de destino. Contamos con un gran equipo compuesto por traductores públicos, traductores profesionales, diseñadores, abogados, contadores, ingenieros, y especialistas en diversas profesiones para una traducción especializada de calidad. *EWATC.*
Contexto 2. En Veritas Traducciones llevamos diez años ofreciendo un producto de calidad basado en la experiencia, especialización y rapidez de nuestros **traductores nativos**. *EWVERITAS.*
Contexto 3. Asignación de **traductores** y revisores **nativos** en la lengua destino, y con más de cinco años de experiencia, conforme a la norma EN 15038. Para cada cliente, siempre que sea conveniente, mantenemos el equipo de traductores asegurando así el uso coherente de la terminología. *EWINTERLINCO.*
▲Remisiones: traducción inversa; traducción directa.

traductor oficial, *m.*

Gestión empresarial, actores
Traductor que ejerce la función pública de traducir documentos que gozan de plena validez legal y merecen fe pública (DST).
Contexto 1. La Embajada no garantiza la integridad de la selección ni la idoneidad de los traductores mencionados a continuación. Desde mediados de 2005, y según Artículo 4 del Decreto 382 de 1951, modificado por Artículo 33 de la Ley 0962 de 2005, el permiso para ejercer el oficio de **traductor** e intérprete **oficial** en Colombia se deriva del certificado sobre la aprobación del respectivo examen, expedido por las universidades públicas y privadas, debidamente acreditadas y reconocidas. *OWEALEMANIA.*
▲Remisiones: perito traductor; traductor colegiado certificado; fondo de garantía; responsabilidad civil profesional; fe pública, validez legal; carácter oficial.
◆Nota: sin. traductor jurado; traductor público.

traductor perito, *m.*

Gestión empresarial, actores
Contexto 1. En México, una traducción oficial certificada o peritada es una traducción de un documento oficial acreditada por un **traductor perito**, que certifica la exactitud y veracidad de la misma. La traducción debe entregarse de forma impresa, ya que irá firmada y sellada por el traductor oficial. *PBTOFICIAL.*
• Véase perito traductor.

traductor profesional, *m.*

Gestión empresarial, actores
• Véase traductor titulado.

traductor público, *m.*

Gestión empresarial, actores

Contexto 1. En Argentina, un traductor público o jurado es un profesional "fedatario", es decir, que da fe de lo que traduce. El **traductor público** es un profesional experimentado, con un dominio sólido de la traducción y de la interpretación. Según dicta la Ley 20.305, su incumbencia es la traducción de todo documento de idioma extranjero en entidades de recaudación u organismos públicos. Del mismo modo, es el único profesional habilitado para actuar como intérprete en una sede judicial. *PBTOFICIAL.*

• Véase traductor oficial.

traductor titulado, *m.*

Gestión empresarial, actores

Traductor que ha adquirido la competencia traductora a través de una formación técnica o académica (DST).

Contexto 1. La traducción de carácter público es la traducción de todo documento realizada de un idioma extranjero al nacional, del idioma nacional al extranjero y de un idioma extranjero a otro, firmada y sellada por el **traductor titulado**, en estricto cumplimiento de las formalidades establecidas. *GWCTPU.*

▲ Remisiones: traductor empírico.

◆ Nota: sin. traductor académico; traductor profesional.

traductor titular, *m.*

Gestión empresarial, actores

Persona subcontratada por el PST para atender las necesidades lingüísticas de un determinado cliente.

Contexto 1. Porque podemos garantizar a cualquier cliente que va a disponer de su **traductor titular** por combinación de idiomas: inicialmente escogemos al profesional que mejor se adapta al perfil de sus textos con el compromiso de reservarlo en lo sucesivo para que traduzca siempre para el mismo cliente, elaborando y perfeccionando un glosario de términos específicos del cliente. Gracias a ello y a las exhaustivas revisiones estipuladas en la ISO 9001, conseguimos ofrecer una calidad superior. *EWTCSBRUISER.*

traductor voluntario, *m.*

Gestión empresarial, actores

Persona que presta servicios de traducción gratuitos para fines benéficos.

Contexto 1. Si usted está interesado en apoyar el trabajo de PEN Internacional como **traductor voluntario** y quiere ganar experiencia invaluable en la traducción de una variedad de documentos para una ONG global, por favor contáctese con nosotros. Piezas para traducción incluyen artículos de noticias para la web, comunicaciones para la membresía, informes de campañas, documentos de evaluación de proyectos. *EWPEN.*

Contexto 2. Colaborar como **traductor voluntario** es una buena manera de evaluar nuestras habilidades y explorar cómo nos desenvolveríamos en el ámbito laboral, aprender a traducir con eficacia y eficiencia (aumentar el número de palabras que traducimos por minuto, entrenarnos para respetar plazos de entrega, etc.), ampliar nuestros conocimientos culturales y lingüísticos, y descubrir en qué deberíamos mejorar. Si uno ya tiene experiencia como traductor y tiene una segunda lengua extranjera, ser voluntario puede ser una buena opción para comenzar a entrenarse y a realizar traducciones desde esa lengua C (en nuestro caso, el portugués). Por supuesto, también nos permite sentirnos útiles, crecer personalmente y colaborar con una buena causa. Además, ¡puede ser muy divertido! *PBIYT.*

▲ Remisiones: *crowdsourcing.*

tradumática, *f.*

Tecnologías, TIC-TAV

Materia que se ocupa de la aplicación de los recursos informáticos al campo de la traducción (DST).

Contexto 1. Entendemos la **tradumática** como el ámbito de estudio que integra los conocimientos provenientes de la documentación, la terminología y la informática aplicadas a la traducción. Hablamos entonces de conocimientos teóricos declarativos y de habilidades en el uso de las tecnologías de la información aplicadas a este campo. Y, por lo tanto, hablamos de enseñanza y aprendizaje de herramientas informáticas relacionadas o que intervienen en el proceso de traducción. *AARP*.
▴Remisiones: terminótica; competencia técnica; aplicación.

transcreación, *f.*

Servicio de valor añadido, contenidos
Servicio de valor añadido que consiste en la reescritura de un texto de forma creativa mediante su adaptación a un idioma, temas, ideas, conceptos y mensajes específicos, con la finalidad de producir la misma reacción en el público de la lengua de origen.
Contexto 1. La **transcreación** es el arte de reescribir un texto por completo en una lengua extranjera. El propósito de este proceso es hacer la comunicación más efectiva en los mercados extranjeros a la vez que se mantiene todo el impacto, la emoción y el significado del contenido original y dar apoyo al cliente ofreciendo cada marca, producto o servicio con una imagen sólida y consistente a escala internacional. La transcreación no es una traducción literal ni palabra por palabra. Es más bien una traducción creativa, que requiere una comprensión profunda del contenido del original combinado con un estilo de redacción muy bueno en la lengua de llegada. La transcreación se utiliza cada vez más en las campañas de *marketing* y publicidad a escala internacional, ya que los publicistas buscan romper las barreras de las culturas y las lenguas. *EWMLINGUA*.
Contexto 2. Asesoramiento cultural y **transcreación**. Cada mercado interpreta las ofertas, los productos y los diseños de manera diferente. Nuestro equipo tiene la experiencia cultural, la creatividad y la competencia lingüística necesarias para ayudarlo a adaptar su estilo y su imagen. *EWERIKSEN*.
▴Remisiones: asesoramiento cultural; reescritura; revisión; *copywriting*.

transcripción, *f.*

Servicio de valor añadido, traducción audiovisual
Contexto 1. Los servicios de **transcripción** implican básicamente la conversión de un archivo de audio a uno de texto. Con frecuencia, estos servicios son un elemento necesario para la producción de cualquier contenido plurilingüe de video/audio. Una vez que el texto se transcriba, puede subtitularse directamente para las personas con discapacidades auditivas o utilizarse como herramienta para aquellas personas que no comprendan la versión hablada en el idioma del audio original o para quienes prefieran ver los subtítulos en el idioma de origen para complementar el audio. *EWTRUSTED*.
•Véase transcripción de audio y video.

transcripción de audio y video, *f.*

Servicio de valor añadido, traducción audiovisual
Servicio de valor añadido que consiste en convertir un audio o un video en texto (DST).
Contexto 1. Servicios de **transcripción de audio y video**. Transcripción. ¿Necesita transcribir el contenido de un archivo de audio? Contamos con un excelente equipo de transcriptores profesionales en más de 50 idiomas para transcribir el contenido de sus audios en MP3, WAV, etc. *EWTRAGORA*.
Contexto 2. En Tridiom realizamos **transcripciones** de sus archivos **de audio y video**, o transcripción de acta, a cualquier idioma que usted necesite. Nuestra oferta de idiomas empieza con aquellos más habituales como pueden ser transcripciones del propio idioma español, inglés, francés, alemán, italiano, portugués o cualquiera de las lenguas autonómicas, y llega hasta esos otros idiomas menos frecuentes y con alfa-

betos diferentes como el árabe, ruso, chino o japonés. *EWTRIDIOMSL.*
▲Remisiones: transcripción literal; transcripción natural, transcripción fonética; transcripción fonológica; transcripción en tiempo real.
◆Notas: sin. transcripción; desgravación. Acort. transcripción. Norma relevante: ISO/CD 24624.

transcripción en tiempo real, *f.*

Servicio de valor añadido, traducción audiovisual
Servicio de valor añadido que consiste en registrar por escrito, de forma manual o con una máquina de estenotipia, un discurso oral en el mismo momento en que se produce.
Contexto 1. **Transcripciones en tiempo real**. La transcripción en tiempo real (*real-time*) permite el registro por escrito de la palabra expresada oralmente al mismo tiempo que el orador está hablando. Este servicio es una herramienta indispensable para arbitrajes y declaraciones en los juicios civiles y penales. *OWSTENOCAP.*
▲Remisiones: transcripción de audio y video; transcripción literal; transcripción natural; transcripción fonética; transcripción fonológica.
◆Nota: sin. relatoría; taquigrafía; estenografía.

transcripción fonética, *f.*

Servicio de valor añadido, traducción audiovisual
Servicio de valor añadido que consiste en la representación de los sonidos, efectivamente percibidos de una lengua, en un determinado alfabeto fonético.
Contexto 1. **Transcripción fonética**: tal y como indica, se trata de la transcripción de sonidos de acuerdo con las normas fonéticas en forma de símbolos gracias a un sistema de símbolos gráficos. Se suele emplear para representar lenguas sin tradición escrita y para poder pronunciar el conjunto de sonidos que constituye cada lengua de forma escrita. *EWMONDO.*
Contexto 2. **Transcripción fonética**: si dispone de un texto o palabras aisladas en cualquiera de nuestras lenguas de trabajo y le interesa conocer su pronunciación, no dude en consultarnos. Transcribimos al alfabeto fonético internacional (IPA) o a cualquier sistema acordado con el cliente. *EWEURASIA.*
▲Remisiones: romanización; herramienta de transliteración; Alfabeto Fonético Internacional.

transcripción fonológica, *f.*

Servicio de valor añadido, traducción audiovisual
Servicio de valor añadido que consiste en la representación, entre barras oblicuas, de las unidades fónicas de los sonidos de una lengua en un determinado sistema fonológico.
Contexto 1. Para reproducir de forma exacta los sonidos se utilizan los sistemas de transcripción fonológica y de transcripción fonética. Las **transcripciones fonológicas** reflejan entre barras oblicuas las unidades fónicas pertinentes desde el punto de vista de la comunicación. Las transcripciones fonéticas reflejan las realizaciones efectivamente percibidas. *AARMII.*
▲Remisiones: romanización; herramienta de transliteración; Alfabeto Fonético Internacional.
•Véase transcripción fonética.

transcripción literal, *f.*

Servicio de valor añadido, traducción audiovisual
Servicio de valor añadido que consiste en la conversión fidedigna a código escrito de los contenidos sonoros de un discurso oral.
Contexto 1. **Transcripción literal**. En este tipo de transcripción, todos los sonidos que se escuchan se escriben en el documento, incluyendo palabras inacabadas, repetidas, errores de pronunciación, como "cocreta", sonidos tales como *eh..., mmmm...* En resumen, todo aquello que se dice en el audio. Este tipo de transcripción se suele solicitar para juicios o pruebas periciales. *EWTRADUCCIONES.COM.*
Contexto 2. **Transcripción literal**. Es el tipo más exacto de transcripción, porque

en ella quedan recogidos fielmente todos los sonidos, incluyendo errores, muletillas, expresiones dubitativas (*ehhh, emm...*), palabras sin acabar... Este tipo de transcripción es la que se usa en juicios o pruebas periciales en las que cualquier detalle, por nimio que parezca, puede ser relevante. *EWTRADUCCIONES.COM.*
▴Remisiones: transcripción de audio y video; transcripción natural; transcripción fonética; transcripción fonológica; transcripción en tiempo real.

transcripción natural, *f.*

Servicio de valor añadido, traducción audiovisual
Servicio de valor añadido que consiste en la conversión a código escrito de los contenidos sonoros relevantes de un discurso oral.
Contexto 1. **Transcripción natural**. Esta es la forma más común de transcribir. En ella, el transcriptor elimina toda aquella información irrelevante, lo cual da como resultado un texto más natural, más claro y con un aspecto más profesional. En ningún caso se cambian las palabras o el significado de las frases. Como por ejemplo, la frase, que en transcripción literal se transcribiría "eh... No me acuerdo; era de... era de noche y lo único que vi, mmm... eh... fueron... fue... lo único que vi fue una persona que andó por ahí" en una transcripción natural se transcribe así: "No me acuerdo; era de noche y lo único que vi fue una persona que anduvo por ahí". Como podrá comprobar, no se pierde ninguna información, el sentido de la frase se mantiene y se hacen algunas correcciones, salvo que estas sean intencionadas. *EWTRADUCCIONES.COM.*
Contexto 2. **Transcripción natural**. La transcripción natural es más flexible que la literal ya que elimina todo aquello que se considere irrelevante. De este modo la información aparece intacta pero presentada de un modo más profesional. Este tipo de transcripciones suelen usarse por ejemplo en las entrevistas periodísticas. *EWTRADUCCIONES.COM.*
▴Remisiones: transcripción de audio y video; transcripción natural; transcripción fonética; transcripción fonológica; transcripción en tiempo real.

translatability review, *f.*

Proceso de traducción, fase de pretraducción
•Véase revisión de traducibilidad.

translation edit rate, *f.*

Gestión empresarial, calidad
Método de medición de la calidad de una traducción automática que consiste en medir la cantidad de ediciones que se deben realizar en el productor de la traducción automática hasta obtener la traducción humana de referencia.
Contexto 1. Otra métrica similar a WER es TER (***translation edit rate***) [107], que consiste en dividir el número de ediciones (incluyendo operaciones como el desplazamiento de palabras) entre la media de palabras de referencia. *ATFMMN.*
▴Remisiones: métrica de calidad de la traducción; traducción automática; herramienta de traducción automática; métrica NIST; *bilingual evaluation understudy*; *word edit rate.*
◆Nota: sigla TER.

translation manager, *m.*

Gestión empresarial, actores
Contexto 1. El puesto de ***translation manager*** tiene responsabilidad sobre el departamento de traducción de cada sede de la empresa, ya sea una oficina multilingüe o una oficina monolingüe. Es responsable de la gestión del equipo humano y de garantizar la calidad lingüística que se produce en el departamento, incluidos tanto los idiomas para los que se cuenta con personal en plantilla como los idiomas que es necesario subcontratar. Además, su responsabilidad se extiende a la rentabilidad del departamento y de todos los proyectos en los que intervengan miembros del departamento o profesionales externos contratados por este. Se involucra en la planificación de to-

dos los proyectos, asegurándose de que se asignan los recursos adecuados y de que los proyectos siguen su curso normal, y garantizando que se aplica la metodología correcta en cada momento del proceso. *AAEM*.
• Véase gestor de proyectos.

Translation Memory eXchange, *m.*

Tecnologías, TA-TAO

Formato estándar para el intercambio de bases de datos terminológicas.
Contexto 1. Memorias de traducción extraídas de la base de datos de traducciones realizadas por la Diputación Foral de Gipuzkoa, en 10 ficheros ordenados por estas materias: administración; economía y empresa; asuntos sociales; medioambiente; deportes; cultura; ordenación del territorio; agricultura; política; aguas. La versión de los ficheros se actualizará cada 15 días. Su formato es TMX (**Translation Memory eXchange**), un formato estándar que aceptan la mayoría de herramientas de ayuda a la traducción. En todos los casos, la dirección es español (ES lengua origen) > euskara (EU lengua destino). Por favor, antes de utilizar estos ficheros lea el aviso legal (PDF). *OWGIPUZKOA*.
▲ Remisiones: TermBase eXchange; XML Localization Interchange File Format; Segmentation Rules eXchange; herramienta de traducción asistida por ordenador.
◆ Nota: sigla TMX.

translation quality assessment, *f.*

Gestión empresarial, calidad

• Véase evaluación de la calidad.

Translator's Charter, *f.*

Regulación profesional, normas internacionales

• Véase Carta de Derechos del Traductor.

transliteración, *f.*

Servicio de valor añadido, traducción audiovisual

Servicio de valor añadido que consiste en la representación de caracteres de un alfabeto (sonidos o signos) mediante los de otro (DST).
Contexto 1. La **transliteración** se realiza independientemente de la pronunciación en la lengua de origen. Su único fin es hacer posible la identificación exacta de la grafía en la lengua origen. En muchos casos se apartará de su realización fonética. *AARMII*.
Contexto 2. **Transliteración**, transcripción y traducción son tres aspectos que tienden a confundirse y a crear problemas en las agencias catalográficas. Transliteración es la acción y efecto de transliterar y consistente en la representación de letras de una lengua a otra que hace uso de diferentes caracteres. Idealmente es el reemplazo de carácter por carácter. La transliteración consiste según la International Standard Organization (ISO) en la acción de representar los caracteres o los signos de un alfabeto por los de otro alfabeto, bajo el principio de letra por letra. *AAAO*.
▲ Remisiones: romanización; herramienta de transliteración; Alfabeto Fonético Internacional; transcripción fonética, transcripción fonológica; transcripción natural; transcripción en tiempo real.

transmutación, *f.*

Ejercicio profesional, tipos de traducción

Contexto 1. Mediante la traducción intersemiótica, o **transmutación,** interpretamos signos verbales mediante signos no verbales. Se trata de una categoría muy sugerente, que nos invita a ampliar extraordinariamente el campo de lo decible y lo interpretable. Jakobson nos da los ejemplos, ya clásicos, de transmutación de la sustancia literaria en música, danza, cine o pintura. *AAJS*.
• Véase traducción intersemiótica.

Tratado de Berna, *m.*

Regulación profesional, normas internacionales

• Véase Convenio de Berna para la Protección de las Obras Literarias y Artísticas.

tribunal de conducta, *m.*

Ejercicio profesional, ética profesional
Órgano de un gremio de traductores que tiene a su cargo la recepción y la tramitación de las denuncias que se presenten contra sus miembros por faltas de ética (DST).
Contexto 1. Considerando que el reglamento ha conferido a la Asamblea [...] la facultad de aprobar un Código de Ética Profesional y Normas de Procedimiento, que el **Tribunal de Conducta** ha elaborado un proyecto de Código de Ética y otro proyecto denominado Normas de Organización, Funcionamiento del Tribunal y Normas de Procedimiento, que el Consejo Directivo, en su sesión del [...] ha efectuado sus observaciones a ambos proyectos. *ONLPSFL.*
▲Remisiones: buenas prácticas; malas prácticas; decálogo del traductor; juramento jeronímico; principio de honradez con los clientes; principio de lealtad profesional; principio de libertad; principio de neutralidad; principio de solidaridad; secreto profesional; código de ética; conducta interprofesional.
◆Nota: sin. tribunal de honor; tribunal de disciplina.

tribunal de disciplina, *m.*

Ejercicio profesional, ética profesional
Contexto 1. Vigilar el cumplimiento de esta ley y de las normas de ética profesional, las que serán obligatorias y su incumplimiento sancionado por el **Tribunal de Disciplina**. *ONSCDPBAL.*
•Véase tribunal de conducta.

tribunal de honor, *m.*

Ejercicio profesional, ética profesional
Contexto 1. El **Tribunal de Honor** es el máximo órgano deontológico de la Orden y funciona como instancia de apelación en los procesos instaurados y resueltos por la Comisión de Ética. *GWCTP.*
•Véase tribunal de conducta.

TRKCHG, *m.*

Proceso de traducción, fase de pretraducción
Contexto 1. **TRKCHG**: *track changes*, control de cambios (MS Word). *PBEADT.*
•Véase control de cambios.

turnaround time, *m.*

Proceso de traducción, fase de pretraducción
Contexto 1. TAT: ***turnaround time***, hora de la entrega. *PBEADT.*
Contexto 2. Acrónimo que significa ***turnaround time***. Conocido también como plazo de entrega, el TAT es el tiempo requerido para completar una tarea determinada. *EWCCAPS.*
◆Nota: sigla TAT.
•Véase hora de entrega.

UNE-EN 15038:2006, *f.*

Regulación profesional, normas de calidad
Norma europea de calidad en la que se establecen y definen los requisitos para la prestación de servicios de traducción (DST).
Contexto 1. Esta certificación según la norma **UNE-EN 15038** se refiere a un conjunto de criterios de calidad y de mediciones apropiadas de las cuales es responsable el proveedor del servicio de traducción. *OWAENOR.*
Contexto 2. La norma de calidad **UNE-EN 15038:2006** es una norma europea específica para servicios de traducción, que "abarca el proceso central de la traducción, así como todos los demás aspectos relacionados con la prestación del servicio, incluidos el aseguramiento de la calidad y la trazabilidad". *OWEN15038.*
▲Remisiones: Asociación Española de Normalización y Certificación; Comisión de Normalización y de Fiscalización de Barreras Comerciales No Arancelarias; ISO 17100; ISO 11669; ISO 9001; SAE J2450; proveedor de servicios de traducción; proyecto de traducción.
◆Nota: fue reemplazada por la norma ISO 17100.

unidad de conteo, *f.*

Gestión empresarial, presupuesto y facturación
•Véase unidad de facturación.

unidad de facturación, *f.*

Gestión empresarial, presupuesto y facturación
Criterio que utiliza el proveedor de servicios para fijar sus tarifas de traducción o de servicios de valor añadido a partir del texto origen o del texto meta, en función de diferentes unidades de conteo (DST).
Contexto 1. Conteo de palabras. Para nosotros los traductores, las palabras son la **unidad de facturación** de nuestro negocio, y que la forma de contarlas se encuentre estandarizada resuelve muchos problemas de acuerdo con nuestros clientes. *EWSPANISH.*
Contexto 2. **Unidad de facturación**. La unidad facturable es el número de palabras en el caso de las traducciones, o el número de horas en el caso de las interpretaciones. Cada combinación de idiomas tiene una tarifa distinta. Por tanto el monto facturable corresponde al producto de la multiplicación del número de palabras por la tarifa aplicable. Respecto al recuento de palabras visitar el apartado "Recuento de palabras". *EWTRADEBI.*
▲Remisiones: cotización; herramienta de facturación; contador de palabras; tarifa por palabra del texto meta; tarifa por palabra de origen; tarifa de traducción; tarifa de traducción estándar; tarifa de traducción por línea; tarifa mínima; tarifa plana; tarifa por hora; tarifa por palabra; tarifa razonable.
◆Nota: sin. unidad facturable; unidad de conteo.

unidad de traducción, *f.*

Tecnologías, TA-TAO
Segmentos origen y meta que resultan equivalentes en una memoria de traducción (DST).
Contexto 1. La MT, en la mayoría de los sistemas disponibles en el mercado, es una base de datos. Cada una de las entradas de la base de datos de la MT contiene una **unidad de traducción** (UT) que consiste en un par de segmentos: uno en la lengua de origen y otro en la lengua de llegada. Además de la información de la UT, se conserva información sobre las fechas de creación y modificación, autor, proyecto al que corresponde o cliente para el que se usa dicha UT, etc. *EWECOLORE.*
Contexto 2. Los programas de traducción asistida incrementan la productividad del traductor al descargarle de tareas mecánicas como la consulta de expresiones y terminología, la recuperación de frases que han sido traducidas con anterioridad, el cálculo del coste de la traducción o el formateado de documentos. Los programas de traducción asistida se utilizan en forma interactiva o en lotes, y en ambos casos las **unidades de traducción** quedan almacenadas en una memoria de traducción. *AWTECNOLETTRA.*
Contexto 3. Una **unidad de traducción** está compuesta por un segmento de partida y el segmento de llegada, y son las unidades que forman la memoria de traducción. *GRTREMEDICA.*
▲Remisiones: memoria de traducción; coincidencia; repeticiones; cadena de *software*.
◆Nota: sigla UT.

unidad facturable, *f.*

Gestión empresarial, presupuesto y facturación
•Véase unidad de facturación.

usuario final, *m.*

Proceso de traducción, fase de traducción
Contexto 1. La traducción de especificaciones se refiere a la traducción de aquellos documentos técnicos acerca de un producto o dispositivo cuyo destinatario es el **usuario final**, en el que se describen con detalle sus características y condiciones mínimas que debe cumplir. *EWMONDO.*
•Véase audiencia final.

UT, *f.*

Tecnologías, TA-TAO
Contexto 1. La MT, en la mayoría de los sistemas disponibles en el mercado, es una base de datos. Cada una de las entradas de la base de datos de la MT contiene una unidad de traducción (**UT**) que consiste en un par de segmentos: uno en la lengua de origen y otro en la lengua de llegada. Además de la información de la UT, se conserva

información sobre las fechas de creación y modificación, autor, proyecto al que corresponde o cliente para el que se usa dicha UT, etc. *EWECOLORE.*
•Véase unidad de traducción.

vacaciones y feriados, *f. pl.*

Ejercicio profesional, modalidades y condiciones contractuales
Periodo destinado al descanso que el PST debe tener en cuenta al momento de fijar sus ingresos mensuales.
Contexto 1. **Vacaciones y feriados**. Ahora, debemos poner cuántos días de vacaciones queremos tomarnos al año. Ya que somos profesionales que merecen un buen descanso mental, vamos a poner 21 días de vacaciones y 10 días de feriados al año. En 2014, en Argentina tendremos 14 feriados, pero los traductores no siempre dormimos todo el día cuando es feriado, ¿verdad? *EWTRADUGEEK.*
▲Remisiones: traductor de planta; sueldo mensual; traductor independiente; gestión del tiempo; jornada laboral.

validación lingüística, *f.*

Servicio de valor añadido, validación
Servicio de valor añadido que consiste en la evaluación de la calidad de una traducción a cargo de un hablante nativo cuya variante dialectal corresponde a la del texto meta.
Contexto 1. Poniendo como ejemplo el caso de la traducción relacionada con la investigación médica, los trabajos que me ofrecen habitualmente cubren una amplia gama: revisión de traducibilidad [*translatability review*] (revisión previa a la traducción, en la que se analiza el texto en el idioma fuente y se señalan aquellos puntos que puedan dificultar la traducción del texto a un idioma y para un mercado en particular), traducción inicial [*front translation*] al idioma meta, corrección [*proofreading*], gestión de calidad [*quality management*], traducción inversa [*back translation*] al idioma fuente, revisión de la traducción inversa, **validación lingüística** del texto traducido mediante pruebas piloto entre la población meta [*cognitive debriefing*], validación lingüística del texto traducido por parte de un especialista en la materia [*expert review*], y revisión (e introducción, si corresponde) de cualquier cambio final propuesto por el cliente. *PBTEP.*
Contexto 2. Spectrum Translation también se dedica a reclutar personas para **validación lingüística**. Hemos trabajado en casi todos los países del mundo, y con personas que nos ayudaron en la evaluación de las traducciones. La validación lingüística es solo un paso en el proceso de localización. La gente común que no necesita conocer ningún otro idioma, simplemente da su opinión sobre la calidad del lenguaje utilizado en una traducción. *EWSPECTRUM.*
Contexto 3. **Validación lingüística**. El servicio de validación lingüística que Siens Translation ofrece a sus clientes es una solución basada en un proceso de control para satisfacer eficazmente sus necesidades en materia de comunicación: análisis y preparación. *EWSIENS.*
▲Remisiones: revisión; sesión cognitiva; corrección de concepto.
◆Nota: sin. *expert review.*

validez legal, *f.*

Ejercicio profesional, acreditación
Condición de la que goza una traducción que cumple con los requisitos establecidos por ley y que produce efectos jurídicos.
Contexto 1. Las traducciones que realicen los traductores públicos juramentados en el ejercicio de sus funciones merecen fe pública y tienen plena **validez legal**. No obstante, la traducción no significa el reconocimiento de la autenticidad del documento traducido. *ONMRREEP.*
▲Remisiones: traducción oficial; traductor oficial; carácter oficial; fe pública; traducción oficial; traductor oficial.

valor por palabra del documento original, *m.*

Gestión empresarial, presupuesto y facturación

• Véase tarifa por palabra de origen.

velocidad de escritura, *f.*

Proceso de traducción, fase de pretraducción

Número de palabras que es capaz de digitar un traductor por minuto (DST).

Contexto 1. Aspectos que determinan la productividad. **Velocidad de escritura**. Es el condicionante más simple y evidente. La velocidad a la que introducimos los datos en un PC a través del teclado determina directamente el volumen de traducción generado. *PBVRL.*

Contexto 2. La mecanografía implica el adiestramiento de los dedos, para que encuentren de manera automática las teclas y, de este modo, aumentar la **velocidad de escritura**. Si consideramos que, mediante la implementación de este método se puede tipear un promedio de 90 PPM (palabras por minuto), es muy importante que un traductor domine esta técnica de escritura rápida, debido a que puede mejorar su productividad de manera significativa. *EWTRUSTED.*

▲ Remisiones: capacidad de traducción; cálculo de plazos; plazo de entrega; productividad; velocidad de traducción; velocidad media de traducción.

velocidad de traducción, *f.*

Proceso de traducción, fase de pretraducción

Número real de palabras que es capaz de traducir por día un traductor (DST).

Contexto 1. Conocer la **velocidad de traducción** de los traductores, el número de segmentos completados y el tiempo estimado de finalización permite al equipo de proyectos saber cómo va el proyecto y si necesitan incorporar más traductores a un trabajo (o mover el contenido a otros traductores). *EWSTRAKER.*

Contexto 2. **Velocidad de traducción**. Si tiene en cuenta que un traductor puede traducir por término medio 2000 palabras al día y que un revisor puede revisar 8000, usted mismo puede calcular cuándo su traducción estará lista. Pequeñas traducciones de menos de 1000 palabras podemos entregar muchas veces el día siguiente. Para proyectos grandes, contratamos a varios traductores que colaboran con un revisor. *EWHHCE.*

▲ Remisiones: capacidad de traducción; cálculo de plazos; plazo de entrega; productividad; velocidad de escritura; velocidad media de traducción.

velocidad media de traducción, *f.*

Proceso de traducción, fase de pretraducción

Número promedio de palabras que debería traducir por día un traductor (DST).

Contexto 1. Proyectos grandes requieren un enfoque planificado. Empezamos haciendo un inventario del tiempo necesario para realizar su proyecto y a continuación determinamos el plazo de entrega, conforme a sus deseos. Los traductores de HHCE logran una **velocidad media de traducción** de 2000 palabras por día. En proyectos grandes trabajamos normalmente con varios traductores. *EWHHCE.*

▲ Remisiones: capacidad de traducción; cálculo de plazos; plazo de entrega; productividad; velocidad de escritura; velocidad de traducción.

vendor manager, *m.*

Gestión empresarial, actores

Contexto 1. VM. Acrónimo que significa ***vendor manager***. Entre las responsabilidades del gerente de proveedores, se incluyen la selección de proveedores, la negociación de tarifas, las verificaciones de calidad y la asignación de recursos. *EWCCAPS.*

• Véase gerente de proveedores.

verificación final, *f.*

Proceso de traducción, fase de pretraducción

Confirmación del gestor de proyectos de que se han cumplido las especificaciones (UNE-EN ISO 17100).

Contexto 1. El PST debe disponer de un proceso para la **verificación final** del proyecto respecto a las especificaciones por parte del gestor de proyectos antes de la entrega al cliente. Tras la verificación final y la entrega, el PST debería tener un proceso para los procedimientos de facturación y pago. *ONAENORISO.*
▲Remisiones: gestión de proyectos; proceso de producción; traducción; autocomprobación; revisión; corrección de concepto; corrección de pruebas; competencia revisora; gestor de proyectos; cumplimiento de las especificaciones; especificaciones del proyecto.
◆Nota: sin. comprobación final.

videodescripción, *f.*

Servicio de valor añadido, traducción audiovisual
•Véase audiodescripción.

visibilidad en el mercado, *f.*

Gestión empresarial, marketing
Promoción que realiza un PST mediante la explotación de todos los recursos de *marketing* personal y profesional (DST).
Contexto 1. Debes procurarte **visibilidad en el mercado**. Es inútil tener los mejores conocimientos e infraestructuras si los clientes potenciales no saben que existes. *PBVRL.*
▲Remisiones: directorio profesional; identidad profesional; marca personal; *marketing* personal; *marketing* profesional; página web profesional; portafolio del traductor; portal profesional; posicionamiento; referencias de clientes.

visita a clientes, *f.*

Gestión empresarial, marketing
Herramienta de *marketing* que tiene por finalidad la interacción física entre el PST y el cliente para conocer sus verdaderas necesidades y expectativas.
Contexto 1. *Telemarketing*, **visitas a clientes** y asistencia a ferias: no olvidemos que también podemos ponernos en contacto con clientes por teléfono, haciéndoles una visita personal o asistiendo a ferias del campo de especialidad en el que nos interese encontrar clientes. Esta forma de promocionar nuestros servicios requiere más aplomo, seguridad, labia y experiencia profesional, pero precisamente por eso, por ser menos impersonal, quizá puede resultar más eficaz. El contacto cara a cara deja una huella más profunda que la comunicación virtual. *PBETELS.*
▲Remisiones: conocimiento del cliente; fidelización del cliente; *marketing* personal; *marketing* profesional; posicionamiento; primer contacto; referencias de clientes; visibilidad en el mercado; *networking*.

VM, *m.*

Gestión empresarial, actores
Contexto 1. **VM.** Acrónimo que significa *vendor manager*. Entre las responsabilidades del gerente de proveedores, se incluyen la selección de proveedores, la negociación de tarifas, las verificaciones de calidad y la asignación de recursos. *EWCCAPS.*
•Véase gerente de proveedores.

voice-over, *m.*

Servicio de valor añadido, traducción audiovisual
Contexto 1. El servicio de doblaje de voz (o *voice-over*) es diferente al de subtitulado. Si bien para algunas personas puede resultar similar y, en algunos casos hasta puede generar confusión, estamos hablando de dos servicios completamente diferentes. Para explicarlo de manera simple, el subtitulado consiste básicamente en la traducción del texto de origen en el margen inferior de la pantalla de un video, respetando un límite de caracteres; el ***voice-over***, en cambio, es el doblaje de la voz del audio original en un idioma de destino. *EBTRUSTED.*
•Véase voz superpuesta.

volcado de texto, *m.*

Servicio de valor añadido, edición y publicación
Servicio de valor añadido que consiste en realizar la importación del texto a la maqueta teniendo en cuenta los parámetros de calidad de los programas de maquetación (DST).
Contexto 1. Normalmente las agencias de traducción extraen los textos de esa maqueta para que se traduzcan y luego hacen el **volcado de los textos** traducidos en Quark o InDesign y, por lo general, los correctores, para poder corregir estas pruebas maquetadas, trabajan en papel o en PDF (programa Acrobat Professional), herramienta cada vez más utilizada. *ABCALAMO.*
▲Remisiones: DTP; compaginación; edición; maquetación; diseño gráfico; fotocomposición.

volumen, *m.*

Proceso de traducción, fase de pretraducción
Cantidad de caracteres, palabras o páginas de un proyecto de traducción.
Contexto 1. Esta norma internacional tiene como objetivo su implantación por parte de los PST con independencia de su tamaño. La conformidad requiere el cumplimiento de todas las disposiciones de la norma internacional, pero los métodos de implantación pueden diferir según el tamaño y la complejidad de la organización y, en algunos casos, del **volumen** y la complejidad del servicio de traducción solicitado al PST. *ONAENORISO.*
Contexto 2. Es necesario analizar cuál es la lengua fuente y meta, el grado de especialización del texto, el **volumen**, el plazo pedido para la entrega. Todas estas variables diversas y subjetivas nos ayudarán a fijar una tarifa exacta y aceptada por las dos partes. *EWCCONNECTION.*
▲Remisiones: especialización; plazo de entrega; tarifa de traducción; cotización; complejidad.

voz en *off*, *f.*

Servicio de valor añadido, traducción audiovisual
Contexto 1. **Voz en *off*.** Realizamos inserciones de voz en sus archivos PowerPoint para aumentar la profesionalidad de sus presentaciones. *EWIDIX.*
•Véase voz superpuesta.

voz superpuesta, *f.*

Servicio de valor añadido, traducción audiovisual
Servicio de valor añadido que consiste en superponer, tres segundos después, la locución de un actor de doblaje al texto original que se mantiene en un volumen inferior (DST).
Contexto 1. En el caso de España, las **voces superpuestas** se restringen a ciertos documentales y entrevistas, y la interpretación simultánea se utiliza exclusivamente en algunas películas en ciertos festivales de cine. La presencia del resto de modalidades es puramente simbólica en España (F. Chaume, 2004). *EWSEVILLA.*
▲Remisiones: subtitulación; doblaje; audiodescripción; subtitulado para sordos; supratitulación.
◆Nota: sin. *voice-over*; voz en *off*; superposición de voz.

WC, *m.*

Gestión empresarial, presupuesto y facturación
Contexto 1. **WC**: *word count*, el recuento de palabras del proyecto. *PBEADT.*
•Véase conteo de palabras.

WER, *m.*

Gestión empresarial, calidad
Contexto 1. **WER**: mide el índice de error por palabra, aunque no proporciona detalles sobre la naturaleza de los errores de traducción. Al igual que en el caso anterior, un índice cercano a cero indica una traducción de buena calidad. *AEVVITAE.*
Contexto 2. El **WER** (*word error rate*), o tasa de error de palabras, es otra medida de calidad de traducción frecuentemente usada. Está basada en el porcentaje de reemplazos, omisiones y/o inserciones de palabras en la traducción obtenida respecto a la referencia para la cual el error sea menor.

A diferencia del BLEU, donde 0 representa una pésima traducción y 1 representa la mejor traducción; la escala del WER es porcentual, siendo 0% el valor de WER para la mejor traducción y 100% el valor de WER para la peor. *AARB.*
•Véase *word error rate.*

WFH, *m.*

Proceso de traducción, fase de pretraducción
Contexto 1. Aportaciones de Pablo Muñoz (08-octubre-2012): EOD: *end of day*, al final del día; **WFH**: *working from home.* Sacar un proyecto: alternativa a "externalizar", etc. *PBEADT.*

word count, *m.*

Gestión empresarial, presupuesto y facturación
Contexto 1. WC: ***word count***, el recuento de palabras del proyecto. *PBEADT.*
•Véase conteo de palabras.

word error rate, *m.*

Gestión empresarial, calidad
Método de medición de la calidad de una traducción automática que consiste en medir el nivel de intervención humana sobre el producto resultante en función a un índice de error por palabra.
Contexto 1. En el transcurso de los años del proyecto hubo un progreso constante para cada uno de los idiomas, siendo el avance en la reducción de la tasa de palabras erróneas (WER: ***word error rate***) entre los años 2005 y 2006 de un 40% relativo. La mejor tasa de reconocimiento medida en WER en el año 2007 resultó del 6,9% para el inglés, 7,4% para el español y 7,5% para el chino mandarín. Sin embargo, se concluyó que dicha tasa de reconocimiento debería ser mejorada aún más en el futuro debido a que los sistemas de traducción automática necesitan textos con menos errores para lograr mejores resultados. *ATDPDA.*
Contexto 2. El WER (***word error rate***), o tasa de error de palabras, es otra medida de calidad de traducción frecuentemente usada. Está basada en el porcentaje de reemplazos, omisiones y/o inserciones de palabras en la traducción obtenida respecto a la referencia para la cual el error sea menor. A diferencia del BLEU, donde 0 representa una pésima traducción y 1 representa la mejor traducción; la escala del WER es porcentual, siendo 0% el valor de WER para la mejor traducción y 100% el valor de WER para la peor. *AARB.*
▲Remisiones: métrica de calidad de la traducción; traducción automática; herramienta de traducción automática; métrica NIST; *bilingual evaluation understudy*; *translation edit rate.*
◆Nota: sigla WER.

working from home, *m.*

Proceso de traducción, fase de pretraducción
Proyecto de traducción que se realiza con traductores externos.
Contexto 1. Aportaciones de Pablo Muñoz (08-octubre-2012): EOD: *end of day*, al final del día; WFH: ***working from home***. Sacar un proyecto: alternativa a "externalizar", etc. *PBEADT.*
▲Remisiones: *end of business*; *end of day*; *out of office*; por confirmar; *start of business*; control de cambios; hora de la entrega; conteo de palabras.

XLIFF, *m.*

Tecnologías, TA-TAO
Contexto 1. Uno de los cambios que se observan en la industria de la traducción de páginas web es el fortalecimiento de iniciativas de estandarización que pretenden salvar las barreras impuestas por tecnologías no compatibles ni integradas. Actualmente, existen distintos formatos que permiten el intercambio de productos propios de un proceso de traducción web. **XLIFF** (XML Localization Interchange File Format), por ejemplo, es un formato basado en XML creado para estandarizar los ficheros de lo-

calización; TMX, es un estándar para el intercambio de memorias de traducción; SRX (Segmentation Rules eXchange) un estándar de reglas de segmentación y TBX es el estándar XML propuesto para el intercambio de bases de datos terminológicas. *AAAE*. Contexto 2. El formato XML Localization Interchange File Format (XLIFF) proporciona una estructura unificada para documentos bilingües. **XLIFF** se usa como un formato "puente" que da al texto extraído la estructura apropiada. Los elementos y atributos específicos proporcionan los medios para definir las propiedades de cada pareja de segmentos (original y traducción), como la lengua de partida y de llegada, la herramienta de extracción, etc. *EWQABIRIA.*
•Véase XML Localization Interchange File Format.

XML Localization Interchange File Format, *m.*
Tecnologías, TA-TAO
Formato estándar para el intercambio de proyectos de traducción y localización.
Contexto 1. Uno de los cambios que se observan en la industria de la traducción de páginas web es el fortalecimiento de iniciativas de estandarización que pretenden salvar las barreras impuestas por tecnologías no compatibles ni integradas. Actualmente, existen distintos formatos que permiten el intercambio de productos propios de un proceso de traducción web. XLIFF (**XML Localization Interchange File Format**), por ejemplo, es un formato basado en XML creado para estandarizar los ficheros de localización; TMX, es un estándar para el intercambio de memorias de traducción; SRX (Segmentation Rules eXchange) un estándar de reglas de segmentación y TBX es el estándar XML propuesto para el intercambio de bases de datos terminológicas. *AAAE*. Contexto 2. El formato **XML Localization Interchange File Format** (XLIFF) proporciona una estructura unificada para documentos bilingües. XLIFF se usa como un formato "puente" que da al texto extraído la estructura apropiada. Los elementos y atributos específicos proporcionan los medios para definir las propiedades de cada pareja de segmentos (original y traducción), como la lengua de partida y de llegada, la herramienta de extracción, etc. *EWQABIRIA.*
▲Remisiones: TermBase eXchange; Translation Memory eXchange; Segmentation Rules eXchange; herramienta de traducción asistida por ordenador.
◆Nota: sigla XLIFF.

LISTADO DE CÓDIGOS Y REFERENCIAS

AAAA — Alcina, M. A. (s. f.). ¿Hacia dónde va la traducción automática, futuro cercano? *El español en el mundo. Anuario 2010-2012*. Recuperado de http://cvc.cervantes.es/lengua/anuario/anuario_10-11/alcina/p06.htm

AAAE — Estellés, A. (s. f.). Revisión del entorno de trabajo de un traductor de contenido web. *Revista Tradumàtica*, (8). Universidad Autónoma de Barcelona. Recuperado de http://www.fti.uab.es/tradumatica/revista/num8/articles/07/07central.htm

AAAJ — Jiménez Ivars, A. (2002). La interpretación como prestación de servicios. *Revista TRANS*, (6). Recuperado de http://www.trans.uma.es/pdf/Trans_6/t6_1135-143_AJimenez.pdf

AAAO — Orozco, A. (1989). *Las RCA2 y la transliteración de nombres de autores personales rusos.* Dirección General de Bibliotecas. Universidad Nacional Autónoma de México. Recuperado de http://www.dgbiblio.unam.mx/servicios/dgb/publicdgb/bole/fulltext/volIV2/rca2.htm

AAAOL — Oliver, A. (octubre de 2007). Linguoc LexTerm: una herramienta de extracción automática de terminología gratuita. *Translation Journal*, *11*(4). Recuperado de http://translationjournal.net/journal/42linguoc.htm

AACV — Valero-Garcés, C. (2006). El impacto psicológico y emocional en los intérpretes y traductores de los servicios públicos: un factor a tener en cuenta. *Quaderns: Revista de Traducció*, (13), 141. Recuperado de https://ddd.uab.cat/record/5607?ln=ca

AADS	Sales Salvador, D. (2011). Panorama de la mediación intercultural y la traducción/interpretación en los servicios públicos en España. *UJI*. Recuperado de http://red.pucp.edu.pe/ridei/files/2011/08/100515.pdf
AAEA	Amigó, E., Giménez, J. y Verdejo, F. (2009). Procesamiento lingüístico en métricas de evaluación automática de traducciones. *Procesamiento del lenguaje natural*, (43), 215-222. Recuperado de http://www.sepln.org/revistaSEPLN/revista/43/articulos/art24.pdf
AAEM	Martin, E. y Soler, J. (diciembre de 2005). MLV-MultiLingual Vendors. Flujo de trabajo y equipo humano. Proceso de selección y contratación. *Revista Tradumàtica*, (3). Universidad Autónoma de Barcelona. Recuperado de http://www.fti.uab.es/tradumatica/revista/num3/articles/05/05.pdf
AAEOETAL	Olvera, M. *et al.* (2004). Aplicación de un modelo didáctico de la enseñanza de la traducción. *Eslavística Complutense*, (4), 249-255. Recuperado de https://revistas.ucm.es/index.php/ESLC/article/download/ESLC0404110249A/30393
AAFV	Vidal, F. (junio de 2003). Primeros pasos: algunos consejos. *La linterna del traductor*, 6. Recuperado de http://bscw.rediris.es/pub/bscw.cgi/d4842694/N.%C2%BA%206_Mayo%202003.pdf
AAJA	Abaitua, J. (2007). La traducción automática en 2007. En *Hizkuntza, komunikazioaren eta teknologiaren garaian*, pp. 29-47. Instituto Vasco de Administración Pública. Recuperado de http://paginaspersonales.deusto.es/abaitua/konzeptu/ta/TA-ivap2007.html
AAJM	Muñoz, J. y Valdiviezo, M. (s. f.). *Traductores y especialistas en la UE. Hacia un binomio integrador.* Centro Virtual Cervantes. Recuperado de http://cvc.cervantes.es/lengua/esletra/pdf/01/032_munoz-valdivieso.pdf
AAJMMV	Muñoz, J. y Valdivieso, M. (diciembre de 2006). Traductores y especialistas en la UE. *Revista Electrónica de Estudios Filológicos*, (12). Recuperado de https://www.um.es/tonosdigital/znum12/secciones/tritonos%20A-Traductores%20y%20especialistas.htm
AAJRA	Álvarez, J. R. (2006). *Problemas de traducción en el vocabulario chino y español*. Universidad Fujen. Recuperado de http://www.svd.fju.edu.tw/fl/lang_teaching/papers/span_1.pdf

AAJS Santaemilia, J. (2010). *Releyendo a Jakobson o todo es traducción. Tres estampas del discurso público contemporáneo.* Universitat de València. Recuperado de http://gentext.blogs.uv.es/files/2010/09/Santaemilia10_Jakobson.pdf

AALC Cámara de la Fuente, L. (s. f.). Necesidad de políticas de información y de sus profesionales para la automatización de la producción de documentación técnica en el entorno de la industria GILT. *El Profesional de la Información.* Recuperado de http://www.elprofesionaldelainformacion.com/

AALC2 Cámara de la Fuente, L. (s. f.). El papel de las herramientas TAO en la documentación multilingüe. *Revista Tradumàtica.* Universidad Autónoma de Barcelona. Recuperado de http://revistes.uab.cat/tradumatica

AALR Ramírez Polo, L. (s. f.). Los lenguajes controlados y la documentación técnica. *Revista Tradumàtica.* Universidad Autónoma de Barcelona. Recuperado de http://revistes.uab.cat/web/revista/tradumatica

AAMF Fischer, M. (s. f.). *Diferencias culturales reflejadas en la traducción de la literatura infantil y juvenil.* Universidade de Vigo. Recuperado de https://pendientedemigracion.ucm.es/info/especulo/ele/vigo.html

AAMJ Jiménez-Crespo, M. (s. f.). El uso de corpus textuales en localización. *Revista Tradumàtica.* Universidad Autónoma de Barcelona. Recuperado de http://revistes.uab.cat/web/revista/tradumatica

AAML Lorenzo, M. (s. f.). *Competencia revisora y traducción inversa.* Handelshøjskolen de Copenhague. Universitat Rovira i Virgili. Recuperado de http://isg.urv.es/library/|

AAMM Morón-Martín, M. (s. f.). *Traducción y producción lingüística en la comunicación global en entornos empresariales.* Recuperado de http://www.researchgate.net/publication/282605221_Traduccion_y_produccion_linguistica_en_la_Comunicacion_global_en_entornos_empresariales

AAMMARIN Marín, M. (s. f.). La traducción indirecta de la narrativa china contemporánea. *Revista de Historia de la Traducción.* Universidad Autónoma de Barcelona. Recuperado de http://www.traduccionliteraria.org/1611/art/marin.htm

AAMP — Phillips, M. (s. f.). La profesión del traductor e intérprete autónomo: aspectos técnicos. En *Aproximaciones a la traducción*. Recuperado de http://cvc.cervantes.es/lengua/aproximaciones/phillips.htm

AAMR — Ramos, M. (s. f.). Algunas traducciones intralingüísticas de Pygmalion. *Quaderns: Revista de Traducció*. Recuperado de http://www.raco.cat/

AAMRPC — Recorder, M. J. y Cid, P. (s. f.). Traducción y documentación: cooperar para difundir información. *Hypertext.net*. Recuperado de http://www.upf.edu/

AANC — Corte Fernández, N. (s. f.). Localización e internacionalización de sitios web. *Revista Tradumàtica*. Universidad Autónoma de Barcelona. Recuperado de http://revistes.uab.cat/web/revista/tradumatica

AANLL — Llevot Calvet, N. (s. f.). La figura del mediador intercultural en Cataluña: la visión del colectivo formador. *Revista Interuniversitaria de Formación del Profesorado*. Universidad de Zaragoza. Recuperado de http://www.redalyc.org/

AANP — Ponce, N. (s. f.). El apasionante mundo del traductor como eslabón invisible entre lenguas y cultura. *Revista Electrónica de Estudios Filológicos*. Recuperado de http://www.um.es

AANRYBS — Rodríguez, N. y Schnell, B. (2012). Direccionalidad y formación de traductores: un estudio longitudinal de los procesos cognitivos de la traducción inversa. *Revista Meta, 57*(1), 67-81. Recuperado de https://www.erudit.org/revue/meta/2012/v57/n1/1012741ar.pdf

AAPACTE — Grupo PACTE. (2001). La competencia traductora y su adquisición. *Quaderns: Revista de Traducció*, (6), 39-45. Universidad Autónoma de Barcelona. Recuperado de http://www3.uji.es/~aferna/H44/Translation-competence.pdf

AAPH — Hernández, P. (s. f.). En torno a la traducción automática. *Infoamérica*. Recuperado de http://www.infoamerica.org/

AARB — Banchs, R. (s. f.). *La traducción automática del habla*. Universidad Politécnica de Cataluña. Recuperado de http://www.rbanchs.com/documents/2005_fds.pdf

AARL — Luna, R. (s. f.). Buenas prácticas terminológicas en la consulta a expertos. *Actas Riterm*. Recuperado de https://www.academia.edu/

AARMI Mayoral Asensio, R. (s. f.). *Consideraciones sobre la profesión de traductor jurado*. Universidad de Granada. Recuperado de www.ugr.es/~rasensio/docs/Profesion_Traductor_Jurado.pdf

AARMII Mayoral Asensio, R. (s. f.). *La traducción de sistemas de escritura: latinización y transliteración*. Universidad de Granada. Recuperado de http://www.ugr.es/~rasensio/docs/Alfabetos_II.pdf

AARMIII Mayoral Asensio, R. (1996). Aspectos curriculares de la enseñanza de la traducción e interpretación en España. En *Aproximaciones a la traducción*. Recuperado de http://cvc.cervantes.es/lengua/aproximaciones/mayoral.htm

AARP Piqué, R. (s. f.). Apuntes para un modelo pedagógico de enseñanza a distancia de la tradumática (Actes del Primer Simposi sobre l'Ensenyament a Distància i Semipresencial de la Tradumàtica). Universidad Autónoma de Barcelona. Recuperado de http://www.fti.uab.es/

AASP1 Parra, S. (s. f.). La revisión y otros procedimientos para el aseguramiento de la calidad de la traducción en el ámbito profesional (Repositorio Institucional). Universidad de Granada. Recuperado de http://digibug.ugr.es/

AASP2 Parra, S. (s. f.). La revisión en la norma europea EN-15038 para servicios de traducción. *Revista Entreculturas*. Recuperado de http://www.entreculturas.uma.es/

AASP3 Parra, S. (s. f.). Propuesta metodológica para la revisión de traducciones: principios generales y parámetros. *Revista TRANS*. Recuperado de http://www.trans.uma.es/trans_11.html

AATV Varela Vila, T. (s. f.). *Córpora ad hoc en la práctica traductora especializada: aplicación al ámbito de las enfermedades neuromusculares*. Universidad de Murcia. Recuperado de http://www.um.es

AAVO Obdržálková, V. (s. f.). El párrafo como unidad sintáctico-formal y temática de textos expositivo-argumentativos en checo y español: enfoque contrastivo y traductológico. *Revista Sendebar*. Recuperado de http://revistaseug.ugr.es/

AAVR Ramón, V. (2009). Diseño de una asignatura sobre conocimientos del mercado profesional de la traducción en el marco del nuevo grado de Traducción e Interpretación. *Revista Entreculturas*, (1). Universidad Autónoma de Madrid. Recuperado de http://www.entreculturas.uma.es/n1pdf/articulo32.pdf

ABCALAMO Cálamo & Cran. (s. f.). [Blog]. Recuperado de http://blog.calamoycran.com/

ABDATUGR Documentación Aplicada a la Traducción. (s. f.). [Blog de la Universidad de Granada]. Recuperado de https://datugr.wordpress.com/

ABEUM Translation At Its Best. (s. f.). [Blog de estudiantes de traducción de la Universidad de Málaga]. Recuperado de http://translationatitsbest.blogspot.com/

ABINFOTRA Infotra. (s. f.). [Blog de Traducción e Interpretación de la Biblioteca de la Universidad de Salamanca]. Recuperado de http://infotra.wordpress.com/

ABSINJANIA Sinjania. (s. f.). (Re)cursos para escritores [Blog]. Recuperado de https://www.sinjania.com/blog/

AEVVITAE Plataforma del español *et al.* (s. f.). *Estudio de viabilidad para la implantación de la traducción automática en la empresa VITAE*. Recuperado de https://www.academia.edu/13019044/Estudio_de_viabilidad_para_la_implantaci%C3%B3n_de_la_traducci%C3%B3n_autom%C3%A1tica

ALAH Hurtado, A. (2011). *Traducción y traductología. Introducción a la traductología.* Madrid, España: Cátedra.

ALAHORTAL Hortal, A. (2007). Ética profesional de traductores e intérpretes. España: Desclée de Brouwer.

ALAO Oliver, A. *et al.* (s. f.). *Traducción y tecnologías.* Cataluña, España: UOC. Recuperado de https://books.google.com.pe/

ALAV Vega, A. (s. f.). *Manual de derecho de autor*. Dirección Nacional de Derecho de Autor. Recuperado de http://www.derechodeautor.gov.co/

AMAJA Abaitua, J. (s. f.). Material preparado para la asignatura de Introducción a la Traducción Automática. Universidad de Deusto. Recuperado de http://paginaspersonales.deusto.es/abaitua/konzeptu/ta/mt10h_es/ta10h-2es.htm

AMARB1 Barzanallana, R. (s. f.). Material de Asignatura Informática Aplicada a la Traducción. Universidad de Murcia. Recuperado de http://www.um.es/docencia/barzana/TEI/Informatica-Aplicada-a-la-Traduccion-Introduccion.html

AMARB2 — Barzanallana, R. (s. f.). Material de Asignatura Informática Aplicada a la Traducción II. Universidad de Murcia. Recuperado de http://www.um.es/docencia/barzana/TEI/Informatica-Aplicada-a-la-Traduccion-Herramientas-de-analisis-del-corpus.html

APLG — González, L. (s. f.). El servicio de traducción de la Comisión Europea (SdT) y los recursos lingüísticos de utilidad pública. En Congreso Internacional de la Lengua Española. Recuperado de http://congresosdelalengua.es/valladolid/ponencias/nuevas_fronteras_del_espanol/1_la_traduccion_en_espanol/gonzalez_l.htm

APLR — Ramírez, L. (2012). Redes sociales y las herramientas colaborativas en la red como herramienta de traducción (Simposio RITERM 2012). Recuperado de http://web.ua.es/es/riterm-2012/documentos/taller-ramirezpolo.pdf

APPG — Garcés Satué, P. (s. f.). *Los corpus en traducción. Memorias de traducción.* Recuperado de http://es.slideshare.net/

APVP — Peinado, V. (s. f.). *Métricas de evaluación automática.* Universidad Nacional de Educación a Distancia. Recuperado de http://nlp.uned.es/~victor/docs/presentacion-MetricasEvaluacionAutomatica.pdf

ARCLRP — Navas, C. y Palomares, R. (s. f.). Un estudio del mercado español de la traducción en internet. *Translation Journal.* Recuperado de http://translationjournal.net

ATDAK — Kuznik, A. (2010). Contenido de puestos de trabajo (tesis doctoral). *Recerca.* Recuperado de https://www.academia.edu/26627115/El_contenido_de_los_puestos_de_trabajo_de_los_traductores_el_caso_de_los_traductores_internos_en_las_empresas_de_traducci%C3%B3n_de_Barcelona

ATDCA — Arampatzis, C. (2011). *La traducción de la variación lingüística en textos audiovisuales de ficción humorística: situación estadounidense doblada al castellano* (tesis doctoral). Universidad de Las Palmas. Recuperado de http://repositorio.ulpgc.es

ATDPDA — Agüero, P. D. (2012). *Síntesis de voz aplicada a la traducción voz a voz* (tesis doctoral). Universidad Politécnica de Cataluña. Recuperado de http://nlp.lsi.upc.edu/publications/papers/phdaguero12.pdf

ATFGCL	Lozano, C. (2011). *Estudio de mercado sobre la traducción en España* (trabajo de fin de grado). Facultad de Traducción y Documentación de la Universidad de Salamanca. Recuperado de http://gredos.usal.es/
ATFMKW	Whitehead, K. (2010). *Memoria derivada del Prácticum* (trabajo de fin de máster). Recuperado de http://dti.ua.es/va/documentos/pdf/treballs-final-de-master/treballs-2009-10/kate-whitehead.pdf
ATFMMC	Melendro Caballero, M. (2012). *Herramientas informáticas de traducción asistida: Systran y Trados* (trabajo de investigación). Recuperado de https://informario.wordpress.com/2012/01/03/investigacion-final-trados-y-systran/
ATFMMN	Navas Loro, M. (2016). *Modelo de paráfrasis semántica de similitud de documentos* (tesis de fin de máster). Universidad Politécnica de Madrid. Recuperado de http://oa.upm.es/43048/1/TFM_MARIA_NAVAS_LORO.pdf
ATMAH	Helle, A. (2013). *Hibridación en lenguas distantes* (tesis de máster). Universidad Politécnica de Valencia. Recuperado de https://riunet.upv.es/bitstream/handle/10251/37112/hibridaci%C3%B3n%20en%20lenguas%20distantes.pdf?sequence=1
AWBUG	Biblioteca Universidad de Granada. (s. f.). Index Translationum. Recuperado de http://biblioteca.ugr.es/pages/biblioteca_electronica/bases_datos/indextranslationum
AWCRITI	Caribbean Regional Information and Translation Institute. (s. f.). Recuperado de http://www.criti.info/
AWCVC	Centro Virtual Cervantes. (s. f.). Recuperado de http://cvc.cervantes.es/
AWFTIUG	Facultad de Traducción e Interpretación de la Universidad de Granada. (s. f.). Programa de Asignatura 8-BA Científica y Técnica. Recuperado de http://fti.ugr.es/
AWIULA	Institut Universitari de Lingüística Aplicada. (s. f.). Recursos IULA. Terminología. Recuperado de http://www.iula.upf.edu/
AWMLRG	Romana García, M. L. (s. f.). *Taller de traducción institucional*. Recuperado de http://www.mlromana.com/

AWNVT	Negocia, Vende, Traduce. (s. f.). *Cómo hacer contactos en los eventos profesionales II.* Recuperado de http://www.negociavendetraduce.com/como-hacer-contactos-en-los-eventos-profesionales-ii/
AWTECNOLETTRA	Grupo de investigación TecnoLeTTra. (s. f.). *Tecnologías del lenguaje, la terminología y la traducción.* Universidad Jaume I. Recuperado de http://tecnolettra.uji.es/
AWUB	Universidad de Barcelona. (s. f.). Servicios lingüísticos. Recuperado de http://www.ub.edu/sl/es/alt/recursos/traductors/
AWUE	Universidad Europea. (s. f.). Grado en Traducción y Comunicación Intercultural. http://valencia.universidadeuropea.es
AWUV	Universidad de Valladolid. (s. f.). Facultad de Traducción e Interpretación. *WikiTraductología.* Recuperado de http://obras-de-traductologia.wikispaces.com
DSP	Luna, R. y Monteagudo, M. A. (2015). *Diccionario socioprofesional del traductor.* Lima, Perú: Autor.
EBABC	El blog ABC Translink. (s. f.). [Blog]. Recuperado de http://abctranslink.com/blog/
EBADHOC	Adhoc Synectic Systems Blog. (s. f.). [Blog]. Recuperado de http://ad-hoc.net/
EBAGENCIAS	Agencias de Traducción. (s. f.). [Blog de ComTranslations]. Recuperado de https://agenciasdetraduccion.wordpress.com/
EBAMPERSAND	N. de la T. (s. f.). [Blog de Ampersand Traducciones]. Recuperado de http://blog.ampersand.es/costes-de-traduccion/
EBCCONNECTION	Cultures Connection. (s. f.). [Blog]. Recuperado de http://culturesconnection.com/es/blog-de-traduccion/
EBDELTATEXT	Deltatext. (s. f.). [Blog]. Recuperado de https://www.deltatext.com/blog/
EBETMADRID	Empresas de Traducción en Madrid. (s. f.). [Blog de ComTranslations]. Recuperado de http://empresasdetraduccionenmadrid.wordpress.com
EBEVS	EVS Translation. (s. f.). [Blog]. Recuperado de http://www.evs-translations.es/blog-es/

EBINTERTRADUCCION	InterTraducción. (s. f.). [Blog]. Recuperado de http://www.intertraduccion.com/index.php/blog/
EBJENSEN	Jensen Localization. (s. f.). [Blog]. Recuperado de http://blog.jensen-localization.com/es/
EBLINGUACORP	TheLinguaCorp. (s. f.). [Blog]. Recuperado de http://thelinguacorp.blogspot.com/
EBLINGUASERVE	Linguaserve. Multilingual Communication Experience. (s. f.). [Blog]. Recuperado de http://www.linguaserve.com/ES/
EBLTINVITRO	La Traducción In Vitro. (s. f.). Proyectos editoriales [Blog]. Recuperado de http://blog.invivoproyectos.com/
EBMULTILIZER	Multilizer Translation. (s. f.). [Blog]. Recuperado de http://translation-blog.multilizer.com/
EBNOVALO	Nóvalo. (s. f.). [Blog]. Recuperado de http://novalo.com/
EBNUBELO	Nubelo. (s. f.). *Cómo contratar traductor. Qué debemos saber* [Entrada de blog]. Recuperado de http://www.nubelo.com/blog/como-contratar-traductor-que-debemos-saber/
EBNVT	Negocia, Vende, Traduce. (s. f.). *Qué es un estudio de mercado y por qué deberías hacer uno* [Entrada de blog]. Recuperado de http://www.negociavendetraduce.com/que-es-un-estudio-de-mercado-y-por-que-deberias-hacer-uno/
EBPANGEANIC	Pangeanic. (s. f.). *Adaptar las estrategias SEO para incorporar traducciones* [Entrada de blog]. Recuperado de http://blog-traduccion.pangeanic.es/2015/03/25/adaptar-las-estrategias-seo-para-incorporar-traducciones/
EBPERLUETO	Perlueto. (s. f.). [Blog]. Recuperado de http://perlueto.es/blog/
EBSTUS	Spanish Translation US. (s. f.). [Blog]. Recuperado de http://blog-de-traducciones.spanishtranslation.us/
EBTESPAÑOLES	Traductores Españoles. (s. f.). [Blog]. Recuperado de http://www.traductores-espanoles.com/
EBTEXTUALIA	Textualia Traducciones. (s. f.). *Memoria de traducción* [Entrada de blog]. Recuperado de http://www.textualia.com/memoria-de-traduccion/
EBTMANCKO	Mancko. (s. f.). *Qué es transliteración*. Recuperado de http://www.translitteration.com/que-es-transliteracion/es/

EBTRA&COMM	Trad&Comm. (s. f.). [Blog]. Recuperado de http://tradandcomm.wordpress.com/
EBTRADUCIR	Traducir&Co. (s. f.). [Blog]. Recuperado de http://www.traducirco.com/
EBTRADUSPANISH	Traduspanish. (s. f.). [Blog]. Recuperado de http://www.traduspanish.com/en/component/easyblog/
EBTRADUX	Tradux. (s. f.). [Blog]. Recuperado de http://elblogdetradux.blogspot.pe/
EBTRANSPANISH	Transpanish. (s. f.). [Blog]. Recuperado de http://www.transpanish.biz/blog_traduccion/
EBTRUSTED	Trusted Translations. (s. f.). [Blog]. Recuperado de http://blog-de-traduccion.trustedtranslations.com/
EETAGENCY	Milega. (s. f.). e-Translation Agency. Recuperado de http://e-translation-agency.com/es/
EW1GLOBAL	1Global Translators. (s. f.). Recuperado de http://www.1globaltranslators.com/
EWA&C	A&C Traducciones. (s. f.). Traducciones normales, técnicas, y juradas. Recuperado de http://acmstran.com/
EWAAFTC	Agencia Francesa de Traducción y Comunicación. (s. f.). Recuperado de http://aftcom.fr
EWABBYY	ABBYY. (s. f.). Recuperado de http://latam.abbyy.com/
EWABILITY	Ability Top Translations. (s. f.). Recuperado de http://www.traduccion-localizacion.com
EWACANTHO	Acantho. Ideas & Culturas. (s. f.). Recuperado de http://acantho.eu/es/
EWACTIVA	Activa Traducciones. (s. f.). Recuperado de http://www.activatraducciones.com/
EWAETRANS	AEtrans. (s. f.). Recuperado de http://www.agencia-traduccion.com/
EWAGESTRAD	Agencia Española de Traducción [Agestrad]. (s. f.). Tarifas de traducción. Recuperado de http://www.agestrad.com/tarifas-de-traduccion.html

EWAGORA	Agora Facilities Services. (s. f.). Recuperado de http://www.agorafs.com/
EWAJE	American Journal Experts. (s. f.). Recuperado de https://secure.aje.com/es/
EWAKZNTE	Akznte. (s. f.). *La profesión de intérprete.* Recuperado de http://www.akzente-sprachen.de/espanol/profesion-interprete.html
EWAL	AbroadLink. (s. f.). *Consejos prácticos para abordar el trabajo terminológico.* AL Traducciones. Recuperado de https://altraducciones.com/articulos/consejos-practicos-para-abordar-el-trabajo-terminologico
EWALBISA	Albisa. (s. f.). Recuperado de http://www.albisa-solutions.com
EWALLWORDS	Allwords. (s. f.). Recuperado de http://www.allwords.cl/
EWALPHATRAD	Alphatrad Spain. (s. f.). Recuperado de http://www.alphatrad.es/
EWANGELIA	Angelia Translations. (s. f.). Recuperado de http://www.angeliatranslations.com/es
EWARCHITEXTOS	Architextos. (s. f.). Translation Services and Language Productions. Recuperado de http://www.architextos.com/index.php/Welcome/esp
EWASETRAD	Asociación Española de Traductores, Correctores e Intérpretes [Asetrad]. (s. f.). Recuperado de https://asetrad.org/es/
EWASIATIS	Asiatis. (s. f.). Revisión. Recuperado de http://www.asiatis.us/es/revision.php
EWATC	ATC Traducciones. (s. f.). Recuperado de http://www.atctraducciones.com/
EWATHENEA	Athenea Omnilang. (s. f.). Recuperado de http://www.athenea-omnilang.com
EWAUTOMATICTRANS	AutomaticTrans. (s. f.). Recuperado de http://www.automatictrans.es/
EWBABEL	Babel. (s. f.). Gabinete de traductores e intérpretes. Recuperado de http://www.babeltrad.com/

EWBALTIC	Baltic Media Ltd. (s. f.). Recuperado de http://es.balticmedia.com
EWBARCELONA	Barcelona Traducciones. (s. f.). Recuperado de http://www.bcntraducciones.com/
EWBBL	BBL Translation. (s. f.). Recuperado de http://www.bbltranslation.eu/
EWBCN	BCN Traducciones. (s. f.). Recuperado de http://www.bcntraducciones.com/
EWBETRANSLATED	Be Translated. (s. f.). Recuperado de http://www.betranslated.com
EWBETWEEN	Between Traducción e Interpretación. (s. f.). Recuperado de http://betweentraduccion.es/
EWBONA DICTA	Bona Dicta Traducciones. (s. f.). Recuperado de http://www.bonadicta-traducciones.com/
EWBPTCT	Blue Print Translation, Communication & Technology. (s. f.). Recuperado de http://www.blueprint-translation.com/
EWBUSINESS	The Business Translation. (s. f.). Recuperado de http://www.business-translation.biz/
EWCAMBEIRO	Cambeiro Traducciones. (s. f.). Recuperado de http://cambeiro-traducciones.com/
EWCCAPS	CCaps Translation & Localization. (s. f.). Glosario. Recuperado de http://www.ccaps.net/recursos/glosario/?lang=es
EWCCONNECTION	Cultures Connection. (s. f.). Recuperado de http://culturesconnection.com/es/
EWCLS	CLS Communication. (s. f.). Recuperado de http://www.cls-communication.com/
EWCLSLEXITECH	CLS Lexitech. A Lionbridge Company. (s. f.). Recuperado de http://www.cls-lexitech.com/
EWCOMTRANSLATIONS	ComTranslations International Agency. (s. f.). Recuperado de http://es.comtranslations.com/
EWCOMUNICA	Comunica Translations. (s. f.). Recuperado de http://www.comunicatranslations.com/

EWCPSL	Servicios de Traducción, Localización e Interpretación [CPSL]. (s. f.). Recuperado de http://www.cpsl.com/es
EWCREAR	Crear Traducciones. (s. f.). Recuperado de http://creartraducciones.com
EWDECALERO	Decalero. (s. f.). Recuperado de http://decalero.com
EWDECIPHRA	Deciphra Interpretes Traductores. (s. f.). Recuperado de http://www.deciphra.net/
EWDELTATEXT	Delta Text. (s. f.). Recuperado de https://www.deltatext.com/
EWDEORIGEN	De Origen Traducciones. (s. f.). Recuperado de http://www.deorigentraducciones.com/
EWDIALOG	DialogTicket. Traducciones Especializadas. (s. f.). Recuperado de https://www.dialogticket.com/
EWDIRDAM	Dirdam Language Solutions. (s. f.). Recuperado de http://dirdamls.com
EWDIXIT	Dixit Traducción e Interpretación. (s. f.). Recuperado de http://www.dixit.es
EWDIXON	Dixon. (s. f.). Recuperado de http://www.dixon.es/
EWECHOES	Echoes Translations. (s. f.). Recuperado de http://www.echoestranslations.com/
EWECOLORE	Ecolore. (s. f.). Recuperado de http://ecolore.leeds.ac.uk/
EWEDIMART	Edimart Languages Solutions. (s. f.). Recuperado de http://www.edimart.hu/es/
EWELNATIVO	El Nativo (s. f.). Recuperado de http://www.elnativo.es/
EWENGLISHPOWER	English Power. (s. f.). Recuperado de http://www.englishpower.eu/es/
EWENLACE	Enlace Traducciones. (s. f.). Recuperado de http://www.enlacetraducciones.com/
EWERIKSEN	Eriksen Translations. (s. f.). Recuperado de http://www.eriksen.com/
EWESMEDO	Esmedo Traducciones y Servicios Lingüísticos. (s. f.). Recuperado de http://www.danieljorda.com/

EWESPAWORDS	EspaWords. (s. f.). Recuperado de http://www.espawords.com
EWEURASIA	Eurasia Traducciones. (s. f.). Recuperado de http://www.traduccioneseurasia.com/
EWEUROLOGOS	Eurologos Group. (s. f.). Recuperado de http://www.eurologos.de
EWEUROTRA	Eurotra. L. (s. f.). Recuperado de http://www.traduccioneseurotrasl.com/
EWEVS	EVS Translations. (s. f.). Recuperado de http://www.evs-translations.es/
EWEWORD	Eword Comunicación. (s. f.). Recuperado de http://www.ewordcomunicacion.com/
EWEXPERTA	Traducción Experta.com (s. f.). Recuperado de http://www.traduccionexperta.com/
EWEXPRESS	Traductorexprés. (s. f.). Recuperado de http://www.traductorexpres.es
EWFAIRTRAD	Fairtrad. (s. f.). Recuperado de http://www.fairtrad.fr/
EWFREELANGUAGE	Freelanguage. (s. f.). Recuperado de http://es.freelanguage.net/approach.html
EWGAT	GAT International. (s. f.). Recuperado de http://www.gatintl.com/
EWGEG	Global Evenconnect Group. (s. f.). Recuperado de http://www.geg-traduction.com/
EWGLOSALIA	Glosalia Comunicación Multilingüe. (s. f.). Recuperado de http://glosalia.com/
EWGODUANA	Gonduana. (s. f.). Recuperado de http://www.gonduana.com/
EWGOENGLISH	Go English. (s. f.). Recuperado de http://www.go-english.co.uk/
EWGPRIMACY	Grupo Primacy Translation. (s. f.). Recuperado de http://www.primacy.com.br/
EWGTC	Grupo TC Translators. (s. f.). Recuperado de http://www.tctranslators.com

EWGTLS	Grupo TLS Traducciones. (s. f.). Recuperado de http://www.tlstraducciones.com/
EWGVG1	Grupo Vivanco & García. (s. f.). Recuperado de http://www.vivancoygarcia.com/
EWGVG2	VGM Pharmatech. (s. f.). Recuperado de http://www.vgmpharmatech.com/
EWHHCE	HHCE Traducciones. (s. f.). Recuperado de http://www.hhce.eu/es/
EWHIEROGLIFS	Hieroglifs Translations (s. f.). Recuperado de http://www.hieroglifstranslations.ro/
EWHOMING	Homing Words Translation. (s. f.). Recuperado de http://homingwordstranslations.com/
EWIBIDEM	Ibidem Group. (s. f.). Recuperado de http://www.ibidemgroup.com/
EWIDEA	Idea Translations. (s. f.). Recuperado de http://ideatranslations.com/es/
EWIDIOMC	Idiom Concept. (s. f.). Recuperado de http://www.idiomconcept.com/es/
EWIDIX	IDIX. Idiomas y Traducciones. (s. f.). Recuperado de http://www.idix.es/
EWIGUANA	Iguana Translations. (s. f.). Recuperado de http://www.iguanatraduzioni.it/es/
EWILANGUAGE	ILanguage. (s. f.). Recuperado de http://ilanguage.com/es/translation/
EWINPUZZLE	InPuzzle. (s. f.). Recuperado de http://es.inpuzzle.com/
EWINTERLINCO	Interlinco Lingüística y Comunicación. (s. f.). Recuperado de http://www.interlinco.com/
EWINTERLINGUA	Interlingua Language Services. (s. f.). Recuperado de http://www.interlingua.at/es/
EWINTERPRETACH	Interpreta Chile. (s. f.). Recuperado de http://www.interpreta.cl/
EWINTERPRO	Interpro. (s. f.). Recuperado de http://www.interproinc.com/es/

EWINTERTRADOC	Intertradoc. (s. f.). Recuperado de http://intertradoc.com/
EWIPSUM	Ipsum Traducciones. (s. f.). Recuperado de http://www.ipsumtraducciones.com/
EWJABA	Jaba Translations. (s. f.). Recuperado de http://www.jaba-translations.es/
EWJENSEN	Jensen Localization. (s. f.). Recuperado de http://www.jensen-localization.com/
EWJONES	Jones Translations. (s. f.). Recuperado de http://www.teresajones.com.ar/
EWJRLANGUAGE	JR Language Translation Services. (s. f.). Recuperado de http://www.jrlanguage.com/
EWKILIMANJARO	KIlimanjaro Traducciones. (s. f.). Recuperado de http://kilimanjarotraducciones.com/
EWKMALARABI	KM Alarabi. (s. f.). Recuperado de http://www.kmalarabi.com/
EWKOSMOS	Kosmos Traducciones. (s. f.). Recuperado de http://www.kosmostraducciones.es/
EWLABORIS	Laboris Net. (s. f.). Recuperado de http://www.laboris.net/
EWLAN	Lan Translations. (s. f.). Recuperado de http://www.traductorprofesional.mx/
EWLCP	LCP Translatis. (s. f.). Recuperado de http://www.lcptranslatis.com/
EWLDM	Lenguas del Mundo Traducciones. (s. f.). Recuperado de http://ldmtraducciones.com/
EWLEMOINE	Lemoine International. (s. f.). Recuperado de http://www.lemoine-international.com/
EWLENGUA	Lengua Translations. (s. f.). Recuperado de http://www.lengua.com/
EWLETRADUCT	Letraduct Traducciones y Formación. (s. f.). Recuperado de http://www.letraduct.com/es
EWLEXI	Lexi-Traducción. (s. f.). Recuperado de http://www.lexi-traduccion.com

EWLEXPERT	Lexpert Translations. (s. f.). Recuperado de http://www.lexpertrans.com/
EWLEXUS	Lexus Traducciones. (s. f.). Recuperado de http://www.lexustraducciones.cl/
EWLF	Lingua Force. (s. f.). Recuperado de http://www.linguaforce.com/
EWLFTJ	Lingua Franca Traducciones Juradas. (s. f.). Recuperado de http://www.linguafranca.es/
EWLINGO24	Lingo24. (s. f.). Recuperado de http://www.lingo24.com/
EWLINGOKING	Lingoking. (s. f.). Recuperado de https://www.lingoking.com/
EWLINGUAFORCE	LinguaForce. (s. f.). Recuperado de http://www.linguaforce.com/
EWLINGUAGRAPHICS	LinguaGraphics. (s. f.). Recuperado de http://www.linguagraphics.com/sp/
EWLINGUASERVE	Linguaserve. (s. f.). Recuperado de http://www.linguaserve.com
EWLINGUASERVEB	Boletín Contextos. Linguaserve. (s. f.). Recuperado de http://www.contextos.mobi/
EWLINGUATRANS	Lingua Trans. (s. f.). Recuperado de http://www.linguatrans.com/
EWLINGUAVOX	LinguaVox. (s. f.). Recuperado de http://www.linguavox.es/
EWLIONBRIDGE	Lionbridge. (s. f.). Recuperado de http://www.lionbridge.com/es-es/
EWLITTERA	Littera Nostra. (s. f.). Recuperado de http://litteranostra.eu/es/
EWLOCATRAN	Locatran Localization & Translation. (s. f.). Recuperado de http://www.locatran.com/spanish/index.asp
EWLOGOS	Logos Group. (s. f.). Recuperado de http://www.logos.net/
EWLOWCOST	Traducciones Low Cost. (s. f.). Recuperado de http://www.traduccioneslowcost.com/
EWMANCKO	Mancko. (s. f.). Recuperado de http://www.mancko.com/herramientas/es/
EWMARAMARA	Maramara. (s. f.). Recuperado de http://www.maramara.net/es/homees

EWMCFELDER	Mc Felder Translations. (s. f.). Recuperado de http://www.mcfelder.com/
EWMEGALEXIS	Megalexis. (s. f.). Recuperado de http://www.megalexis.com
EWMELAN	MyElan Languages. (s. f.). *Condiciones generales*. Recuperado de http://www.myelan.net/es/terms-conditions
EWMERCURY	Mercury Telecom. (s. f.). Recuperado de http://www.mercurytelecom.es/
EWMIKKO	Mikko Kast. (s. f.). *Servicios*. Recuperado de http://mikkokast.com/servicios.html
EWMILEG	Mileg Translation Agency. (s. f.). Condiciones generales de prestación del servicio. Recuperado de http://www.la-agencia-traduccion.es/es/cgv.html
EWMLINGUA	M Lingua Wordwide Translation. (s. f.). Recuperado de http://mlingua.com.ar/spa/
EWMONDO	Mondo Agit. (s. f.). Recuperado de http://www.mondoagit.es/
EWMONTERO	Montero Traducciones. (s. f.). Recuperado de http://www.montero-traducciones.com/
EWMORAVIA	Moravia. (s. f.). Recuperado de http://www.moravia.com/es/
EWMQT	Más que Traductores. (s. f.). Recuperado de http://masquetraductores.com/
EWMULTILING	Multiling. (s. f.). Recuperado de http://www.multiling.pe
EWNAG	Nag Traducciones. (s. f.). Recuperado de http://www.nagtraducciones.com/
EWNAKOM	Nakom Traductores e Intérpretes. (s. f.). Recuperado de http://www.nakom.net/
EWNCTRANSLATIONS	NC Translations. (s. f.). Recuperado de http://www.nc-translations.com/
EWNEOATLAS	NeoAtlas Traducciones. (s. f.). Recuperado de http://www.neoatlas.com/
EWNEXUS	Nexus Traducciones. (s. f.). Recuperado de http://www.nexustraducciones.com/

EWNONSENSE	Non Sense Translation. (s. f.). Recuperado de http://www.nononsense-translations.com/
EWNOTABENE	Nota Bene. (s. f.). Recuperado de http://notabeneby.com/es/
EWNÓVALO	Nóvalo, (s. f.). *Pruebas de traducción y LQI*. Recuperado de http://novalo.com/pruebas-de-traduccion-y-lqi/
EWNVT	Negocia, Vende, Traduce. (s. f.). Recuperado de http://www.negociavendetraduce.com/
EWOKODIA	Okodia. Grupo Traductor. (s. f.). Recuperado de http://www.okodia.com/
EWONEHEALTH	One Health Translations. (s. f.). Recuperado de http://onehealthtranslations.com/
EWONTRANSLATION	On Translation. (s. f.). Recuperado de http://www.ontranslation.es/
EWORBIS	Orbis traducciones. (s. f.). Recuperado de http://www.orbistraducciones.com/
EWORBITALIA	Orbitalia. (s. f.). Recuperado de http://www.orbitalia.com/traduccion/traduccion_seo.html
EWORCHESTRA	Orchestra Systems. (s. f.). Recuperado de www.orchestra.es/
EWOTRANSLATION	oTranslation.com (s. f.). Recuperado de http://www.otranslations.com/es
EWPANGEA	Pangea Servicios Lingüísticos. (s. f.). Recuperado de http://www.traduccionespangea.com/
EWPANGEANIC	Pangeanic. (s. f.). Recuperado de http://pangeanic.es/
EWPAROLA	Parola. (s. f.). Recuperado de http://parola.com.pl/es/
EWPEN	Pen International. (s. f.). Recuperado de http://www.pen-international.org/
EWPERU	Perú Traducciones. (s. f.). Recuperado de http://www.perutraducciones.com/
EWPLANET	Planet Traducciones. (s. f.). Recuperado de http://www.planet-traducciones.com/
EWPLANETLINGUA	Planet Lingua. (s. f.). Recuperado de http://www.planetlingua.com/

EWPOLIGLOTA	Políglota Traducciones. (s. f.). Recuperado de http://www.poliglota.com/
EWPROMT	Promt. (s. f.). Recuperado de http://www.promt.es/corporate/internet/
EWQABIRIA	Qabiria. (s. f.). Recuperado de http://qabiria.com/es/
EWQCS	Quality Communication Services. (s. f.). Recuperado de http://www.qcs-sl.com/
EWQUICKSILVER	QuickSilver Translate. (s. f.). Recuperado de http://www.quicksilvertranslate.com
EWQUILLS	Quills Language Services. (s. f.). Recuperado de http://www.quillslanguage.es/
EWRWS	RWS Group. (s. f.). Recuperado de http://www.rws-group.de/es/
EWSERGOFI	Traducciones Sergofi. (s. f.). Recuperado de http://www.sergofi.com/
EWSERVANTRANS	Servantrans. (s. f.). Recuperado de https://sites.google.com/a/servantrans.com/
EWSET	Set Traducciones. (s. f.). Recuperado de http://www.setranslations.com/
EWSEVILLA	Agencia de Traducción e Interpretación de Sevilla. (s. f.). Recuperado de http://sevilla.agenciadetraduccion.com
EWSIENS	Siens Translation. (s. f.). Recuperado de https://www.sienstranslation.com/
EWSIGNE	Signe Words. (s. f.). Recuperado de http://www.signewords.com/
EWSKRIVAMEK	Skrivanek. (s. f.). Recuperado de http://www.skrivanek.es/
EWSNS	SNS Traducciones. (s. f.). Recuperado de http://www.snstraducciones.es/
EWSOLEIL	Soleil Traducciones. (s. f.). Recuperado de http://soleiltraducciones.com/
EWSPANISH	Spanish Translator Services. (s. f.). Recuperado de http://www.spanish-translator-services.com/

EWSPECTRUM	Spectrum Translation. (s. f.). Recuperado de http://www.spectrumtranslation.com/es/
EWSTAR	STAR Servicios Linguísticos. (s. f.). Recuperado de http://www.star-spain.com/es/
EWSTILOGO	Stílogo. (s. f.). Recuperado de https://www.stilogo.com/
EWSTRACKER	Stracker Translations. (s. f.). Recuperado de https://www.strakertranslations.com/
EWSWAN	Swan Translation. (s. f.). Recuperado de http://www.translation-services-swan.com/
EWTCSBRUISER	TCS-Bruiser. (s. f.). Recuperado de http://www.tcsbruiser.com/
EWTDEHOY	Traducciones de Hoy. (s. f.). Recuperado de http://www.traduccionesdehoy.com/
EWTE	Traducciones Excelencia. (s. f.). Recuperado de http://www.bizvine.es/Servicios/Traducciones/MADRID
EWTECHNICIS	Technicis Translations. (s. f.). Recuperado de http://www.technicis.fr/es/
EWTEKNOTRANS	Teknotrans AB. (s. f.). Recuperado de http://www.teknotrans.com/
EWTELEWORLD	Tele World Services. (s. f.). Recuperado de http://www.teleworldservices.com/blog/
EWTEXTUALIA	Textualia. (s. f.). Recuperado de http://www.textualia.com/
EWTG	TG Traducción Griego. (s. f.). Recuperado de http://www.traducciongriego.com/
EWTICK	Tick Translations. (s. f.). Recuperado de http://www.ticktranslations.com/
EWTL	True Language. (s. f.). Recuperado de http://www.truelanguage.com/es/
EWTMADRID	Traducción Madrid. (s. f.). Recuperado de http://www.traduccionmadrid.com/
EWTPA	Traductores Públicos Asociados. (s. f.). Recuperado de http://www.traductorespublicos.com/
EWTRADANDGO	Tradandgo. (s. f.). Recuperado de http://www.tradandgo.es/

EWTRADEBI	Tradebi (EB Traducciones Itzulpenak). (s. f.). Recuperado de http://www.tradebi.com/
EWTRADOPHENIA	Tradophenia. (s. f.). Recuperado de http://www.tradophenia.com/
EWTRADUCCIONES.COM	Traducciones.com. (s. f.). Recuperado de http://www.traducciones.com/
EWTRADUCENTER	Traducenter. (s. f.). Recuperado de http://www.traducenter.com.br/es/
EWTRADUCIRE	Traducire. (s. f.). Recuperado de http://www.traducire.com
EWTRADUCTANET	Traductanet. (s. f.). Recuperado de http://traductanet.com/
EWTRADUCTORESAT	Traductores AT. (s. f.). Recuperado de http://www.traductoresat.com
EWTRADUGEEK	Tradugeek. Tecnología y traducción. (s. f.). Recuperado de http://tradugeek.com/
EWTRADULINGUA	Tradulingua. (s. f.). Recuperado de http://www.tradlingua.com/
EWTRADUMOTS	Tradumots. (s. f.). Recuperado de http://es.tradumots.com/
EWTRADUPOLIS	Tradupolis.es. (s. f.). Recuperado de http://www.tradupolis.es/
EWTRADUSUR	Tradusur Servicios Lingüísticos. (s. f.). Recuperado de http://www.tradusur.com/es/
EWTRAGORA	Trágora Traducciones. (s. f.). Recuperado de http://www.tragoratraducciones.com/
EWTRANIX	Tranix Translation and Proof Editing. (s. f.). Recuperado de https://nikkigrahamtranix.com/
EWTRANSANDLOC	TransAndLoc.com. (s. f.). Recuperado de http://www.transandloc.com/
EWTRANSIQ	Transiq Smart Translations. (s. f.). Recuperado de http://www.transiq.com/
EWTRANSLATE	Agencia de Traducción e Interpretación Web Translate. (s. f.). Recuperado de http://webtranslate.biz/es/
EWTRANSLATED	Translated.net. (s. f.). Recuperado de http://www.translated.net/es

EWTRANSLEIT	Transleit Language Solutions. (s. f.). Recuperado de http://www.transleit.es/
EWTRANSLINGUAL	Translingual Perú. (s. f.). Recuperado de http://www.translingual.pe/
EWTRANSPERFECT	Transperfect. (s. f.). Recuperado de http://transperfect.es/services/
EWTRAOF	Traductores Oficiales. (s. f.). Recuperado de http://www.traductoresoficiales.es/
EWTRAYMA	Trayma Traducciones. (s. f.). Recuperado de http://www.trayma.com/
EWTRIDIOMSL	Tridiom. (s. f.). Recuperado de http://www.tridiom.com/
EWTRUSTED	Trusted Translations, Inc. (s. f.). Recuperado de http://traduccion.trustedtranslations.com/
EWTTQS	Total Translations Quality Service. (s. f.). Recuperado de http://www.ttqstraducciones.com/
EWURBAN	Urban Translation Services. (s. f.). Recuperado de http://www.urbantranslation.com.tr/es/
EWVERITAS	Veritas Traducción y Comunicación. (s. f.). Recuperado de http://www.veritas-traducciones.com/
EWVIVA	Viva Traducciones. (s. f.). Recuperado de http://www.vivatraducciones.com/
EWVORAGINE	Vorágine. Comunicación Escrita. (s. f.). Recuperado de http://www.delavoragine.com/
EWWORDECODE	WordDecode. Empresa de Traductores. (s. f.). Recuperado de http://www.worddecode.com/index.html
EWZENONI	Traducciones Zenoni. (s. f.). Recuperado de http://traduccionesdedocumentos.com/
EWZINACLE	Zinacle. (s. f.). Recuperado de http://www.zinacle.com/
GBCTPCBA	La Bitácora de los Traductores Públicos. (s. f.). [Blog del Colegio de Traductores Públicos de la Ciudad de Buenos Aires]. Recuperado de http://tradpubind.blogspot.com/

GNACELB | Autónoma de Traductores de Libros de la Asociación Colegial de Escritores. (s. f.). *Libro blanco de la traducción editorial en España*. Recuperado de http://www.ace-traductores.org/libro_blanco

GNACTICE | Asociación Colombiana de Traductores e Intérpretes [ACTI]. (s. f.). Código de ética. Recuperado de http://www.traductorescolombia.com/

GNAGTICE | Asociación Guatemalteca de Intérpretes y Traductores [AGIT]. (s. f.). Código de ética. Recuperado de http://www.agit.org.gt/Codigo-Etica-AGIT.pdf

GNASETRADCD | Asociación Española de Traductores, Correctores e Intérpretes [Asetrad]. (s. f.). Código deontológico. Recuperado de http://www.asetrad.org/

GNCOTICHCE | Colegio de Traductores e Intérpretes de Chile [Cotich]. (s. f.). Código de ética profesional. Recuperado de www.cotich.cl/

GNCTPCBAL | Ley 20.305 de Ejercicio de la Profesión de Traductor Público en la Ciudad de Buenos Aires. (2008). Recuperado de http://www.traductores.org.ar/ley-20305

GNCTPE | Colegio de Traductores del Perú [CTP]. (s. f.). Estatuto. Recuperado de http://colegiodetraductores.org.pe

GNCTPIPBAR | Colegio de Traductores Públicos e Intérpretes de la Provincia de Buenos Aires-Regional La Plata [CTPIPBA La Plata]. (s. f.). Reglamento de legalizaciones. Recuperado de http://www.traductoreslaplata.org/

GNCTPMPTC | Colegio de Traductores del Perú [CTP]. (s. f.). Manual de procedimientos de la traducción certificada. Recuperado de http://colegiodetraductores.org.pe

GNCTPPSFL | Colegio de Traductores de la Provincia de Santa Fe [CTPSFPC]. (s. f.). Ley 10757. Recuperado de http://traductoresantafe.org.ar/wordpress/

GNCTPRI | Colegio de Traductores del Perú [CTP]. (s. f.). Reglamento Interno. Recuperado de http://colegiodetraductores.org.pe

GNEIZIEG | Asociación de Traductores, Correctores e Intérpretes de Lengua Vasca [EIZIE]. (s. f.). Guía orientativa. Recuperado de http://www.eizie.org/

GNRITAPLB	Red de Intérpretes y Traductores de la Administración Pública [Ritap]. (s. f.). Libro blanco de la traducción y de la interpretación institucional. (s. f.). Recuperado de http://www.ritap.es/
GPAETER1	Diez Orzas, P. (octubre de 2014). La terminología en las empresas de localización y traducción [Presentación]. Asociación Española de Terminología. Recuperado de http://www.aeter.org/wp-content/uploads/2014/10/Pedro-L.-D%C3%AFez-Orzas_AETER14.pdf
GPAETER2	González Jiménez, L. (s. f.). *La traducción en español* [Presentación]. Asociación Española de Terminología. Recuperado de http://congresosdelalengua.es/valladolid/ponencias/nuevas_fronteras_del_espanol/1_la_traduccion_en_espanol/gonzalez_l.htm
GRASETRAD	La linterna del traductor. (s. f.). Revista de la Asociación Española de Traductores, Correctores e Intérpretes. Recuperado de http://www.lalinternadeltraductor.org/
GRATIMAC	Asociación de Traductores e Intérpretes de Monterrey [Atimac]. (s. f.). Revista Lenguas. Recuperado de http://www.atimac.org.mx/
GRTREMEDICA	Revista Panacea. (s. f.). Revista de la Asociación Internacional de Traductores y Redactores de Medicina y Ciencias Afines. Recuperado de http://www.medtrad.org/panacea.html
GWAATI	Asociación Argentina de Traductores e Intérpretes [AATI]. (s. f.). Recuperado de http://www.aati.org.ar/
GWABRATES	Asociación Brasileña de Traductores e Intérpretes [Abrates]. (s. f.). Recuperado de http://abrates.com.br/?lang=es
GWACE	ACE Traductores. (s. f.). Recuperado de http://ace-traductores.org/
GWACTI	Asociación Colombiana de Traductores e Intérpretes [ACTI]. (s. f.). Recuperado de http://www.traductorescolombia.com/es/organizacion/estatutos
GWACTICU	Asociación Cubana de Traductores e Intérpretes [ACTI]. (s. f.). Recuperado de http://www.acti.cu/

GWADOMA	Sindicato de Artistas de Doblaje de Madrid [Adoma]. (s. f.). Convenio: sobre directores y ajustadores. Recuperado de http://adoma.es/sobre-directores-y-ajustadores/
GWAGIT	Asociación Guatemalteca de Intérpretes y Traductores [AGIT]. (s. f.). Recuperado de http://www.agit.org.gt/
GWAIETI	Asociación Ibérica de Estudios de Traducción e Interpretación [Aieti]. (s. f.). Recursos de investigación en Traducción e Interpretación. Recuperado de http://www.aieti.eu
GWANTIO	Asociación Nacional de Traductores e Intérpretes Oficiales de Costa Rica [Antio]. (s. f.). Recuperado de http://www.antio.co.cr/historia/
GWAPETI	Asociación Profesional Española de Traductores e Intérpretes [Apeti]. (s. f.). Recuperado de http://www.apeti.org.es/
GWAPTIC	Asociación Profesional de Traductores e Intérpretes de Cataluña [Aptic]. (s. f.). Recuperado de http://www.aptic.cat/es/
GWASETRAD	Asociación Española de Traductores, Correctores e Intérpretes [Asetrad]. (s. f.). Recuperado de https://asetrad.org/es/
GWATIEC	Asociación de Traductores e Intérpretes del Ecuador [Atiec]. (s. f.). Recuperado de http://www.atiec.org
GWATIMAC	Asociación de Traductores e Intérpretes de Monterrey [Atimac]. (s. f.). Recuperado de http://www.atimac.org.mx/
GWATPP	Asociación de Traductores Profesionales del Perú [ATPP]. (s. f.). Recuperado de http://www.atpp.org.pe/asociacion.php
GWCODIJ	Colegio Dominicano de Intérpretes Judiciales [Codij]. (s. f.). Recuperado de http://www.codij.org/
GWCONALTI	Colegio Nacional de Licenciados en Traducción e Interpretación [Conalti]. (s. f.). Recuperado de http://conalti.org/
GWCOTICH	Colegio de Traductores e Intérpretes de Chile [Cotich]. (s. f.). ¿Por qué afiliarse a Cotich? Recuperado de http://www.cotich.cl/afiliarse-a-cotich/
GWCTP	Colegio de Traductores del Perú [CTP]. (s. f.). Recuperado de http://colegiodetraductores.org.pe

GWCTPCBA — Colegio de Traductores Públicos de la Ciudad de Buenos Aires [CTPCBA]. (s. f.). Recuperado de http://www.traductores.org.ar/

GWCTPIPBA — Colegio de Traductores Públicos e Intérpretes de la Provincia de Buenos Aires-Regional La Plata [CTPIPBA La Plata]. (s. f.). Recuperado de http://www.traductoreslaplata.org/

GWCTPSF — Colegio de Traductores de la Provincia de Santa Fe [CTPSFPC]. (s. f.). Recuperado de http://traductoresantafe.org.ar/

GWCTPU — Colegio de Traductores Públicos de Uruguay [CTPU]. (s. f.). Recuperado de http://www.colegiotraductores.org.uy/

GWEIZIE — Asociación de Traductores, Correctores e Intérpretes de Lengua Vasca [Eizie]. (s. f.). Recuperado de http://www.eizie.eus/es/

GWFAT — Federación Argentina de Traductores [FAT]. (s. f.). Recuperado de http://www.fat.org.ar/aranceles.html

GWOMT — Organización Mexicana de Traductores [OMT]. (s. f.). Recuperado de http://www.omt.org.mx/

GWRITAP — Red de Intérpretes y Traductores de la Administración Pública [Ritap]. (s. f.). Recuperado de http://www.ritap.es/recomendaciones/

GWUNICO — Unión de Correctores [UniCo]. (s. f.). Recuperado de http://www.uniondecorrectores.org/

GWXARXA — Red de Traductores e Intérpretes de la Comunidad Valenciana [XARXA]. (s. f.). Recuperado de http://www.xarxativ.es/

OALISAJJA — Arevalillo Doval, J. J. (s. f.). La normalización en primer plano (español). La norma europea de calidad EN-15038 para servicios de traducción: ¿qué hay tras ella? *LISA Globalization Insider.* Recuperado de http://www.lisa.org/globalizationinsider/2005/04/la_norma_europe.html

OBCYD — Creación y Derecho. (s. f.). [Blog]. Recuperado de http://creacionyderecho.blogspot.com/

OLFSG — Fundación Secretariado Gitano. (s. f.). *Retos en los contextos multiculturales.* Recuperado de https://www.gitanos.org/upload/67/13/1.4.0-FUN-ret_Retos_en_Contextos_Multiculturales.pdf

ONAENOR Asociación Española de Normalización y Certificación [AENOR]. (2006). Norma de calidad UNE-EN 15038. Recuperado de http://www.aenor.es/aenor/normas/normas/fichanorma.asp?tipo=N&codigo=N0037193#.WQmBOlWGPIU

ONAENORISO Asociación Española de Normalización y Certificación [AENOR]. (2015). Norma de calidad EN ISO 17100:2015. Recuperado de http://www.aenor.es/aenor/normas/normas/fichanorma.asp?tipo=N&codigo=N0055778#.WQmBC1WGPIU

ONCEG Comisión Europea. Dirección General de Traducción. (s. f.). *Guía del Departamento de Lengua Española.* Recuperado de http://ec.europa.eu/translation/index_en.htm

ONCEMR Comisión Europea. Dirección General de Traducción. Departamento de Lengua Español. (2010). *Manual de revisión.* Bruselas y Luxemburgo. Recuperado de http://ec.europa.eu/translation/spanish/guidelines/documents/revision_manual_es.pdf

ONCPLL Cámara Peruana del Libro. (s. f.). Ley del Derecho de Autor del Perú. Recuperado de http://cpl.org.pe

ONISO ISO. (2012). ISO/TS 11669:2012(E). Recuperado de https://www.iso.org/standard/50687.html

ONLPSFL Legislatura de la Provincia de Santa Fe. (s. f.). Ley 10757 de Creación del Colegio de Traductores de la Provincia de Santa Fe. Recuperado de http://traductoresrosario.org.ar/ley_10757.pdf

ONMAECE Ministerio de Asuntos Exteriores y de Cooperación de España. (2009). Real Decreto 2002/2009 BOE 309. Recuperado de https://www.boe.es/diario_boe/txt.php?id=BOE-A-2009-20767

ONMRREEC Ministerio de Relaciones Exteriores de Costa Rica. (s. f.). Reglamento a la Ley de Traducciones e Interpretaciones Oficiales de Costa Rica. Recuperado de www.rree.go.cr

ONMRREEC2 Ministerio de Relaciones Exteriores de Costa Rica. (2008). Decreto Ejecutivo 34292-RE. Recuperado de www.rree.go.cr

ONMRREEP | Ministerio de Relaciones Exteriores del Perú. (s. f.). Reglamento de Traductores Públicos Juramentados. Sistema Jurado de Información Jurídica. Recuperado de http://www.rree.gob.pe/

ONOEAI | OEA. Sección de Idiomas del Departamento de Gestión de Conferencias y Reuniones. (s. f.). *Informe sobre traducción*. Recuperado de scm.oas.org/doc_public/SPANISH/HIST_12/CP29897S10.doc

ONPJCRR | Poder Judicial de Costa Rica. (s. f.). Reglamento para Regular la Función de las y los Intérpretes, Traductores, Peritos y Ejecutores en el Poder Judicial. Recuperado de http://sitios.poder-judicial.go.cr/

ONSCDPBAL | Senado y Cámara de Diputados de la Provincia de Buenos Aires. (s. f.). Ley 14085. Recuperado de http://www.gob.gba.gov.ar/legislacion/legislacion/l-12048.html

ORCEPC | Punto y Coma. (s. f.). [Boletín]. Recuperado de http://ec.europa.eu/translation/bulletins/puntoycoma/

ORPRENSARIO | Latin Data transformando el conocimiento del cliente en negocio. (s. f.). *Revista Prensario*. Recuperado de http://www.prensario.net/4698-Latin-Data-Transformando-el-conocimiento-del-cliente-en-negocio.note.aspx

OULMDLH | Unión Latina y Red Maaya. (2008). Congreso Mundial de Traducción Especializada. Declaración de La Habana. Recuperado de http://unilat.org/Library/Handlers/File.ashx?id=5154ac8d-935d-4611-9c93-de7fb898ff09

OWAELE | AELE. (s. f.). Recuperado de http://www.aele.com/

OWAENOR | Asociación Española de Normalización y Certificación [Aenor]. (s. f.). Recuperado de http://www.aenor.com

OWANOBIUM | Innovación en Sistemas de Información y Documentación [Anobium]. (s. f.). Recuperado de http://www.anobium.es

OWBABEL | Babel DGT. (s. f.). Representante oficial de SDL Trados en México. Recuperado de http://babeldgt.com/

OWBDOT | Alvaro Rocabayera. CEO de MSS. (10 de marzo de 2014). *Barcelonadot*. Recuperado de http://www.barcelonadot.com/alvarorocabayera/

OWCIO	Muuzii: la primera aplicación de traducción en tiempo real para teléfonos móviles. (27 de junio de 2014). CIO América Latina. Recuperado de http://www.cioal.com/2014/06/27/muuzii-la-primera-aplicacion-de-traduccion-en-tiempo-real-para-telefonos-moviles/
OWCONGRESO	Congreso de la República del Perú. (s. f.). Autoría y titularidad en el derecho de autor. Recuperado de http://www2.congreso.gob.pe/
OWEALEMANIA	Embajada de Alemania en Bogotá. (s. f.). Recuperado de http://www.bogota.diplo.de/
OWEEC	Heinz, R. (s. f.). La norma europea UN-EN 15038 para servicios de traducción. Una base fundamental para la internacionalización de la empresa. *Empresa Exterior.com.* Recuperado de http://empresaexterior.com/
OWEHOW	¿Cómo funciona un estenógrafo? (s. f.). *eHow en Español.* Recuperado de http://www.ehowenespanol.com/funciona-estenografo-como_471263/
OWEN15038	Norma de calidad UNE EN-15038:2006. (s. f.). Recuperado de http://www.en-15038.com/
OWGIPUZKOA	Gipuzkoa Irekia. (s. f.). Recuperado de http://www.gipuzkoairekia.eus/es
OWGOOGLE	Google Soluciones Publicitarias. (s. f.). *Guía de localización.* Recuperado de https://www.google.com/intl/es-419/adwords/globaladvertiser/localizeguide.html
OWIDIOMAX	Idiomax. (s. f.). Recuperado de http://www.idiomax.com/es/nokia-mobile-translator.aspx
OWIJ	Informática Jurídica. (s. f.). Recuperado de http://www.informatica-juridica.com
OWIMPO	Dirección Nacional de Impresiones y Publicaciones Oficiales. (s. f.). Recuperado de http://www.impo.com.uy/impo_mision.html
OWINDECOPI	Instituto Nacional de Defensa de la Competencia y de la Protección de la Propiedad Intelectual del Perú [Indecopi]. (s. f.). Recuperado de http://www.indecopi.gob.pe/
OWLEXICOOL	Lexicool.com. (s. f.). Recuperado de http://www.lexicool.com

OWLEXIS	Lexis. Comunidad Internacional de Profesionales de Servicios Lingüísticos. (s. f.). Recuperado de http://es.lexis.pro/
OWMETATEXIS	Metatexis. (s. f.). Recuperado de http://www.metatexis.org
OWMINCUL	Ministerio de Cultura del Perú. (s. f.). *Derechos lingüísticos.* Recuperado de https://www.cultura.gob.pe/
OWMRREEP	Ministerio de Relaciones Exteriores del Perú. (s. f.). Directorio de traductores públicos juramentados. Recuperado de http://www.rree.gob.pe/
OWOCSDUDL	Oficina del Comité de Seguimiento de la Declaración Universal de los Derechos Lingüísticos. (s. f.). Recuperado de http://www.linguistic-declaration.org/
OWOMPI	Organización Mundial de la Propiedad Intelectual. (s. f.). Recuperado de http://www.wipo.int
OWPERMONDO	PerMondo. (s. f.). Recuperado de http://www.permondo.eu
OWPJGJ	Poder Judicial del Perú. (s. f.). Geojusticia. Sistema de integración geográfica. Recuperado de http://geojusticia.pj.gob.pe/
OWPLD	Pórtico Legal. Directorio de Traductores e Intérpretes Jurados. (s. f.). Recuperado de http://www.traductoreseinterpretesjurados.com
OWPROZ	ProZ. The Translation Workplace. (s. f.). Recuperado de http://www.proz.com/
OWREDNEREA	Red Nerea. Junta de Andalucía. (s. f.). Plataforma de traducción automática. Recuperado de https://www.juntadeandalucia.es/rednerea/drupal/catalogo_red_sara/plata
OWSTENOCAP	Stenocap. (s. f.). Servicios. Recuperado de http://www.stenocap.com/ser.html
OWTDIRECTORY	Translation Directory. (s. f.). Recuperado de http://www.translationdirectory.com/
OWTERMCAT	Termcat Centre de Terminologia. (s. f.). Recuperado de http://www.termcat.cat/es/
OWTRADUCTORIA	Declaración de Nairobi. (s. f.). Recuperado de http://traductoria.wikia.com/wiki/Declaraci%C3%B3n_de_Nairobi

OWTRANSABACUS	Transabacus. (s. f.). Recuperado de http://www.transabacus.com/
OWUNE15038	Norma de calidad UNE EN-15038:2006. (s. f.). Recuperado de http://www.en-15038.com/
OWUNESCO	Organización de las Naciones Unidas para la Educación, la Ciencia y la Cultura [Unesco]. (s. f.). Recuperado de http://www.unesco.org
OWW3C	World Wide Web Consortium [W3C]. (s. f.). Recuperado de https://www.w3.org/International/articles/article-text-size.es
PBACROSS	Across the universe 2. (s. f.). [Blog]. Recuperado de http://acrosstheuniverse2.wordpress.com
PBADUTIM	Aventuras de una Traductora Intérprete en Madrid. (s. f.). [Blog]. Recuperado de http://aidagda.com/category/networking
PBAMQT	Muñoz, P. (s. f.). Algo más que Traducir [Blog]. Recuperado de http://algomasquetraducir.com/
PBCATW	María Luz. (s. f.). Computer Assisted Translation World [Blog]. Recuperado de http://marialuzm.blogspot.com
PBCH	Hernández, C. (12 de noviembre de 2011). Modelos de negocio en la industria de la traducción: agencias de traducción [Entrada de blog]. Recuperado de https://coraliahernandez.wordpress.com/2011/11/12/modelos-de-negocio-en-la-industria-de-la-traduccion-la-agencia-de-traduccion/
PBDDOF	Dicho de Otra Forma. (s. f.). [Blog]. Recuperado de http://dichodeotraforma.blogspot.com/
PBDDUFT	Prado, I. (s. f.). Diario de un Futuro Traductor [Blog]. Recuperado de http://www.diariodeunfuturotraductor.com/
PBDTAE	De Traductor a Empresario. (s. f.). [Blog]. Recuperado de http://de-traductor-a-empresario.blogspot.pe/2015/12/espacios-de-coworking-que-beneficios.html
PBEADT	El Arte de Traducir. (s. f.). [Blog]. Recuperado de https://elartedetraducir.wordpress.com/
PBEB	Burgos, E. (s. f.). [Blog]. Recuperado de http://www.enriqueburgos.com/

PBELPDLL	Márquez Delgado, P. (s. f.). En la Punta de la Lengua [Blog]. Recuperado de https://pmdtrad.wordpress.com/
PBETELS	El Traductor en la Sombra. (s. f.). [Blog]. Recuperado de http://eltraductorenlasombra.com
PBETT	El Taller del Traductor. (s. f.). [Blog]. Recuperado de http://e-sanchez.com/blog/
PBGALÁCTICO	Guía del Traductor Galáctico. (s. f.). [Blog]. Recuperado de http://guiadeltraductorgalactico.wordpress.com/
PBHUNTER	Hunter, L. (s. f.). [Blog]. Recuperado de http://leonhunter.com/blog/
PBIAT	Fernández, M. (s. f.). I Am a Translator [Blog]. Recuperado de http://imatranslator.blogspot.com/
PBIYT	Penovi, C. y Penovi, P. (s. f.). Translating Translationese [Blog]. Recuperado de https://translatingtranslationese.wordpress.com/2015/06/10/la-experiencia-de-ser-traductor-voluntario/
PBJENSEN	Jensen Localization. (s. f.). [Blog]. Recuperado de http://blog-de-traduccion.trustedtranslations.com/que-es-tep-y-por-que-es-tan-necesario-2012-03-02.html
PBJUGANDO	Jugando a Traducir. (s. f.). [Blog]. Recuperado de http://jugandoatraducir.com/la-web-del-traductor-2-0/
PBLBM	La Bitácora de Martine. (s. f.). [Blog]. Recuperado de http://martinefernandez.com/
PBLPDCH	La Paradoja de Chomsky. (s. f.). [Blog]. Recuperado de https://laparadojadechomsky.wordpress.com/2010/08/16/estructura-del-mercado-de-servicios-linguisticos/
PBLTEA	La Traductora en Apuros. (s. f.). [Blog]. Recuperado de http://latraductoraenapuros.blogspot.com/
PBLTOLV	La Traducción o la Vida. (s. f.). [Blog]. Recuperado de https://latraduccionolavida.wordpress.com/
PBM1L	Más de Una Lengua. Traducción e Idiomas. (s. f.). [Blog]. Recuperado de http://masdeunalengua.blogspot.com/
PBMAR	Mar Traducciones. (s. f.). [Blog]. Recuperado de http://blog.mar-traducciones.com/2013/06/caracteristicas-idioma-pivote/

PBMB	Bonilla, M. (s. f.). Eyes on Words [Blog]. Recuperado de http://www.mbonilla.es/
PBMERODEANDO	Merodeando. (s. f.). [Blog]. Recuperado de http://www.merodeando.com/
PBMPT	Fernández, E. (s. f.). Marketing para Traductores [Blog]. Recuperado de http://marketingparatraductores.com/
PBMT	ModernTranslation. (s. f.). [Blog]. Recuperado de https://moderntranslation.wordpress.com/
PBMUTE	Mute the Mike o No lo Digas a Micro Abierto. (s. f.). [Blog]. Recuperado de http://mutethemike.com/
PBPROTECT	Gómez, A. (s. f.). ProTECT Proyect. Proyecto de la Profesionalización de la Traducción Especializada Científico-Técnica [Blog]. Recuperado de https://protectproject.wordpress.com/
PBQPA	¿Qué Pone Aquí? (s. f.). [Blog]. Recuperado de http://queponeaqui.blogspot.pe/
PBSEBUSCA	Se Busca Traductor. (s. f.). [Blog]. Recuperado de http://sebuscatraductor.blogspot.com/
PBSQ	¿Sabías que...?. (s. f.). [Blog]. Recuperado de http://sabiasque1j.blogspot.pe/
PBTAVA	Traductores Audiovisuales de la Argentina. (s. f.). [Blog]. Recuperado de http://tavargentina.com/
PBTEP	Traductor en Pijama. (s. f.). [Blog]. Recuperado de https://traductorenpijama.wordpress.com/
PBTJ	Traducción Jurídica. (s. f.). [Blog]. Recuperado de http://traduccionjuridica.es/
PBTO	Traductoras Online. (s. f.). [Blog]. Recuperado de https://traductorasonline.wordpress.com/
PBTOFICIAL	Traductor Oficial. (s. f.). [Blog]. Recuperado de http://traductor-oficial.blogspot.com
PBTRADUCTORBARCELONA	Traductor Barcelona. (s. f.). Recuperado de https://traductordebarcelona.wordpress.com/
PBTRADUCTOSFERA	Traductósphera. (s. f.). [Blog]. Recuperado de http://traductosphera.blogspot.com/

PBTRADUMETRAJE	Tradumetraje. (s. f.). [Blog]. Recuperado de https://tradumetraje.wordpress.com/
PBTYE	Hermida, P. (s. f.). Traducción y Empresa [Blog]. Recuperado de http://traduccionyempresa.com/
PBUTALS	El Traductor en la Sombra. (s. f.). [Blog]. Recuperado de http://eltraductorenlasombra.com/page/6/
PBUTDAP	Un Traductor de a Pie. (s. f.). [Blog]. Recuperado de http://dgimirizaldu.blogspot.com/
PBVICMA	Vicma. (s. f.). [Blog]. Recuperado de https://traduccionesvicma.wordpress.com/
PBVRL	Lozano, R. (s. f.). Vademécum del Traductor [Blog]. Recuperado de http://www.rlozano.com/vademecum.php
PBYARAVSWORDS	Yara vs. Words. (s. f.). [Blog]. Recuperado de http://yaravswords.blogspot.com
PWDOSSO	Dal Dosso, H. R. (s. f.). Servicios profesionales para su empresa. Recuperado de http://www.hdosso.com.ar/
PWLH	Hunter, L. (s. f.). Recuperado de https://www.leonhunter.com/
PWMCORONADO	Coronado, M. (s. f.). Recuperado de http://www.mariacoronado.com/
PWOA	Álvarez, O. Consultoría Traducción e Interpretación. (s. f.). Recuperado de http://www.olgaalvarez.com.ar/
PWOC	Carreira, O. Translation and Localization. (s. f.). Recuperado de http://www.olivercarreira.net/
PWOLX	OLX. (s. f.). Recuperado de https://arraijan.olx.com.pa/servicios-de-relatoria-transcripcion-y-edicion-iid-905940431
PWPK	Perla Klein Traductores Públicos. Estudio Jurídico Integral. (s. f.). Recuperado de http://www.perlaklein.com/
PWSH	Henning, S. (s. f.). Recuperado de http://www.sebastian-henning.de/
PWSINCLAVOS	TraductorChile Sin Clavos. (s. f.). Recuperado de http://www.sinclavos.cl/
PWVALEROBURGOS	Traducciones Valero Burgos. (s. f.). Recuperado de http://www.valeroburgos.com/ES/

Índice temático

Ejercicio profesional

principio de honradez con los clientes
principio de lealtad profesional
principio de libertad
principio de neutralidad
principio de reserva
principio de solidaridad
procedimiento de resolución de disputas
publicidad engañosa
responsabilidad civil
secreto profesional
seguro contra errores de traducción
seguro de responsabilidad civil
tribunal de conducta
tribunal de disciplina
tribunal de honor

Perfil profesional
combinación de idiomas
combinación idiomática
combinación lingüística
competencia bilingüe
competencia bilingüística
competencia cultural
competencia de dominio
competencia de transferencia
competencia documental, adquisición y procesamiento de la información
competencia en búsqueda, adquisición y procesamiento de la información
competencia estratégica
competencia extralingüística
competencia lingüística y textual en la lengua origen y en la lengua de destino
competencia profesional del revisor
competencia profesional del traductor
competencia profesional e instrumental
competencia psicofisiológica
competencia revisora
competencia técnica
competencia tecnológica
competencia traductora
cualificaciones del traductor
especialización
intrusismo
lengua A
lengua activa
lengua B
lengua C
lengua pasiva
lenguas de trabajo
polivalencia
traducción natural

Presentación de la traducción
apostilla
apostilla de La Haya
carátula
carátula de la traducción certificada
certificado de traducción fiel
cosellado
declaración jurada
lacrado
página en blanco

Tipos de traducción
dictamen pericial
informe pericial
paráfrasis
peritaje
reformulación
revisión pericial
TA
TAC
TAO
traducción asistida por computadora
traducción asistida por ordenador
traducción automática
traducción certificada
traducción colaborativa
traducción comunitaria
traducción cruzada
traducción de relevo
traducción de segunda mano
traducción directa
traducción especial
traducción exprés
traducción indirecta
traducción informativa
traducción intersemiótica
traducción intralingüística
traducción inversa
traducción jurada
traducción oficial
traducción parcial
traducción peritada
traducción plena
traducción resumida
traducción simple sin valor oficial
traducción sin carácter público
traducción urgente
traducción voluntaria
transmutación

Derechos de autor
derechos de autor del traductor
derechos de explotación y autoría
derechos de propiedad intelectual
derechos morales
derechos patrimoniales
obra derivada
obra originaria
reconocimiento
regalías

Inserción laboral
empleabilidad
fansub
muestra
muestra de traducción
opción laboral
oportunidad laboral
practicante
prueba de traducción
prueba externa
prueba *in situ*
salida laboral
salida profesional

Modalidades y condiciones contractuales
acuerdo de exclusividad
acuerdo entre el cliente y el PST
cloudsourcing
condiciones comerciales
contrato de edición
contrato de traducción
contrato tipo
cooperativa
coworking
crowdsourcing
CT3
exclusividad
externalización de la traducción
gestión completa de necesidades de traducción
modelo de contrato
OP
orden de pedido
orden de servicio
orden de trabajo
OT
reserva de propiedad
subcontratación

sueldo mensual
vacaciones y feriados

Gestión empresarial

Actores

account executive
adaptador-ajustador
administrador de proyectos
agencia
agencia de traducción
back-translator
bróker de traducción
BT
cartera de clientes
cliente
cliente directo
cliente habitual
cliente ideal
cliente indirecto
cliente perfecto
colaborador externo
consultor cultural
consultor lingüístico
consultor multicultural
contratado externo
coordinador de proyectos
copywriter
corrector
corrector de concepto
corrector de estilo
corrector de ortotipografía
corrector de pruebas
corrector de textos
documentalista
e-lancer
editor
ejecutivo de cuenta
empresa de traducción
especialista traductor
generalista
gerente de cuentas
gerente de proveedores
gerente de proyecto
gerente de ventas
gestor de cuenta
gestor de cuentas
gestor de proyectos

GP
intermediario
lead translator
localizador
maquetador
mediador cultural
mediador intercultural
MLV
multi-language vendor
perito traductor
perito traductor judicial
persona de contacto
PM
poseditor
postraductor
preeditor
profesional polivalente
project manager
proveedor de servicios de traducción
proveedor de servicios lingüísticos
proveedor multilingüe
PSL
PST
recruitment manager
redactor de contenidos
revisor
revisor especialista
revisor externo
revisor interno
revisor nativo
subcontratista
terminólogo
titular de memoria de traducción
traductor académico
traductor autónomo
traductor colegiado certificado
traductor contratado
traductor de planta
traductor dependiente
traductor empírico
traductor en plantilla
traductor especializado
traductor externo
traductor *freelance*
traductor generalista
traductor independiente
traductor interno
traductor intruso

traductor jurado
traductor nativo
traductor oficial
traductor perito
traductor profesional
traductor público
traductor titulado
traductor titular
traductor voluntario
translation manager
vendor manager
VM

Marketing
autenticación de la firma del traductor
backup
certificación de la firma
certificado de protección de datos
conocimiento del cliente
copia de respaldo
copia de seguridad
destrucción confidencial y certificada de documentación
destrucción documental
directorio de traductores
directorio profesional
estudio de mercado
expectativas
fidelización del cliente
identidad profesional
legalización de la firma del traductor
legalización de textos
lista de clientes
marca personal
marketing empresarial
marketing personal
marketing profesional
networking
página web profesional
portafolio del traductor
portal de clientes
portal de proveedores
portal profesional
posicionamiento
primer contacto
progreso de la traducción
progreso del encargo
protección de datos
referencias

referencias de clientes
tiempo muerto
visibilidad en el mercado
visitas a clientes

Presupuesto y facturación
adelanto
adelanto parcial
anticipo
arancel
arancel de honorarios
arancel mínimo orientativo
arancel por foja
cálculo de plazos
cancelación del pedido
compensación
compensación por daños
condiciones de pago
conteo de palabras
contracción
contracción de textos en diferentes pares de idiomas
contracción del tamaño del texto en diferentes idiomas
coste por palabra del texto original
costo de traducción
costo de traducción por palabra de origen
cotización
descuento
descuento por CAT
días de inactividad
expansión
expansión del tamaño del texto en los diferentes idiomas
expansión de textos en diferentes pares de idiomas
expansión del texto
expansión textual
facturación
facturación media
facturación mensual
facturación por trabajo
foja de traducción
gastos fijos
gastos personales
gastos profesionales
gráfica de tarifas
honorarios
hora trabajada
impago
importe mínimo
jornada laboral

modificación al pedido
morosidad
página de traducción
pago anticipado
palabra de origen
palabra del texto original
palabra meta
palabra resultante
palabra traducida
palabras revisadas por día
PayPal
plazo de entrega estándar
plazo de entrega normal
plazo de entrega razonable
plazo de entrega urgente
plazo de pago
plazo *standard* de traducción
precio de traducción
precio de traducción por palabra de origen
precio por palabra de origen
precio por palabra del texto de llegada
precio por palabra meta
presupuesto
recargo
recuento de palabras
servicio adicional
servicio adicional de valor añadido
servicio ampliado
servicio complementario
servicio de traducción
servicio de valor agregado
servicio de valor añadido
servicio *online* de traducción
tabla de honorarios
tabla referencial
tabla referencial de honorarios profesionales
tarifa de traducción
tarifa de traducción estándar
tarifa de traducción por línea
tarifa mínima
tarifa plana
tarifa por hora
tarifa por número de palabras del original
tarifa por palabra
tarifa por palabra meta
tarifa por palabra de origen
tarifa por palabra del texto meta
tarifa razonable

tarifario referencial
traducción por hora
unidad de conteo
unidad de facturación
unidad facturable
valor por palabra del documento original
WC
word count

Calidad
aseguramiento de la calidad
bilingual evaluation understudy
BLEU
cala
CC[1]
certificado de cumplimiento
conformidad
control de calidad
directrices de calidad propias
EC
evaluación de la calidad
garantía de calidad
garantía y servicio de posventa
mantenimiento y actualización de competencias
métrica de calidad de la traducción
métrica NIST
muestreo
NIST
retraducción
retrotraducción
spot check
TACT
TER
TQA
T-Rank
translation edit rate
translation quality assessment
WER
word error rate

Equipamiento
entorno laboral
ergonomía
ergonomía para traductores
lugar de trabajo
monitor dual

Tecnologías

Documentación

activo lingüístico
araña
cava de documentos
corpus
corpus *ad hoc*
corpus comparable
corpus paralelo
crawler
fuente de consulta
gusano
Index Translationum
lista de distribución
lista de interés
material de referencia
metabuscador
robot
texto comparable
texto paralelo

TA-TAO

alineación
alineador
alineador de texto
bitexto
bloqueado
cadena
cadena de *software*
CAT
coincidencia
coincidencia aproximada
coincidencia de contexto
coincidencia exacta
coincidencia parcial
coincidencia total
concordante
context match
correspondencia
detector de traducciones automáticas
do not translate
equivalencia
equivalencia parcial
equivalencia total
exact match
fuzzy match
GMX

herramienta de alineación
herramienta de concordancia
herramienta de localización
herramienta de traducción automática
herramienta de traducción asistida por computadora
herramienta de traducción asistida por ordenador
herramientas TAC
herramientas TAO
ICE match
memoria de clientes
memoria de traducción
ninguna coincidencia
plataforma de gestión de traducciones
programa de traducción asistida por ordenador
repetición
resultado de traducción automática
Segmentation Rules eXchange
segmento bloqueado
sistema de gestión de la traducción
sistema de traducción asistida por ordenador
sistema de traducción automática
sistema TAO
software de concordancia
SRX
string
TBX
TermBase eXchange
TMS
TMX
traducción candidata
traducción de referencia
Translation Memory eXchange
unidad de traducción
UT
XLIFF
XML Localization Interchange File Format

Terminología
base de datos terminológica
concordancer
extractor automático de terminología
gestor de bases de datos terminológicas
gestor de terminología
gestor terminológico
glosario corporativo
glosario del traductor
glosario para el traductor
herramienta de extracción automática de terminología

sistema de gestión terminológica
terminótica

TIC-TAV
aplicación móvil
calculadora de precios
calculador de presupuesto
calculadora de presupuesto
calculadora de tarifas
CMS
contador de palabras
conversor de unidades
convertidor de medidas
convertidor de unidades
editor de subtítulos
estación de trabajo
estación de trabajo del traductor
estenógrafo
file transfer protocol
FTP
herramienta de análisis de corpus
herramienta de aseguramiento de la calidad
herramienta de conteo de palabras
herramienta de facturación
herramienta de tecnología de la traducción
herramienta de traducción colaborativa
herramienta de transliteración
herramienta para gestionar proyectos
máquina de estenotipia
máquina de taquigrafía
n-grama
OCR
optical character recognition
plataforma de gestión de contenidos
programa de edición
programa de gestión de proyectos
programa de reconocimiento de voz
programa QA
protocolo de transferencia de archivos
reconocimiento de voz
sistema de gestión de contenidos
sistema de redacción de contenidos
software de gestión de proyectos
software OCR
tecnologías de la traducción
tradumática

Regulación profesional

Entidades gremiales

Organismos de normalización
Aenor
Asociación Española de Normalización y Certificación
CNB
Comisión de Normalización y de Fiscalización de Barreras Comerciales No Arancelarias

Normas de calidad
estándar
guía de estilo
hoja de estilo
ISO 11669
ISO 17100
ISO 9001
N. del T.
norma de calidad
nota del traductor
prólogo del traductor
SAE J2450
UNE-EN 15038-2006

Normas internacionales
AFI
Alfabeto Fonético Internacional
Carta de Derechos del Traductor
carta del traductor
CBERPOLA
Charte du Traducteur
Convención de Berna
Convención Universal sobre Derechos de Autor
Convenio de Berna
Convenio de Berna para la Protección de las Obras Literarias y Artísticas
Declaración Universal de Derechos Lingüísticos
IPA
Recomendación de Nairobi
Recomendación sobre la Protección Jurídica de los Traductores y de las Traducciones y sobre los Medios Prácticos de Mejorar la Situación de los Traductores
Translator's Charter
Tratado de Berna

Proceso de traducción

Fase transversal
acción correctora
administración de proyectos
contenido
contenido de la lengua de origen
corrección
documento

estado del proyecto
flujo de trabajo
gestión de proyectos
gestión del tiempo
gestión documental
gestión terminológica
hoja de estado del proyecto
identificación y trazabilidad del proyecto
identificador único del proyecto
proyecto
proyecto de traducción
texto

Fase de pretraducción
adecuación del lenguaje controlado
alcance del proyecto
asignación del proyecto
audiencia
audiencia de destino
audiencia final
calendario del proyecto
capacidad de respuesta
capacidad de trabajo
capacidad de traducción
carga de trabajo
código de idioma
complejidad
composición del equipo del proyecto
configuración de memoria de traducción
contenido de origen
control de cambios
conversión de formatos
copia legible
creación de plantillas de documentos
deadline
destinatario
destinatario de la traducción
detalles de la entrega
direccionalidad
DNT
documentación corporativa
documentación de referencia
documentación paralela
documentación y terminología
documento en lengua de origen
documento en lengua origen
documento fuente
documento original editable

documento urgente
dominio
duración del proyecto
encargo
encargo de traducción
encargo urgente
end of business
end of day
entrega urgente
EOB
EOD
español estándar
español internacional
español latinoamericano
español neutro
español universal
especificaciones del encargo de traducción
especificaciones del proyecto
especificaciones lingüísticas
evaluación de traducibilidad
extracción terminológica automática
extracción terminológica manual
fase de preproducción
fecha de entrega
fecha de recepción del contenido de la lengua de origen
finalidad
finalidad de la traducción
fluidez
forma de entrega
forma de envío
formateado
formato
formato final
gist translation
hora de la entrega
idioma bidireccional
idioma de llegada
idioma pivote
ilegibilidad
imagen no editable
latinización
lector
lectura en diagonal
legibilidad
lengua de destino
lengua de llegada
lengua de origen
lengua de partida

lengua del texto de origen
lengua fuente
lengua meta
lengua origen
lengua pivote
lenguaje controlado
límite de capacidad
LLl
LM
LO
LP
manejo de proyectos
material legible
método de entrega
OoO
original
out of office
plazo
plazo de entrega
por confirmar
preparación de originales
preparación del contenido
preproducción
pretraducción
proceso de preproducción
productividad
propósito de la traducción
público destinatario de la traducción
receptor
registro del proyecto
registro lingüístico
relay
rentabilidad de la revisión
requisitos del proyecto
revisión de traducibilidad
romanización
SOB
solicitud del cliente
start of business
subproducto
tarea subcontratada
tareas de preproducción
TAT
TBC
texto de origen
texto de partida
texto fuente
texto origen

texto original
TF
tiempo de entrega
tipo de texto
TO
to be confirmed
TP
track changes
traducibilidad
traducir
translatability review
TRKCHG
turnaround time
usuario final
velocidad de escritura
velocidad de traducción
velocidad media de traducción
volumen
WFH
working from home

Fase de traducción
autocomprobación
autorrevisión
comprobación
comprobación final
conformidad lingüística
consulta a expertos
contenido de destino
contenido de la lengua de destino
convenciones locales
convenciones textuales
corrección de concepto
corrección de estilo
corrección de galeradas
corrección de pruebas
corrección de textos
deliverable
documento en lengua meta
entrega parcial
entrega tardía
entregable
error crítico
error grave
error leve
error muy grave
falso amigo
falso amigo lingüístico

falso cognado
galeradas
lectura cruzada
linguistic sign-off
loop
LSO
pausa externa
pausa interna
proceso de producción
producción
query
revisión
revisión bilingüe
revisión completa
revisión ligera
revisión parcial
T9N
take
técnica pomodoro
TEP
texto de llegada
texto ilegible
texto meta
TLl
TM
toma
traducción
traducción, edición y revisión
verificación final

Fase de postraducción
actualización de documentación de referencia
actualización de fuentes de referencia
actualización de glosarios
administración del cierre del proyecto
cierre del proyecto de traducción
comentarios de posproducción
comentarios del cliente
cumplimiento de las especificaciones
encuesta de satisfacción
feedback del cliente
posproducción
proceso de posproducción
reclamación
servicio de posventa

Servicios de valor añadido

Consultoría

asesoramiento cultural
asesoramiento lingüístico
asesoramiento terminológico
asesoría cultural
asesoría terminológica
auditoría lingüística
consulta compleja
consulta independiente y puntual
consultoría lingüística
consultoría terminológica
mediación cultural
mediación intercultural
paquete lingüístico

Contenidos

actualización de contenidos
actualización de textos
adaptación
adaptación cultural
copywriting
corredacción
creación de contenidos
diseño de páginas web
G11N
generación de contenidos
globalización
I18N
internacionalización
L10N
lenguaje ciudadano
lenguaje llano
lenguaje simple
localización
marketing plurilingüe
pseudotraducción
pseudolocalización
redacción comercial
redacción creativa
redacción de contenidos
redacción de textos
redacción paralela
redacción promocional
redacción técnica
reescritura
resumen

SCS
search engine optimization
SEO
sistema de lenguaje controlado
traducción SEO
transcreación

Edición y publicación
autoedición
compaginación
desktop publishing
digitalización de documentos
diseño gráfico
DTP
edición
edición multilingüe
fotocomposición
maquetación
PAO
publicación asistida por ordenador
volcado de texto

Lenguas de menor demanda
lengua indígena
lengua minoritaria
lengua minorizada
lengua originaria
Ley 29735
Ley de Lenguas

Traducción automática
PEMT
posedición
post-editing machine translation
preedición
preedición lingüística
traducción automática con revisión posterior
traducción en línea
traducción instantánea
traducción móvil

Validación
CD
cognitive debriefing
expert review
pilot testing
prueba piloto
revisión de traducciones de terceros

sesión cognitiva
validación lingüística

Terminología
coherencia y unificación terminológica
concordancia terminológica
consistencia
consistencia terminológica
creación y gestión de bases de datos terminológicas
creación y gestión terminológica
creación, mantenimiento y control de bases de datos terminológicas
servicio de terminología

Traducción audiovisual
audiodescripción
capción cerrada
CC[2]
closed caption
closed caption en *pop-on*
closed caption en *roll-up*
desgrabación de cintas
doblaje
doblaje de voz
doblaje *lipsync*
estenografía
lipsync
relatoría
sincronización labial
sobretitulación
subtitulación
subtitulación cerrada
subtitulado
subtitulado para personas con discapacidad auditiva
subtitulado para sordos
subtitulaje
subtítulo oculto
superposición de voz
supratitulación
supratitulación musical
taquigrafía
transcripción
transcripción de audio y video
transcripción en tiempo real
transcripción fonética
transcripción fonológica
transcripción literal
transcripción natural
transliteración

videodescripción
voice-over
voz en *off*
voz superpuesta

Interpretación
interpretación de lengua de signos
interpretación de lenguaje de señas
servicio de interpretación
traducción a la vista

Recientes publicaciones de Editorial UPC

2017

Chu Rubio, Manuel
Mis finanzas personales. Tercera edición

Sánchez Benavides, Oscar (comp.)
La inevitable globalización. Enfoque cultural y económico del escenario mundial

Mangelinckx, Jérôme
Lucha contra las drogas en el Perú: una batalla perdida

Biondi Shaw, Juan y Zapata Saldaña, Eduardo
Nómades electronales. Lo que dicen las escrituras de los jóvenes: había que echarse a andar nuevamente

Merino Amand, Francisco
Ética para la función pública. De la indiferencia al reconocimiento

2016

Universidad Peruana de Ciencias Aplicadas - ANDA
Mejores prácticas de marketing en el Perú (2016)

Lira Briceño, Paul
Apuntes de finanzas operativas. Lo básico para saber operar una empresa financieramente

Curo Agustín, Martínez Mihály
Matemática básica para administradores. Tercera edición

De Lama Odría, Mariana
Fanfiction. Una red social en el espacio de la ficción

Figueroa Reinoso, Emilio
La sociedad unipersonal. La importancia de su regulación en el derecho societario

Mendoza, Enrique y Mendoza, Yohana
Tres claves de éxito de la familia empresaria. Un camino hacia la profesionalización

Encuentre más publicaciones de Editorial UPC,
en versión impresa y digital, ingresando a:
www.editorial.upc.edu.pe

Made in United States
Cleveland, OH
28 April 2026

36314438R00173